KB241248

외국어 습득론

역자 김윤경

저자 R. Ellis

한국문화사

"© Rod Ellis 1985"

"*This Translation of* Understanding Second Language Acquisition *originally published in English in 1985 is published by arrangement with Oxford University Press.*"

역자서문

지금까지 영어학 분야에서는 음운론, 통사론, 의미론만 신경을 썼다고 볼 수 있다. 특히 우리나라에서는 이중에서도 대학원의 석,박사과정에서 대부분 통사론에 치중했으며 통사론중에서도 Chomsky이론에 편중되어 왔다. 해방 이후 지금까지 국내 대학원에서 나온 영어·영문학분야의 박사학위 논문(학술논저종합색인 1945~1993, 제22집. 영어·영문학, 국립중앙도서관 참조)을 분류해 보면 그 윤곽이 확실하게 들어난다.

언어습득에 관한 이론이 간혹 소개되기는 했지만 우리 처럼 외국어로서 영어를 배우고, 가르쳐야 하는 입장에서는 「언어습득론」은 전혀 현장에 도움을 줄 수 없는 모국어 습득에 관한 이론일 뿐이었다. 설상가상으로 교육 현장은 대학입시 준비에 노예(?)가 될 수밖에 없는 실정이니 외국어로서의 영어습득에 관한 이론적 배경이고 뭐고 생각할 겨를 조차 없는 참담한 상황이라고 아니 할 수 없다.

이와 같은 현실을 감안하여 역자는 이 책을 번역하고자 결심했다. 비록 읽는 이가 적을지라도 뜻있는 중고교 교사, 전공하는 대학원생들이 몇 명이라도 필요로 할 책이라고 생각되어 작업을 시작했지만 번역의 특성상 우리말로 깔끔하지 못한 부분들도 있을 것으로 예상된다. 원서를 다시 찾을 독자를 위하여 표지의 원문을 소개하면 다음과 같다:

Understanding	by
Second Language	R. Ellis
Acquisition	Oxford University Press, ISBN 0 19 437081X

'97년 여름방학부터 번역작업을 시작하여 가을학기 내내 강의와 업무 속에서 틈틈이 쉬지 않고 작업을 계속하다 보니 공교롭게도 가을학기 종강일에 번역도 종료되었다. 번역을 마칠 무렵 1997년도 최대의 충격인 외환

보유고가 모자란다는 말이 뭔지, IMF가 뭔지, 좌우간 쉬운 말로 나라가 부도났다는 충격적인 뉴스를 접하게 되었다.

이 책도 저작권법이니 지적소유권이니 해서 결국 영국 옥스포드대학 출판부에 몇 푼의 돈을 지불하는 계약서를 작성, 출판사가 돈을 지불할 것이므로 출판을 해야 좋은 것인지, 아니면 말아야 좋을 것인지 적지 아니 망설이게 되었다.

그러나 모두에서 언급한 바와 같이 「외국어로서의 영어습득론」분야가 거의 불모지에 가깝다는 점과 컴퓨터 앞에 앉아서 거의 한 해를 주말도 없이 애쓴 것이 아깝다는 아내의 격려, 그리고 흔쾌히 출판해 주겠다고 받아주신 한국문화사의 김진수 사장님의 호의 등에 힘입어 이 책이 세상에 나오게 되었다.

이 책에서 번역의 오류가 있거나 오자, 탈자 등이 있을 경우 이는 전적으로 번역자의 책임이며 독자 여러분께서 아량을 베풀어 주실 것을 바랍니다. IMF 한파 속에서 책을 읽으며 미래를 준비하는 현명한 독자 여러분의 편달을 기대하면서.

역삼동 우거에서
역자
문학박사
김 윤 경

저자서문

이 책은 지금까지 제2외국어 습득(SLA)과 관련된 모든 내용들을 철저히 조사하여 한데 모아서 종합하면 SLA에 관한 전반적인 지식을 독자들에게 제공할 수 있지 않을까하는 기대감으로 출발했다. 가능한한 기존의 이론과 주장을 있는 그대로 옮기려고 노력했다. 즉 SLA이론이나 주장을 있는 그대로 서술하고자 노력했을 뿐 저자의 견해나 편견을 가미하지 않으려고 노력했다. 사실 이런 집필 태도가 순간 순간 불가능할 때도 있었다. 왜냐하면 아직 SLA분야는 학문이 미숙한 초보적 단계에 있으며 따라서 명쾌한 답을 얻기 보다는 여전히 많은 부분에서 의문 투성이 이기 때문이다. 물론 해석과 서술을 분리시키기가 불가능하기 때문에 제2외국어(L2) 학습자들에 관한 필자의 견해와 L2 학습자들이 왜 그런 행동을 하는가에 대한 필자의 해석이 불가피하게 요구될 때도 있었으며 필자가 선별한 자료의 연구 결과나 이론 등에 따라 색깔이 결정될 수 밖에 없음은 인정하지 않을 수 없다.

이 책은 SLA 분야의 연구가 어느 정도로 진행되고 있는지 전반적인 사항을 다루고 있기 때문에 이 분야의 기초 지식을 넓히고자 하는 학생들, 그리고 학생들이 외국어 습득을 어떻게 하고 있는지에 관하여 이해의 폭을 넓히고자 하는 교사들 등 두 부류의 독자들을 위하여 집필했다.

SLA 분야의 기초 지식을 얻고자 하는 학생들에게는 이 책이 SLA에 관한 전반적인 정보를 제공할 것이다. 이런 전반적인 정보는 제1장에서 다루었다. 그리고 제2장 이하 각 장에서는 세부적인 내용을 다루었다. 마지막으로 제10장에서는 이 분야의 여러 가지 이론을 종합적으로 소개하려고 했다. 각 장의 끝에는 더 자세한 공부를 원하는 독자를 위하여 관련 참고서 목록을 제시했다. 관련 참고서 목록은 학생들이 심도있는 공부를 하고 빨리 이 분야의 학문 속으로 깊이 들어 갈 수 있도록 유도하려는 의도였다.

그러나 외국어 교육을 담당하는 많은 교사들이 이 책의 독자일 것이라고 판단되어 교실 안,퓨의SLA 현장에서 발생하고 있는 전반적인 상황을 제공하려고 노력했다.

교사들은 전통적으로 교실에서 학생들이 배워야 할 내용과 학습할 때 어떤 순서가 있음을 미리 결정한다. 예를 들면 언어 교과서는 학습 내용을 일목요연하게 어떤 순서로 짜여져있다. 언어의 자질과 특성을 나타내는 순서는 학습자가 언어를 습득하는 순서와 일맥상통하는 면이 있을 것으로 추정된다. 마찬가지로 학습교안을 짜는 교사도 교수자료의 세심한 선택과 학습의 순서 등이 학생들의 학습에 어떤 영향을 미칠 것이라는 신념을 가지고 작업에 임하게 될 것이다. 그러나 교사의 그런 작업이 실제로 학생들의 학습 순서나 방법과 일치하지 않을 수도 있다는 사실을 알지 못한다면 우리는 교육 내용이 학생들의 언어 습득에 공헌한다고 확신할 수가 없게 된다.

교사들은 학습 내용과 습득의 구조 등에 결정적인 영향을 끼친다. L2를 어떻게 가르칠 것인가 라는 방법론에 관해서도 역시 교사가 결정권이 있다. 그래서 가르치는 방법론을 제시하게 된다.

교사들은 학생들의 연습, 연습 분량, 정확성 여부 등등에 관해서도 판단, 결정권이 있다. 교사들은 교수 방법론을 취사선택하여 언어 교육을 시도하게 된다. 그러나 다시 말하지만 교사가 취사선택하여 채택한 방법론이 항상 학생들의 언어 학습에 효과적일 것이라고 단정할 수는 없다. 예를 들면 교사가 문법적 정확성에 초점을 맞출 때 학생들도 반드시 문법적 정확성에 초점을 맞춘다고 볼 수 없고, 학생들은 오히려 의미에 더 신경을 쏠 수도 있다. 교사가 단어 하나 하나에 완벽한 이해를 요구할 때도 학생들은 오히려 주눅이 들어서 외국어 습득에 더욱 큰 난관에 봉착하거나 심하면 외국어 공포증에 시달려 단 한 발자국도 앞으로 나아가지 못하는 수도 있다. 학생들이 학습이든 습득이든 잘 되지 않는 방법이라면 교사는 교수방법론 선택에 현명했다고 볼 수 없다. 언어자료(language data)를 학습자들이 활용하는 방법을 찾아내기 위하여 우리는 학습자들이 어떤 전략을 채택하고 있는지 확인해 보아야 할 것이다. 이렇게 하면 우리는 왜 학습자들이 그런 전략을 이용하여 외국어를 배우고자 하는지 그 이유에 대하여 타당한 설명을 할 수 있게 될 것이다.

교사라면 누구나 다 언어 학습/습득에 관한 적어도 한 가지 이론은 가지고 있다고 볼 수 있다. 즉 교사들은 학습자들의 행동에 관하여 일련의 원칙이나 규칙이 있다고 보고 이 규칙에 따라 대응해 나간다. 그러나 이런 이론은 설명적 타당성이 있을 정도로 명확한 것은 아니다. 많은 사례에서 볼 수 있는 바와 같이 언어 학습에 관한 교사들의 견해는 추상적이고 암시적인 경우가 많다. 예를 들어서 교사가 동사의 현재 시제의 계속적 의미를 초보 단계에 있는 학생들에게 가르친다고 치자. 그래서 교사는 언어 학습 순서상 문법이 발음이나 어휘보다 우선되어야 한다고 생각하기 때문에 문법부터 가르치기로 결정했다거나 아니면 단순히 문법부터 가르치기로 마음 먹었다고 치자. 현재 시제의 계속적 의미부터 가르치려는 결정은 여기서 그 이유를 말로 다 설명할 수 없을 만큼 암시적이고 포괄적인 의미와 사유가 있을 수 있다. 그런 암시적이고 포괄적인 의미중엔 외국어 학습이란 명사나 그 밖에 다른 언어적 요소 보다도 우선 동사부터 배워야 한다는 논리 또는 동사의 시제중에서 우선 현재 시제의 계속적 의미부터 배워야만 한다는 논리 등등이 있을 수 있을 것이다. 교사는 이와 같은 포괄적인 논리를 인식하고 있을 수도 있고, 아예 전혀 모를 수도 있다. 즉 명쾌하게 이론적인 설명은 못한다 해도 언어 습득에 관한 이론없이 언어교육은 있을 수 없다고 주장할 수 있는 것이다.

이 책은 교사들이 명시적으로 학습 이론을 수립할 수 있도록 자료와 사례를 제시하고자 했다. 즉 교사들이 이론 무장이 잘 되어 있으면 훨씬 더 자신감이 생기고 과감하게 교육 현장에 임할 수 있을 것이라는 전제하에 이 책을 집필하게 되었다. 물론 이와 같은 믿음은 이론적 뒷바침이 있어야 할 것이다.

원리, 원칙이란 검증을 거쳐서 수정되거나 대치될 수 있다는 사실은 분명하다. 포괄적인 지식을 가지고 교육 현장에 임하는 교사들은 별로 비판받을 기회가 없고, 변화에도 비교적 소극적이거나 저항감을 갖게 된다. 대개는 그다지 비판적인 의식을 갖지 않고 최근의 교육 방법의 추세를 따르거나 모방하는 식으로 교육 현장에 임하게 되는데, 그러다 보면 어떤 일관성 있는 원칙이 없을 수도 있다. 가르치는 원리, 원칙을 명료화시키고 외부로 공개할 때만이 그 원리를 신랄하게 비판받거나 개선점을 찾을 수 있게 된다.

저자는 교사들이 어떤 언어습득 이론을 채택하고 있는지 공개적으로 내놓고 발표할 경우가 교사가 언어습득 이론을 막연하게 암시적으로 인식하고 있는 경우보다 해당 언어습득 이론을 훨씬 더 개선할 여지가 있을 것이라는 신념을 갖고 있다. 언어 습득의 매우 복잡한 과정을 잘 인식하는 것이 반드시 효과적인 교육이라고 말할 수는 없지만, 그래도 비판적 사고를 하고, 낡은 교육 원리에 도전을 해가다 보면, 뭔가 새로운 방안이나 이론을 제시할 수 있을 것이다. SLA를 잘 인식하고 이해는 것은 교육 방법을 수정하고 교육 자체를 개선할 수 있는 기초가 될 수 있다.

저자는 이 책의 독자가 SLA를 담당하는 교사이든, 언어 습득 과정에 대하여 관심이 많은 교사이든간에 그들 자신의 SLA 이론을 발전시키는데 꼭 필요한 사항을 제공할 수 있기를 바라면서 이 책을 집필했다. 제10장에서는 SLA 분야에서 지금까지 알려진 모든 것을 설명할 수 있는 틀을 짜기 위하여 하나의 가설을 세워 보았다.

이 책은 수 많은 사람들의 조언과 지원이 없었더라면 출판될 수 없었을 것이다. 특히 Henry Widdowson과 Keith Johnson의 도움이 컸던 점을 언급하고자 한다. 이 분들의 도움으로 원고가 매끄러운 틀을 잡을 수 있었을 뿐만 아니라 여러 군데 수정, 보완이 가능했던 것이다. 말할 필요도 없이 이 책에 있을 수 있는 어떤 잘못이나 오류는 모두 필자 자신이 책임져야 할 사항이다.

이 책에서 '학습자', '교사' 등을 지칭하는 인칭대명사는 'he', 'his, 'him'하는 식으로 남성명사를 기준으로 사용했다. 그 이유는 성차별을 하자는 것이 아니라 필자의 작문 습관에 기인하는 것일 뿐 다른 아무런 의미나 동기는 없었음을 명기하고자 한다. 이와 같은 작문 습성에 대하여 불쾌감을 갖는 독자가 있다면 저자로서 크게 사과할 수밖에 없다.

차 례

제1장
외국어 습득(SLA)에 관한 주요 현안들

개요

외국어 습득(Second Language Acquisition = SLA)이란 매우 복잡한 과정으로 그 속엔 상호 연관된 많은 요인들이 포함되어 있다. 본 장에서는 이와 같이 복잡한 과정을 다루어 온 학계의 많은 연구 업적과 주장들을 검토해 보기로 한다. 우선 'Second Language Acquisition'이란 무슨 의미로 쓰이고 있는지 알아 보고 그 동안 SLA 연구자들이 가지고 있던 선입견들은 어떤 것들이 있었는지 간략하게나마 다루어 보기로 한다. 그 다음 끝으로 이 책의 후반부에서 이러한 문제들을 검토하고 토론하기 위한 하나의 분석틀을 설정해 보기로 한다.

SLA란 무엇인가?

SLA를 정확히 분석하려면 우선 첫째로 용어의 정의를 명확하게 내리는 것이 매우 중요하다. 여기에는 수 많은 주요 의문점이나 질문이 있을 수 있기 때문에 독자들은 연구자들이 second language(이하 L2로 표기한다) 습득 방법을 연구하기 위하여 취하는 입장이 어떤 것인지 우선 이해해야 할 것이다. 이 책에서는 L2 연구에서 어떤 입장을 취하느냐에 따라 학자들을 분류하여 설명하기로 한다. 학자에 따라 취하는 입장이 상당히 다양하다는 점을 미리 말해 둔다.

SLA를 획일적인 현상으로 보는 입장

SLA는 획일적인 현상도 아니고 예측 가능한 현상도 아니다. 학습자가 L2에 관한 지식을 습득하는 방법도 단 한 개만 있는 것도 아니다. SLA란 한

편으로는 학습자에 따라 수 많은 요인이 복합적으로 얽히고 작용하여 나타
난 결과이며, 또 다른 한편으로는 학습 상황이 복합적인 요인으로 작용하는
것이다. 그러므로 이 두 종류(학습자 자신에 기인한 요인과 학습 상황에 기
인한 요인 등)의 요인간의 상호작용이 있다는 복잡성과 다양성을 우선 이해
해야 한다. 상황이 달라지고 학습자가 바뀌면 L2도 다른 방식과 과정을 수
반하게 된다. 그럼에도 불구하고 비록 언어습득의 가변성과 개체성이 중요
하다고 할지라도, 모든 학습자에게 다 적용(범용성) 되지는 않는다 할 지라
도, 그래도 어느 정도 일반화가 가능할 때 SLA에 관한 이론도 가능하게 될
수 있는 것이다. 즉 적어도 상당수의 학습자들에게 적용될 때만이 일반화
라는 용어를 사용할 수 있다는 말이다. 'Second Language Acquisition'이란
용어는 바로 이와 같이 일반화를 전제로 할 때 사용할 수 있는 개념이라고
그 용어의 범위를 한정해야 한다. 이 책은 언어 습득시 가변성은 어떤 것이
있고, 불변성은 어떤 것이 있는지 검토하고 연구함을 목적으로 한다.

외국어 습득과 모국어 습득(L2: L1)

외국어 습득은 모국어 습득과 습득 그 자체의 속성이 상반되거나 다른
면이 있을 수 있다. 외국어 습득에 관한 연구는 모국어를 습득한 다음 추가
적으로 다른 언어를 어떻게 습득하느냐에 관한 연구를 목적으로 한다. 언
어 습득자에 관한 연구는 우선 먼저 모국어 습득(L1)을 연구하는 것에서부
터 출발한다. SLA연구는 연구 방법론 및 기타 많은 분야에서 학자들은 L1
연구의 추세를 그대로 답습해 왔던 것이다. 그러나 L1 습득과 L2 습득은 그
특성상 서로 공통된 것들도 많지만 상당히 다른 것들도 많다는 사실은 그다
지 놀라운 사실이 아니다.

Second Language 습득과 Foreign Language 습득

용어가 Second Language, Foreign Language 등 두 가지가 사용되고 있어
서 혼란스러운데 이 두 용어는 동일한 것을 학자에 따라 다르게 사용하고

있다고 보면 될 것 같다. 굳이 세분한다면 SLA는 자연적 습득과 교실에서 가르쳐지는 인위적 습득 등 두 가지를 다 포함하는 포괄적 의미를 갖는다고 볼 수 있다. 그러나 문제는 어느 용어를 채택하느냐가 아니라 어느 쪽이든 습득과정이 동일하냐 아니면 다르냐라는 점이 아직 미해결의 문제로 남아 있다는 사실이다.

통사론과 형태론(이 책의 주요 관심 분야)

이미 앞에서 Second Language Acquisition(SLA)이란 언어 습득자들이 겪는 언어상의 거의 모든 현상들과 관련이 있다고 했다. 그러나 L2 학습자들이 부정문, 명령문 등과 같은 문법적인 체계나 복수, 정관사, 부정관사 등과 같은 문법적 형태소 등을 어떤 방법으로 습득하는지에 관하여 연구의 초점을 맞추어 왔던 것이 그간의 전통이요 연구 추세이었다. 그 밖에 다른 분야에 관해서는 그다지 연구를 많이 하지 않았을 뿐만 아니라 연구 대상으로 고려하지도 않았었다. L2의 음운론에 관해서는 알려진 것이 약간있는 정도이고, 어휘 습득면에서는 연구가 거의 전무한 편이다. 단지 최근에 와서야 학습자들이 어떤 방식으로 의사소통을 하고 있는지에 대하여 관심을 갖기 시작하여 학습자들이 갖고 있는 지식을 의사소통을 위하여 어떻게 활용하고 있는지 연구되기 시작했다. 그러므로 이 책은 SLA의 통사론과 형태론에 관하여 집중적으로 논의하고자 한다. 그러나 이 분야에 관한 논의에는 상당한 제약이 있음도 미리 언급해 두고자 한다. SLA의 기타 분야가(특히 담화에 가담하는 능력 등) 중요할 뿐만 아니라 문법습득을 어떻게 하는지 규명하기 위해서도 매우 필요한 연구분야라는 사실을 상당히 많은 학자들이 인정하기에 이르렀다.

언어능력과 언어수행

언어를 연구할 때 언어능력과 언어수행을 구분하는 경우가 많다. 촘스키(1965)에 의하면 언어능력이란 화자-청자간에 내면화된 문법을 구성하는 언어규칙의 지적표지로 구성되어 있다고 한다. 그리고 언어수행이란 실제 언어의 종합적인 발화 즉 생산을 의미한다고 한다. 언어습득에 관한 연구는(모국어, 외국어 모두) 언어능력이 어떻게 발달하느냐에 관심을 갖고 있다. 그러나 학습자가 내면화시킨 언어규칙은 직접적으로 들여다 볼 수 없기 때문에 학습자가 외부로 표출해내는 언어생산 즉 발화를 관찰할 수 밖에 없게 된다. 그러므로 어떤 의미에서는 SLA연구는 언어수행에 관한 것이다. 그러나 언어수행은 학습자의 머리 속에서 내적으로 진행되고 있는 사실이 외부로 표출되어 나타난 결과에 지나지 않는다고 볼 수 있다. SLA연구의 주요 현안중의 하나가 말하자면 언어능력이 언어수행과 얼마 만큼 관련성이 있는가를 정확하게 파악하는 것이었다.

습득과 학습

외국어 습득은 학습과 비교할 때 그 경로와 절차가 다를 것이라는 가정하에 다르게 보는 경우가 종종 있다. 즉 습득과 학습을 다르게 보는 사례가 많다는 말이다. 과거에 정의하기를 '습득' 이란 용어는 자연적 환경에 노출되어서 외국어를 인식하게 됨을 의미하고, '학습' 이란 외국어를 의식적으로 공부하는 것(예: 학교 수업)을 의미한다고 그 뜻을 풀이하곤 해 왔다. 그러나 필자는 이것이 맞는 구분인지 여부에 대하여 중립적인 자세로 바라보고자하기 때문에 용어에 의식적인 과정이 개입되었든 그 이하의 단계에 해당하는 과정이 개입되었든 간에 '습득' 이란 용어와 '학습' 이란 용어를 일단은 구분없이 혼용하기로 한다. '습득' 과 '학습' 을 의미상 굳이 구분해야 할 필요가 있다고 판단될 경우는 이태릭체로 표기하여 그 의미를 분명히 구분하겠다.

다시 요약하면 '외국어 습득' 이란 용어는 모국어를 자연스럽게 혹은 교육현장에서 배우는 것이 아닌 다른 언어(모국어 외의 다른 언어)를 배우는 의식적 과정을 지칭함을 말한다. 이 용어에는 음운론, 어휘, 문법, 화용적 지식, 그리고 형태통사론 등에 관한 사항을 모두 포함한다. 이 과정은 가변적 자질과 불변적 자질 둘 다를 분명히 나타낸다. SLA연구는 학습자의 언어능력을 직접적으로 설명해 주지만 그렇게 하기 위해서는 화자가 외국어를 사용할 때 어떻게 언어수행을 하고 있는지 우선 실험적으로 조사하고 통계처리를 해봐야 한다.

이하 본 장에서는 외국어 습득에 관한 수 많은 주요 현안들을 다루면서 이 분야의 문제점을 검토해 볼 기회를 갖고자 한다.

모국어의 역할

제2차 세계대전이 끝나고, 세월이 흘러 1960년대가 되자 외국어 습득에 관하여 하나의 강력한 가정이 나타나게 되었는데 그것은 바로 L2 학습자가 맨 처음부터 외국어를 접하는 것이 아니라 먼저 모국어를 접하게 되는 것이 문제일 것이라는 것이었다. 이런 가정에는 모국어(L1)와 외국어(L2)간엔 차이점이 많을 경우, L1에 관한 지식이 L2와 간섭현상을 일으키게 되고, L1과 L2간에 유사점이 많을 경우, L1의 지식이 L2습득에 매우 큰 도움을 줄 것이라고 추정했던 것이다. 이와 같은 가정을 전제로하여 언어습득과정을 보는 견해를 언어전이론(language transfer)이라고 불렀다. 이와 같은 가정을 전제로 한다면, 외국어 습득에 있어서 L1과 L2가 서로 유사점이 많을 경우는 긍정적인 현상(긍정적 전이효과)이 있을 것이고, 다른 점이 많을 경우는 부정적인 현상(부정적 전이효과)이 있을 것이다. 그래서 교사들은(Brooks 1960, Lado 1964) 부정적 전이효과로 어려움을 겪는 분야에 관하여 교육의 비중을 두고 연구해 봤다. 그래서 이와 같은 현상으로 학습자들이 겪는 어려움을 극복할 수 있도록 도와주고자 대대적인 노력을 시도했던 것이다.

어려운 분야가 뭐뭐인지 확인,식별해내기 위하여 고안된 방법이 있었는데 이를 대조분석법(Contrastive Analysis)이라 불렀다. 대조분석법은 L1과 L2간의 언어학적 차이점을 파악해 보면 L2 학습자들이 어떤 난관에 봉착하게 될 것인지 미리 예측이 가능할 것이라고 추정하고 이와 같은 추정에 근거를 두고 발전시킨 모델이었다. 바로 이런 목적하에 두 언어를 기술하고 두 언어간 비교표를 작성하게 되었다. 그 결과 L1과 다른 L2의 자질들이 하나의 목록표로 작성되고 이런 목록표가 바로 L2 학습에 문제점 혹은 어려운 점으로 등장할 것이라고 보고 교수요목 작성 및 실제 강의시 이 분야에 가장 큰 비중을 두고 교육을 실시해 봤던 것이다.

대조분석법에 의한 실험통계자료가 학계에 보고되기 시작한 것은 1960 년대 후반기 이후부터였다. 그렇다면 학습자의 외국어 습득과정에서 L1의 영향을 받는다는 가정이 어느 정도 검증이 가능했던가? Dulay와 Burt(1973; 1974a) 등은 이에 관한 연구 결과, 모국어가 SLA에 부정적 전이 효과를 가진다는 점에 관하여 중대한 의문을 제기하기 시작했다. 문법적 오류의 상당한 부분(비록 상당한 부분이란 구체적으로 몇 퍼센트 정도냐라 는 점에 관해서는 이론이 많지만)은 모국어 간섭효과란 개념으론 설명이 되 지 않았던 것이다. 이와 같은 연구 결과로 인하여 외국어 습득에 모국어의 영향 정도에 관해서는 그다지 중요시되지 않게 되고, 따라서 대조분석법도 별로 인기가 없는 연구방법으로 전락하고 말았다.

그러나 초기 실험연구에서는 많은 의문점들이 규명되지 않은 채로 그냥 방치되었다. 특히 모국어가 전이가 아닌 다른 방법으로 외국어 습득에 어 떤 영향을 미칠 개연성이 있을 수 있는데 이 점에 관해서는 전혀 연구된 바 가 없다. 전이효과론은 언어 학습이나 습득을 오직 연습훈련과 강화학습으 로 개발될 수 있는 일련의 습관으로 보는 관점에만 너무 지나치게 기울어져 있다. 이러한 관점을 갖는 언어습득론에 도전하기 위해서는 L1의 기존 '언 어습관'이 새로 배우게 되는 L2의 '신습관'에 방해가 되지 않음을 나타낼 필요가 있었다. 따라서 L2 학습의 오류가 전적으로 L1과 연결된 전이효과 의 결과가 아님을 나타내려는 시도가 있었다. 그러나 오히려 L1이 전혀 다 른 방식으로 학습에 기여할 수도 있다. 예를 들면 학습자가 L1의 규칙을 L2로 전이시키지 않을 수 있고 L1 체계엔 없는 규칙의 사용을 회피할 수도 있다. 또는 L1과 L2간의 차이점에 대하여 언어학적 제약이 있을 수도 있기 때문에 전이란 아무렇게나 발생하는 것이 아니라 특정한 언어학적 조건하 에서만 나타날 수 있을 것이다. 또 다른 가능성은 학습자들이 '번역'이나 기타 다른 언어수행을 개선할 목적으로 의식적으로 "차용(borrow)"하여 그 기준으로 L1을 이용할 수도 있을 것이다. L1의 역할에 관한 인지이론을 수 용한다면 훨씬 더 흥미로운 문제가 남게 될 것이다.

제2장에서는 대조분석법의 가설과 학습자 오류에 관한 연구 결과로 가설이 기각되는 과정 등을 다루어 보겠다. 제2장과 8장은 최근의 연구 동향을 자세히 다루어서 L1이 SLA에 긍정적인 영향을 미칠 수 있는 소지가 있는지 재론해 보고자 한다.

언어발달의 '자연스런' 경로

대조분석가설의 가정중의 하나는 L1과 L2가 특성이 다른 언어일 경우, 학습자는 L2를 배울 때 그 방법이 L1을 배울 때와는 다른 방법으로 배우게 되는데 그 이유는 L1을 배울 때와는 다른 종류의 어려움에 노출되어 L1의 언어 정보가 부정적 전이를 가져오게 된다는 것이다. 대조분석 가설을 검증해 보려면 L2 학습자들이 L2 습득에 고유한 특수 경로를 공통적으로 따르고 있는지 아니면 그럴 가능성이 있는지 알아보면 될 것 같다. 이와 같은 가능성은 L1 습득자들이 부정문, 명령문 등에 관한 구조의 습득(Klima and Bellugi 1966)과 문법적 형태소의 습득(R. Brown 1973) 등에서 대단히 예측 가능성이 높은 경로를 밟아간다는 연구 결과에 따라 상당히 고무된 바 있다. 만약 이것이 L1 습득에서 사실이라고 본다면, 그리고 L2 학습자 오류 연구에서 보여준 바와 같이 부정전이는 SLA면에서 주요소는 아니지만, 한때는 주요소로 간주되기도 했는데 SLA가 '자연적'인 발달 경로를 밟아간다고 본다면, 이 가설은 그다지 합리적인 것이 못된다. 즉 L1과는 상관없이 모든 학습자들이 어떤 고정된 순서로 문법을 배운다는 말이 된다.

그렇다면 언어발달에 어떤 '자연스런' 경로가 있느냐 여부와 만약 그런 것이 있다면 그 구성 내용이 무엇이냐라는 것이 주요 이슈가 될 것이다. 또 하나의 주요 문제는 L1 습득 경로가 SLA의 그것과 어떤 상관관계가 있느냐 하는 문제일 것이다. 이 문제는 L2 = L1 가설로 잘 알려지게 되었다.

이것은 학습자들이 선택한 전략의 결과 SLA와 L1 각각의 습득 절차가 매우 유사해짐을 의미하는 말이 된다. 언어 학습자들마다 직면하게 되는 '암호해독'의 문제는 인간 언어능력의 특성이란 면에서 그 매카니즘의 공통성을 찾아야 할 것이다.

L2 = L1 가설은 매우 상이한 두 가지 방법으로 연구가 되었다. 하나는 학습자 오류분석을 통한 연구이었는데, 이 방법은 언어 학습자 오류의 표본 (쌤플)들을 수집하여 학습자간의 상이한 오류의 유형을 찾아낼 목적으로 검토되었다. 이렇게 수집된 오류 데이터는 오류분석법으로 예측될 수 있는 것이냐 아니면 L1 습득과정에 나타나는 발달오류와 유사하냐에 따라 두 가지로 분류되었다. 발달오류의 상당 부분은 L1 습득과정과 SLA 습득과정간에 매우 유사한 점이 많음이 입증되었다. 오류분석도 L2 = L1 가설을 입증하려는 또 다른 수단으로 이용되었다. 오류가 상당히 공통점을 많이 내포한 구조가 오류를 별로 내포하지 않는 구조보다 나중에 습득된다면 오류빈도에 따른 발달 순서를 추출해낼 가능성이 있다고 볼 수 있다. 예를 들면 오류의 상당 부분이 대명사 활용시 보다 복수 활용시 더 많이 나타난다면 복수가 대명사보다 늦게 습득되는 것이라고 유추해 볼 수 있다. 습득순서를 어떻게 볼 것인가에 대한 어려운 문제를 도식화해 보면, 발달경로를 자연스럽게 도식화할 수 있을 것이고, L2 = L1 가설도 검증해 볼 수 있을 것이다.

L2 = L1 가설을 검증해 보는 두 번째 방법은 L2 학습자의 longitudinal studies(몇 년씩 한 사람의 학습자를 놓고 관찰, 연구하는 방법 = 종적연구법)가 있다. 이미 L1 연구에서는 이 방법을 많은 학자들이 채택한 바 있기 때문에 양쪽을 비교해 볼 기초는 마련된 셈이다. 그러다가 1970년대에 들어서면 SLA분야에서 종적연구가 활발하게 진행되었다. 이 분야 연구의 주류는 UCLA가 본산이며 이 대학의 Evelyn Hatch의 주도하에 이루어졌다.

오류분석과 종적연구 등 이 두 가지 연구법은 공히 다른 L2를 배우는 학습자간에 공통으로 나타나는 현상으로 L2를 배울 때 늘 동일한 양상을 보인다는 사실을 발견하게 된다. 이와 같은 사실을 근거로 해서 L2 학습에 '자연스런' 경로가 있다는 주장이 강하게 나타나게 된다. 이와 같은 경로는 L1 습득의 경우 매우 유사하다고 보고된 바는 있지만 단지 유사성이 있다는 것이지 그것이 완전히 일치한다는 말은 아니다. 제3장에서는 '자연스런' 경로와 L2 = L1 가설 등을 검토하기로 하자.

언어학습자가 사용하는 언어의 문맥상의 변이

언어 학습자가 사용하는 말에는 오류가 포함되어 있다. 즉 학습자들이 발하는 발화중의 일부는 성인들이 사용하는 언어의 문법 규칙을 기준으로 볼 때, 잘 구성된 것이 아닌 경우도 있다는 말이다. 오류는 학습자들이 배우고자 하는 외국어의 언어규칙을 기억하지 못하고 자신의 발화에서 재생산하여 표출되기 때문에, SLA에 관한 매우 중요한 학습자 정보의 한 근원이 된다. 오류란 학습자들이 입력 정보에 기초를 두고, 자기 자신의 언어 규칙을 스스로 만들어 가는 것이 어떤 것인지를 나타내 주는 것인데, 학습자들이 조성한 자신의 언어 규칙이 배우고자 하는 외국어의 언어 규칙과 다른 경우가 종종 있다.

그러나 언어 학습자언어 속에 존재하는 오류는 여러 가지가 있겠지만 그 오류가 하나의 체계를 보일 때 즉 그 오류가 일정한 규칙을 내포하고 있는 경우만 언어학자들이 관심을 갖게 된다. SLA 연구시 주요 문제중의 하나는 학습자 오류가 어떤 체계성이 별로 없다는 점일 것이다. 학습자들이 모든 문맥을 사용할 때, 동일한 오류를 범하는 경우가 매우 드물다. 오히려 어떤 문맥(context)상에서는 오류가 나타나지만 또 다른 상황의 문맥상에서는 오류가 나타나지 않을 확율이 높다. 그러나 그 오류들이 변수라고 인정할 때 그렇다고 그 오류가 어떤 의미에서는 규칙성이 있다고 보지 말라는 법도 없다. 학습자들이 상황에 따라서 다른 문맥을 사용하거나 발화를 나타내기 때문에 구체적인 상황에서 그들이 어떤 행동을 할 것인지 예측이 가능하다고 본다면 이들 행동의 체계성은 변수규칙(variable rules)이란 용어로 설명이 가능할 것이다. 이런 것을 '만약.....' 규칙이라고 칭할 수 있다. 즉 이런 것을 학자들은 x 조건이 적용된다면, y 언어유형이 나타날 것이다 라는 식으로 설명하고 있다. 예를 들면 WH-의문문은 주어-동사의 어순이 도치되어 나오는 것인데 일부 의문문에서만 나타나는 것이지 모든 의문문에서 다 나타나는 현상이 아님을 알 수 있다. 학습자의 언어수행은 우발적인 것이지만 자세히 들여다 보면 주어-동사의 어순이 도치될 때, 그리고 도치되지 않을 때라고 구체적인 현상을 찾아 낼 수 있을 것이다. 하나의 변수규칙은 'what', 'who'의문문에서는 어순의 도치가 나타나지만 'where', 'when'

의문문에서는 나타나지 않는 것이라고 말할 수 있다. 비록 '만약......' 규칙이 단순변수규칙 보다는 복잡하다고 하지만 언어 학습자언어의 체계성을 이해하기 위해서는 필요한 것이다.

문맥 변이에는 두 가지 유형이 있다. 언어 학습자언어는 상황문맥(situational context: 외국어를 정상속도나 빠른 속도로 말하고자 하다보니 나타나는 오류, 그러나 시간을 갖고 천천히 문맥과구조를 생각하며 말하면 오류가 발생하지 않는 그런 오류)에 따라 다양하게 나타난다. 즉 학습자들은 L2의 지식을 상황이 달라지면 다르게 사용한다. 예를 들면 학습자가 즉각 의사소통해야한다는 압력을 받으면 자기가 보유하고 있는 모든 언어지식을 극대화시킬 시간적 여유가 없기 때문에 오류가 발생하게 된다. 이 경우 시간적 여유가 있고 자신이 발하는 말을 주의 깊게 눈여겨 볼 기회가 있으면 얼마든지 오류를 발생시키지 않을 수 있는 것이다. 언어 학습자언어는 언어적 문맥(linguistic context: 특정문형에만 나타나는 오류)에 따라서도 다양하게 나타날 수 있다. 즉 어떤 문장 유형에선 오류가 나타나지만 또 다른 문장 유형에선 오류가 나타나지 않는다. 예를 들면 영어에서 현재 3인칭 단수의 오류가 단문에선 나타나지 않는데(예: He buys her a bunch of flowers), 단문 + and + 단문 즉 복문에선 규칙적으로 오류가 발생할 수도 있다(예: He visits her every day and buy her a bunch of flowers). 문맥상의 변이성은 situational context, linguistic context 등 두 가지를 다 고려할 필요가 있다.

'자연스런' 발달 경로 개념과 문맥적 변이 개념은 조정될 필요가 있다. 학습자들이 L2 사용면에서 가지각색이라면 어떻게 발달 경로에 대하여 어떤 의미에서 일반화란 용어를 사용할 수 있겠는가? 언어학습자가 사용하는 언어가 천부적으로 다양한 것이라면 고정된 발달 경로란 것이 어떻게 있을 수 있겠는가? 바로 이와 같은 점들이 여러 가지 면에서 SLA 연구시 가장 중요한 문제가 된다. 이와 같은 문제점들은 제4장에서 다룬다.

학습자 개인차

언어 학습자언어의 변이성은 문맥적 요소의 결과 뿐만 아니라 학습자 개인차, L2 지식의 사용방법 등 등의 결과물이다. 두 명의 L2 학습자가 있다고 할 때 이들 두 명이 모두 정확하게 동일한 방식으로 배우는 것이 아니라고 말하는 것이 아마도 정확한 표현일 것이다.

발달 과정에 영향을 미칠 수 있는 학습자 요인들은 무한하다고 볼 수 있고, 그것을 신뢰할 만한 방식으로 분류하기가 대단히 어렵다. SLA 연구는 학습자 개인차에 영향을 미치는 주요 요인으로 5가지를 들고 있다. 이들 5대 요인으로는 연령, 적성, 인지유형, 동기, 성격 등을 들고 있다.

상당한 관심을 불러 일으키는 의문점은 성인 학습자도 어린이와 동일한 방식으로 외국어를 습득하느냐 아니면 다르냐 하는 문제이다. 이 문제에 관한 상식적 접근법은 성인의 외국어 습득과 어린이의 그것이 동일하지 않을 것이라는 것이다. 성인들은 어린이보다 기억 용량이 훨씬 더 크고 언어적 자질과 특성에 훨씬 더 쉽게 주의를 집중시킬 수 있다. 그러나 이와 같은 차이점이 연령에 따라 변하지 않는 언어능력을 생산해낼 수 있는 발달 경로 자체가 다르게 될 수는 없다. SLA에 관한 성인과 어린이의 비교는 두 그룹으로 나누어 연구해 볼 필요가 있다. 첫째, 성인과 어린이간에 발달 경로가 다르냐 아니면 같으냐를 파악해 내야 할 것이다. 성인의 경우 '자연스런' 경로가 따로 있고 어린이의 그것이 별도로 존재하는가? 둘째, 성인과 어린이의 외국어 습득 속도의 차이를 연구해 보아야 할 것이다. 일반적으로 어린이 학습자가 성인 학습자 보다 외국어 습득면에서 훨씬 더 성공적이라는 견해가 있는데 이는 실험연구로 입증된 바는 없다. 그러므로 현재로선 학습 경로와 학습 속도 등 두 가지 면에서 모두 차이가 존재할 가능성이 있다. 그리고 학습 속도에만 차이가 존재할 뿐 경로엔 차이가 없을 수도 있다. 그런가하면 경로와 속도 두 가지 모두에 아무런 의미있는 차이점이 없을 수도 있다.

적성은 지능과는 다를 수 있다. 지능은 언어학적, 비언어학적 기술을 얼마나 잘 마스터하느냐하는 일반 능력과 관련이 있다. 그런데 적성이란 언어 습득과 연계된 특수 능력과 관련이 있다. 적성의 효과는 학급에서 실시하는 언어 유창성 테스트로 측정할 수 있다. 수 많은 연구(예: Gardner 1980)에 보면 적성이 교실에서 배우는 언어의 성공 수준을 결정 짓는 매우 중요한 요인중의 하나라는 보고가 있지만, 어떤 인지 능력이 적성을 구성하는 것인지 명확하지 않기 때문에 이것을 연구할 가치가 있는지는 여전히 의문이다.

SLA 이론에서는 아직도 학습자의 동기와 욕구가 그 이론의 중심이 되고 있다. 그들이 배우는 외국어를 모국어로 사용하는 사람들의 사회적, 문화적 관습에 흥미가 많은 학습자들은 외국어 학습에 성공할 확률이 높다. 이와 마찬가지로 학습자가 L2를 배우고자 하는 강력한 도구적 욕구가 있다면(예: L2를 매체로하여 연구나 공부를 하겠다는 욕구) 아마도 그 사람은 외국어를 잘 배우게 될 것이다. 반대로 L2 언어의 원어민들의 생활방식이나 해당 외국어에 대한 도구적 욕구가 약한 사람의 경우는 습득도 그 만큼 잘 되지 않을 것이고, 동시에 원어민 정도의 언어능력도 잘 익혀지지 않을 것이다. 동기의 역할은 Gardner와 Lambert(1972)에 의하여 캐나다와 기타 국가에서의 이중언어교육과 관련해서 폭넓게 연구된 바 있다.

동기와 욕구로 SLA를 완벽하게 설명이 되도록 하려면, 습득과정에 동기와 욕구가 어떤 영향을 미치는가에 대하여 이론적으로 설명적 타당성을 보여 주어야만 한다. 이와 같은 설명은 Dulay와 Burt(1977)에 의하여 이미 제공된 바 있다. 그들은 어느 정도의 input량(투입정보)이 언어처리 매카니즘에 투입되어 작동되느냐에 관한 '사회적 여과장치'를 학습자들이 가지고 있다고 주장한다. 즉 의식적이냐 무의식적이냐, 동기냐 혹은 욕구냐, 적성이 있느냐 혹은 정서적이냐 등 등의 결과에 따라 학습자들은 L2에 '개방적'일 수도 있고 '폐쇄적'일 수도 있다. 그러므로 학습자가 일단 의사소통을 위한 욕구와 정서적 욕구에 필요한 L2에 관한 지식을 충분히 획득하고나면 학습자들은 학습이나 습득이 더 이상 이루어지지 않고, 정지될 수도 있다. 이와 같이 정지되는 현상을 Selinker(1972)는 fossilization(화석화)라고 명명했다. 투입 정보량이 얼마이든, 어떤 형태로 투입되든 상관없이 학습자들이 자기 욕구에 필요한 L2 지식을 충분히 투입시켰다고 판단하면 학습자들은 더 이상 학습이나 습득을 하지 않는다.

비록 성격과 인지유형이 SLA에 매우 중요한 요인일 것이라는 일반적인 믿음이 있긴 하지만 인성과 인지유형에 관해서는 그다지 연구된 바도 많지 않고 알려진 사실도 많지 않다. 어떤 스타일의 성격이 L2 학습에 가장 성공적일까? 외향적 성격이 내성적 성격보다 L2에 더 많이 노출되고, 위험부담에 적극적으로 임하기 때문에 외국어 습득에 더욱 유리하고 성공확율이 높을까? 어떤 역할이 SLA에 심리적 억제효과를 보이는가? 이런 의문점에 대하여 아직은 별로 신통한 답이 없는 실정이다.

인지유형에 대해서도 아직 신통한 연구(Brown 1980)가 별로 없다. 성격과 인지유형 등에 관한 연구에서 주요 문제중의 하나는 다양한 유형에 대한 신뢰도 높은 측정 도구가 결여되어 있다는 점이다.

제5장에서는 SLA에 대한 개개인의 학습방법과 연령, 적성, 인지유형, 동기, 인성 및 성격 등의 역할을 다루기로 한다.

투입(input)의 역할

학습자가 L2를 자신에게 투입할 수 있을 때만 SLA 습득이든 학습이든 가능하게 될 것이라는 것은 자명한 사실이다. 이와 같은 투입은 자연적인 여건하에서나 혹은 공식적인 교육하에 이루어지게 된다. 어떤 여건하에 노출되든 그것은 구어나 문어 둘 중의 하나 혹은 둘 다가 될 수 있다. 문제는 투입된 요소가 SLA에 어떤 역할과 기능을 발휘하느냐이다.

연습과 강화(훈련)에 의한 습관 형성론에 근거한 초기의 SLA 이론들은 투입(input)의 중요성을 강조했었다. 학습의 전반적인 과정은 적정량의 L2를 제시하여 학습자가 각각의 자질을 충분히 익힐 수 있을 때까지(거의 자동화될 때까지) 통제할 수 있다. L2 학습도 다른 과목의 학습이나 마찬가지로 같은 속성을 갖는 것으로 보았었다. L2의 학습도 역시 자극-반응(S-R)의 연속적 연쇄로 반복, 강화되는 그런 속성으로 구성되어 있는 것으로 보았다. 이와 같은 행동주의 학습이론에서는 학습자가 학습과정에서 능동적으로 할 수 있는 여지가 별로 없다. 언어학습은 - 모국어든 외국어든 - 외적인 것이지 내적인 현상은 아니었다.

1960년대의 이와 같은 행동주의 학습이론은 도전 받기에 이른다. 그 도전중 가장 괄목할만한 것이 촘스키(Chomsky)에 의한 도전이었다. 투입과정에서 관찰된 언어와 학습자가 생산하는 언어 사이에 일치하지 않는 사례가 너무 많다는 점이 지적되었다. 이런 현상은 학습자의 투입과정에 상응하는 학습자의 정신적 과정이 하나의 쎄트로 이루어져 있고 이 쎄트가 다시 학습자가 머리 속에 저장했다가 발화로 생산해낸다는 식의 가설로 설명하는 것이 가장 합리적일 것이다. 촘스키식 이성주의 입장은 그가 명명한 '언어습득장치(LAD)'를 강조하면서 이 LAD가 언어학적 환경에서 기능을 발휘한다고 보았다. 투입은 단지 '장치'를 활성화시켜주는 단서 또는 방아쇠 역할을 한다고 보았다.

그러므로 SLA에서 주요 문제중의 하나는 투입(input)이 학습을 형성하고 통제하느냐 아니면 단순히 기폭제(방아쇠) 역할만 하는 것이냐라는 점이다. 최근에 와서는 원어민들이 L2 학습자에게 어떤 방식으로 말을 하느냐라는 점과 그들이 말을 할 때 어떤 부분이 SLA에 작용하느냐 등 두 가지 문제 때문에 투입(input)에 상당한 관심이 쏠리고 있다. 학자들은 단순히 L2에 노출되는 것만으로는 충분조건이 될 수 없다는 점을 시사하기 시작했다. 학습자들은 그들이 발달단계중 어느 단계에 속하는 L2 자료를 필요로 한다는 것으로 나타났다. 그러나 최적 투입(input)의 양이 얼마냐에 관해서는 그다지 일치된 견해가 없다. 그러면 교사들이 추정하는 바와 같이 과연 하나의 투입이 공식적이고 논리적인 기준에 따라 선별되고, 등급이 매겨지는 것이냐? 아니면 Krashen(1981)이 주장하는 것처럼 그것이 학습자들에게 그들이 이해할 수 있는 언어를 제공하는 '종합적인 투입'의 문제이냐? 좌우간 최근의 언어학 연구에서 SLA 과정에서의 투입의 역할은 가장 논란이 많은 부분이다.

제6장에서 이 문제를 더욱 심도있게 다루기로 하고, 이 문제가 SLA에 그다지 중요한 투입 요소가 아님을 입증해 보이고자 한다.

학습과정

학습자들은 자기가 받아 들이는 투입(input)정보를 면밀히 조사해서 자기가 이미 가지고 있는 지식과 연계시킬 필요가 있다. 그들은 이런 것을 어떻게 할 수 있나? 이에 대한 설명은 두 가지 가능성이 있다. 즉 절차적 지식의 일부인 일반 인지전략을 이용하여 또 다른 학습 형태에 이용할 수 있다. 이러한 전략은 대개 학습자 전략(learner strategies)과 관계가 있다. 때로는 학습자가 가장 효율적인 L2 규칙을 발견하기 위하여 투입된 정보 자료를 작동시킬 수 있는 특수한 언어학적 능력을 보유할 수도 있다. 바로 이 언어학적 능력은 보편문법(Universal Grammar)과 관련이 있다.

Tarone(1980)은 학습자 전략을 3가지로 분류하고 있다. 즉 학습전략(learning strategies), 생산전략(production strategies), 의사소통전략(communication strategies) 등이 그것이다. 그러면 먼저 학습전략부터 보기로 하자. 이 전략은 학습자가 언어학적 지식을 개발하기 위하여 L2 투입정보를 가공,처리하는 수단이다. 학습전략은 의식적일 수도 있고 행위적일 수 도(예: 암기를 목적으로 기억해 두거나 반복하는 행위) 있으며 심리언어학(예: 간섭 또는 과도한 일반화)적일 수도 있다. 두 번째 유형은 생산전략이다. 여기엔 학습자들이 이미 분명하게, 효과적으로, 최소의 노력으로 획득한 L2 지식을 활용하려는 시도가 있다. 이에 속하는 예로는 어떻게 말을 해야 한다는 것에 대한 리허설과 담화설계가 있다. 세 번째 유형은 의사소통전략이다. 비록 이들이 학습자가 더 많은 투입정보를 얻어내는데 도움을 줌으로써 학습에 간접적인 기여를 한다고는 하지만 생산전략과 마찬가지로 이들도 학습전략이라기 보다는 오히려 활용전략이라고 볼 수 있다. 의사소통전략은 필수 언어학적 지식이 결여되어 있기 때문에 학습자의 의사소통 수단으로 사용하려는 내용으로 구성되어 있다. 학습자들은, 특히 자연스런 상황하에서, 끊임없이 언어적 한계를 넘어서는 자기 생각을 표현할 필요가 있다. 따라서 학습자들은 언어적으로 표현이 곤란한 자기 생각을 표현하기를 포기해서 한계에 달한 언어표현 문제를 피해 가거나 어떻게 하든간에 자기 생각을 말로 표현할 수 있는 길을 모색할 것이다. 전형적인 의사소통전략은 어떤 도움(예: _____ 을/를 뭐라고 부르나요?)을 청하고 알기 쉽게 할 수 있는 표현(예: 개가 '짖는다'란 말 대신 '왕왕') 등을 요구한다. 의사소통전략은 정확치도 않고, 적절한 방법도 아닌 기존의 자기 자신이 갖고 있는 L2 지식을 즉흥적으로 활용하여 자신에게 아직 갖추어지지 않은 지식을 보강하려는 것도 포함되어 있다.

학습자 전략연구는 SLA의 주요 핵심 과제이다. 언어적 환경의 중요성을 최근들어 재인식하게 됨은 이것이 다시 행동주의 입장으로 회귀함을 뜻하지는 않는다. 오히려 상호간에 어떤 영향을 미치는지 그 효과를 찾아내기 위하여 투입정보와 내부진행과정 사이의 상관관계를 중요시한다. 최적의 투입정보는 학습자 전략을 수단으로하여 처리될 수 있는 것이다. 학습자들은 그들이 사용하는 전략을 그들이 받아들이는 투입정보의 유형에 따라 적절히 조정, 적응한다. 학습자들은 또한 생산전략과 의사소통전략을 통하여 그들이 노출된 투입정보의 유형을 통제하려고 시도할 수도 있다. 학습자 전략으로서 투입정보와 결과(output)는 그 양상은 매우 복잡하긴 하지만 모두 상호관련이 있다.

그런데 학습자 전략은 직접 관찰할 수 없다는 특징이 있다. 이것은 단지 언어학습자의 행동으로부터 유추해낼 수밖에 없다. 그러다 보니 학습자 전략에 관한 문헌들은 상당히 이론적으로 될 수 밖에 없다. 그래서 마치 대출할 수 있는 책은 몇 권되지도 않는 도서관에서 도서분류 작업에만 열을 올리는 식이 되고 만다. 학습자 전략에 관한 초기 연구는 주로 오류분석에 근거를 두고 있었다. 그래서 데이터들이 학습자 발화와는 동떨어진 것들이 되고 말았다. 그 이후의 학자들은 학습자가 상대방 대화자들과 공동으로 의미파악에 협상해 가는 방법을 찾아내기 위하여 계속적으로 담화를 늘려가는 방식을 택하고 있다는 사실과 이런 방식의 중요성을 인식하게 되었다. 이렇게 해서 투입, 내적 처리과정 등과 산출(output)간의 상관관계가 더욱 분명하게 입증될 수 있을 것이다.

습득/학습 진행과정에 대한 대안을 제시한 사람은 촘스키(1965, 1980)였다. 이것은 이미 언급한 바와 같이 촘스키의 언어습득에 관한 이성주의적 입장 즉 그는 학습 환경보다 학습자 자신의 기여도를 더욱 중요시했던 것이다. 촘스키는 학습자 기여도의 특성에 관하여 매우 구체적으로 분석했다.

그는 어린이 언어습득과정이 궁극적으로 일반적인 인지발달로 설명될 수 있을 것이라는 가능성을 제시한 것이 아니라, 어린이의 언어습득은 일반적인 인지발달과는 별개로 언어능력이란 독자적인 용어로 가장 잘 설명된다고 믿었다. 즉 촘스키는 언어습득이란 구체적으로 언어만을 다루고 있는 정신적 매카니즘의 결과라고 주장했다.

그러면 이 언어능력이란 것이 무엇으로 구성되어 있는가? 촘스키는 이 것이 언어적 보편지식을 갖고 있는 '언어습득장치(Language Acquisition Device = LAD)'라고 설명하고 있다. 이 '언어습득장치'는 천부적으로 타고 나는 것이며 이것이 어린이에게 처음 노출된 언어의 문법을 습득해가는 첫 출발점이 되는 것이다. 촘스키의 생각으론 언어란 실제 발화에서 당장 식별해 낼 수 없는 상당히 추상적이고 복잡한 언어규칙에 지배를 받고 있다고 믿었으며 이것을 촘스키는 '표면구조'라고 불렀다. 어린이가 전적으로 투입정보에만 의존한다면 이와 같은 문법규칙들을 습득할 수 없을 것이다. 그러므로 어린이는 언어습득을 유도해 주는 일련의 천부적인 원리(principles)를 갖고 있어야만 한다. 이러한 원리들은 보편문법 - 모든 언어와 모든 언어 학습자들에게 공통적으로 존재하는 언어적 자질과 습득과정 등 - 으로 이루어진다.

촘스키의 '언어습득장치'는 L1 습득시에 작동한다. 그러나 SLA를 결정짓는 언어능력이 있을 것이라는 생각도 주장해 볼만 하다. 최근에 와서 이런 추세가 보편화된 가설이 되어 가고 있다. 이것은 모든 언어에서 발견되는 '핵심'규칙이란 것이 있다는 개념에 근거를 두고 있다. 개별 언어적 특성을 나타내는 규칙들 즉 한, 두 개의 언어에만 나타나는 특성들도 있다. 그래서 보편가설은 L2 학습자들이 개별언어적 특성보다 '핵심 규칙'을 더 쉽게 배우고 있음을 발견할 수 있다고 주장한다. L1 전이효과가 주로 핵심적 자질이 아닌 것들에만 제한적으로 나타난다고 주장해 오고 있다. 즉 만약 L2의 규칙이 보편규칙과 일치하지 않음을 학습자들이 발견한다면 학습자들은 자신의 L1 속에서 유사한 규칙이 있는가를 찾아서, 그 규칙을 해석하는 방법을 찾아내고자 노력할 것이다.

학습자 전략은 제7장에서 다루게 된다. 제3장은 촘스키의 '언어습득장치'를 다루고, 제8장에서는 SLA의 보편가설을 살펴보기로 한다.

공식적인 언어교육의 기능

　교사들의 관점에서 보면, 공식적인 SLA 교육의 기능이 가장 중요하다. 이것은 앞 장에서 언급한 많은 문제점들과 관련이 있기 때문에 처음부터 끝까지 철저하게 손대지 못한 상태로 남아 있다.　이것은 학습경로에 미치는 효과와 학습 속도에 미치는 영향 등 두 부분으로 나누어 생각해 볼 수 있다. 그러나 일반 교육학에서는 학습속도나 학습효과 둘 다 교육을 통하여 결정될 수 있는 문제라고 보고 있기 때문에 효과와 속도를 따로 떼어내어 어느 한쪽만 별개로 독립시켜 연구된 바가 아직은 별로 없다.

　일찍이 학자들은 학습자들이 L2의 언어능력을 습득하는데 비교적 효과가 별로 없는 경로를 밟아 왔음이 많다고 지적하곤 했다.　이것은 인간의 언어능력의 한 부분인 일반학습전략을 언어습득에도 적용한 결과가 아닌가 생각된다.　아니면 학습자가 이미 습득할 준비가 되어 있는 상태에서 그 단계에 맞지 않는 언어적 자질들을 잘못하여 모델로 하는 특수한 정보 투입에 노출된 결과라고 볼 수도 있다.　SLA가 언어적 환경에서만 기폭제 역할을 하는 몇 종류의 '습득장치'가 작동한 결과라고 보면 학습자들은 외부로부터 들어오는 영향에 다소 면역이 된 이미 자신이 보유하고 있던 '편람(syllabus)'에 의존할 수밖에 없다.　그러나 만약 SLA가 투입정보중 빈도가 높고 눈에 잘 띄는 그런 정보에 주목한 결과라면 SLA에는 한 개 이상의 '편람'이 있을 수 있는 가능성이 있고, 공식적인 교육이 제공하는 체계적인 구조적 투입정보가 L2 문법이 요하는 질서내지는 순서에 영향을 끼칠 가능성도 있을 수 있다.

　공식적인 언어교육이 발달경로에 미치는 영향에 관해서는 연구가 활발하지 못하며 그나마 몇 않되는 연구결과는 '자연적인' 발달경로는 변경될 수 없다고 주장하고 있다.　그러나 이런 주장들이 결정적인 것으로 평가될 수는 없다. 공식적인 교육은 그 형태가 매우 다양하며, 발달경로는 교수방법론에 따라 다소 변경이 가능한 것으로 볼 수 있다. 지금까지 진행된 연구에 의하면 아직 적절한 환경 여건하에서 올바른 방법론을 찾아내지 못한 것 같다. 자연적인 발달경로가 언어 사용에 특수한 한 가지 유형을 반영하고 있을 수 도 있어서 연구할 때마다 그 한 가지 유형만 계속해서 발견되고 있는 것일 가능성도 있다. 공식 교육이 이와 같은 언어 사용유형(예: 자유로운 즉흥 대화나 회화)에 쉽게 영향력을 행사할 수 없을지도 모르지만 또 다른 유형엔 도움이 될 수 도 있다. 예를 들면 계획된 연설이나 작문의 경우에 말이다. 이와 같은 견해는 SLA의 문맥적 다양성과도 일치한다. 공식적인 언어교육은 어떤 상황에서는 학습자들의 언어수행에 도움이 되지만 모든 상황에서 다 도움이 되는 것은 아니다.

공식적인 교육이 습득순서에 영향을 미치느냐의 여부와 상관없이 전과정을 모두 가동함으로써 SLA는 확대발전할 수 있을 것이다. 공식적인 교육을 받는 학습자들은 그렇지 못한 학생들 보다는 훨씬 빨리 배울 수 있을 것이다. 교실에 있는 수 많은 학생들에서 그런 경험을 발견할 수 있으며 그들이 이를 입증해 주고 있다. 비록 공식적인 교실 수업에서 비롯된 L2 지식이 당장의 즉석 회화에 활용되지 못한다 하더라도, 학습자들이 조만간 L2 사용 기회를 갖게 되면, 유용한 자료로 정착되게 될 것이다. 공식 교육은 강력한 지체효과를 갖는다. 공식 교육이 SLA를 가속화시켜 준다는 주장을 펴는 연구결과가 좀 있는 편이다.

제9장에서는 아직은 상당히 이견이 많은 분야라고 볼 수 있는 SLA에서의 공식 교육의 기능에 대하여 검토하기로 한다.

결론: SLA연구의 틀

지금까지 SLA 연구의 제반 문제점들을 소개하면서 필자는 본 장의 결론을 SLA연구를 위한 하나의 틀을 제시하는 것으로 대신하려고 한다.

필자의 틀은 상당히 많은 요인들이 상호관련성을 갖고 있음을 지적해 두면서 다음과 같이 그 요인들을 제안한다.

1. 상황적 요인
2. 투입 정보

3. 학습자 개인차

4. 학습자의 학습/습득 과정

5. 언어적 산출

이상의 5가지 요인들이 어떤 관계를 갖고 있는지 다음과 같이 간단히 언급하고자 한다.

1. 상황적 요인

상황적 요인은 언어적 정보 투입의 속성과 학습자 전략에 영향을 미친다. 상황과 투입 정보 둘 다 학습/습득이 진행되고 있는 언어적 환경을 구성하고 있다. 이와 같은 환경적 요인을 고려한 것으로는 자연적 SLA와 교실 SLA 등 두 가지 습득유형이 있다. 그렇다면 SLA 발달과정이 이 두 가지 환경과 유형간에 같으냐, 아니면 다르냐하는 것이 주요 현안 문제로 대두된다.

개개의 일반상황에서 대화자가 누구냐에 따라 문맥적 상호작용(예: 수퍼마케트 또는 시끄러운 교실 등)은 식별이 가능해지고 의사소통의 토픽도 알아낼 수 있게 된다. 언어생산은 상황에 따라 상당히 다양한 것이 될 수 있을 것이다.

2. 투입 정보

여기서의 주 관심사는 SLA 습득과정에서 투입 정보가 어느 정도로 결정적인 역할을 하는가란 점이다. 단순히 습득과정을 활성화시키는 기능만 하는가? 아니면 구조적인 기능과 역할까지 담당하는가?

원어민 화자들이 L2 화자와 말을 할 때 L2 화자의 수준에 맞도록 자신들의 말의 수준을 조정해 감을 보여주는 상당히 의미있는 연구결과가 있다. 그렇다면 이렇게 수준 조절을 하는 것이 L2 습득에 어떤 역할을 하느냐란 또 다른 의문점이 나타나게 된다.

3. 학습자 개인차

L2 습득에 잠재적으로 영향을 미치는 학습자 요인이 하나 있다. 그 요인

중 중요한 것들은 연령, 적성, 지능, 동기 및 욕구, 성격과 인지유형 등이 그
것이다.

또 다른 차이는 학습자의 L1에도 내재해 있다. SLA에 영향을 주는 L1의
역할은 1960년대 후반과 1970년대 초반에 집중적으로 연구된 바 있다. 당
시 연구의 주동기는 대조분석 가설을 입증해 보고자했던 것으로 주로 실험
연구를 많이 진행시켰다.

4. 학습자의 학습/습득 절차

학습자의 학습/습득 과정은 아마도 언어적이거나 인지적일 것이다. 인
지학습과정은 3가지 범주 - 새로운 L2 지식을 내면화하기 위한 학습전략,
내면화된 L2 지식을 활용하기 위한 생산전략, 그리고 학습자가 의사소통시
결여하고 있는 L2 지식을 보강하거나 대신할 수 있는 의사소통 전략 등 - 로
분류할 수 있다. 이와 같은 전략은 언어투입 정보와 학습자가 생산하는 언
어 사이에 자연스럽게 나타나는 것이다. 언어적 과정은 학습자가 천부적으
로 타고난 보편문법원리 속에 내포되어 있다. 이런 것들은 처음부터 학습
자에게 제공된 기본이다. 이렇게 보면 목표어의 어떤 부분이 보편적이고
어떤 부분이 그 언어에만 특수한 것인지를 찾아내는 일이 하나의 과제라고
볼 수 있다.

5. 언어적 산출

언어학습자의 언어는 그 형체가 다양하지만 그래도 그 나름대로 어떤
체계를 갖는다. 학습자들은 자신의 L2 지식을 예측 가능한 방식으로 사용
하지만 모든 상황에서 동일한 방식을 사용하지는 않는다.

언어적 산출은 발전적이다. 학습자가 언어적 경험을 쌓아가면서 변화,
발전해 나간다. 그 동안 습득에 어떤 '자연스런' 순서가 있느냐라는 문제
에 관하여 많은 학자들이 관심을 기울여 왔다.

그런데 학습자가 어떻게 L2를 습득하는가를 볼 수 있는 것은 언어적 산
출 즉 습득의 결과 뿐이었다. 특히 학습자가 범하는 오류가 학습자들이 L2
습득과 사용을 연결시키기 위하여 어떤 전략을 구사하는지 학자들이 알아

볼 수 있게 해주는 단서를 제공해 준다.

SLA의 복잡성을 설명하기 위하여 우리는 위에서 언급한 모든 종류의 요인들을 다 검토해 볼 필요가 있다. 편의상 이들 요인들은 이 책에서 하나씩 분리하여 각 장에서 다루기로 한다. 그러나 편의상 장을 달리 했을 뿐 요인들 각각은 상호 관련성이 큰 것들이다. 제10장에서는 SLA에 관한 여러 가지 이론들을 소개하고 전반적인 이론의 틀을 구성하는 5가지 요인들에 관한 가설을 설정, 제시하는 것으로 이 책을 마무리하게 될 것이다.

권장 문헌들

L2 습득에 관한 대부분의 간행물들은 상당히 전문적인 문제들 혹은 언어습득에 관한 대안 등을 다루고 있다. 객관적인 입장에서 쓴 개론서는 별로 없다.

이 분야의 입문서로는 RELC Journal 8/1 (1977) 에 실린 J. Richards and G. Kennedy의 'Interlanguage: a review and a preview' 란 연구논문이 있다. 이 논문의 저자들은 이 책에서 거론한 대부분의 문제점들을 다 다루고 있으며, 7가지의 기본 문제점을 검토하고 있다. 또 하나의 논문으로는 Language Teaching and Linguistics: Abstracts 11/2 (1978)에 실린 V. Cook의 'Second language learning: psycholinguistic perspective' 가 있다. 이 논문에서 Cook은 학습자들이 L2 지식을 어떻게 발전시키는가를 생각해 보고, 인적 요인과 상황적 요인을 검토했다.

관점이 좀 다른 것으로는 Prentice Hall 출판사에서 1980에 출판한 H. Brown의 책 Principles of Language Learning and Teaching의 첫 장을 들 수 있다. 이 책에서 Brown은 언어란 무엇인가?로 시작하여, 그 동안 SLA에 영향을 끼친 언어학, 심리학, 교육학의 학파들을 소개하고 있다. SLA에 대한 기초지식이 부족한 학생들에겐 이 책을 권할만 하다.

제2장
모국어의 역할

개요

SLA는 L1에 대단히 큰 영향을 받는다는 것이 통념이다. 이와 같은 통념을 뒷바침해 주는 것이 바로 학습자의 L2에는 자연스럽지 못한 '이국적인' 어투가 있다는 점에서 비롯된다. 불란서인이 영어를 사용할 때 그 영어는 어투가 불어처럼 된다. 학습자의 L1도 어휘와 문법 등 언어의 여러 단계에 영향을 미친다. 이것을 직접적인 증거로 보기는 어렵지만 모든 언어학습자와 교사들은 이것을 입증하곤 했다.

그런가 하면 SLA에서 L1의 역할을 부정적으로 보는 통념도 있다. 즉 L1이 L2학습에 방해가 되거나 간섭현상을 낳고, L1의 자질들이 L2에 전이효과를 낳는다는 것이다. 사실 SLA의 습득과정은 L1의 효과를 극복하는 그것, L2 속으로 스며드는 L1의 자질들을 서서히 대체해 가는 그것들이 점점 더 원어민 화자의 말투에 근접해 간다는 등 등의 통념들로 인하여 진실이 무엇이든간에 통념이 신념처럼 되어 가는 것이다. Corder(1978)는 SLA에 관한 이와 같은 믿음을 '구조조정과정'이라 불렀다. 이것은 다음 장에서 설명하는 일반학습이론에 근거를 둔 관점이다.

일반적인 견해처럼 L1이 다른 외국어습득에 간섭효과를 낳는다면 SLA 연구는 모국어의 역할을 어떻게 규명하는가? 연구문헌들은 SLA 속에 L1이 어떻게 스며드는가에 대하여 상당한 불일치가 있음을 보여준다. 한편 통념은 다음 사실을 뒷받침해 주고 있다.

심리학적 관점에서 보면 학습자의 마음 속에 있는 두 언어의 체계 사이에 평화공존이란 있을 수 없다고 말할 수 없고 오히려 둘 사이에 항상 갈등이 존재하고 그 갈등은 인지할 때만 나타난다고 볼 수 없고 새로 습득한 언어의 체계가 머릿 속에 저장될 때까지는 항상·계속되는 것이라고 볼 수 있다(Marton 1981).

한편 통념은 다음과 같이 부정되고 L1의 역할은 완전히 부정되지 않는다 치더라도 적어도 최소화 될 수는 있다.

...자연적 환경하에서 L2 통사구조의 습득에 관한 우리의 자료를 보면 이 분야에서 간섭효과가 그다지 큰 주요 전략이라고 볼 수 없다... 내가 보기로는 L2 습득시 간섭 개념을 자연적이고 불가피한 현상으로 취급할 필요는 없을 것 같다(Felix 1980).

L1의 역할에 관한 이와 같은 불일치가 왜 발생하는지를 이해하기 위해서는 Felix가 말하는 '간섭개념'의 발전과정을 검토해 볼 필요가 있다. 그러기 위해서는 행동주의 학습이론, 대조분석가설에 따른 발전, 대조분석 가설에 대한 이론적, 실험적 반박 등이 어떻게 진행되었는지 그 과정을 한 번 살펴볼 필요가 있다. 이 장에서는 과거 30년 이상 진행되어 온 이런 것들을 간략하게 살펴 보기로 한다. 그래서 L1이 SLA에서 그 중요성이 다시 재조명되고 있음을 새롭게 인식해야 한다는 결론을 이끌어 내게 된다. 이 분야에 관한 최근의 연구 동향과 발전의 정도에 관해서는 제8장에서 더 자세히 다루기로 한다.

행동주의 학습이론

L1의 중요성에 매달려 있던 과거의 사조를 이해하기 위해서는 우선 행동주의 학습이론을 이해해야 할 것이다. 1960년대 말까지 언어학습에 관한 관점은 일반학습이론에서 출발했다. 이때까지는 학습자들이 실제로 발하는 언어에 바탕을 둔 SLA연구는 거의 없었고, SLA에 관한 실험연구의 시도도 거의 없었다고 볼 수 있다. 언어학습에 관한 이론도 당시 심리학에서 가

장 지배적인 자리를 차지했던 행동주의이었다. 행동주의 학습이론에서 가장 중요한 두 개념은 '습관'과 '오류'라고 할 수 있다.

습관

행동주의 심리학은 특정의 자극이 있을 때 이 자극에 대응하는 반응을 관찰함으로써 행동을 설명할 수 있다고 주장했다. 다른 자극은 학습자의 다른 반응을 야기시킨다. 이러한 반응은 우연한 일 혹은 우발적인 일(예측할 수 없다는 의미에서)이거나 아니면 매우 규칙적일 것이다. 특정 자극에 대한 특정 반응의 결합체가 습관을 형성하고 이 습관이 바로 Watson(1924), Skinner(1957) 등의 심리학자들이 연구했던 규칙적인 행동유형인 것이다.

행동주의 심리학자들은 두 가지 중요 특성을 습관 때문인 것으로 알았다. 그 두 가지중 하나는 관찰이 가능한 것이다. Watson이 주장한 바와 같이 심리학적 인식의 진정한 기본은 관찰 가능한 행동과 촉감으로 느낄 수 있는 대상에서만 찾을 수 있다. 왓쓴은 내적, 정신적 과정의 존재란 '미신'과 '마술'일 뿐 실재하는 것이 아니라고 그 존재 자체를 부정했다. 주목할 만한 두 번째 특성은 습관인데 이는 거의 자동화되어 있는 것이다. 즉 습관이란 어떤 의식이나 자각없이 거의 자동적으로 수행되며, 과거에 이미 형성된 습관을 소멸시킬 정도로 새로운 자극이 나타나지 않는 한 습관을 없앤다는 것은 매우 어렵다는 말이다.

습관이란 특정의 자극이 특정의 반응과 규칙적으로 연계될 때 형성된다. 바로 이 자극과 반응이 어떻게 연계되느냐에 관해서는 이론이 다양하게 많았다. 고전적인 행동주의인 왓쓴의 이론에서는 자극이 반응을 유도해 내는 것으로 되어 있었다. 즉 자극이 존재하면 이 자극이 반응을 불러 일으킨다. 자극이 충분한 빈도로 발생하면 반응이 발생하고 나중엔 반응이 자동적으로 발생된다. 스키너에 와서 발전된 신행동주의에서는 습관발전의 방법을 좀 다르게 설명하게 된다. 스키너는 특수한 반응에 대응된 자극이 항상 있다고 말할 수는 없다는 점에 근거를 두고 자극의 중요성을 크게 보지 않았다. 오히려 그는 반응의 결과를 강조했다. 그는 반응을 강화시켜

주고, 연계성에 힘을 더해주어서 그 결과로 수반되는 것이 행동이라는 것이다.   그렇다면 습관의 학습은 모방을 통하여(즉 행동이 충분히 자동화될 때까지 학습자는 자극을 모사한다), 또는 강화학습(즉 적정한 행동을 할 때까지 계속해서 학습자의 반응은 올바른 경우는 보상을, 그렇지 못한 경우는 벌을 주게 된다)을 통하여 나타날 수 있다.

습관형성이론은 일반학습이론인 것이다. 바로 이 일반학습이론이 언어학습에도 적용될 수 있을 것이다. L1 습득시 어린이는 어른들의 발화를 모방하고, 옳든 그르든 간에, 그리고 보상을 받든 벌을 받든 간에 모국어를 사용함으로써 모국어를 마스터할 수 있다고 주장해 왔다. 이런 방식으로 어린이들은 그들이 배우려고 하는 언어의 유형 또는 습관에 관한 지식을 형성해 가는 것으로 되어 있다. SLA도 이와 비슷한 과정을 밟아가는 것으로 믿을 수도 있다.   모방과 강화는 L2 습관을 형성하는 자극-반응(S-R)연계를 만들어내는 수단이 될 수 있다. 모국어든 외국어든 언어학습은 수 많은 S-R 연결고리를 깨고 체계적으로 훈련과 연습을 할 때 가능해지고 성공하게 되는 것이다.

왓쓴과 스키너에 의하여 만들어진 이론적 틀 속에서 연구한 심리학자들에 의하여 서술된 학습행동유형이 실제로 나타났을 것이라고 보기는 어렵고, 다만 습관형성론이 1960년대 말까지 모국어(first)와 외국어(second) 습득론을 지배해 왔던 것이다. 여기서 가장 관심을 끄는 것중의 하나는 학습자의 L1이 SLA 진행과정속에 어떻게 끼어 들어가는가를 이론적으로 설명할 수 있는 근거를 제시하고 있다는 점이다. 바꾸어 말하자면 습관형성으로서 SLA의 커다란 윤곽을 제공하는 것에 덧붙여서 이 이론은 L2 학습자가 오류를 범하는 이유도 설명했다.

오류

행동주의 학습이론에 따르면 낡은 습관은 새로운 습관을 배우는데 방해가 된다는 것이다.   그러므로 SLA에 관해서 말하자면 모국어로서 마음속에 이미 프로그램화된 문법장치들이 외국어 습득을 원활히 하는데 간섭효

과를 낳는다는 것이다(Bright and McGregor 1970). 간섭의 개념이 행동주의
자들이 SLA를 설명하는 가장 중요한 핵심개념이었다.

　　간섭현상은 proactive inhibition(선행억제)이라 불리는 것의 결과이었다.
이것은 과거 학습이 방해하는 것 또는 새로운 습관의 학습을 방해하는 것
등과 관계가 있다.　SLA에서 이것은 다음과 같이 작용한다. 즉 모국어와
외국어가 의미는 같고 표현방식이 다를 경우 학습자는 인식장치를 모국어
에서 외국어로 이동시키기 때문에 오류는 대개 외국어쪽에서 나타나게 된
다.　예를 들면 불어 화자는 춥다는 말을 영어로 표현할 때 I have cold라고
할 수 있는데 이는 불어의 J'ai froid를 원용한 결과이다. L2를 배운다는 것은
S-R 관계가 다르든 말든 상관없이 좌우간 새로운 습관을 개발하는 것이다.
이 와 같이 새 로 운 습 관 을 개 발 하 기 위 해 서 는 학 습 자 가 proactive
inhibition(선행억제)을 극복해야만 한다.

　　물론 L1의 모든 유형이나 습관이 다 L2의 그것과 다르지 않을 수 도 있
다.　분명히 모국어와 외국어간에 공통된 의미표현 방식이 동일할 가능성
도 있다.　예를 들면 영어와 독어간에 공통점이 있는 춥다는 생각은 동일한
표현방식 즉 Ich bin kalt = I am cold 로 표현되기도 한다.　이와 같은 경우에
L1의 의미가 L2로 자연스럽게 전이될 가능성이 충분히 있다.　이와 같은 전
이가 가능하다면 두 언어 사이에 인지장치가 동일하다는 사실을 알게 될 것이
다.　그러므로 학습자들은 이런 경우 인지장치가 두 언어간에 다른 점만
마스터하면 선행억제를 극복할 필요가 없을 것이다.

　　행동주의 학습이론은 전이가 모국어에서 외국어로 일어날 수 있는 것이
라고 예측한다.　그러나 전이란 선행억제가 존재하면 부정적으로 작용한다.
이러한 경우 결과는 분명히 오류가 될 것이다.　그리고 모국어와 외국어간
에 습관이 동일한 경우 전이는 긍정적으로 나타날 것이다.　이러한 경우 오
류는 발생하지 않을 것이다.　그러므로 모국어와 외국어 사이의 차이는 학
습오류를 낳게 되고, 모국어와 외국어가 유사한 경우 외국어 학습/습득은
쉽고 빠르게 이루어 질 수 있을 것이다.

　　행동주의적 입장에서 SLA를 설명할 때 오류는 별로 바람직스럽지 못한
것으로 생각되었다.　오류는 배우지 못한 것의 증거요, 선행억제를 극복하

지 못한 것의 증거이었던 것이다. 일부 언어교수이론에서는 참고 견디게
되면 자기 멋대로 습관이 형설될 위험이 있다고 주장하기도 했다. 예를 들
면 Brooks(1960)는 '죄의식과 마찬가지로 오류는 피할 수 있고 오류의 영향
을 극복할 수 있다' 고 쓰고 있지만 모국어의 부정전이의 결과, 오류가 나타
나는 것이라면 단순히 인내하고 고집한다고 어떻게 그것이 습관으로 굳어
진다고 볼 수 있을지는 의문이다. 행동주의 이론에 의하면 오류는 잘못 배
운 탓이라기 보다는 배우지 못한 결과이었다.

　　그러나 어느 경우에서든 오류는 피할 수 있어야만 한다는 것이 전반적
으로 일치된 견해이다. 이와 같은 목적을 위하여 오류가 발생할 시기를 예
측하려고 여러 번 시도를 되풀이 했다. 목표어와 모국어를 비교해 봄으로
써 양 언어간의 차이점을 식별해 낼 수 있고 잠재적인 오류 부분을 예측할
수 있었다. 이렇게 해서 L1 전이효과를 학습자가 극복할 수 있도록 도와주
기 위하여 교실에서 문제영역을 예측할 수 있게 된다. 그것이 SLA에 적용
되었던 것과 마찬가지로 행동주의 학습이론의 원칙들을 검토해보면 잠재
적인 오류 가능성을 예측하는 수단으로 고려해 볼 시기가 되었다. 이 과정
은 결국 대조분석이라고 알려진 절차를 내포하고 있는 개념이다.

대조분석

　　대조분석은 L2를 교육하는데 가장 효과적인 방법일 것이라는 실용적인
필요성에 그 근거를 두고 있다. 대조분석의 가장 핵심적인 인물중의 한 사
람인 Lado(1957)가 '학생들의 모국어와 배우고자 하는 외국어간의 차이점
비교를 시도하는 교사는 문제가 무엇인지를 가장 잘 알고 있으며, 학생들에
게 무엇을 가르쳐야 할지도 가장 잘 알 수 있다' 라고 분명하게 말했다. 그
러므로 '대조분석' 의 기원은 교육적(교사가 주장한)인 것이었다고 본다.
이 방법은 미국에서도 몇몇 학자들이 몇 개의 언어간 비교를 시도하여 대조
분석을 했던 일이 있는데 대개는 모국어를 영어로 사용하는 사람들이 다른
외국어를 배울 때 나타날 수 있는 학습의 어려움을 느끼는 부분들을 다루고
있다. 이와 같은 교실 교육상의 실무중심의 연구 뿐만 아니라 유럽에서는

상당히 이론적이고 학술적인 대조분석 연구가 진행되었는데 그 중 상당수는 SLA와는 별로 관계가 없는 것들이었다. 대조분석법은 분명히 일반언어학을 위하여 이론적으로 관심을 가져볼 만한 분야이긴 하지만 저자는 이것이 SLA와 연계시켜서 연구되는 것에만 관심을 갖고 있을 뿐이다.

대조분석은 심리학적인 측면과 언어학적인 측면 등 두 가지 측면에서 생각해 볼 수 있다. 심리학적인 측면은 행동주의 학습이론에 기초를 두고 있고, 언어학적 측면은 적어도 구조주의 언어학에 기초를 두고 있다고 볼 수 있다.

대조분석의 심리학적 측면

대조분석가설은 결국 심리학적인 측면을 갖고 있으며 그 논리에 따라 두 가지 유형이 있다. 즉 그 유형은 적극적 가설과 소극적 가설 등이 그것이다(Wardhaugh 1970). 적극적 가설은 L1과 L2 사이의 차이점만 식별해 내면 L2 오류는 모두 예측할 수 있다고 주장한다. Lee(1968)가 주장하는 바와 같이 '외국어 학습에 있어서 오류와 어려움의 주요인은 학습자의 모국어로부터 야기되는 간섭'이라는 것이다. 이와 같이 적극적 가설은 L2 학습자가 발하는 많은 오류가 L1에서 그 원인을 찾을 수 없음을 입증하는 연구가 진행되기 이전까지는 상당히 보편적인 가설이었다. 소극적 가설은 단지 진단적인 성격을 가지고 있다고 주장한다. 대조분석은 어떤 오류가 간섭의 결과인지 식별해내는데 이용될 수 있다. 그러므로 소극적 가설에 따르면 대조분석은 오류분석과 손을 잡고 상호보완적으로 일을 해도 된다. 학습자 언어의 언어분석을 위한 자료를 분석하면 최초의 실오류를 식별해낼 수 있다. 그 다음 대조분석은 언어자료 속에서 L1과 L2 언어간의 차이점을 식별하여 어느 쪽의 오류인지 측정하는데 쓰일 수 있다. 소극적 가설에 내포된 암시는 모든 오류가 간섭의 결과로 나타나는 것은 아닐 것이라는 가정이 있다. L1의 영향력에 대하여 소극적 가설은 적극적 가설 보다 더 약하게 보고 있다.

적극적 가설은 오늘날 지지자가 별로 없다. 이런 경향으로 볼 때 결국

L1이 문법적 오류의 주요인으로 보기는 어렵지 않겠는가 싶다. 그럼에도 불구하고 소극적 가설도 그다지 만족 할만한 것은 못된다. 두 언어를 비교한다는 것은 지루하고 긴 작업인데 이렇게 길고 지루한 비교작업을 단순히 오류가 전이효과로 나타난다는 주장을 위한 증거자료로 제시하기에는 별로 의미가 없는 일인 것 같다. James(1980)가 지적한 바와 같이 이것은 하나의 '가상절차'라고 볼 수 있다. 실재하는 오류가 전이에 의한 오류일 것이라는 가설을 설정하기 위해서는 사실분석(de facto analysis)이 이루어져야 한다. 단순히 사실분석이 무엇을 제안하고 있는지를 입증하기 위하여 복잡한 대조분석을 시도한다는 것도 별 의미가 없는 것 같다. 만약 대조분석이 가치가 있는 일이라면 사실분석의 결과도 예측이 가능할 것이다. 그러다면 오류분석이 효과적인 것인지 진단해 볼 필요가 있다.

　대조분석의 심리학적 측면을 고려한다면 어떤 여건하에서 전이가 발생하는지를 다루는 것이 이상적이다. 즉 L1과 L2간의 언어학적 차이점이 전이오류를 낳고 실제로 그런 예를 들어 가면서 설명해야 한다. 심리학적 설명이 필수적으로 요구되는 L1과 L2간의 언어학적 차이로 인하여 전이오류가 나타날 것에 대한 예측 그리고 전이오류가 실제로 나타난 예와 그렇지 않은 예 등을 들기는 불가능한 일이다. 그렇다면 간섭이란 정말로 있는 것인지 있다면 언제 발생하는 것인지를 결정짓는 비언어적 변수가 무엇일까?

　그 변수가 될 가능성이 있는 한 가지는 SLA가 행해지는 여건/환경(setting)일 것이다. Marton(1980)은 간섭이 SLA에 주요 요인이 아니고 간섭이란 교실에서 외국어를 공부할 때 늘 존재하는 상수라고 주장했다. 자연적인 SLA에서 학습자들은 목표어에 포괄적으로 그리고 집중적으로 접할 기회를 갖지만, 인위적인 SLA 즉 교실학습의 경우 수업만 끝나면 즉각 모국어를 사용하게 되므로 이런 양상이 결국 선행억제를 강화시켜준다. 본 장의 서두에서 소개한 상반된 두 개의 견해가 바로 이 변수에 대한 설명이 될 수 있을 것 같다. Marton은 인위적인 즉 교실에서의 SLA에 관해서, 그리고 Felix는 자연적인 SLA에 관해서 글을 쓰고 있다.

　또 다른 변수는 학습자의 학습단계가 될 것이다. Taylor(1975)는 초급단계의 학생과 중급단계의 학생간엔 오류 생산량에 있어서 차이가 있다고 주

장한다. 전자는 주로 전이효과에 그리고 후자는 목표어의 규칙에 대한 과
잉 단순화에(예: 동사의 규칙변화 어미인 ed를 불규칙변화동사에도 적용시
켜서 go가 goed라고 보는 단순화) 치중하고 있다.

그러나 발달단계와 학습유형 등과 같은 변수들이 전이기재에 어떻게 영
향을 미치는지를 설명할 수 있는 명쾌한 이론은 아직 없다. 대조분석이 실
패한 주 요인은 이에 대한 세련된 심리학적 이론배경이 없다는 점이다. 바
로 이 점 때문에 대조분석은 비판을 받게 되었던 것이다.

대조분석의 언어학적 측면

두 언어를 비교하려면 몇 가지 다른 문법모델을 보유하고 있는 두 언어
를 선택하여 자료로 이용할 수 있다. 처음부터 이런 작업을 시도한 것은 구
조주의 언어학자들이었다(예: Bloomfield 1933, Fries 1952). 이는 언어의 패
턴을 구성하고 있는 각기 다른 범주의 묘사/기술에 기초하여 언어의 상세한
'과학적 기술'을 하는 것이 매우 중요하다고 강조하고 있다. 그래서 이들
범주를 공식적인 용어로 정의를 내릴 때 귀납적으로 해야 한다는 것이다.
언어간의 차이점을 강조한 말은 다음 인용문을 보면 알 수 있다.

> 언어들 간의 차이점은 우리가 모든 언어에 다 적용될 분류체계를
> 만드는 작업을 방해하기에 충분할 만큼 큰 것이다(Bloomfield
> 1933).

대조분석법과 구조주의 언어학은 좀 이상한 동반자 관계를 맺고 있음이
분명하다. 만약 이 세상 언어들이 공통적인 범주를 갖지 않고 있다면 언어
간의 비교가 어떻게 가능할 수 있단 말인가?

그러나 이 문제는 미국에서 진행된 대조분석 연구에서는 별로 찾아 볼
수 없을 정도로 소외되었다(예: Stockwell and Bowen 1965, Stockwell and
Martin 1965). 이들 연구는 동일 어족내에서 비교연구를 실시했다(예: 영어
와 스페인어). 그래서 두 언어에 공통된 범주 식별문제는 그다지 심각한 것

이 아니었다. 그러나 이러한 목적에 맞도록 하는 비교를 위한 언어학적 근거 설정의 문제는 간과할 수 없는 것이라 할지라도 여전히 이론적 문제점은 남게 된다. 이상적으로는 대조분석은 보편범주(예: 모든 자연 언어에서 발견되는 범주들)에 근거를 두고 있지만, 실은 범주란 것이 한 언어에서 다른 언어로 언어학적인 실체가 다르게 나타나는 것이다. 촘스키 문법(1965)에서는 그런 모델을 제시하고 있으며 그것이 오히려 대조분석에 이론적 기초로서 합당할지도 모른다(이 점에 대하여 보다 구체적인 언급은 1974년 Buren을 참고할 것).

그러나 대부분의 대조분석연구는 구조주의자들이 말하는 바로 그런 표면구조의 특성에 근거를 두고 연구되어 왔다. 그 절차로는 (1) 기술(예: 두 언어의 공식적인 서술/기술), (2) 취사선택(예: 조동사 체계라든가 오류분석 시 어려움을 야기시키는 분야라든가 이런 것들이 비교를 위한 자료로 선택된다), (3) 비교(예: 무엇이 비슷하고 무엇이 다른가를 비교하는 것), (4) 예측(예: 어느 부분이 오류의 가능성이 농후하다는 추측) 등이 있다.

이상의 절차 (3)항 비교에서 가장 간단한 절차는 두 언어의 어떤 현상이 유사하고 어떤 현상이 전혀 다른지를 결정하는 것이다. 그러나 대조분석은 곧 유사점과 상사점이 상당한 정도로 공존한다는 사실을 깨닫게 된다. 아래 사항들은 비교방법이 나타낼 수 있는 몇 가지 가능성을 알 수 있다:

1. L1과 L2 간에 아무런 차이점을 발견할 수 없는 자질이 있다(예: 불어의 축약형 J'ai은 영어에 거울 속처럼 동일한 I've형이 있다).
2. 수렴현상 즉 L1의 두 단어(품사)가 L2에선 한 단어로 대치된다(예: 독어의 kennen, wissen등 두 단어가 영어로는 한 단어 즉 know일 뿐이다).
3. L1의 어떤 단어(품사)는 목표어에는 아예 없는 경우가 있다(예: 영어의 경우는 주절이든 종속절이든 관계없이 어순이 동일하지만 독어에서는 종속절의 경우 어순이 주절과 다르다).
4. L1의 어떤 단어(품사)는 L2에서 다른 종에 분포하기도 한다(예: 영어의 경우 [ŋ]음은 음의 중간이나 끝에만 오지만(예: singer, thing 등) 아프리카의 여러 언어에서는 첫음에도 나타난다).

5. L1과 L2 사이에 아무런 유사점이 없을 수도 있다(예: 영어는 부정어가 동사 뒤에(예를 들면 I do not know가 있다) 오지만 스페인어의 경우 부정어가 동사보다 앞에(예를 들면 No se라고 한다) 온다. 뿐만 아니라 영어에서는 부정어가 조동사도 이용하고 있지만 스페인어는그렇지 않다.

6. 분산현상 즉 L1에서 1개의 단어(품사)가 L2에서는 두 단어(품사)로 갈라지는 현상이다(예:영어의 경우 정관사 the가 불어에서는 le, la 등 두 가지로 나타난다).

이상의 1에서 6번까지와 같이 두 언어가 다르다는 점을 분류하면 범주가 세분되어 나오게 되는 것이 있는데, 이와 같이 언어학적 차이점을 찾아낸다고 해서 그것이 곧 학습의 어려움은 아니다. 즉 범주구분과 학습의 어려움과는 아무런 관계도 없는 별개의 문제라는 점이다. 언어간의 차이점은 언어학적으로 규명할 수 있지만 학습의 어려움이란 심리학적인 고려가 내포된 것이다. Stockwell and Martin(1965), Prator(1967) 등은 언어학적 차이점들은 학습의 '난이도 피라미드'로 배열하여 도식화시킬 수 있다고 주장했다. 예를 들면 상기 1번부터 6번까지가 학습의 난이도중의 하나인데 난이도를 가장 쉬운 것을 0번으로하여 10번까지로 도식화가 가능하다고 Prator는 주장하고 있다. 그러나 이런 주장은 왜 차이점중 모든 것이 아니고 일부의 차이점만 학습에 더 어려움을 가져다 주는 것인지 심리언어학 이론에 근거를 둔 것도 아니고, 실험에 기초를 둔 것도 아닌 상태이다. 이런 주장들은 단지 언어학적 차이점이 학습 난이도에 영향을 미칠 것이라는 육감적 믿음에 기초를 두고 있을 뿐이다.

대조분석은 대부분 아마도 L1이 '외국어 어투'에서 발견된다는 점에 착안하여 음운체계를 비교했던 것 같다. 그러나 구조에 대한 대조분석들은 (Stockwell, Bowen and Martin) 주로 유럽 언어와 영어 사이에 통사적 차이점에 대하여 길게 다루고 있는데, 1970년데엔 유럽에서도 그런 류의 연구가 많이 성행했다. Sridhar(1981)가 언급한 바와 같이 Lado(1957)가 문화에 대한 대조분석 연구가 있어야 한다고 주장했지만 실제로는 그런 연구가 별로 없었고 어휘에 대한 연구도 별로 많지 않았다.

　대조분석의 언어학적 측면과 관련해서는 몇 가지 문제점이 있다. 그중 하나 - 비교를 주로 기술에 근거를 두는 방식 - 는 이미 간단하게나마 고찰한 바 있다. 또 다른 문제점들은 다음 장에서 거론하기로 한다. 그러나 대조분석과 관련된 문제점들이 단지 언어학적인 문제점이라면 언어학적 해법으로도 해결이 가능할 수 있다. 대조분석적 언어학의 도구가 발달함에 따라 문제점은 점점 감소하고 있다. 그러나 주요 문제점은 대조분석의 심리학적 측면과 언어학적 측면간에 유기적인 관계가 있어야만 한다는 점이다. 학습자들이 SLA에서 단지 제한적으로 L1을 사용하느냐 여부는 언어비교에 별 의미가 없다. 언제 간섭효과가 나타나느냐에 관한 조건과 시기를 정확히 예측해야 한다는 점에서 대조분석은 늘 의문점을 남기고 있을 뿐이다. '난이도에 대한 계층 도식화'가 바로 이와 같은 문제점을 언어학적으로 해결하려고 했던 한 가지 시도였지만 그 해법이 심리학적 타당성이 없다면 결국은 올바른 것이라고 볼 수 없다. 대조분석은 하나의 가설을 형성하고 있는 것이며 여느 가설과 마찬가지로 가설이란 실험을 통하여 검증되어야만 한다. 언어연구란 학습자가 발하는 언어에 기초를 두고 이론을 검증해야 하는데 그러지를 못하고 1960년대에는 일반학습이론에만 전적으로 의존하여 참담한 실패를 자초하고 말았다.

대조분석 가설에 대한 비판

　1970년대 초에 나온 비판들은 크게 나누면 세가지로 분류할 수 있다. 첫째, 대조분석으로 오류를 예측할 수 있겠는가? 라는 점이다. 이와 같은 의문은 언어학습자 언어를 깊이있게 연구하면서 제기되기 시작했다. 둘째, 비교분석 방법론은 과연 합리적인 것이며, 언어라는 것이 속성상 상호비교가 가능하냐라는 점에 대하여 많은 의문이 제기되었다. 셋째, 대조분석과 언어교육간에 무슨 관계가 있나? 그러므로 대조분석은 실험적, 이론적, 실제적 고려의 결과, 자연스럽게 위기를 맞게 되었다. 대조분석이 위기를 맞게 된 상기 세 가지를 항목별로 나누어 자세히 설명하기로 한다.

대조분석론에 대한 실험적 비판

대조분석가설을 매우 강력하게 지지하는 학자를 제외하고는 비간섭 오류가 있다는 것은 늘 인정하고 있는 것이다. 예를 들면 Brooks(1960)는 학습자 오류에 4가지 원인이 있다고 한다. 즉 (1) 학습자는 목표어의 언어구조를 모르기 때문에 무작위로 반응을 하게 된다. (2) 목표어의 정확한 모델이 아직 충분히 훈련/연습되지 못했다. (3) 모순/왜곡은 주로 모국어를 기준으로 하기 때문에 나타난다. (4) 학생들은 특수한 규칙이 적용되는 경우에도 일반적인 규칙을 적용할 수밖에 없다. 그러므로 문제는 간섭효과가 모든 오류에 작용되느냐 여부가 아니고, 간섭효과가 대부분의 오류를 설명할 수 있느냐 여부에 있다.

Dulay and Burt(1973, 1974)가 이 문제에 대하여 실험을 통한 증명을 시도했다. 그들은 심리학적 기초에 따라 그 오류의 유형을 4가지 형으로 분류했다.

1. 간섭효과와 같은 오류, 즉 모국어 구조를 반영하지만 모국어에는 나타나지 않는 그런 오류.
2. 모국어 발달과정상의 오류, 즉 모국어 구조를 반영하지 않지만 모국어 습득 데이터상에서 발견되는 오류.
3. 중의적 오류, 즉 상기 1, 2 어느 쪽으로도 분류하기 애매한 오류.
4. 특이한 오류, 즉 모국어 구조를 반영하는 것도 아니고 모국어 습득 데이터상에도 나타나지 않는 오류.

Dulay and Burt(1973)는 이상의 오류 빈도수를 스페인 어린이가 영어를 공부할 경우를 실험해 보았던 것이다. 그들은 스페인 어린이가 영어의 과거시제 굴절어미와 동일한 형태소자질을 조사했다. 실험결과 중의적 오류를 삭제하고 난 다음 나머지 오류중에서 85%가 상기 2항의 발달과정상의 오류였고, 12%가 특이한 오류, 그리고 3%가 간섭오류이었다. 이 연구와 기타 이와 유사한 연구에 근거를 두고 Dulay and Burt는 어린이들은 L1과 비교 혹은 전이에 기초를 두고 L2를 조직하는 것이 아니고 L1 습득시와 똑같이 독자적인 체계로서 L2를 구성할 수 있는 자신의 능력에 의존한다고 주장했다. 이들은 간섭오류는 단지 음운론에서만 주요 요인으로 작용할 수 있는 것일 것이라고 제안했다.

Dulay and Burt의 연구는 대조분석가설을 꺾는데 상당히 강력한 위력을 과시했다. 분명히 학습자 오류 전체의 단 3%만이 간섭오류라면 학습자의 모국어와 목표어간의 비교로는 SLA의 학습과정에 대하여 설명력이나 예측력이 있다고 볼 수 없게 된다. 그러나 Dulay and Burt의 실험결과에 대하여 반박할 수 있는 연구는 아직 없고, 정확히 학습자 오류의 몇 %가 전이효과를 초래하느냐에 관하여 학자들 간에 일치된 견해도 없는 실정이다. 다음 <도표 2.1>은 1970년대 초반 이후 간섭오류에 관한 연구를 발췌하여 각종 연구결과에 나타난 간섭오류의 숫자를 목록으로 제시한 것이다. <도표 2.1>을 보면 다음과 같은 두 가지 점이 매우 의미있는 사항들이다. 첫째, 각 연구에 따라 간섭오류의 백분율이 상당히 편차가 크다는 점이다. 이는 아마도 변수가 1개가 아니고 많은 변수들(학습자 연령, L1과 L2간의 대조의 정도 등)이 복합적으로 작용한 결과일 것 같고 아마도 불가피하게 부호화 오류(coding error)라고 볼 수 있는 심리언어학적 요인도 내재된 결과일 것이다. 둘째는 Dulay and Burt의 3% 오류란 다른 연구 결과 보다는 이상하게 낮은 수치를 보인다는 점이다. 아래 도표상의 오류의 평균값은 33% 이상이다.

연구자	간섭오류의 정도	실험대상
Grauberg (1971)	36%	모국어가 독어인 성인 학습자
George (1972)	33%	성인혼합실험집단
Dulay and Burt	3%	모국어가 스페인어인 어린이

(1973)		혼합집단
Tran-Chi-Chau	51%	모국어가 중국어인 성인혼성집단
(1974)		
Mukattash	23%	모국어가 아랍어인 성인
(1977)		
Flick	31%	모국어가 스페인어인
(31%)		성인 혼합집단
Lott	50%	모국어가 이태리어인
(1983)		성인대학생 집단

<도표 2.1> 각각의 연구논문에 나타난 외국어로서의 영어문법에
나타난 간섭오류의 백분율 목록

　　대조분석가설을 실험적으로 입증하려 할 때 가장 어려운 난점은 문법적
으로 발화들이 언어전이의 결과임을 보여줄 세련되고 널리 인정할 만한 그
런 기준이 없었다는 점이다. 특히 간섭오류가 발달오류와 구분되기 어렵
다. Felix(1980)는 이 문제에 관심을 집중시켰다. 그래서 그는
Butterworth(1978)가 실험할 때 스페인어를 모국어로 사용하는 실험대상들
의 영어습득 과정에서 L1 간섭효과라고 분류했던 'be' 동사 문장에서의 주
어생략을 영어를 모국어로 습득하는 아이들에게도 보편적으로 나타나는
것이므로 발달오류로 보아야 한다는 점을 지적했다. 이와 유사한 연구결
과는 문헌상 상당히 많다. Jackson(1981) 은 How I do this? 와 같이 WH-의
문문에서 주어와 동사가 도치되지 않는 현상은 인도의 펀잡지방 학습자의
모국어에 영향을 받은 것이라는 주장이 있다. 그러나 이것은 L1, L2 습득
시 모두 나타날 수 있는 현상이라고 이미 논리 정연하게 연구되고 검증된
사실임을 모르고 하는 주장이다. 그러나 수많은 L1에서 동일한 오류가 나
타나는 것을 발달오류라고 보는 것도 받아들일 수 없는 주장이다.
James(1980)가 지적한 바와 같이 목표어와 대조를 보이는 모국어에서 샘플

을 채취하는 경우는 있을 수 있다.   Dulay and Burt 가 채택한 것들과 같은 그런 범주에 오류문제가 주어지면 연구결과가 일치하지 않을 수도 있다는 것은 그다지 놀라운 일이 못된다.

오류의 원인이 무엇인지 확실하게 분석할 수 없음을 인정하면 그 결과가 위의 <도표2.1>과 같이 된다. 즉 L1 간섭효과가 학습자 오류의 주원인은 아닐 수도 있다는 말이다.   대조분석과 습관형성론 등 이 두 가지 이론은 SLA를 명료하게 설명할 수가 없다. 바로 이 점이 대조분석론의 결정적 취약점인 것이다.

대조분석론에 대한 이론적 비판

이와 같은 소제목하에 몇 가지 종류가 다른 문제들을 다루고자 한다. 여기서 다룰 문제들은 크게 나누어 (1) Skinner의 언어행동론에 대한 Chomsky(1959)의 반박, 비판, (2) 대조분석론이 오류를 예측할 때 사용하는 'difficulty'개념과 '오류' 개념간의 관련성을 모색하는 것에 대한 비판, (3) 학습자 발화시 오류를 예측할 수 있느냐라는 점과 '등가번역' 개념 등 대조분석의 언어학적 근거에 대한 비판 등 3가지가 있다.

행동주의에 대한 Chomsky의 공박은 언어습득론의 심리학적 기초를 뒤흔들었다. 행동주의에 대한 공격은 Chomsky에 의하여 시도되었고 스키너와 같이 동물실험에 열중한 다른 많은 행동주의 학자들은 자연상태에서 인간의 언어습득을 어떻게 하는가에 대해서는 아무 것도 제시하지 못했고 그 행동을 규명하지도 못했다.   화자의 반응에 '자극'을 구성하고 있는 것이 무엇인지 아무런 답도 제공할 수 없었기 때문에 '자극'과 '반응'이란 용어는 공허한 것으로 치부될 수밖에 없었다.   언어 사용자가 고상한 문장을 생성해 낼 수 있는 능력이 있음을 주지시키려고 Skinner가 사용한 '유추'란 개념은 인간 개개인의 언어능력 속에 내재한 언어의 창조성을 설명하기엔 그 개념이 너무나 모호하다.   그리고 아이가 L1을 배울 때 부모가 아이의 오류를 정식으로 교정해 주거나 올바른 발화에 보상을 해주는 일이 거의 없으며, 아이들 스스로 자신의 언어능력 속에 내재한 잠재력을 발휘하여 모방을 시도하지 이런 방식으로 새로운 습관을 배우는 것은 아니기 때문에 '모방'과 '강화'란 개념도 언어습득을 설명하기엔 부적절한 것으로 거부되었다.

이와 같은 행동주의 학습이론에 대한 비판은 L1 습득에 관하여 직접적으로 가해졌다. 그러나 이와 같은 비판은 SLA에도 번져나갔다. 언어습득이 습관형성이란 개념으로 설명이 되지 않는다면 분명히 간섭효과란 개념도 도전받게 된다. 이미 앞에서 설명한 바와 같이 이렇한 개념들은 L1의 습관이 L2에도 개입되어 영향을 미칠 것이라는 가정에 따른 것이다. 그러므로 습관전이가 포함된 것이 아니라면 그것이 정확히 어떤 간섭요인으로 구성되어 있는 것이냐라는 의문이 제기된다.

행동주의 학습이론에 대한 이와 같은 비판과 함께 대조분석가설에 대하여 또 다른 측면에서도 반대입장이 있는데, 특히 '어렵다'는 말과 '차이가 있다'란 개념을 등식이 성립되는 동일 개념으로 볼 수 없다는 점, 그리고 '어렵다'는 개념과 '오류'라는 개념을 동일한 것으로 볼 수 없다는 점 등 두 가지 문제점이 있다. 전자에 관해서는 이미 언급한 바 있다. 간단히 말해서 '다르다'란 말은 언어학적 개념이고, '어렵다'란 말은 심리학적 개념인 것이다. 그러므로 습득시 '어렵다'는 단계는 두 언어가 '다르다'는 언어학적 차이의 정도와 직접 접목시킬 수 없게 된다. 예를 들면 목표어의 주절과 종속절의 어순의 차이가 없다는 것이 차이점의 정도가 매우 적다고 말할 수는 있지만 전자가 후자보다 배우기 쉽다고는 말할 수 없다.

의문점의 두 번째 사항은 (즉 '어렵다'는 점이 '오류'의 원인이 된다는 말) 그 타당성이 의심스럽다. 일찍이 연구결과에 의하면 대조분석에 근거하여 어려울 것으로 예측되었던 사항들이 실제로는 오류를 낳지 않고 있음을 알 수 있다. 이론적 주장을 보아도 '어렵다'란 개념과 '오류'를 관련시킬 필요가 없다고 했다. 몇 가지 오류를 내포한 한 문장은 학습자에게 전혀 '어려움'의 요인이 되지 않을 수도 있다. 거기엔 학습자가 진행해 나가기가 쉬운 문형들이 있기 때문에, 실제로 오류를 발생시킬 수 있는 이유중의 하나가 있을런지도 모른다. 반대로 학습자측에서 상당한 어려움을 감수하고 노력하여 매우 좋은 문장을 갖고 끝에 생산해 낼 수 있게 되었는지도 모른다. 훌륭한 문장을 생산해 낸 이유중의 하나는 '어려움'을 경험했기 때문일 수도 있다. 이와 같은 이론적 반대는 실험연구의 결과와도 일치했다. '어렵다'는 점과 '오류'가 의미있는 상관관계를 보이지는 않았다(예: Jackson and Whitnam 1971). 그러므로 L1과 L2간의 언어학적 차이점이 학습의 '어려움' 때문에 오류를 낳게 된다는 대조분석가설의 중심개념은 의문 투성이가 되고 만다.

대조분석가설의 언어학적 기초도 '등가번역'에 대한 이론적 근거가 없기 때문에 도전을 받게 되었다. 대조분석에서 늘 하고 있는 일들은 번역문과 원문의 공식적인 자질들을 비교하는 일이었다. 이 경우 이미 지적한 바와 같이 문제는 비교의 근거로 사용하는 범주와 관련이 있다. 이 경우 범주와 자질들이 모든 자연 언어에 나타나야 하는 '보편성'이 필요한 것이다. 그러나 문제는 여기서 끝나지 않는다. 번역문과 원문이 진정으로 등가성을 가져야 하므로 두 문장은 의사소통성에서 뿐만 아니라 구조적으로도 유사해야만 한다. 예를 들면 불어의 si + 조건절은 수 많은 의사소통기능을 갖는데 - 즉 가정, 요구, 제안 등 - 영어의 if + 조건절은 가정의 의미로만 사용된다(Riley 1981). 대조분석을 완벽하게 하려면 두 언어간 화용적 측면 뿐만 아니라 언어학적 측면도 비교할 필요가 있다. 그것은 적절한 언어사용과 정확한 언어용법 등을 설명할 필요가 있다.

대조분석의 언어학적 측면과 관련된 또 다른 문제는 다양한 학습자를 효과적으로 설명할 수 있어야 한다는 점이다. 언어 학습자언어는 문맥적 다양성과 상황적 다양성이 그 특징이라고 이미 지적한 바 있다. 그렇다면 이론적으로 볼 때 대조분석은 언어사용의 다양성을 그 틀 속에 다 포함시킬 필요가 있다. 전이오류가 발생할 수 있는 특정의 언어학적 문맥과 비언어학적 문맥을 예측할 필요가 있다. 범주오류에 관한 예측은 이런 오류가 학습자가 시도하는 L2에서는 L1에서와 다른 방식으로 나타나기 때문에 별로 신뢰도가 높지 못하다. 그러나 Sridhar(1981)는 대조분석의 어떤 모델도 다양성 분석과 잘 어울리는 것이 요즈음 단 한 개도 없다고 언급하고 있다.

이와 같이 대조분석에 관한 여러 가지 비판론은 그들이 어떻게 두 언어를 종합적으로, 효과적으로 비교할 수 있는지 명확하지 않고, 또한 비교했다고 치더라도 모국어로부터 목표어에 어떻게 간섭효과를 낳는지에 관하여 행동주의 입장에선 적절한 설명력을 찾아보기 힘들기 때문에 반기를 들고 나타나게 마련이다. 뿐만 아니라 실제적인 사유에 근거를 두고 수 많은 반대론이 나타날 수 도 있다.

대조분석론에 대한 실용적 비판

　대조분석론에 대한 비판중 빼놓을 수 없는 것은 과연 대조분석론이 현장 교사들에게 어떤 실용적 가치가 있는가라는 점이다. 분명히 학습자 오류의 대부분이 간섭효과에 의한 것이 아니라면 대조분석론이 처음 대두될 당시의 거창한 주장이나 기대보다는 그 효과가 많이 퇴색될 수밖에 없게 된다. 뿐만 아니라 의문점도 상당히 많은 부분이 해소되지 않고 있다. 대조분석론에 의한 많은 예측들은 대다수 현장 교사들의 육감에 의한 오류예측의 단계를 벗어나지 못하고 있으므로 거의 피상적인 단계에 머물고 있다고 볼 수 있다. 또한 나중에 Sanders(1981)가 주장한 바와 같이 학습자에게 자신의 모국어와 유사한 것들과 그렇지 못한 것들을 구분, 제시하여 '어려움'의 원인을 예측할 필요가 있다면 대조분석론의 합리성은 그 만큼 불확실성을 보인다고 하겠다. 언어의 모든 것(단어, 품사, 어휘, 문장구조 등)을 다 다루면서 모국어와 외국어를 비교하며, 쉬운 것, 어려운 것을 분류하려고 한다면 과연 그 일이 그렇게 용이할까? 대조분석론은 실제 교실에서 외국어를 교육할 때 어느 분야에 더 무게와 비중을 둘 것인지를 보여주게 될 것이라는 주장을 해왔는데 이것은 대조분석이 맨 처음엔 무엇을 가르칠 것인지 선별작업을 한다고 주장한 것 보다는 그 주장의 정도가 약하다.

　그러나 교육이란 관점에서 볼 때 대조분석의 가장 큰 의문점은 언어학습면에서 오류의 역할에 대한 입장변화 때문에 끊임없이 대두되어 왔던 것이다. 대조분석론은 오류를 피해갈 수 있다는 주장을 하고 있지만 오류가 긍정적인 측면 - 계속적인 가설검증(다음 장을 참조할 것) - 도 있다면 오류예방적 교안의 중요성은 그다지 크지 않다고 볼 수 있다. 그렇다면 구태여 대조분석 작업을 할 필요가 있겠는가? 이에 대한 대답은 오류가 왜 발생하는지에 대한 분석이 설득력을 가질 경우에만 오류분석 작업은 그 중요성과 존재의 가치가 있다고 답할 수 있을 것이다. 그러나 오류분석이 고작 L1 간섭의 예나 찾아내고 그것도 단순 예측의 단계를 벗어나지 못한다면 대조분석을 할 필요성은 그다지 크지 않을 것이다.

재평가

비록 대조분석의 존재가치가 '위기' 상황을 맞고 있다고는 하지만 최근에 SLA에서의 L1의 역할에 대하여 성공적인 재평가가 이루어지고 있다. 이 재평가는 다음과 같은 두 가지 형태를 취하고 있다. 언어전이의 특성은 간섭효과가 나타나게 되는 조건, 유용하게 활용될 수 있는 L1의 지식 등이 무엇인지를 보다 정확하게 파악하기 위하여 재평가되었던 것이다. 그리고 L1이 L2 학습에 기여도에 관해서도 Skinner의 신행동주의 이론에 대하여 Chomsky의 신랄한 논박이 출현한 다음부터 언어습득에 대한 이성주의 입장을 수용, 인지구조에 관심을 갖게 되면서 재조명받게 되었다. 이 새로운 구조 즉 이성주의의 핵심 개념은 '전략'이었다.

전이 개념의 재검토

대조분석가설로 인하여 발전된 중요한 점은 세 가지가 있다. 첫째, 대조분석가설로 예측된 어려움은 오류라기 보다는 회피로 나타날 수도 있음을 인식하게 되었다. 둘째, 간섭효과는 L1과 L2가 완전히 다른 언어일 경우 보다는 유사성이 있는 언어간에 발생할 확율이 더 높다는 점을 지적한 실험연구들은 가치가 있다. 셋째, 아마도 이것이 가장 중요한 것 같은데, 오류는 - 간섭도 마찬가지 - 한 가지 요인이 아니라 여러 가지 요인이 복잡하게 상호작용하여 나타나는 현상이라는 분석은 인정할만 하다.

회피

L1으로부터 유도된 회피현상이 있음을 최초로 입증한 것은 지금에 와서

는 유명해진 Schachter(1974)의 연구이었다. 그는 모국어 배경이 각각 다른 많은 연구대상을 선별하여 성인 L2에 나타나는 관계절을 조사연구했다. 영어와 같은 관계절이 모국어에 없는 중국인, 일본인들이 영어를 배울 때 오류를 덜 생산하고, 영어의 관계절 구조와 유사한 언어구조를 갖는 이란인, 이라크인, 아랍인들이 훨씬더 많은 오류를 만들어 냄을 발견했다. 이 점으로 볼 때 대조분석가설과는 모순되는 것이지만 그러나 중국인, 일본인 학생들이 맨 처음엔 관계절을 별로 사용하지 않으려는 현상도 발견했다. 그러므로 학습자의 L1이 무엇이냐에 따라 학습자가 관계절 사용을 회피하는 정도를 예측하게 되었다. Bertkau(1974)도 관계절 분야에서 일본 학생들이 스페인계 학생들 보다 성적이 저조함을 발견했다. 그렇다면 학습자의 L1이 - 대조분석에서는 오류라고 간주했던 '어려움'과는 상관없이 - L2의 생산 및 수용에 결정적인 역할을 한다고 제안할 만한 증거가 바로 여기에 있다고 볼 수 있다. Schachter와 Bertkau(기타 Kleinmann 1978 등)에 의한 연구는 관찰된 오류의 빈도에 근거를 둔 Dulay와 Burt의 대조분석가설에 대한 비판은 완벽한 것이 못되었음을 알 수 있다. 비록 대조분석가설이 생산오류를 예측하는데 실패했다고 볼 수 있을지는 몰라도 여전히 이해오류와 구조회피 문제 등에 대한 예측은 성공적이라고 볼 수도 있다.

유사성의 정도

대조분석가설은 학습의 어려움이란 새로운 습관(외국어)을 학습할 때 옛습관(모국어)으로부터 간섭현상 때문에 나타나는 것이라는 점을 언급한 전이론에서 비롯되었다. 그러므로 외국어를 배우는 어려움이란 모국어와 외국어간의 거리가 멀수록 외국어를 배우기 힘들다는 습득난이도와 거리가 비례한다고 보았던 것이다. 양 언어간의 차이점이 많으면 많을수록 어려움도 더 커지고 그 만큼 오류의 확률도 더 높아진다는 것이다. 그러나 이 논리가 실험연구에서 항상 입증되는 것은 아니다. Lee(1968)는 자신이 중국어를 배울 때 모국어인 영어로부터 그다지 간섭효과를 경험하지 못했음을 보고하면서 그 원인은 두 언어간에 구조가 전혀 다른 것이었기 때문일 것이라고 주장했다.

사실상 두 언어간의 유사성이 크면 클수록 (Wode, 1976) 간섭효과가 더 많이 나타나고 있다. 그러므로 Wode(1976; 1978)는 모국어가 독어일 때 외국어로서 영어를 배우게 되면 모국어인 독어의 부정문, 의문문에 간섭효과는 어떤 특정 발달단계에서만 나타난다고 언급하고 있다. 그는 동사뒤에 부정어의 위치(예: John go not to school.), 동사가 완전히 도치되는 의문문 (예: Catch Johnny fish today?) - 이들 둘은 모두 독일어의 구조를 반영한 것임 - 등 등의 예를 발견했다. 그러나 다른 측면에서 보면 외국어로서의 영어의 부정문과 의문문의 발달은 모국어 습득시에도 똑같이 나타나는 현상이다. 일반적으로 말해서 전이현상이 주요인은 아니라고 볼 수 있다. Wode(1976)는 '어떤 조건들은 일반적으로 간섭효과라고 부르는 것이 나타나는 것과 일치할 수도 있다'라고 결론을 내렸다. 그는 간섭의 개념은 어떤 결실을 맺는 내용을 제공한다면 개발되어야만 한다고 주장했다.

Wode의 관찰은 다른 연구에서도 반복되었다. 예를 들면 Jackson(1981)은 영어와 인도 펀잡어를 비교하여 비교가 전반적인 것(예: 문장 내에서 전치사의 위치, 동사의 위치 등)은 일반적으로 오류가 발생하지 않고 있음을 발견했다. 오류는 뭔가 두 언어간에 유사성이 있는 경우와 품사나 구조에 상이점이 있을 때 나타났다. Zobl(1983)은 L2 규칙을 고려하지 않는다면 대조문법은 너무 예측을 무리하게 하고 있다고 주장했다. Zobl의 말을 인용하면 L2로서 영어를 배우는 불란서인들은 He do that for to help the Indians 와 같이 영어의 부정사 용법에서 오류를 범하고 있다는 것이다. 부정사에 for to와 같이 사용하는 것은 불어의 부정사가 pour + 부정사 구조를 같는데서 그 흔적을 찾아 볼 수 있다. 그러나 Zobl은 전이란 것이 영어구조에 이미 부정사가 존재하기 때문에 발생하는 것이라고 주장했다. 이와 같이 이미 존재하는 문법구조를 보면 영어의 사투리에 얼마든지 for to 구조로 존재함을 찾아 볼 수 있고, 뿐만 아니라 고대영어와 중세영어에서도 불어와 같은 구조를 찾아 볼 수 있는 것이다.

간섭효과가 발생하는 품사간에 '비교적 유사성'이 존재할 필요성은 사실 전이이론과 상충되는 것은 아니다. James(1980)는 1927년에 형성된

Skaggs and Robinson 가설이 이미 두 언어간에 유사성이 크면 간섭효과도 크고, 유사성이 '중립적'일 때 외국어는 배우기가 쉽다고 했음을 지적했다.

L1 간섭은 어떤 특정의 문맥에서 발생하지만 다른 경우엔 나타나지 않음이 분명해졌다. SLA 연구가 직면한 과제는 간섭효과가 발생할 때 그 간섭을 설명하고 예측할 수 있게 되기 위하여 '결정적인 유사성 측정'을 정확하게 할 수 있는 방법이 무엇이냐를 파악해 내는 일이다. 이것은 그 동안 대조분석이 전통적으로 시도해 보지 않은 일로서 심리적 요인과 언어학적 요인 사이에 균형점을 찾아야 하는 일로서 매우 복잡한 과제인 것이다.

다요인 접근방법

SLA에서 L1이 갖는 역할에 관하여 연구를 했던 초기 연구(예: Dulay and Burt 1973)는 오류란 간섭의 결과이거나 언어발달과정과 같은 몇 가지 다른 요인의 결과일 것이라는 점에 근거를 두고 행해졌다. 이제 이런 발상은 매우 순박한 것이었음이 분명해졌다. 어떤 특정의 오류가 한 가지 요인에 의하여 나올 수도 있고, 경우에 따라서는 다른 요인에 의하여 나올 수도 있는 것이다. 주어진 오류가 한 가지 요인 때문에 혹은 여러 가지 요인 때문에 나온다고 할 때 그 이유는 논리적 이유든 심리학적 이유든 아직 분명치 못하다.

Hatch(1983)는 '자연적' 요인이 무엇이며 간섭이 SLA에 알려진 바를 다소는 설명이 가능한 어느 정도는 깊이가 있는 연구를 했다. 자연적 요인들이 SLA의 결정요인이 된다. 즉 학습자에게 L2 의 자질로서 얼마나 선명한 특징을 보이는가 혹은 주어진 형태와 의미 사이에 얼마나 명료한 관계를 나타내는가 등 등의 것들이 결정적인 요인이 된다는 것이다. 이러한 요인들은 L1과 독립적이지만 습득의 어려움을 주는 요인은 될 수 있다. Hatch의 결론은 음운론과 형태론의 경우 자연적 요인들과 L1 간섭은 둘 다 오류들이 이중적으로 결정될 경우에 작용하는 수가 많다는 것이다. 언어의 고급단계로 올라가면 - 통사론과 담화 등 - 자연적 요인들이 더욱 결정적인 요인으로 작용한다.

어떻게 '이중적으로 결정되는' 오류가 발생하는지에 관해 매우 흥미있는 제안이 Cazden 등등(1975)에 의하여 발표되었다. 그들의 연구에서는 영어를 배우는 스페인 학습자들이 영어 부정문을 배울 때 모든 학습자에게서 동일한 발달경로를 밟고 있더라는 것이다. 첫째, 부정문은 'no + 동사'이었다. 이는 스페인어에서는 매우 전형적인 부정문의 형태이므로 L1 간섭의 한 예라고 볼 수 있다. 그러나 'no + 동사'의 형태는 영어를 모국어로 쓰는 L1의 경우에도 나타나고 모국어에 그런 형태가 없는 SLA에서도 나타난다. 그러므로 이는 '자연적 요인'에 의하여 유도되는 언어습득시 하나의 발전적 자질이라고 보아야 할 것 같다. 그러나 Cazden 등등은 스페인 학습자들이 L1에 이런 류의 부정문이 없는 학습자들 보다 이 단계가 더 오래 간다고 지적했다. 그들은 학습자 L1에서 발달유형의 존재는 그런 문형을 사용하는 발달단계가 오랫 동안 지속될 수 있는 요인이 된다고 결론을 내렸다. 그들은 이런 일이 어떻게 일어나는지에 대하여 개략적인 윤곽만 다루었다. L2 학습자들은 L2의 정보 입력에 관심을 갖고 부정어 'no'를 듣는 것에서부터 출발한다. 그래서 자기 L1과 상충되는 이것을 확인하고 형태는 유사하다는 사실을 깨닫게 된다. 이렇게 해서 'no + 동사'의 문형은 옳은 것으로 확신을 갖게 되고 상당히 오랫 동안 이 문형을 고수하게 된다. 계속적인 입력 정보를 바탕으로 나중에 올바른 것으로 확인된 문형이 잘못된 문형을 대체하게 된다. L1 언어지식과 상충되는 것을 확인한 다음 학습자가 초기의 언어정보가 잘못된 것임을 알게 된다면 그는 더더욱 입력 정보에 관심을 갖게 되고 따라서 초기의 언어규칙들을 수정할 수 있게 된다.

SLA에 다음과 같은 3가지 요인이 내포되어 있을 가능성이 많다:

1. 언어보편적 요인 즉 자연언어들이 조직되어 가는 방식의 보편적인 특질과 관련이 있는 요인들 (자세한 사항은 제8장을 참고할 것).
2. 학습자 L1에 나타나는 구체적인 요인들.
3. 학습자 L2에 나타나는 구체적인 요인들.

SLA에 관한 다요인 연구방법은 다양한 L2 품사 습득시 상기 3가지 요인 간에 존재하는 관계를 정확하게 파악해 내야하는 과제를 안고 있다. 다양한 언어배경을 가진 학습자들에 의한 관계절 습득을 연구한 결과 Gass(1980)는 다음과 같이 제안하고 있다:

보편 요인이 학습의 개괄적인 사항을 결정한다. 모국어나 목표어나의 구체적인 언어에 대한 고려는 언어 보편요인들이 결정될 때만 작동하게 된다.

Gass와 같은 학자들이 제안한 L1의 역할은 대단히 복잡한 것중의 하나이다. 간섭은 그 작용이 기타 비간섭적 요인들의 작동과 관련이 있다면 고려해 볼만한 관련있는 요인중의 하나라고 본다.

학습자 전략으로서의 L1 간섭

대조분석가설은 이 가설로 수 많은 오류를 설명할 수도 없고 예측할 수도 없기 때문에 학계에서 외면당하고 말았다. 그래서 학자들은 SLA를 설명하기 위하여 대조분석가설이 아닌 다른쪽으로 눈을 돌렸다. 특히 언어 습득을 습관형성으로 본 행동주의적 관점은 외면당하고, 학습자 자신의 적극적인 기여에 관심을 가진 이성주의적 입장을 선호하게 되었다. SLA에 관한 이성주의적 해석은 제3장에서 설명하기로 한다.

학습자 자신이 적극적으로 관여하는 하나의 과정으로서 SLA를 보는 입장은 저장할 수 있는 하나의 형틀속에 L2 언어정보를 선별하여 넣는 학습자 전략과 이미 저장된 지식을 활용하는 전략 등 두 가지의 학습자 전략을 염두에 두고 있다. 바로 이 '전략'이란 개념은 행동주의 심리학자들이 오직 관찰된 사실에만 관심을 가져야 한다고 주장했던 것과는 비교도 않될 만큼 설득력이 크다. 그러나 이것은 언어습득과 활용의 극히 일부분에 지나지 않는 것이다. 그러므로 문제는 행동주의가 말하는 '간섭'이란 개념이 어떤 방식으로, 일마 만큼 학습자의 '전략'으로 재구성될 수 있느냐이다.

Sridhar(1981)가 지적한 바와 같이 '간섭'과 '전략'의 개념은 상호 모순된 것이 아니다. 학습자의 L1 지식은 가설생성과정내에 하나의 언어자료로서 그 기능을 발휘할 수 있다.

Corder(1978)는 '간섭'이 학습자의 '전략'의 하나로서 재투영될 수 있는 길이 있음을 약술하고 있다. 그는 L1과 L2가 유사성이 있을 때 학습자가 언어 '보편성'을 따라 빠르게 학습 진전을 보도록 도와주면 학습자의 L1이 L2 학습발달과정을 촉진시켜 줄 수 있을 것이라고 주장했다. '간섭'오류는 부정적 전이의 결과가 아니라 '차용'의 결과이다. 즉 학습자가 목표어의 언어정보를 아직 보유하고 있지 못하기 때문에 의사소통의 어려움을 겪고 있다면 학습자는 목표어에 대한 부족된 정보를 L1에서 찾아내어 보충하게 될 것이다. 바로 이 점이 학습자들이 외국어를 배우는 초기 단계에서 L1에 더욱 치중하여 의존하려고 하는지를 잘 설명하고 있다. 즉 처음에는 목표어에 대한 언어정보가 매우 불충분하기 때문에 모국어에서 기준을 찾으려고 시도하는 빈도가 높다가 학습시간이 늘어남에 따라서 차츰차츰 모국어 의존도가 감소하게 된다. Corder의 제안은 '간섭'개념을 '조정'이란 개념으로 개념정리를 새로 했는데 이는 매우 효과적인 작업이다. 간섭은 학습 자질의 하나로 본 것이 전통적인 입장이었는데 '조정'은 의사소통을 위한 하나의 전략으로 간주되었다. 이와 유사한 주장이 Krashen(1981)에 의하여 나타났는데 학습자가 목표어에 대한 충분한 지식이 없을 때 학습자들은 발화에 시동을 걸 때 우선 L1을 사용할 수 있다고 주장했던 것이 바로 그것이다. Corder와 Krashen의 주장은 둘 다 L1을 학습자들이 한계를 극복하기 위하여 활용할 수 있는 원자재로 보고 있는 것이다.

'전략'은 기존의 언어지식을 투입정보로 보유하고 있는 것이다. 바로 기존의 언어지식중의 하나가 L1 지식일 것이다. 그러므로 SLA에 관한 인지주의 관점은 L1의 기여도를 배제하지 않는다. 오히려 McLaughlin(1978)과 Taylor(1975)는 L1 만이 새로운 언어를 학습할 수 있도록 도움을 주는 유일한 기보유 지식일 수밖에 없다고 주장한다. 그러므로 행동주의적 함축성을 지니고 있는 '간섭'개념은 버릴 필요가 있고, 학습자의 SLA에 적극적으로 기여하는 '조정'개념은 SLA이론에서 매우 중요한 부분으로 채택하게 된다.

대조분석적 화용론

　이미 '등가번역'에 관한 논의는 대조분석이 언어학적 대조뿐만 아니라 L1과 L2 그리고 형태-기능관계면에서 유사점과 차이점과 같은 화용적 대비도 고려할 필요가 있다고 지적한 바 있다. 대조화용론은 비교적 최근에 발전하기 시작한 분야인데 그 기원은 Lado(1957)의 Linguistics Across Cultures에서 비롯되었다는 설도 있다. Lado의 이론은 사용 언어가 다를 경우 문화적 차이점을 비교할 수 있는 어떤 틀을 모색했던 것이다.

　Sajavaara(1981)는 대비되는 언어의 기본 아이디어는 정확한 것이라고 주장한다. 문제는 아이디어에 있는 것이 아니고 대조가 수행되는 방법에 있는 것이다. 그는 대조분석이 순수언어학적 파라메터 보다는 오히려 의사소통적 그물망에서 참고 모델을 찾아내야 한다고 주장한다. Riley(1981)는 이런 것들이 진행되는 방법을 제안하고 있다. 그 한 가지 방법은 특수한 기능(예: 제안 등)을 갖고 두 세 개의 언어간에 언어학적 실체를 대조, 비교해 볼 수 있다. 또 다른 방법으로는 두 언어간의 동일한 언어학적 구조에도 불구하고 다른 기능을 가는 것을 조사해 보는 일이 있다. 그러나 또한 보다 야심찬 가능성은 두 언어간에 대표적인 담화구조를 비교해 보는 일이다.

　이와 같은 제안들은 몇 가지 중요한 의문점을 야기시킨다. 그 중의 하나는 언어 보편성의 의사소통적 파라메타가 어느 정도로 작용하는가 아니면 특정언어의 파라메타가 어느 정도로 작용하는가라는 의문이다. 만약 그것이 특정 언어에 국한된 문제라면 그 언어규칙이 어느 정도나 L1에서 L2로 전이될 것인가? James(1981)는 과학분야, 기술분야의 담화 등등에서 전문적이고도 특수화된 의사소통기능에도 보편성이 있다고 강력하게 말한 Widdowson(1975)의 주장을 지적하고 있다. 만약 이것이 그에 해당하는 경우라면 James는 사용이란 차원에서는 언어간에 아무런 차이점이 없기 때문에 '대조화용론'이란 것은 존재할 수 없다고 주장한다.

　그러나 대조화용론은 다른 언어간의 의사소통적 차이점을 비교하자는 것이 아니고 다른 언어간에 동일한 의사소통 기능을 얼마나 다르게 표현하고 있는가를 비교하는 것이다. 의사소통체계의 보편성은 언어간의 기능적 차이점이 존재한다는 사실을 배제하지 않고 있다. 모든 언어들은 다 겸손한 요청을 하는 방법 (예: Could you help me please? 와 같은) 이 있지만 이런 기능을 표현하는 방법은 아마 다를 수 있을 것이다. 그러므로 학습자들이 L1에서 L2로 이런 것을 전이시키는지 여부와 전이시킨다면 어떤 조건하에서 전이시키는지 찾아낼 필요가 있다.

이 문제에 관해서는 그다지 실험연구가 많지 않다. 그러나 한 가지 흥미로운 연구가 Schachter와 Rutherford(1979)에 의하여 실시되었다. 이들은 일본계와 중국계 학습자들이 영어를 배울 경우를 실험대상으로하여 다음과 같은 오류를 관찰했다:

1. Most of the food which is served in such restaurants have cooked already.
2. Irrational emotions are bad but rational emotions must use for judging.
3. Chiang's food must make in the kitchen of the restaurant but Marty's food could make in the house.

이상과 같은 오류는 수동태와 능동태를 혼돈하는 예로 미국 교사들이 무작위로 뽑아낸 표본에서 추출된 것이다. 그러나 Schachter와 Rutherford는 이런 오류문장들이 일어나 중국어 등은 '토픽(topic)' - 상기 1번항의 첫 부분처럼 - 으로 시작되는 특징을 갖는데 이런 특징을 직접 반영하는 것이라고 주장하고 있다. 그러므로 Schachter와 Rutherford의 연구에서 학습자는 자신의 L1에서의 토픽 → 코멘트 순이라는 어순을 감지하고 이것을 직접 L2인 영어에 전이시킨 것으로 볼 수 있다.

앞으로는 대조분석이 점점더 화용론적인 문제에 관심을 둘 것 같다. 이렇게 볼 때 대조분석은 이론적 취지 뿐만 아니라 언어교사들에게 실용적 가치도 회복할 수 있을 것이다.

요약과 결론

본 장은 비록 SLA가 학습자의 L1 으로부터 강한 영향을 받는다고는 하지만 L1 역할의 특성과 그 영향의 범위 등에 관해서는 학자들에 따라서 그 편차가 상당히 크다는 사실을 보여주는 것에서부터 출발했다. 이에 대한 설명은 SLA를 조사하기 위한 심리학적 기저내에서 일어나는 변화에서 찾고 있다. L1의 역할은 맨 처음에 전이이론에 나타나는데 이는 SLA를 습관형성의 한 과정으로 본 행동주의와 밀접한 관련을 맺고 있다. 이 이론에 의하면 오류는 학습자의 L1에 이미 고착된 습관으로부터 나오는 간섭의 결과라는 것이었다. 대조분석은 특정 L1을 가진 학습자들이 경험하는 외국어 습득의 어려움을 예측하기 위하여 개발, 발달되었기 때문에 가르친다는 것은 모국어로부터 야기되는 오류의 기회를 최소화하기 위하여 많은 양의 연습과 복습을 시킬 수 있었다. 그러나 이 점에 있어서는 이론적으로는 그렇다 치더라도 SLA에 관한 실제적인 실험연구가 별로 없다. 대조분석은 일반학습이론과는 동떨어진 별도의 논리에 근거를 두고 있다. 1970년대 초에는 대조분석가설을 입증하려는 시도가 상당히 많이 눈에 띈다. 이들 연구는 대조분석가설로 예측했던 많은 오류들이 실제로 실험에서는 나타나지 않았음을 보여준다. 그리고 오히려 대조분석가설로 예측하지 못했던 또 다른 류의 많은 오류가 발생하고 있음을 알게 되었다. 이와 같은 연구의 결과 L1 간섭의 중요성은 의심받게 되었고, 급기야는 외면당하고 말았다. 언어습득을 설명하는 행동주의에 대한 타당성을 놓고 이론적 공격이 강하게 제기되자 대조분석가설은 일대 '위기'를 맞게 된다. 그러나 서서히 L1의 역할이 완전히 무시당하기 보다는 차츰 그 중요성을 재평가 받기에 이른다. 재평가는 두 가지 형태로 나타났다. 즉 대조분석가설은 L1과 L2간의 유사성의 정도에 따라 간섭의 정도가 다르다는 회피의 문제가 있다는 점과 학습자 오류의 원인이 단 한 개가 아니라 다요인이라는 점 등 두 가지 요소로 수정, 보완되어 나갔다. 또한 대조분석가설은 그 동안 '간섭'이라고 생각했던 개념을 '조정' - 학습자가 L2에 관한 충분치 못한 학습상태에서 의사소통을 하려다 보니 하나의 전략으로서 취하게 되는 - 으로 재해석하여

하나의 인지적 틀 속에 끌려 들어 갔다. 최근에는 언어학의 추세가 언어의
의사소통적 사용을 강조하는 쪽으로 나아가고 있어서 대조분석에 대한 관
심은 미미해졌다. 이와 같은 발전을 우리는 '대조화용론'이라는 명칭으로
알고 있다.

학습자의 L1은 SLA의 매우 중요한 결정요인이다. 그러나 이것만이 유
일한 결정요인은 아니고, 또한 가장 중요한 요인도 아닐런지도 모른다. 그
러나 이론적으로 이것이 얼마나 SLA에 결정적인 역할을 하고 있는지 그리
고 그 결정적 역할의 정도를 다른 요인들의 역할과 비교할 수 있는지 그런
시도 자체가 아직은 어려운 실정이다. L1은 학습자가 입력 정보속에 들어
있는 L2 데이터를 의식적으로든 무의식적으로든 추출해 내는데 그리고 학
습자들이 최대한으로 자기가 보유한 L2를 활용하는데 학습자들이 사용하
게 될 지식의 원천인 것이다. 정확히 언제, 어떻게 이 지식의 원천이 활용
될 것이냐하는 문제는 모국어와 목표어의 형식적 자질과 화용적 자질과 관
련된 모든 요인, 학습자의 학습단계, 언어사용의 유형 (예: 실 사회언어학적
요인들) 등에 달려있는 문제이다. L1의 영향을 가장 크게 받는 분야는 L2의
음운론 - 외국적인 어투는 도처에 산재해 있는 문제임 - 일 가능성이 가장
높지만 사실은 L2의 모든 면에서 L1의 영향은 나타난다. 아마도 전통적인
대조분석가설의 가장 불만스런 측면은 L2에 미치는 L1의 영향은 부정적인
것일 것이라고 보았던 점일 것이다. 다음 장에서 주장하는 바와 같이 SLA
가 하나의 발달과정이라면, 그렇다면 L1은 학습자가 L2를 점점 많이 익혀
서 유창성이 높아 갈수록 그 영향력은 감소하는 그런 성향의 발달과정상의
상당한 기여를 하는 그런 특성을 보이는 요소로 볼 수 있다.

권장 문헌들

대조분석을 다루고 있는 초기의 몇몇 문헌들을 이 분야의 출발점에서
접하는 것이 좋을 것 같다. R. Lado(University of Michigan, 1957)가 쓴
Linguistics Across Cultures는 대조분석가설의 이론 및 절차 등을 상세히 다
루고 있다. R. Stockwell과 J. Bowen(University of Chicago, 1965)이 쓴 The

Sounds of English and Spanish는 실제적인 대조분석가설의 좋은 예이다. B. Robinett과 J. Schachter (University of Michigan, 1983)가 편집한 Second Language Learning에는 이상 두 권의 책에서 일부를 발췌하고 대조분석가설에 관한 기타 많은 논문들을 함께 모아 놓은 것을 볼 수 있다.

　대조분석은 교실현장 실무와 밀접한 관련을 맺고 있다. N. Brooks (Harcourt Brace and World, 1960)가 쓴 Language and Language Learning은 이 분야에 대표적인 서적이다.

　대조분석가설에 처음으로 의문을 제기한 논문중의 하나는 R. Wardhaugh(TESOL Quarterly 4/2: 123-30 참조)에 의하여 쓰여졌다. H. Dulay and M. Burt가 쓴 오류분석에 사용한 'You can't learn without goofing'이란 논문은 J. Richards (Longman, 1974)가 편집했는데 이 논문은 실험적 입증자료를 가지고 대조분석가설을 신랄하게 공격했다.

　아마도 대조분석에 관한 가장 보편적이고 균형 감각을 잃지 않은 책으로는 C. James (Longman, 1980)가 쓴 Contrastive Analysis가 될 것이다.

　이 분야의 최근의 동향을 알 수 있는 책으로는 J. Fisiak (Pergamon, 1981)이 편집한 Contrastive Analysis and the language Teacher와 S. Gass and L. Selinker (Newbury House, 1983)가 쓴 Language Transfer in Language Learning 등 두 권이 있다.

제3장
중간어와 발달의 '자연스런' 경로

개요

본 장의 목적은 L2 학습자들이 대단히 정교하고 구체적인 방법으로 언어자료를 가공한 결과 L2의 언어 질서 및 체계를 습득하게 된다는 주장을 한번 분석해 보고, 맞는 말인지 확인해 보자는데 있다. 이와 같은 주장은 L1 간섭 및 환경요인의 중요성을 강조하는 행동주의 입장과는 상당히 거리가 먼 반대편에 서 있는 것이다. 언어엔 고정된 체계가 있다는 이 주장은 언어습득에 기여하는 학습자 내부요인을 강조하는 학습이론에 근거를 두고 있다. 이 주장은 학습자가 언어에 관한 지식을 어떻게 축적해 가는가를 실험적으로 입증하려 했던 L1 습득 연구에서 비롯된 것이다. 그러므로 본 장의 출발점도 L1 습득에 관한 것이 될 것이다. SLA와 관련이 있는 학습과정에 관한 수정 보완된 개념중 가장 중요한 개념은 중간어(interlanguage)가 될 것이다. 이 개념은 학습자가 배우려고 하는 L1과 L2 둘 다와 독립적으로 존재하는 체계적인 언어지식에 관련해서 사용되는 개념인 것이다. 중간어란 L2 학습자들이 L2를 유창하게 구사하게 될 때까지 거쳐가야하는 중간단계가 있을 것이라는 SLA 연구자들의 추상적인 개념이며 이론적 개념으로 일단 설정한 것이다. 이와 같은 연구는 각기 다른 L2 학습자들이 겪어야 하는 L2 습득과정상 매우 유사한 과정을 늘 답습하고 있음을 시사하고 있는 것이다. 이와 같은 연구의 결과 SLA 는 학습자의 나이, 학습이 행해지고 있는 상황, 학습자 자신의 언어(L1) 배경 등 등에 의하여 큰 영향을 받지 않는 어떤 자연스런(보편적) 경로를 밟아 발달할 것이라는 주장이 제기되었다. SLA를 이와 같이 보는 견해에 따르면 통제요인은 결국 모든 인간이 갖고 있는 언어 능력이며, 언어 능력은 결국 인간이면 누구나 L1 습득이 가능하다는 것이었다. 그렇게 되면 SLA의 발달 순서가 L1 습득의 발달 순서와 어느 정도로 일치하는지 아니면 양자간에 어느 정도로 차이가 나는 것인지? 란 의문이 불가피하게 대두될 수밖에 없었다. 그래서 일단 L1과 L2가 습득면에서는 그 순서나 난이도 면에서 공히 같은 속성을 가진다고 보게 된 것이다. L2 = L1 가설의 타당성 문제가 최근의 SLA 연구의 주관심사가 되었다. 그러나 학습자의 내적 요인들이 비록 SLA에 강력한 결정요인들이라 하더라도 내적 요인들이 학습의 전과정을 설명할 수 있다는 일부 학자들의 확신은 검증받지 못하고 있다. 본 장은 SLA를 학습자 내적 요인에 지나치게 의존하는 주장에 몇 가지 문제점이 있음을 검토하는 것으로 결론을 대신하려고 한다.

그러면 우선 먼저 L1 습득에 관한 연구 및 이론적 배경을 간략하게 검토하겠다. 그리고나서 학습에 자연스런 경로가 있다는 주장에 관한 구체적인 검토에 앞서서 '중간어'의 개념을 다루고자 한다. '중간어'를 다루면 결국 L2 = L1 가설을 다루게 될 것이다. 끝으로 SLA 학습을 설명함에 지나치게 학습자 내적 과정에 매달려 있어 현안 문제로 대두된 수 많은 이론과 주장들이 과연 어느 정도까지가 인정해도 될 만한 것인지 검토해 보게 될 것이다.

L1 습득에 관한 이성주의 입장

필자는 본 장에서 L1 습득에 관한 이성주의 이론을 상세하게 검토할 의도는 없다(상세한 내용은 제8을 참조할 것). 필자는 중간어와 L2 = L1 가설 등을 도입하기 위하여 필요한 개략적인 내용만 소개하고 싶다. 여기서 도입하는 부분들은 수 많은 심리학자와 언어학자들로부터 이미 발표된 것중에서 간략하게 스케치하는 정도로 구성될 것이다. 그러므로 여기서는 주로 Chomsky, Lenneberg 등 이 분야의 주도적인 학자 두 사람과 이들 두 학자의 주장과 관찰이 본 장의 주요 부분으로 자리잡게 된다. L1 습득을 설명하는 이성주의 학자로서는 McNeil(1966; 1970)의 연구가 가장 비중있게 다루어질 것이다.

Skinner의 언어 이론에 대한 Chomsky(1959)의 공박은 결국 행동주의가 견지했던 경험주의적 입장 대신에 모국어 습득에 관한 이성주적 입장을 재확인 시켜주는 계기가 되었다. Chomsky는 어린이의 적극적인 기여도를 강조했고 모방과 강화의 중요성을 최소화시켰다. 그는 모국어에 대한 어린의 언어 지식은 자연언어라면 어느 언어라도 갖고 있어야 할 핵심적인 유형을 구체화시켜주는 보편문법으로부터 나오는 것이라고 주장했다. 이에 관해서는 McNeil(1970)도 같은 입장으로 다음과 같이 쓰고 있다:

> 언어 습득이란 사실은 언어를 처음 시작하는 단계에서 어린이에게 문장이란 개념이 없다면 그렇게 이루어 질 수 없는 속성을 갖는다. 문장이란 개념은 유창한 화자가 어린이에게 던지는 언어학적 증거를 어린이가 조직하고 해석하려 할 때 가장 중요한 안내자 역할을 하는 것이다.

그렇다면 보편문법은 '초기상태'를 잘 조정하여, 주어진 언어의 문장이 취할 수 있는 유형을 통제할 수 있는 언어의 내재적 원칙의 한 쎄트로서 존재하는 것을 의미한다. 또한 보편문법의 일부분은 어떤 자연언어에 노출되므로서 제공되는 언어자료에 관련된 보편원칙을 찾아내는 발견절차의 쎄트가 되는 것이다. 모국어 습득에 관한 이와 같은 견해는 다음과 같은 모델(예: Chomsky 1966)로 발표되었다:

주요 언어자료 → 언어습득장치 → 문법

작동을 시작하기 위한 '보편문법'을 내포하고 있는 '언어습득장치(AD)'를 보면 우선 학습자는 '주요 언어자료(예: 투입정보)'에 노출 또는 접근이 있어야 한다. 그러나 이것은 단지 언어습득장치가 작동하도록 초기화 시켜주는 뇌관 역할만 할 뿐이다. 그것은 습득과정을 형성하지는 않는다, 왜냐하면 습득 과정의 형성은 전적으로 습득장치가 할 일이기 때문이다. Chomsky가 볼 때 언어학자(또는 심리학자)의 임무는 특정 언어의 문법에 맞는 언어습득장치의 특성을 구체화시키는 일이었다.

Lenneberg(1967)는 언어의 생물학적 선행조건을 강조했다. 즉 만물중 인간만이 언어를 배울 수 있는 능력이 있다는 것이다. 그러므로 상당한 지진아라 할지라도 초보적인 수준의 언어를 배울 능력이 있고, 제아무리 사회적으로 지능적으로 발달한 영장류인 침팬지라도 언어의 창조성을 소화시킬 능력은 없다는 것이다. Lenneberg는 어린 아이의 두뇌가 언어습득과정을 수용할 수 있도록 특수하게 만들어져 있지만, 어린이가 어른으로 성숙하게 되면 이런 속성은 사라지게 된다는 것이다. 언어 기능의 완전 회복이 사춘기에 달하면 불가능하다는 사실을 보여 주는 실어증(예: 두뇌손상의 결과 언어기능의 상실) 연구 결과를 증거로 제시하면서 Lenneberg는 인간에게는 유전적인 속성으로서 언어 습득이 가능한 일정한 시기라고 볼 수 있는 일명 '공명기'라는 것이 있다고 주장한다. Lenneberg의 연구는 인간에게는 생물학적 특성의 하나로 언어라는 내장된 능력이 있다는 개념에 대하여 이론적, 경험적 기초가 되고 있다.

SLA를 설명하고 있는 이성주의 학자중 또 다른 학자의 주장을 언급할 필요가 있다. 어린이는 가설 검증이란 수단을 통하여 자기가 보유하고 있는 모국어 지식을 짜마춘다. 어린이의 임무는 기본적인 문법 관계에 관한 천부적 지식을 어린이가 배우고 있는 언어의 문장 표면구조에 연결시키는 일이다. McNeil(1966)에 의하면 그는 어린이가 천부적으로 타고난 언어지식을 모국어의 표면구조에 맞도록 환원시켜야 할 필요성이 있는 '변형'에 관한 일련의 가설을 설정하여 이 일을 해냈노라고 주장한다. 그래서 이런 가설들은 주요 언어자료와 대조해 보고 수정 보완 과정을 거쳐서 검증받게 되었다. 그 결과는 어린이들이 아직 영어에는 없는 몇 단계의 영어 비슷한 언어를 구사하는 과정을 지나면서 '계속적인 근사값'을 구해서 결국은 언어능력을 완성하기에 이르는 것으로 보였다(McNeil 1966).

그러므로 L1습득에 관한 이성주의 입장은 다음과 같이 정리할 수 있게 된다:

1. 언어란 인간 특유의 능력이다.

2. 언어란 인간의 마음 속에 독자적인 능력으로 존재한다. 즉 그
   것은 학습자의 전체적인 인지장치의 한 부분이면서도 지적 발
   달에 관련된 일반적인 인지장치와는 분리되어 있다.
3. L1 습득의 주결정 인자는 어린이가 천부적으로 타고 났으며, 그
   것은 한 쎄트의 문법원리를 제공해 주는 '언어습득장치'인 것
   이다.
4. 언어습득장치는 나이가 들어 감에 따라 그 기능이 쇠퇴하다가
   어느 시기(나이)가 되면 아예 기능을 상실한다.
5. 습득과정은 계속적인 가설-검증의 단계를 거친다. 즉 학습자의
   모국어 문법이 '보편문법' 원리와 관련을 맺고 있다는 말이다.

1960년대는 L1 습득에 관한 집중적인 실험연구의 시기였다. 어린이의
문법습득에 관한 연구를 위하여 이 시기에 미국에선 유사한 연구가 3건(하
바드, 버클리, 메릴랜드 등 3개 대학에서)이나 시작되었다. 이들 연구결과
가 발표되자 처음 알려진 특징은 3건의 연구가 각각 독자적으로 진행되었
지만 그 결과는 서로 상당히 유사하게 나왔다는 점이었다. 처음부터 이들
연구가 구조주의 기법에 근거를 두고 출발했지만, 나중엔 보편문법으로부
터 목표어의 문법을 이끌어 낼 수 있는 변형을 생각하는 쪽으로 연구가 진
행되어 나아갔다. 그렇게 되자 초기의 관점에서부터 이 실험연구는
Chomsky의 통사구조(Syntactic Structure, 1957)와 위에서 언급한 바 있는
SLA에 관한 이성주의적 견해 등으로부터 출발한 통사론에 관한 이론적 발
달과 밀접한 관련을 맺게 되었다. 그러나 1960년대말 쯤되면 L1 습득의 연
구는 과연 통사구조가 어린이의 초기단계에서의 언어 지식을 규명하기 위
한 최선의 방법인지 회의를 품게 되면서, 어린이 언어의 저변에 깔려있는
의미론적 의도를 기술해야 한다는 제안이 나오게 되었다.
이러한 연구들은 종적연구(특정의 연구대상을 설정한 다음 그 대상의
성장, 발달을 관찰하면서 장기간에 걸쳐서 진행하는 연구)이었다. 이들은
여러 해에 걸쳐서 정기적으로 엄마-어린이 대화를 관찰하면서 녹취한 실제
대화 자료를 표본으로 수집하는 작업을 했다. 녹취된 어린이의 발화들을

글자화시켜서 문법적인 분석을 하고 그 다음엔 의미-분석 작업을 진행했다. 이런 작업의 목적은 어린이가 서서히 '암호를 깨뜨리고' 언어능력을 구비하게 됨을 묘사했던 것이다. 이와 같이 자연 언어 자료를 수집하면서 연구자들은 어린이로부터 발화를 이끌어 내려는 시도도 기도했던 것이다. 어린이 발화를 유도해 내는 한 가지 방법은 모방 즉 어린이의 기억의 한계를 넘어서는 긴 문장을 따라 하라고 어린이에게 요구(Ervin 1964)하는 것이었다.

10년간에 걸친 이와 같은 작업 내용을 이 책에서 간략하게 요약하기는 불가능하다. 그러나 그중 두 가지 현상엔 주목할 만한 가치가 있다. 첫째로 어린이의 초기 발화중 상당 부분이 모국어 화자중 성인들은 사용하지 않는 매우 특이한 발화가 있다는 점이다. 둘째, 언어발달은 계속성과 증가성을 보이지만 그 과정이 어떤 단계, 단계별로 구분할 수 있는 특성을 보이지는 않았다. 어린이의 초기 발화의 독특성은 L1 습득시 어느 언어에나 나타나는 공통적인 현상이다. 영어를 모국어로 배우는 미국 어린이의 초기 발화의 예는 다음과 비슷한 것들이었다:

Mommy sock.	엄마 양말.
No the sun shining.	해가 안빛나.
What the dolli have?	뭐가 인형가져?
Want pussy Lwindi.	멍멍이 린디 원해.

이와 같은 현상은 어느 언어에서나 어린이가 모국어로 배우는 초기 단계에서는 다 나타난다. 즉 어른의 발화와 다른 어린이의 발화가 모든 언어에서 다 나타난다는 말이다. 이와 같은 발견은 L1 습득을 행동주의 입장에서 설명하던 것을 실험적으로 부정하고 거부할 수 있는 아주 강한 근거를 제공하기 때문에 매우 중요한 것이었다. 실제로 상당히 많은 발화가 어른들이 나타내는 발화를 보고 모델로 삼아서 모방하는 것이 아니라면 모방과 강화학습을 통하여 모국어를 습득한다는 자극-반응 논리는 깨지고 만다. 위에서 예로 든 발화는 어른들이 사용하는 언어부호나 규칙이 아닌 어린이 자신만이 가지고 있는 그 무엇인가를 작동한다고 밖에는 설명이 되지 않는

다. 어린이의 언어적 산출이 투입정보와 일치하지 않는다면 그 이유를 어떻게 설명할 수 있는가? 그 설명은 어린이 뇌 속의 내부과정에서의 어떤 진행이 일어나고 있다고 밖엔 달리 설명할 수가 없다.

모국어 습득이 증가적인 특성을 가졌다는 증거는 두 가지가 있다. 첫째, 어린이의 발화의 길이가 서서히 증가하고 있다. 처음엔 발화가 한 개의 단어로 구성되어 있다. 나중엔 두 단어, 그리고 세단어, 네단어 하는 식으로 발화의 길이가 점점 증가한다. 둘째, 문법체계에 대한 지식이 단계적으로 구축되어 나간다. 현재진행형의 -ing형이나 조동사 do 같은 것이 동시에 습득되는 것이 아니고 순차적으로 습득되는 굴절형들이다. 마찬가지로 부정문이나 의문문과 같은 복잡한 문법체계도 한 조각씩 조금씩 조금씩 배워가면서 목표어의 그것과 다른 점을 익혀 나아가게 된다. 예를 들면 초기의 부정형은 no + 서술어 (예: No the sun shining과 같은 문형) 로 구성되는 것이 전형적인 형태이다. 발화 길이의 완만한 증가와 언어규칙의 끊임없는 수정, 보완은 발화의 평균길이(mean length of utterance = MLU)의 성장에 그대로 반영되는데 바로 이 MLU가 언어발달의 지표로 보게 된다. MLU는 발화에 나타난 형태소를 계속 더해서 전체 발화의 수로 나눈 값이다. 어린 아이의 기억이 발달함에 따라 문법적 정보가 필요하게 되고 그렇게 되면 MLU도 커지게 된다. 예를 들면 Crystal(1976)은 MLU의 길이에 따라 어린이의 언어습득 단계를 6단계로 분류하고 있다.

L1 습득에 관한 이성주의 입장에 따르면 언어습득은 보편적인 과정이다. 습득 연구시에 주로 사용하는 과정(process)이란 말은 두 가지 의미로 사용된다. 즉 발달의 순차성 (예: 습득 자체가 증가성을 갖는다는 점) 과 습득이 일어나는 방법을 결정하는 요인 등과 관련이 있다. 1960년대에 행해졌던 많은 L1 습득연구와 오늘날까지 계속된 연구들은 어린이가 어른 수준에까지 L1 습득단계가 진행되는 과정에 다소 고정된 경로가 있음을 시사한다. 그렇다면 '진행(process)'이란 용어는 어린이가 밟아가는 언어발달단계로서 기술/서술적인 용어라고 볼 수 있다. '진행'의 두 번째 의미는 어린이가 자기 내적인 규칙을 형성하는 방법과 단계마다 어린이 자신이 그 내적규칙에 적응, 조정해 들어가는 방법 등과 관련이 있다. 이런 의미에서는 다

분히 설명적 개념의 용어라고 볼 수 있다. 자연적 순차는 또한 모든 학습자들에게 공통된 매카니즘이 있을 것임을 암시한다. 그러나 이런 매카니즘들이 정확히 어떤 것으로 구성되었는지에 관해서는 별로 일치된 의견이 없는 편이다. 이 매카니즘은 내적인 것으로 환경과는 별로 관계없이 작동한다는 이성주의자들의 주장은 앞으로 우리가 보게 되겠지만 그다지 방어력이 없는 것이다. 그러나 SLA를 설명했던 이성주의 이론과 실험연구 등에 의한 충격을 잘 고려해 보아야 할 것이다.

중간어

이 장에서는 초기 중간어 이론을 다루어 보고자 할 뿐 중간어 이론이 어떻게 진화 되었는지를 추적할 생각은 없다. 나중에 발달면에서 보려면 학습자언어의 다양성도 고려해 보아야 하겠고 학습자의 언어산출과 관련된 내부전략에 관해서도 살펴볼 필요는 있을 것이다. 이런 것들이 매우 중요한 발달의 하나이므로 장을 달리하여 제4장, 제5장, 제6장 등에서 별도로 검토하기로 한다. 본 장에서는 언어학습에 관한 이성주의 입장에서의 중간어의 개념에 관심을 집중시키고 초기 중간어 이론이 얼마나 L2 오류 및 SLA의 순차적 발달 등 두 가지면에서 실험적 연구를 진행시켰는지 알아 보고자 한다.

최초로 중간어란 용어를 사용한 학자는 Selinker(1972)이었다. 동일한 현상을 두고 학자마다 다른 용어를 사용해 왔는데, 예를 들면 Nemser(1971)는 approximative systems, Corder(1971)는 idiosyncratic dialects 와 transitional competence란 용어를 사용했다. 이들 용어들은 두 개는 관련이 있지만 개념이 서로 다르다. 첫째, 중간어는 발달의 어떤 주어진 단계에서 (예: 중간언어) 학습자가 구축했던 어떤 구조적인 체계와 관련이 있다. 둘째, 이 용어는 Corder(1967)가 학습자의 'built-in-syllabus' (예: 중간어 연속선)라고 명명했던 것을 형성하는 일련의 내부잠금장치가 된 체계와 관련이 있다.

중간어 이론에 깔려있는 가정은 Nemser(1971)로부터 시작되었다. 이들 가정은 (1) 어떤 주어진 시간대에도 이 어림체계(approximative systems)는

L1, L2와 구분된다. (2) 이 어림체계는 진화체계를 갖추고 있다. (3) 주어진 상황에서 학습자의 이 어림체계는 유창성의 동일단계에서는 동시에 일어난다.

'가설-검증'의 개념은 L1 습득을 설명했던 것과 마찬가지로 L2 학습자가 중간어 연속선을 따라 어떻게 진보, 발전해 나가는지를 설명하는데 사용되어 왔다. Corder(1967)는 적어도 L2 학습자들이 일부 전략은 L1 습득시와 마찬가지라고 양자를 비교하면서 설명했다. 특히 Corder는 학습자가 배우는 언어의 어떤 부분의 가설을 검증하기 위하여 오류를 저지르게 되는데 L1, L2 양자의 경우 모두에 가설검증행위가 다 같이 나타나게 된다고 주장했다. Corder는 학습자 내부과정의 증거인 하나의 전략으로서 오류를 만들어내게 된다고 보았다. 이와 같은 견해는 대조분석가설의 견해와는 정반대되는 입장이었다. '가설-검증'은 인지주의 입장이지 행동주의 입장은 이런 것이 아니었다.

그러나 L1 간섭개념이 완전히 부정된 것은 아니다. 앞 장에서 언급한 바와 같이 SLA에 관한 많은 인지과정중의 하나의 요인으로 재구성되었다. Selinker(1972)는 다음과 같이 중간어 작동에 작용하는 5개의 주요 과정이 있다고 주장했다. (1) 언어전이현상(이것은 이미 앞서서 목록표로 제시했다). (2) 목표어 규칙의 과도한 일반화. (3) 교육훈련의 전이(즉 교육의 결과로서 학습자의 체계에 하나의 언어규칙으로 자리잡는 현상). (4) L2 학습전략(학습해야 할 목표물에 대한 학습자 자신이 선택한 접근방법). (5) L2 의 사소통전략(즉 학습자가 원어민과 의사소통을 하기 위하여 선택한 접근방법) 등이 있다. 간섭은 중간어에 해당하는 몇 가지 과정에서 나타난다. 이상의 5개의 진행절차들은 모두 학습자가 L2를 학습자 자신의 내적인 것으로 만들려는 과정을 형성하고 있다. 이들은 모두 학습자 자신이 학습부담을 최소화시키려는 수단들이며 Widdowson(1975)이 주장한 바와 같이 '간소화'란 일반적인 과정으로 나타날 수 있다고 볼 수 있다. 학습자들은 학습진행 공간이 제한되어 있기 때문에 한 언어의 전체적인 체계를 다 망라하여 배울 수 없고 따라서 어느 주어진 시점에서 학습자들이 검증해 볼 수 있는 가설의 숫자도 제한적일 수 밖에 없다. 이와 같은 '간소화'에 관해서는 제6

장에서 상세히 다룬다.

수 많은 L2 학습자들이(아마도 95% 가량) 목표어의 언어능력에 도달하는데 실패하고 있다고 Selinker는 지적한 바 있다. 즉 그들은 중간어 연속선의 종착점에 도달하지 못한다는 것이다. 그들은 자신의 중간어가 목표어의 언어체계와 다소 다른 언어규칙을 갖고 있는 단계에서 학습을 포기하는 것이다. 그는 이런 현상을 화석화(fossilization)라고 명명했다. 이 화석화 현상은 대부분의 언어학습자들에게서 나타나는데 교육에 의하여 치유될 수 있는 것은 아니다. 화석화된 구조는 오류 혹은 목표어의 정확한 유형으로 인식할 수 있는 것이다. 화석화가 일어난다면 그리고 일어 날 경우에, 학습자는 다음과 같은 발달단계에 도달한 것이다. 즉 자신의 중간어에 있는 어떤 자질 x 가 목표어에 있는 것과 동일한 유형으로 간주하게 되면 그것을 정확한 유형으로 고착화시켜서 화석화가 발생하게 되는 것이다. 그러나 학습자가 자신이 보유하고 있는 언어자질 y 가 목표어의 자질과 다르다고 보는 단계에 도달하면 화석화는 그것을 오류로 분류하게 된다. Selinker(1972)가 일반적인 화석화의 오류라고 인용한 것은 영어 중간어에 나타나는 불어의 후두음 /r/ 그리고 동사 다음에 시간-장소의 어순을 갖는 독어식 영어 중간어 등이 있다. 그러나 화석화 구조들은 지속성을 갖는 것은 아닐 것이다. 때로는 학습자가 목표어의 어형을 정확하게 발할 수도 있지만 학습자가 의미, 특히 주제가 매우 어렵다면, 학습자가 다시 자신의 본래의 중간어 상태로 '뒷걸음질' 치게 될 것이다. Selinker와 Lamendella(1978)는 화석화의 원인은 학습자 내적인 요인과 외적인 요인 등 두 가지가 있다고 주장했다. 이는 학습자 자신이 하고 싶은 의사소통을 얼마든지 효과적으로 할 수 있을 만큼 중간어를 발전시킬 필요성이 없다고 믿는 경우, 그리고 학습자 연령이 가설-검증 매카니즘을 작동시킬 수 있는 뇌신경 구조에 변화가 발생한 경우 등 두 가지 경우에 나타날 수 있다. 화석화에 관해서는 SLA에서의 문화변용의 역할에 관한 Schumann(1978)의 관점을 논하게 되는 제10장에서 자세히 다루게 된다. 연령의 역할은 제5장에서 상세히 다룬다.

지금까지 중간어 이론에 관한 설명은 이성주의의 언어습득론에 의존하고 있다. 가설-검증, 내적 과정, 내적체계의 지속적인 재구성을 포함한 습득연속선 개념 등 등에 관한 강조는 결국 L1 습득이론에서 그대로 빌어온 것들이다. 그러나 한편 이성주의 이론은 SLA 연구에 쉽게 원용될 수 없는 것들이다. Chomsky와 기타 학자들에 따르면 L1 습득의 진짜 결정적인 요인은 어린아이의 '습득장치'였지만 이 장치의 기능은 유전적으로 부여된 자동기능인데 사춘기가 지나면 불가능해지는 특성을 가진 것으로 연령적 제한을 받는 것이다. 그렇다고 보면 SLA의 문제는 다음과 같다: 연령적 제한을 받는다면 사춘기가 지난 성인이 어떻게 L2를 습득할 수 있단 말인가? 이 의문은 심리언어학적 근거를 갖고 있는 SLA를 규명하려는 이성주의 입장의 요점은 무엇이란 말인가? 라는 것으로 나타나게 된다.

Selinker는 이 문제를 다루기 시작했다. 그는 언어학습을 통하여 L2를 마치 원어민처럼 잘 구사할 수 있게 된 외국어에 성공한 성인은 그들이 '습득장치'를 계속 사용했거나 아니면 Lenneberg (Selinker가 구체적으로 거명한 학자임)가 latent language structure 라고 본 것 때문에 가능했을 것이라고 주장한다. 그러므로 모국어를 습득하는 어린이처럼 L2에 성공한 성인은 보편문법을 목표어 문법으로 변형시킬 수 있다. 이것은 'latent language structure'를 재가동시킬 때 나타나게 된다. 그러나 Selinker가 지적한 바와 같이 L2에 성공한 성인의 숫자도 적고, 성공한 성인이라도 원어민 수준의 언어능력을 갖는 자는 더욱 적다. 대부분의 사람들은 초기 단계에서 화석화되고 만다. 이런 사람들은 'latent language structure'를 재가동시킬 수 없는 몇 가지 이유가 있다고 보고 있다. Selinker는 이것을 자신이 latent psychological structure 라고 명명한 일반 인지 매카니즘 속으로 성인 L2 학습자들이 굴러 떨어졌다고 주장하고 있다. 이것도 역시 유전적인 결정 요인이긴 하지만 보편문법을 재생시킬 수 있는 능력을 갖춘 매카니즘은 아니다. 이 매카니즘은 이미 언급한 바 있는 중앙처리장치에 관련된 것이다. 그러므로 Selinker 에 의하면 SLA는 두 가지 방법중 어느 한 방법으로 진행된다고 볼 수 있다. 즉 L1 습득과 동일한 매카니즘을 활용한다고 볼 수 있거나 혹은 언어가 아닌 다른 학습에 관여되는 별개의 매카니즘을 이용하는 것일 수도 있다. 학습의 두 번째 유형에 관련된 매카니즘을 설명할 때 가장 보편화된 것이 인지조직자(cognitive organizer, Dulay and Burt 1977)란 용어가 있다. 바로 이것을 운용하여 얻은 결과인 SLA의 과정을 creative construction이라고 부른다.

Selinker의 1972년도 논문은 이 점에 관하여 초보적이긴 하지만 매우 발전적이었다. 이 논문은 SLA를 해석할 수 있는 이론적 틀을 제공했다. Selinker의 논문에서 주장한 3가지 주요 자질들을 소제목으로 처리하여 다음과 같이 다루어 보겠다.

언어학습자 언어는 융통성이 있다

L2 학습자의 중간어는 학습자 지식을 구성하고 있는 언어규칙이 어느한 단계에서 고정되어 있는 것이 아니라 늘 수정, 보완이 가능하다는 점에서 보면 변화, 발전시킬 수 있는 융통성이 있다. 여러 면에서 볼 때 이런 현상은 언어 학습자언어가 발달과정에서 나타날 수 있는 것으로 자연어에서는 매우 일반적인 현상이라고 볼 수 있다. 예를 들면 초서의 영어에서 보면 부정문의 구조가 본동사 다음에 부정어를 (예: N'apoplexie shente nat hir heed) 둔다든지, 서서히 진화하여 최근 몇 세기 동안 사용하게 된 조동사와 본동사 사이에 not을 두는 형식 등이 있다. 이와 비슷한 방법으로 영어를 L2로 배우는 학습자들이 (예: L1이 독어 또는 노르웨이어인 경우) 자신들의 중간어에 조동사란 개념을 집어 넣기 이전까지 본동사를 부정어로 사용하는 단계를 거치게 된다. 이렇게 해서 영어의 역사적 발전과정은 바로 SLA로서의 영어학습과정과 닮은 꼴이 된다. 모든 언어는 다 융통성이 있다. 중간어란 다른 언어와 비교한다면 융통성의 정도 차이만 있을 뿐이다. 그리고 화석화 현상이란 개념을 수용한다면 외국어 학습자가 모국어 사용자만큼의 언어 능력을 배양하는데 지장을 주는 융통성을 잃게 된다고 볼 수 있다(Adjemian 1976).

언어학습자언어는 역동적이다

L2 학습자들의 중간어는 고정적인 것이 아니고 계속해서 변화한다. 그러나 한 단계에서 다음 단계로 무작정 건너 뛸 수는 없고 목표어에 대한 새로운 가설을 수용할 수 있는 중간체계로 천천히 수정해 가는 작업을 진행시킨다. 이와 같은 작업은 새로운 규칙을 도입할 때 발생하는데 처음에 만난 문장에서 다음 문장으로 계속해서 적용 작업을 하게 된다. 그래서 이 새로운 규칙의 적용은 언어학적 문맥의 범위로 확대되어 간다. 예를 들면 초기의 WH-의문문은 의문문이라도 주어, 동사가 바뀌지 않는 형태(예: What you want?) 이지만 학습자가 주어, 동사 도치의 규칙을 알게 되면 무작정 WH-의문문에 종전의 규칙을 적용시키지는 않게 된다. 처음부터 그는 이 규칙을 몇 개의 제한된 동사와 특정의 WH-대명사(예: who, what)에만 국한하여 적용시킨다. 나중에는 이 규칙을 적용시킬 수 있는 동사와 WH-대명사의 수를 늘려 간다. 이와 같이 규칙의 수정과 적용 범위의 확대가 바로 중간어는 처음부터 불안정성이란 특성을 갖게 마련이며 변화란 특성은 중간어에 내장된 특성이라고 볼 수 있게 되는 것이다.

언어 학습자언어는 체계적이다

중간어가 다양성이 있음에도 불구하고 학습자가 사용하는 (L2) 중간언어에 어떤 규칙이 있음을 파악해 낼 수 있다. 사용자는 자기가 구축한 중간어 규칙을 우발적으로 끄집어 내는 것이 아니고, 뭔가 일관성이 있고 예측이 가능하다. 화자가 모국어에 관한 지식이 내면화하여 그 내면화된 언어지식에 근거하여 모국어를 말하는 것과 마찬가지로 외국어도 기존의 규칙체계에 따라 언어수행을 하게 된다. 화자는 체계적으로 중간어의 규칙을 꺼내어 '문법적으로' 행동하기 때문에 목표어 문법은 불만족스러운 상태에서 L2 수행을 평가한다는 것은 옳지 못하다(Jakobovits 1970)는 지적이 종종 있었다. 그러므로 '오류'란 용어 자체가 과연 온당한 표현인지 의심스럽다. 학습자의 발화는 오직 목표어의 규칙만을 기준으로 잘잘못을 따질 수 있다. 그러나 L2 학습자에게는 자신이 구축하여 알고 있는 중간어 체계속에만 기준이란 것이 있을 수밖에 없다.

중간어 이론은 '행동주의'에 근거를 두고 있다. Selinker가 시사한 바와 같이, SLA논의시 가장 관심을 많이 불러 일으키는 '행동주의적 사건들'이 오류를 낳게 된다. 그러나 대조분석가설이 오류예측 절차를 합리화 시켜 주지만, 중간어 이론은 오류를 설명하려고 시도하고 있을 뿐이다. 그런데 초기의 중간어 이론은 오류분석과 밀접한 관련을 맺고 있었다. 이 처럼 중간어 발달과정을 논하는데 오류분석이 주요 장치로 활용 되었었다는 점을 감안하여 여기서 오류분석의 원리와 방법론을 간략하게 다루고 넘어 가야 겠다.

오류분석

Sridhar(1981)는 오류분석이 오랜 전통을 갖고 있다고 지적했다. 그러나 1970년대 초기 이전에 오류분석은 '상식적인' 오류 및 이들 오류에 대한 언어학적 구분 등 등에 대한 인상주의적 자료수집 정도에 지나지 않았다(예: French 1949). 전통적 오류분석의 목표는 교육하거나 잘못하는 학생들을 어떻게 하면 잘 가르칠 것인가 등 등을 위한 정보를 제공하는 것이었다. SLA 과정에서 오류로 인하여 야기되는 문제점들을 설명할 수 있는 이론적 틀의 부재는 결국 그 문제를 심리학적으로나 혹은 '오류' 자체를 정의하려는 어떤 시도도 할 수 없게 만들었다. 그리고 대조분석에 대한 열망이 커지자, 대조분석에 대한 관심은 자연스럽게 사라지고 말았던 것이다. 행동주의 학습이론에 따르면 오류 예방(대조분석의 목표)이 오류 식별보다 더욱 중요했던 것이다. 1960년대 후반기에 가서야 오류분석에 대한 관심이 부활될 수 있었다. Corder(1967, 1971, 1974)의 일련의 논문들은 이와 같은 관심 재고의 과정을 추적하여 오류분석이 나아갈 방향을 제시했다.

오류분석 절차에 대해서는 Corder(1974)가 자세히 설명하고 있다. 그 절차는 다음과 같다.

(1) 언어분석용 자료의 선정. 여기엔 표본의 크기 결정 즉 중간 크기 정도로 할 것과 표본의 동질화(학습자 표본의 연령, L1 배경, 발달단계 등) 등

이 해당된다. (2) 표본 자료에 나타난 오류의 식별. Corder(1971)는 '오류' (즉 언어능력이 결핍되어 나타나는 이상한 현상)와 '착오'(즉 언어능력 결 핍이라기 보다는 진행절차의 한계로 나타나는 이상한 문장)를 구분할 필요 성이 있다고 지적했다. 그는 또한 문장이란 '명백하게 이상할' 수 있고(즉 목표어의 언어규칙을 잘못 인식해서), 또한 '암암리에 이상할' 수 도 있다 (즉 잘 구성된 말이지만 문맥상으론 비문법적인 경우)고 지적했다. (3) 오류 는 분류된다. 이 말은 각각의 오류는 문법적 기술이 가능하다는 말이 내포 되어 있다는 의미이다. (4) 오류는 설명이 가능하다. 절차상 이 단계에서는 오류에 대한 심리언어학적 원인 분석이 가능해진다. 예를 들면 Selinker(1972)가 말한 5가지 절차(본 장의 앞 부분에서 언급했음)로 각각의 오류를 설명할 수 있을 것이다. (5) 오류는 평가되어야 한다. 이 단계는 효 과적인 교육방법을 결정하기 위하여 각각의 오류를 평가할 수 있는 단계이 다. 오류평가는 오류분석의 목적이 교육에 있는 경우에만 필요하게 된다. 만약 오류분석이 SLA 연구를 위하여 수행된다면 이는 불필요한 것이 된다.

오류에 새로운 관심을 갖는 것은 오류가 습득과정에 관한 어떤 정보를 제공한다고 보기 때문이다. 필자가 앞에서 지적한 바와 같이 이 용어는 두 가지 의미를 갖는다. 그러므로 두 가지 질문이 가능하게 된다. 즉 학습자 오류에 관한 연구가 중간어 연속선상에 무슨 빛을 던져 주는가? 오류는 학 습자가 L2 규칙을 습득하기 위하여 사용하는 전략 위에 어떤 어두운 그림자 를 비추는가? 이 두 가지 질문은 언어발달의 '자연스런' 순서가 있다는 본 장의 주제에 핵심적인 문제들이다.

오류분석은 중간어에 대하여 두 가지 정보를 제공한다. 위에서 언급한 두 가지 질문중 첫 번째 질문과 관련이 있는 것으로 첫째는 L2 학습자가 생 산해내는 오류의 언어학적 유형과 관련이 있다. 예를 들면 Richards(1974) 는 동사를 포함하는 오류의 다른 유형목록(예: 동사 어간 대신에 be + 동사 어간을 사용함 - 'They are speak French')을 제공하고 있다. 그러나 이런 유형 의 정보는 학습자의 언어발달 순서를 이해하게 되면 별로 도움이 않된다는 것을 알게 된다. 오류분석은 오직 L2 학습자가 생산하는(이상한 유형을 내 포하고 있는) 언어에만 초점을 맞추고 있기 때문에 SLA에는 그다지 완벽한 구도를 제시하지 못하고 있다.

중간어를 기술하는 것은 특이형과 비특이형 둘 다를 면밀히 검토하여 학습자가 할 수 있는 것이 무엇인지를 구별할 것을 요한다. 또한 SLA란 발달의 연속과정중의 하나이기 때문에 어떤 한 순간에 언어 학습자언어를 검토하는 절차로부터 학습자가 얼마나 많은 insight를 얻어낼 수 있는 것인지 의심스럽다. 오류분석은 학습자 오류의 통시적 기술을 제공할 수는 있지만 그 자체가 판단을 그르칠 수 있다. 하나의 문장은 비특이형으로(문맥상에서 마저도) 나타날 수 도 있지만 그것은 중간어의 '중간'규칙에 따라 파생되어 나오는 것일지도 모른다. What's he doing? 같은 문장이 그런 예일 수 있는데 이는 이미 알고 있는 기존 지식의 덩어리로부터 끄집어 낸 매우 잘 구성된 문장일지도 모른다. 나중엔 학습자가 What he is doing? 하는 식으로 문장을 생산할지도 모르는데, 이는 명백히 특이한 형태로 볼 수 있지만 중간어 연속선을 따라가는 어떤 단계에 서 있음을 의미한다. 이와 같은 이유로 인하여 학습자가 생산하는 오류의 언어학적 유형을 분석하는 것은 학습자의 언어 발달과정에 관하여 우리에게 주는 지식이나 정보에 별 도움을 주지 못한다.

두 번째 유형의 정보 - 중간어에서 사용되는 전략에 관한 의문과 관련이 있는 - 는 L2 학습자에 의하여 생산되는 오류의 심리학적 유형과 관련이 있다. 바로 여기에 심리언어학의 튼튼한 기초와 배경이 있는 것이다. '발달' 혹은 '간섭'과 같은 범주 때문에 오류를 부호화하는데 상당한 문제점이 있다고는 하지만 오류에 관한 연구는 그 원인이 단 한 개 또는 절대적인 요인(대조분석가설이 주장하는 바와 같은 그런)이 있을 수 없고, 학습자가 L2 학습목표를 간략하게 해보려고 채택한 전략이 무엇인지 알아낼 수 있게 해주는 어떤 암시나 힌트를 제공한다고 결론짓고 있다. Richards(1974)는 발달 혹은 그가 말한 '언어간'오류와 관련이 있는 여러 가지 전략을 구분하고 있다. 어떤 한 품사가 학습자에게 분명하게 인식되지 않을 경우에 학습자들이 택하게 되는 전략은 극한의 일반화이다. 예를 들면 동사의 과거시제 어미 -ed 는 어휘적으로 이미 과거를 나타내기 때문에(예: yesterday) 문맥상으로 아무런 의미가 없는 수가 많다. 규칙억제의 무시(ignorance of rule

restrictions)는 학습자가 적용할 수 없는 목표어의 문맥에까지 그 적용이 확
대될 때 나타나게 된다. 이런 현상은 규칙의 유추 확대나 기계적인 학습의
결과일 수 있다. 규칙의 불완전한 적용(incomplete application)은 학습자가
비교적 간편한 언어규칙으로 효과적인 의사소통을 할 수 있음을 발견하기
때문에 보다 복잡한 구조의 유형을 배우는데 실패하는 경우를 내포하고 있
다. 가설화된 잘못된 개념(false concepts hypothesized)은 목표어 특성식별(
예문 He is speaks French에서 처럼 be 동사 'is'가 동사의 현재시제를 나타내
는 일반적인 지표로 취급하는 사례)에 실패가 그 원인이 된다. 그러나 오류
의 심리언어학적 기원분석으로 SLA를 설명하려는 가장 야심찬 시도는
George(1972)에 의하여 이루어졌다고 볼 수 있다. George는 학습자들이 의
미의 의사소통에 필수적인 것이 아닌 요소들을 생략하므로서 언어에 불필
요한 군더더기를 떼어내려고 하는 학습자의 욕구에서 비롯된다고 한다.
Richards와 George 등 이 두 사람에 의한 분석유형의 함축적 의미는 적어도
오류의 몇 가지 원인들은 모든 언어에 나타나는 보편성을 가지고 있을 것이
라는 단정이었다. 오류분석은 중간어 발달에 기여하는 여러 가지 절차와
과정을 조사, 연구하는데 이용될 수 있다.

그 역할과는 별도로 오류분석의 가장 중요한 공적은, 대조분석가설이란
바람직하지 못한 것으로 별로 쓸모가 없다는 폄하의 단계로부터 언어습득
과정상 내적 작용을 유도해주는 존재로 보는 단계로 재평가 받을 수 있게
해 주었다는 점이다.

중간어 이론과 오류분석으로부터 얻은 누적된 증거 등 등의 결과, 오류
란 더 이상 '원치 않는 유형'이 아니고 학습자가 여기에 적극적으로 기여한
다는 증거라고 보게 된다. L1 습득과 마찬가지로 SLA도 그 특성이 보편성
을 갖는 하나의 인간능력이라고 주장하게 된다. 그러나 발달에 자연스런
경로가 있다는 증명과 같은 결정적인 증거들은 오류분석으로부터 아직 얻
지 못하고 있다. 비록 연구방법론의 발달로 인하여 언어 학습자언어의 횡적
분석(cross-sectional analysis)과 같은 방법이 그와 같은 증거를 제공할 수 있
다고는 하지만 말이다.

중간어 가설에 대한 실험적 증거

지금까지 중간어 연속선 개념은 크게 보아서 이론적인 것이었다. 그러나 실험적 연구를 통해서만 해결될 수 있는 문제점들이 있었다. 특히 실험 연구는 중간어 연속선의 특성을 결정해야 할 것이 요구되었다. 중간어 연속선은 모국어에서 목표어에까지 확대되어 가는 특성을 갖고 있었나? 이 문제에 관해서 Corder(1978)는 연속선을 재구성되는 연속선(restructuring continuum) 이란 표현을 쓰고 있다. 아니면 이 연속선을 중간어 지식의 점증적 세분화로 볼 수 있을까? Corder는 이것을 창조적 연속선으로 보았다. 전자의 관점에서 볼 때 학습자는 목표어의 자질들을 익혀감에 따라 점차적으로 모국어의 자질들을 목표어의 자질로 대체해 가는 것으로 보는 것이다. 후자의 관점에서 보면 학습자는 어린이가 모국어를 습득해 갈 때와 매우 유사하게 느리지만 착실하게 목표어의 규칙체계를 창조해가는 것으로 본다. 중간어 가설에 대한 초기 주장들은 연속선을 전적으로 재구성되는 것으로 간주했던 경향이 있다(Nemser 1971을 참조할 것). 그러나 차츰 L1의 역할에 대하여 의문이 생기게 되자 이와 같은 견해는 주목을 받지 못하게 되고, 중간어란 창조적 연속선이라고 보는 견해가 우세하게 되었다(예: Duley와 Burt 1977 참조). 이와 같이 관점이 변하게 된데는 실험적 연구가 중요한 역할을 했다. 그러므로 본 장의 목적은 SLA가 자연스런 발달경로를 따라 일어난다는 주장을 입증함에 따라 중간어 연속선이란 무엇인지를 해석할 때 '창조적 구축' 이라고 보는 실험적 입증능력이 상당히 증대되었다는 점을 고려해 보는 일이다.

본 장은 우선 SLA의 횡적연구(cross-sectional studies)및 종적연구(longitudinal studies)에 의하여 제공된 증거자료들을 검증해 볼 것이다. 이들 증거자료로 볼 때 비록 모든 L2 학습자들에 의하여 선택하는 학습경로간에 유사성이 폭 넓게 존재한다 할지라도 거기엔 몇 가지 편차와 변종도 있다는 사실을 반영하기 위하여 습득연속(sequence of acquisition)과 습득순서(order of acquisition)의 구분이 필요하다는 주장이 있을 수 있다.

횡적 연구(Cross-sectional research)

소위 말하는 일반적인 형태소연구(morpheme studies)와 관련이 있는 많은 연구들은 L2 학습자들의 발화 속에서 문법요소들의 습득순서를 한 번 밝혀 보자는 의도로 진행되었다. 이들의 연구 동기는 SLA에도 L1습득시에 관찰되는 것과 유사한 어떤 보편적인 습득순서가 있지 않겠는가하는 그런 기대감이었다.

이들의 연구는 서로 다소 차이는 있지만 대체로 고정된 절차에 따라 진행되었다. 연구자료(구두 언어를 먼저, 그리고 이어서 쓰기 자료를)는 이중언어통사측정법(Bilingual Syntax Measure, Burt et al, 1973)과 같은 유도장치를 활용한다. 이것은 학습자들에게 설명해 보라고 묻게 되는 여러 장의 그림으로 구성되었다. 이런 방식으로 선정한 핵심은 자연스런 발화를 반영했던 것이라고 저자들은 주장했다. 다음 단계는 조사 목표로 결정된 문법, 품사들을 식별해 내는 것이었다. 여기에 소개하는 절차들은 발화의 핵심내용 속에 각각의 품사를 위한 obligatory occasions(불가피성)를 식별해내는 작업도 내포되어 있다. '불가피성' 이란 그 품사의 사용이 정확한 원어민 화자일 경우 반드시 사용해야만 하는 그런 하나의 문맥이라고 정의했다. 각각의 품사들은 문맥상 사용이 정확하냐 여부에 따라 점수화했고, 실험 대상 학습자들이 사용한 전체 집단의 정확도를 점수화했다. 그 다음 정확도 점수표에서 모든 품사들을 서열화할 수 있을 것이다. 이렇게하여 정확도 순서가 나타나게 되며 이 작업의 전제는 정확도가 높은 품사는 습득 난이도도 그 만큼 쉬울 것이라는 가정이며, 이에 따라 습득순서도 판별될 수 있을 것으로 기대했다. 나중에 이 책에서 논하겠지만 이와 같은 연구는 상당히 많은 비판을 받았다.

초기의 두 연구(Dulay와 Burt 1973, 1974)는 어린이 L2 학습자의 대부분의 오류는 L1 간섭이 아니고 발달오류에 속하며 어린이 학습자의 '습득순서' 는 학습자의 L1과 상관없이 같거나 형태소 사용의 정확성을 점수화하는 그런 방식과도 무관하게 늘 일정하다고 주장했다. 이와 유사한 실험연구가 N. Bailey et al.(1974)이 성인 학습자를 실험 대상으로 하여 동일한 방법으로 연구된 바 있는데 이 때도 결과는 매우 유사하게 나왔다. 이들 연구들은 발화자료(speech data)를 수집하기 위하여 모두 이중언어 통사측정법을 사용했다. 그러나 Larsen-Freeman(1976)은 성인 학습자의 정확도 순서가 채택한 측정 도구에 따라 다양한 형태로 나타남을 발견했다. 이들은 측정 결과, 구두발화의 순서는 Burt와 Dulay의 순서와 일치하는 면이 있지만 듣기, 읽기, 쓰기에서는 그 순서가 다르게 나타남을 알게 되었다. 그러나 Krashen et al.(1978)은 두 가지 다른 조건하에서 수집한 쓰기 자료를 통하여 습득순서를 산출해냈다. 이 때 Krashen의 방법중 하나는 '빨리' 쓰기(성인 학습자들에게 시간 제한을 둔 경우)와 또 하나는 '여유있게' 쓰기(학습자들이 원하는 만큼의 시간을 준 경우) 등 두 가지 방식이었다. 이들 두 가지 경우를 비교해 보니, 결과는 Dulay와 Burt의 습득순서와 상관관계가 높았던 형태소 습득순서에는 그다지 영향을 미치지 않는 것으로 나타났다. 이들 연구는 단지 수 많은 형태소 연구의 한 예에 지나지 않지만 그래도 연구 대상으로 삼았던 변수들의 특성 정도는 충분히 알아볼 수 있었다. 그래서 그 결과를 아래 <표 3.1>과 같이 요약했다.

도표로 요약해 보니 여러 가지 문법 기능요소들의 '습득순서'는 학습자의 언어배경(모국어), 연령, 말하기와 쓰기의 매체유무 등과는 별 상관이 없는 것으로 나타났다. 습득순서가 다르게 나타난 유일한 경우는 Larsen-Freeman연구의 일부에서 보이는 것처럼 실험대상들에게 발화의 의미보다는 형태에 특별한 관심을 갖도록 유도했을 경우 뿐이었다. 그러나 Krashen(1977)처럼 의미에 초점을 맞출 경우는 놀랍게도 모든 연구의 결과가 상당한 수준에서 동일함을 알 수 있다. 그러나 여기서 표준적인 습득순서는 L1의 형태소 습득순서와는 다르게 나왔음을 주목해야 한다.

그 순서가 모든 연구에서 똑같은 것으로 나오지는 않았다.

그 동안 연구된 형태소 습득 순위에 통계적으로 상관관계가 상당히 높다고 보고된 연구물들 마저도 서로 각각 상이한 차이점이 있다. 사용된 순위연구에 관한 절차마저도 기타 다른 변수들이 상당히 멀리 떨어져 있을 때 일부 형태소에 관한 점수는 그 차이점이 상당히 미미하게 나타나고 있다는 사실을 간과하거나 은폐하고 있다. 이와 같은 이유로 인하여 Dulay와 Burt(1975)는 형태소의 정확도를 나타내는 순위 보다는 오히려 이들을 하나

의 그룹으로 묶는 것이 더 나을 것 같다는 제안을 했다. 그렇게 되면 각 그
룹은 발달단계를 명백하게 나타낼 수 있다. 이와 같은 집단화는 <도표 3.1>
에서 보는 바와 같이 위계질서를 가진 계층화가 가능해진다. <도표>상의
네모 상자들은 그 단계에서 습득이 요구되는 형태소 그룹들을 나타낸다.
그러므로 예를 들면 발달의 제1단계에서는 대명사의 주격과 목적격의 구
분, 주어-동사-목적어란 기본 어순 등이 한 그룹 안에 속함을 알 수 있다. 이
런 식으로 하면 연구자간의 미미한 차이점들은 해결될 수 있을 것이다.

단 계	습득된 문법적 자질	
I	격 주격/목적격	어순
	↓	
II	연계사 단수('s/is) 조동사 복수(are)	조동사 단수('s/is) 진행형 어미 (-ing)
	↓	
III	불규칙동사의 복수 소유격('s) 3인칭 단수동사 어미(-s)	would 긴 명사의 복수(-es)
	↓	
IV	have	-en

<도표 3.1> 언어습득 순위 계층구조 (근거자료: Dulay and Burt 1975)

표면상으로 볼 때 형태소 연구는 SLA 발달에 '자연스런' 경로가 있다
는 강력한 증거를 제공해 주었다. 학습자간의 개인차에 관계없이 L2 학습
자들은 중간어 연속선을 따라 매우 유사한 방법으로 발전해가는 것으로 나
타났다. 그러므로 중간어 이론의 주요 가설은 충분히 인정할 만한 것으로

판정되었다. L1과 L2 어순간의 차이는 습득의 두 유형에 심리적 기초를 둔 가설 설정시 차이로 볼 수 있다고 해석이 가능하게 되었다. 그러나 형태소 연구의 증거는 비판없이 받아 들여지지 않는다. 학자 개개인의 개별연구 (Hakuta 1974; Rosansky 1976) - 사례연구들 - 에 반대하여 이들 개별연구를 비판하려는 시도로 실시된 타당성 검증연구들은 '정확도 순서(accuracy order)'는 '습득순서'와 동일한 것이 아니다 라고 주장했다. 이들 종적연구 (longitudinal studies)에 나타난 증거들은 형태소 연구의 증거들과는 반대되는 것이었다.

연구자	피실험자	자료수집방법	결과	결론
Dulay & Burt (1973)	스페인어를 사용하는 어린이(6-8세), 3개 집단, 총 151명	이중언어 통사 측정법에 의한 구두자료	1. 오류의 85%-발달오류 2. 3개 집단의 '습득순서'는 매우 유사했지만 L1의 순서와는 달랐다. 조사된 형태소-8개	1. 어린이가 어떤 특정의 형태소를 습득할 때/보편적 또는 자연스런 순서가 있는것 같다. 2. 자연스런 의사소통상황에 노출되면 SLA는 가능하다
Dulay & Burt (1974)	60명-스페인어를 사용하는 어린이. 55명-중국어를 사용하는 어린이. 두 집단 모두 6-8세		1. 두집단의 '습득순서'가 기본적으로 동일. 조사된 형태소-11개 2. 다를 방식의 점수화로 얻은 순서도 동일	1. L1이 학습자 SLA발달에 영향을 주지 않음 2. 목표어의 조직화에 기본 '보편인지매카니즘'이다
Bailey, Madden & Krashen (1974)	73명(성인)-17-55세: ESL학생중 스페인어권과 비스페인어권으로 분반.		1. 양집단 '습득순서'- 매우-흡사 2. 습득순서- 다른 연구결과와 흡사, 단 Dulay & Burt(1973)과는 다름 3. 성인의 습득순서- L1습득순서와 다름	1. 성인- L1과 별도의 SLA습득전략 구사(실험대상 모두 공통) 2. 성인- 언어적 자료처리과정-어린이와 유사 3. 가장 효과적인 교육-관찰된 난이도에 따라 실시
Larsen-Freeman (1976)	미시간대에서 영어교육중인 성인 24명(모국어-아랍어/일어/페루어/스페인어)	읽기, 쓰기, 듣기, 말하기, 모방하기등 5분야 연속시험	1. L1이 성인의 영어 형태소 습득에 지대한 영향을 못미침 2. 형태소 순서의 차이-전략에 따라 나타날 수 있지만-발화전략순서(말하기/모방하기)는 Dulay & Burtd의 순서와 일치함 3. 정확도 순서는 형태소 생산서 빈도와 상관관계가 있음	1. 생산전략에 맞는 표준형태소순서가 있음 2. 발화전략을 위한 형태소의 빈도수는 의사소통시 실제발화를 반영한다. 원어민 발화의 빈도수가 정확도 순서의 주결정 요인이 된다
Kreshen, Butler, Birnbaum & Robertson (1978)	성인 70명-남가주대 소속(모국어배경-41개국어)	자유작문: 집단1-시간 제한을 둠 집단2-시간 제한없음	1. 빨리쓰기의 습득순서 양집단 동일함 2. 양집단 쓰기전략에서 얻어진 순서-상기 Bailey, Madden, & Krashen연구 결과와 매우 유사함	1. 양집단 모두 의사소통에 중점을 둠, 그결과 '자연스런 순서'가 얻어짐 2. SLA에 관련된 절차는 말하기, 쓰기,등 두가지 양상에 모두 내재해 있음

<표 3.1> 형태소 연구의 주요 업적 내용 요약

종적 연구(Longitudinal studies)

비록 종적연구(longitudinal studies)가 문법적 형태소를 연구했다고는 하지만 이들 학자들이 오직 문법적 형태소 연구에만 배타적으로 매달린 것은 아니고, 다른 분야에도 연구의 초점을 맞추었던 것이 사실이다. 이들 학자들은 발달의 다른 시점에서 학습자들이 사용했던 전략이란 면에서 언어능력의 점진적 증가를 설명해 보려고 시도했다. 이와같은 연구의 예로는 Itoh 와 Hatch(1978)를 들 수 있는데, 이들은 어린이 학습자들이 초기단계에서 이미있는 지식의 덩어리(chunk) 또는 유형을 만들어서 광범위하게 사용함을 강조하고 있으며, Wagner-Gough(1975)는 학습자들이 이전의 담화를 모방함으로서 발음을 만들어 내는 방법을 예시했다. 그러나 학습자 전략의 발달 특성을 완벽하게 설명해 주는 것은 아마도 Fillmore(1976; 1979)의 연구라고 볼 수 있을 것 같은데, 그녀는 5명의 스페인어 사용 어린이의 영어를 연구대상으로 했다. 이들 연구들은 많은 면에서 관심을 끌었는데 상세한 내용은 이 책의 제5장, 6장에서 학습자 전략을 논할 때 다시 보게 된다. 본 장에서 논하게 되는 종적연구는 부정문, 의문문, 관계절 등과 같은 특정의 문법체계에 초점을 맞춘 그런 분야들이 된다. 발달의 자연경로를 가장 잘 입증해 주는 증거들은 이런 연구들로부터 나온 것이다.

SLA에 관한 종적연구는 오류분석 및 횡적연구(cross-sectional studies) 보다 훨씬 나은 장점을 갖고 있다. 그 장점이란 바로 시간적으로 한정된 어느 한 시점이 아니라 연구대상을 6개월, 1년 혹은 3년하는 식으로 장기간에 걸쳐서 연구하기 때문에 연구대상에 관한 SLA에 신뢰할 만한 단면도를 그려 볼 수 있다는 점이다. 물론 한, 두 명의 연구대상의 단면도를 가지고 일반화시키기가 곤란하다는 단점도 있다. 그러나 이와 같은 연구가 축적되면 그 결과를 비교검토할 수 있고 그 결과 많은 학습자들의 부정문, 의문문, 관계절 등의 습득시에 나타나는 자연경로가 매우 유사하다는 결론이 내려질 수 있다. 다음에 논하는 발달연쇄에 관한 논의들은 모두 L2로서의 영어이다. L2로서의 영어에 관한 연구는 주로 미국에서 나타났다.

그밖에 다른 L2연구는 예를 들면 독일에 이민 온 독일 이민자의 SLA를 연구했던 하이델베르크 연구프로젝트(Dittmar 1980)가 있는데, 이것도 미국의 L2연구에서 발견한 일반적인 사항과 일치하는 것으로서 L2 통사습득시 잠정적인 중간단계가 있다는 주장으로 보아서 결국 외국어 습득시 중간단계란 것이 보편적인 현상이라고 볼 수 있다.

부정문, 의문문, 관계절 등과 같은 일부 문법체계는 모두 SLA에 잠정적인 구조가 있다는 예가 된다. 잠정적 구조란 용어는 Dulay et al(1982)에 의하여 '학습자들이 어떤 언어의 문법을 배우고 있는 동안 사용하는 언어형태' 라고 정의되었다. 'L2 학습자들은 목표어 언어규칙을 0(zero)에서 출발하여 완벽한(100) 언어규칙으로 진보해가는 것이 아니다. 학습자들은 목표어 언어능력을 향하여 일련의 중간단계 혹은 발달단계를 거치면서 발전해가는 것' 이다. 이것은 아마도 관사, 조동사와 같은 기능어(functors)를 포함해서 모든 문법구조에 해당하는 말인 것 같지만, 그래도 문법체계 습득면에서 볼 때 가장 명료한 것 같다. 이와 같은 이유로 인하여 SLA의 부정문, 의문문, 그리고 정도의 차이는 있지만 관계절 등은 중간어 이론에 따르면 SLA의 근간으로 볼 수 있는 가장 좋은 발달의 지표가 아닌가 싶다.

부정문(Negation)

아래에서 간략하게 다루고 있는 부정문 발달은 몇몇 연구(Ravem 1968; Milon 1974; Cazden et al. 1975; Wode 1976, 1980; Adams 1978; Butterworth and Hatch 1978 등)에 근거를 두고 있다. 이들 연구들은 실험대상들이 L1으로 일어, 스페인어, 독어, 노르웨이어 등을 사용하는 사람들이었고 이들은 어린이, 청소년, 성인 등이었다. Schumann(1979)은 SLA 부정문 연구에 관한 매우 훌륭한 개요를 보여주었다. 이 연구에서 습득유형은 목표어에 자연스런 노출 및 교실학습에의 노출 등 두 가지 경우를 다 포함하여 '자연스런' 과정이었거나 '혼합된' 과정중의 하나이었다.

부정문 발화는 처음부터 외부로 표출된 것을 중심으로 했다. 즉 부정어 불변화사(대개 no)는 다음 예문에서 보는 바와 같이 술부앞에 붙였다:

예문 No very good.

No you playing here.

그리고 잠시후 내적인 부정이 발달된다. 즉 부정어 불변화사가 발화의 내부로(술부의 앞자리에서) 움직여 간다. 이와 같은 변화는 'not' 혹은 'don't'의 사용과 동시에 나타나는 수가 많다. 그러나 이 단계에서의 'Don't'는 분석되지 않은 단위이기 때문에 'do + not'으로 인식될 수 없는 수준이다.

> 예문 Mariana not coming today.
> I no can swim.
> I don't see nothing mop.

세 번째 단계는 비록 처음엔 분석되지 않은 단위로 나타날 수 있지만 좌우간 조동사에 부정어가 붙는 단계이다.

> 예문 I can't play this one.
> I won't go.

부정문의 마지막 단계에서 드디어 목표어의 규칙에 도달하게 된다. 학습자가 조동사 체계를 발전시키고 부정문 불변화사(예: 'no + 동사' 가 없어짐)로서 not을 규칙적으로 사용할 줄 알게 된다. 긍정발화와 마찬가지로 부정발화에도 시제와 수를 표시하게 된다(비록 항상 그것이 정확한 것은 아닐지라도).

> 예문 He doesn't know anything.
> I didn't said it.
> She didn't believe me.

여기까지의 경로는 갑자기 일어나는 것이 아니고 서서히 발전해 나간다. 일부 학습자들의 경우 이 과정이 2년 이상 걸리기도 한다. 이렇게 발전해 나가는 단계가 명확하게 구분된 것은 아니다. 단계가 서로 중첩되기도 하여 발달이 갑작스럽게 단계를 껑충 뛰어 오르는 것이 아니고, 앞 단계의 초기 규칙들을 다음 단계에 맞도록 재구성을 서서히 해 나간다. 학습자간 개인차는 약간 있다. L1으로 독어나 노르웨이어를 사용하는 학습자들은 본 동사 부정문을 만드는 특수한 단계를 거치게 되는가 하면, L1으로 스페인 어를 사용하는 학습자들은 부정어를 문두에 붙이는 단계가 다른 언어를 모 국어로 사용하는 학습자 보다 훨씬 길게 끄는 것 같다. 모든 학습자들이 다 'no'로 출발하고 일부는 'not'을 추가하고, 또 일부는 다음 단계에서 'don't'를 추가하지만 부정어 불변화사 선택에는 개인적 선호도도 있는 것이다.

의문문(Interrogation)

　　의문문을 이 분야의 연구 소재로 삼은 학자로는 Ravem(1974), Cazden et al.(1975), Gillis 와 Weber(1976), Shapira(1978), Adams(1978), Butterworth와 Hatch(1978) 등이 있다. 이들의 연구결과도 위에서 언급한 부정문 연구에서 실시한 학습자 유형과 매우 비슷한 대상들을 중심으로 연구가 진행되었다. 부정문 연구에서는 yes/no 의문문, WH-의문문 등 두 가지 의문문을 대상으로 했다.

　　초기 단계에서는 학습자들이 자발적으로 의문문을 생산할 수 없는 시기에 해당하는 초기 '무의사소통단계'로서 누군가가 곁에서 질문을 반복해 주어야 하는 단계가 있는 것으로 나타났다. 이와 같은 단계는 성인 학습자 보다는 어린이 학습자의 경우에 더 일상화되어 있는 것 같다. 최초의 단계에서의 의문문 생산은 억양에 따라 질문을 표시하는 방식 즉 서술문과 어순은 같고 다만 문장의 끝을 올려 읽어서 의문문임을 알게하는 단계이다. 이 단계에서 몇몇 WH-의문문도 있을 수 있지만 이런 것들은 이미 형성된 기성의 지식 덩어리로부터 나온 것일 뿐이다.

　　　　예문　I am colouring?
　　　　　　 Sir plays football today?

I writing on this book?

What's this?

다음 단계로는 WH-의문문이 매우 생산적으로 나타남을 볼 수 있다. 이 단계에서는 주어-동사 어순이 의문문에 맞게 도치되지도 않고 조동사는 종종 생략되는 그런 단계이다.

예문 What you are doing?

What 'tub' mean?

What the time?

Where you work?

다소 시기가 지나면 yes/no의문문에서 어순의 도치가 나타나고, WH-의문문에서도 어순의 도치가 나타난다. 일반동사의 의문문에서는 조동사 do가 와야 하지만 조동사가 올 자리에는 모두 be동사가 된다.

예문 Are you a nurse?

Where is the girl?

Do you work in the television?

What is she's doing here?

내포문의 의문문을 익히게 되는 단계가 의문문 발달의 마지막 단계가 된다. 내포문의 의문문을 처음 만나게 되면 이것도 보통의 WH-의문문과 같다고 생각하여 주어-동사 어순의 도치를 시도한다.

예문 I tell you what did happen.

I don't know where do you live.

그러다가 시간이 좀 지나면 학습자들은 내포문의 의문문과 WH-의문문

간에 어순의 차이가 있음을 감지하게 된다.

> 예문 I don't know what he had.

　부정문의 경우처럼 의문문 규칙의 발달도 점진적인 특성을 가지며 발달 과정은 단계간의 경계선이 명확한 것이 아니고 단계와 단계가 중첩되면서 차츰차츰 발달하게 된다.　여기엔 학습자가 보유하고 있는 모국어에 따른 편차도 있고(예: 독일어를 모국어로 하는 학습자의 경우 의문문을 만들 때 본동사가 앞으로 나오는 단계를 거침 - 예문: Like you ice-cream?), 학습자 자신의 선호도(예: 개인 취향에 따라 WH-의문문을 과도하게 확대사용하는 초기 단계를 거치는 사례)도 있을 수 있다.

관계절(Relative clauses)

　SLA분야에서 관계절에 관심을 갖기 시작한 것은 아주 최근의 일이다. 초기의 수 많은 실험연구들은(예: Cook 1973) 차치하더라도, 최근에도 몇몇 연구가(Schumann 1980, Gass 1980) 진행되었다. 그러나 진정한 의미에서 볼 때 Schumann의 연구만이 종적연구라고 볼 수 있다.

　Schumann은 스페인어를 모국어로 하는 어린이 5명을 실험대상으로 이들이 영어의 관계절을 어떻게 발전시켜 나가는지 조사했다. 이들의 나이는 각각 달랐다. 그는 이들이 문장의 목적어를 수식하기 위하여 처음엔 관계절을 이용하고 있음을 발견하게 되었다.

> 예문 And she said all the bad things that he do.
> Joshua's a boy who is silly.

　그러다가 나중엔 주어를 수식하는데도 관계절을 활용할 줄 알게 되었다.

예문 But the one you gonna go it don't have ice.

The boys who doesn't have anybody to live, they take
care of the dogs.

관계대명사 사용에 관하여 Schumann은 관계대명사란 본래 생략할 수
있다 (예: I got a friend speaks Spanish)는 점과 그 다음 그 자리에 보통의 인
칭대명사로 대치가 가능(예: I got a friend he speaks Spanish) 하며, 끝으로
관계대명사를 적절히 이용하는 단계가 온다는 점을 주장할 수 있는 증거를
찾아냈다 (예: I got a friend who speaks Spanish). 여기서 앞의 두 단계는 부
정어가 문두로 나가는 단계와 동시에 나타났다.

그러나 아직 관계절의 자연스런 발달순서나 절차가 있다고 주장하기엔
그 증거가 불충분하다. 그러나 Schumann의 연구는 암시하는 바가 크다고
볼 수 있다. 기타 다른 문법적 기능에 도움을 주는 관계대명사의 발달순서
에 관한 종적연구에 관해서는 제8장에서 다룰 것이다.

종적연구의 가상단면도(A Composite longitudinal picture)

종적연구를 하면 구체적인 문법적 하부체계의 진화방법에 관한 연구 뿐
만 아니라 중간어 연속선상에 하나의 가상단면도도 그려 볼 수 있지 않겠나
에 관하여 그 동안 많은 시도가 있어 왔다. Schumann과 Andersen(1981)은
발달연속선이 피진화(영어 단어를 상업상의 편의로 중국어 또는 말레시아
원주민어의 어법에 따라 쓰는 엉터리 영어) 연속선의 특성과 상당히 닮은꼴
을 하고 있다고 주장했다. 즉 SLA의 초기단계에서 피진어와 매우 닮은 중
간어 형태를 갖게 되는데, 물론 나중 단계에서는 중간어 규칙이 보다 폭 넓
은 기능을 요하게 되면 보다 더 복잡하게 전개된다. 피진어와 중간어에 관
한 이와 같은 유추는 SLA의 한 이론으로 제시되어 왔다. 이에 대한 자세한
언급은 제10장에서 볼 수 있다.

이 책의 저자인 Ellis(1984)는 그 동안 종적연구에서 관찰되었던 발달적 진보에 관하여 그 내용 요약을 시도했다. 그는 발달단계를 4단계로 분류했다. 첫 단계는 이것이 목표어 구조의 어순이든 말든 상관없이 하나의 표준 어순이 있다는 특징을 지닌다. 그러므로 예를 들면 학습자들이 맨 처음엔 문두로 나가는 부정문, 어순이 도치되지 않는 의문문 등 등을 만들어내게 된다. 이 단계의 또 다른 특징은 발화가 의도적으로 감소한다 즉 문장구성 소가 생략된다(예: I live in a house가 Me house라고 하는 식으로). 두 번째 단계에서는 학습자가 요구되는 모든 문장 구성소를 명제에 포함시키는 단 계로 확대시키고, 목표어의 어순에 부합하도록 발화의 어순을 다양화시킨 다. 예를 들면 부정어가 문장의 내부로 들어가는 일, 의문문의 어순의 도치 등이 나타나기 시작한다. 여기까지 초기 두 단계는 몇몇 문법적 형태소들 이 학습자의 발화에 나타나겠지만 이런 것들은 일정치 않은 것이고, 부정적 인 화자의 말에는 나타나지 않을 것이다. 세 번째 단계에서는 문법적 형태 소들이 의미있게 체계적으로 사용되기 시작하는 그런 단계이다. 네 번째 단계는 내포문 WH-절, 문장의 주어를 수식하는 관계절 등과 같은 복잡한 문장구조의 습득이 이루어지는 단계이다. 처음부터 제4단계를 통틀어서 학습자는 I don't know와 같은 비분석적 화두를 사용하게 된다. 그러다가 학 습자는 이런 비분석적 화두를 차츰 분석하게 되고 창조적인 발화를 위한 문 법적 요소들을 찾아내게 된다. 이것은 문법발달과정에 좋은 원료가 될 수 있다. 처음에는 비분석적이었던 발화의 다발을 마구 흩뿌리는 과정은 제7 장에서 보게 될 것이다. 이와 같은 4단계를 도식으로 나타내면 아래 <도표 3.2>와 같다. 도표상의 숫자는 단계를 나타내는데 숫자1은 초기 시작단계 를 의미한다. 그림상의 화살표는 비분석적인 화두를 흩뿌리는 방향을 나타 내는데 이 과정은 각 단계마다 있을 수 있음을 의미한다. 그림상의 단계구 분은 편의상의 구분선을 나타낸 것이지 그렇게 명료한 것은 아니다.

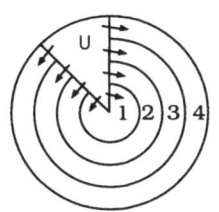

기호표

u : 비분석적 화두(말의 덩어리)
1 : 1단계(기본적 통사 - 단순 어순)
2 : 2단계(다양한 어순)
3 : 3단계(형태소 발달)
4 : 4단계(복잡한 문장구조)

<도표 3.2> 중간어 연속선상의 가상 단면도

본장의 요약

종적연구는 SLA에 자연스런 발달경로가 있을 것이라는 가설에 강력한 증거를 제공해 왔다. L1이 다른 학습자들간에 부정문, 의문문 발달에 유사성이 상당히 큼을 보여주는 증거가 있는데, 언어 유형이 다른 경우(예: 독어 대 일어)도 마찬가지로 유사성이 큰 것으로 나타났다. 관계절과 같이 상당히 높은 단계의 문법구조의 습득도 역시 어떤 보편적인 과정을 밟아간다는 증거가 상당히 있다. 전반적인 SLA발달과정을 확연히 그어지는 경계선을 갖는 단계가 아니고 단계와 단계가 중첩되는 것으로 설명하려는 시도가 많이 있었는데, 이것을 알기 쉽게 도식화한 것이 바로 위의 <도표3.2>인 것이다. 그러나 중간어 연속선에 관한 보편성은 학습자의 L1과 개인적 선호도에 따라 다소의 차이가 있음을 인정하는 범위내에서 보편성이라는 의미이다.

실험증거에 대한 해석

언어발달에 대한 자연경로가 있다는 증거를 대면서 과장하기는 쉽다. 모든 학습자들이 모든 품사를 정확히 동일한 순서로 습득한다는 것은 보편적인 사실이 아니다. 그 이유는 L1과 같은 요인에 기인하는 차이가 있는 것이다. 그리고 학습자가 수용한 접근방법론상에도 커다란 편차를 보일 수도 있다. Hatch(1974)는 '자료 수집가'와 '규칙 설정자'를 구분했다. 학습자의 제1유형은 정확도와 크게 위배되지는 않지만 그래도 이 유형은 정확도

보다는 유창성에 치중한다. 이 유창성은 우선 기존의 언어지식 덩어리와 명사의 나열로 교묘하게 활용하여 달성될 수 있다. 그러므로 어휘가 언어 규칙의 선택보다 훨씬 더 중요한 단계이다. 그러나 제2유형은 목표어 유형을 식별하여 그것을 정확하게 사용하려는 시도하에 투입정보에 신경을 많이 쓴다.

그러면 중간어 연속선의 보편성을 주장하는 것과 그곳엔 보편성보다는 차이점이 너무 많다는 주장간에 어떻게 조화와 타협을 이룩할 수 있는가? 그 한 가지 방법은 발달의 연속과 발달순서를 구분하는 것이다. 발달의 연속이라고 할 때 연속은 앞의 <도표 3.2>에서 본 바와 같이 큰 테두리내에서 조망해 보는 발달 조감도 정도로 볼 수 있다. 이 정도면 보편성이 있고 창조적 구조물을 만들어가는 과정이라고 볼 수 있을 것이다. 모든 학습자들은 예의 4단계를 모두 통과하게 될 것이고 부정문과 의문문과 같은 전통적인 문장구조의 기본적인 연속체를 반영하게 될 것이다. 그러므로 예를 들면 부정부호가 문장 밖으로 나가는 형태가 문장 내부로 들어가는 형태보다 항상 앞서서 나타나게 되고 평서문에 억양만 올리는 의문문 형식이 주어 동사가 도치되는 문장 형식의 의문문보다 선행하게 될 것이다. 그러나 학습자들은 자신의 중간어에 구체적인 문법자질이 나타나게 된다면 그리고 나타나게 될 때 그 반응은 한가지로 나올 수 없는 다양성을 보이게 된다. 예를 들면 일부 학습자들은 자신의 중간어에 본동사 부정 혹은 본동사 도치 등의 단계를 하나더 추가하게 된다. 아마도 이런 추가적인 단계의 설정은 학습자 자신의 L1의 영향일 지도 모른다. 그러다가 학습자들이 전체 학습단계로 보면 얼마 않가서 이런 잠정적 단계는 삭제하고 넘어가게 된다. 그러므로 구체적인 형태통사적 자질의 습득순서에 관한 일부 개인차는 자연스런 발달연속체 내부에 분명해질 것이다. 다른 차원에서 보면 학습자들이 동일한 노선을 택하지만 그렇다고 항상 천편일률적으로 동일한 방식을 택하는 것은 아니다. 이들이 하나의 표준적인 결과를 따라가지만 구체적인 자질의 습득순서는 다양하다.

발달의 보편적 결과의 존재와 L1에 관한 지식의 재구성보다는 오히려 창조적 구축의 산물로서 중간어를 강조하는 것 등이 SLA도 L1 습득과 매우 유사하다는 정도로까지 사고의 폭을 넓힐 수 있게 해 준다.

L2 = L1 가설

이 가설은 검증이 쉽지 않다. 문제는 연령이 하나의 복잡한 요인인데 특히 어린이의 모국어 습득과 성인의 외국어 습득을 비교할 때 더욱 어려운 문제가 되고 있다. Brown(1980)이 지적한 바와 같이 연령은 학습자의 신체적, 인지적, 정서적 영역에 커다란 차이를 가져온다. 예를 들면 성인의 L2가 어린이의 L1 학습과 차이가 있다는 사실을 발견했다면 이것은 단순히 L1과 L2의 차이라기 보다는 언어습득에 지대한 영향을 주는 나이가 지적수용능력에 미치는 영향이라고 볼 수 있지 않겠는가? 다시 말하자면 L1습득과 SLA간의 어떤 차이점이 L2 학습자의 이전부터 갖고 있던 지식의 결과가 아니고 나이가 먹어간다는 사실과 관련이 있는 다른 요인들의 결과라고 볼 수 있을 수도 있다.

Cook(1977)의 연구는 인지과정이 - 언어학과 반대되는 - L1습득과 SLA 간에 차이를 가져오는 방법에 관하여 몇 가지 아이디어를 제공하고 있다. Cook는 '언어진행 메모리'와 '주 메모리(단기 메모리)'를 구별하고 있다. 그는 메모리에 관계절을 올릴 때, 모국어 화자 어린이, 성인, 그리고 외국어로서의 학습자들은 문장의 첫 머리에 오는 명사를 주어로 그리고 동사 다음에 오는 첫 번째 명사구를 목적어로 - 명사의 격과는 상관없이 - 처리하는 전략으로 사용했음을 발견했다. 또 다른 실험에서 그는 외국어 학습자가 L2에서 암기할 수 있는 최대 숫자가 얼마나 되는지 알아 볼 실험계획을 세웠는데, 그는 성인 학습자의 경우 이들은 모국어 화자중 어린이 보다는 성인쪽에 가깝게 행동했음을 보여 줄 수 있었다. 이 실험에 근거를 두고 Cook는 메모리 처리과정이 통사 자질에 의존할 때 동일한 금지 및 억제조치가 L1과 L2 학습자에게 모두 적용되지만 언어처리과정이 언어 자체 의존도는 최소화 상태로 매우 미미하기 때문에 성인 L2학습자들은 자신의 일반 메모리 능력을 활용하게 된다고 결론을 내렸다. 전체적으로 볼 때 L2 = L1 가설은 기타 다른 심리요인들이 개입되지 않는 범위내에서만 정당화될 수 있다는 것이 요점이다(Cook 1977). 그러나 불행하게도 우리는 언어학습의 어떤 측면들이 일반인지과정에 영향을 받고, 어떤 것들이 언어학습능력에 종속변수인지 정확히 알지 못한다.

L1습득과 SLA가 유사하다고 주장할 수 있는 증거가 무엇일까? 이 질문에 답을 하기 위해서 우리는 또 다시 process의 두 가지 의미를 구분하는 작업을 시도하는 것이 유익할 것이다. L1과 SLA 둘 간에 습득순서가 유사한가? L1과 L2 학습자들이 똑같은 습득전략을 구사하는가? 이들 두 질문에 대하여 하나하나 검토해 보겠다.

L1습득과 SLA의 이론적 접근법과 방법론적 접근법이 긴밀하게 연결된 결과로서 습득순서에 대한 비교가 일반적인 추세처럼 되어 왔다. 이들 둘 간의 긴밀한 연계에 대해서는 이미 본 장의 초기에서 언급한 바 있다. 형태소 연구들은 이들 비교를 위한 하나의 근거를 마련했다. Dulay와 Burt(1974)는 자기들이 수집한 자료로부터 '습득순서'를 비교해 보았다. 수집자료는 6-8세의 스페인어 사용 어린이와 중국어 사용 어린이였으며 L1으로 영어습득에 관한 종적연구(예: Brown 1973) 와 횡적 연구(예: de Villiers와 de Villiers, 1973) 등에서 얻은 '습득순서'와 상기 6-8세 어린이의 '습득순서'를 비교했던 것이다. 그들은 비교해 보니 양측의 습득순서가 다르다는 것을 발견했다. 그러나 그들이 얻은 L2순서는 Porter(1977)가 얻은 L1순서와 상관관계가 있었다. 이들의 결과는 SLA연구시 모순점들이 상당히 많긴 하지만 SLA의 '습득순서'는 그들이 데이터 수집시 사용한 방법 - 이중언어통사측정법 - 때문에 나타난 결과라고 분석해 볼 수 있다. 그런데 이 방법은 Porter도 사용했던 방법이다. '습득순서'가 단지 이 측정법의 가공품이라면 L1습득과 SLA를 그 동안 사용해 온 연구방법에 기초를 두고 비교하는 것은 그 타당성에 의문이 제기된다. 간단히 말해서 형태소 연구들은 신뢰할 만한 비교근거를 제공하지 못한다.

L2 = L1가설을 검증할 수 있는 보다 견실한 기초는 종적연구에 있다. L1습득 및 SLA에서 부정문과 의문문 연구로부터 얻는 증거는 과도적 구조기에 유사점이 상당히 높은 수준에서 나타남을 알 수 있다. L1 습득시 의문문 발달순서를 요약한 Cazden의 연구를 보면 L1과 SLA간에 유사성이 매우

크다는 사실을 발견하게 된다. 아래에 Cazden이 식별해낸 각 단계에 대한 설명을 소개한다:

1. 질문으로 단단어 발화가 사용된다.
2. 문장 끝을 올리는 의문문이 규칙적으로 나타나고 기존의 언어 지식 덩어리로부터 간헐적으로 WH-의문문도 나온다.
3. 문장끝을 올리는 의문문이 더욱 복잡해지고 매우 생산적인 WH-의문문이 나타나지만 주어 동사간의 의문문 어순에 해당하는 도치는 아직 나타나지 않는다.
4. yes/no 의문문에서 조동사를 포함한 도치가 나타나지만 WH-의문문에서는 도치가 아직 일어나지 않는다.
5. WH-의문문에서도 도치가 일어난다.
6. 내포문에서의 WH-의문문에까지 발전한다.

그러나 일반적으로 L1의문문의 자질들이 SLA(특히 의문문에서 주어 동사 도치가 처음엔 L1이나 SLA이나 다 나타나지 않는다는 사실)에서와 동일하다고는 하지만 그래도 역시 다른 차이점들이 있다. 예를 들면 SLA에서 의문문으로서 단단어 단계가 공통적으로 나타나지 않는다는 점과 주어 동사 도치가 WH-의문문보다 먼저 yes/no 의문문에서 나타난다는 명백한 증거도 없다.

L1 습득시 문장유형의 습득과 독일인의 SLA를 비교한 Felix(1978)는 양자간에 분명한 차이점도 있다는 사실을 지적했다. Felix는 SLA에서 어린이들이 단 3개의 다른 유형의 복수 단어를 생산했음을 발견하고 이것이야말로 학습자들이 2개 단어 습득단계에서부터는 상당한 차이점을 보인다는점, 즉 L1습득과 상당한 차이와 대조를 이루는 것이라고 주장했다. 그러므로 L1습득과 비교할 때, 두 명의 L2습득자의 문장 유형은 '흥미롭게도 제한적인' 한계를 갖고 있다. Felix는 이것이 아마도 L2학습자들의 발화가 처음부터 통사적으로 체계가 잘 짜여졌기 때문일 것이라고 주장했다. 물론 L1 학습자들의 발화는 문법관계라기 보다는 오히려 개념적 관계라고 볼 수 있

다. 그러나 31명의 영어권 어린이들의 불어습득을 연구한 Ervin-Tripp(1974)는 이들의 L1습득과 SLA둘 다 어순이 동일하다는 특징을 발견하게 되었다.

그렇다면 결론적으로 말해서 L1과 L2 습득경로를 비교할 증거는 혼합되고 있다고 볼 수 있다. SLA가 L1습득과 비슷한 방식이지만 그 시기는 약간 앞선다고 볼 수 있다라고 주장할 만한 몇 가지 증거가 있지만, 또한 차이점도 있다는 증거도 있다. 이와 같은 차이점들이 L1간섭의 결과인지, 학습자의 보다 고도화된 인지발달과 관련이 있는 다른 요소들의 결과인지 분명치 않다. 이들은 둘 다의 결과라고 볼 수 있는 확율이 더욱 높다.

이들 두 유형의 습득에서 채택된 전략들을 검토하게 되면 그 유사성은 더욱 분명해진다. Slobin(1973)은 L1습득시에 어린이가 언어를 처리하는 방법은 일련의 '작동원리'이란 말로 설명할 수 있다고 주장한다:

A. 단어의 끝에 관심을 집중시킨다.
B. 단어의 음운형태들이 체계적으로 수식될 수 있다.
C. 단어와 형태소의 순서에 대하여 관심을 갖게 된다.
D. 언어적 단위의 방해 및 재배열을 피한다.
E. 내재된 의미관계를 명백히 표시할 줄 안다.
F. 예외를 피한다.
G. 문법적 유표의 사용은 의미론적 감을 나타내야만 한다.

SLA에서 이와 같은 작동원리의 증거를 찾아내기가 어렵지는 않다. 예를 들면 상기 D번과 같은 작동원리는 발화의 핵에 부정 불변화사를 붙여서 표준 서술문의 어순의 개입을 미리 막아버리기 때문에 부정문의 유표가 외부로 나가는 문장에서 그 증거를 명백하게 찾아 볼 수 있다. 그것은 도치되지 않은 WH-의문문에서도 명확하게 나타난다. 작동원리 B는 'no', 'not', 'don't' 등 대안으로 사용할 수 있는 부정어 유표에서도 명백하게 들어난다. 작동원리 C는 SLA 학습자들이 초기에 어순에 신경을 쓸 경우 나타난다. 예를 들면 Irvin-Tripp(1974)은 실험대상 학습자 어린이들이 수동태에 할당

된 논리적 정보와 상관없이 명사 + 동사 + 명사의 문장구조를 주어-동사-목
적어로 구성된 것으로 해석하는 것을 목격했다. 그러나 SLA 연구를 가장
강력하게 지원해준 작동원리는 상기 F번 이었다. 목표어의 언어규칙을 과
도하게 간소화시키는 것은 오류분석 문헌에 공통적으로 언급된 것이 사실
이다. 예외를 피해가는 것은 학습자들이 학습대상을 간소화시켜 보자는 의
도중의 하나이다. 그러므로 Slobin의 작동원리들은 L1습득과 SLA에 똑같
이 적용될 수 있는 것이라고 주장할 수 있을지도 모른다. 그러나 Slobin의
모든 작동원리들이 SLA에서도 발견될 수 있는 것인지는 명확하지 않다.
Wode(1980)는 SLA에서 관사와 전치사와 같은 자유형태소가 시제굴절어미
와 같은 제한형태소(bound morphemes)보다 앞서서 습득되는 경향이 있다고
지적했고, 이것으로 미루어 볼 때 작동원리 A는 좀 의심스럽다. 그리고 학
습자의 L1이 SLA의 작동원리의 특성과 작용에 어떻게 영향을 미치는지도
분명치 않다. 그러나 또 다른 문제점은 작동원리들간에 상호 모순점이 있
는 것 같다는 점일 것이다. 예를 들면 작동원리 D는 작동원리 C와 반대되
는 개념인 것 같다. 단지 몇 가지 수단들만이 여러 가지 원리의 적용을 서열
화시키고 한계를 허물어 버린다면 그것이 과연 L1습득과 SLA를 비교할 수
있는 건전한 근거자료라고 볼 수 있을 것인가?

　　언어학습자의 언어지식을 목표어의 언어체계를 향하여 점진적으로 개
량되어 가는 두뇌의 내부체계로 보는 이성주의 입장은 '습득장치', '중간
어' 등등의 개념에 내재해 있는 것이다. SLA와 L1 습득 등 두 가지가 과도
기의 능력을 포함하며, 이것이 전부는 아님에도 불구하고 습득경로와 전략
에 매우 강한 유사성을 반영한다고 볼 수 있다. 창조적 구축이란 개념으로
설명되어 온 이것이 바로 언어학습의 한 측면인 것이다. 언어습득과 사용
에 관한 정신적 매카니즘에 의하여 학습자의 학습원리를 설명할 수 있다.
지금까지 이 매카니즘은 태어날 때부터 가지고 있는 천부적인 것으로 L1습
득과 SLA는 똑같은 방식으로 진행,발전되는 것일 것이다.

　　이제 언어학습에 관한 이성주의적 해석에 관하여 보다 상세한 면을 구
체적으로 논의할 때가 되었다.

몇 가지 현안 문제들

본 장의 끝부분인 여기서 저자는 수 많은 방법론의 어려움과 중간어 구축에 관한 이론적 난점 그리고 발달에 자연스런 경로가 있다는 주장 등에 관하여 고찰해 보고자 한다.

방법론상의 문제점

1970년대의 실험적 연구는 오류분석, 횡적연구(예: 형태소 연구), 종적연구 등 크게 세 가지 유형이었다. 이들 연구로 나타난 증거들은 천부적 두뇌 내적 진행과정의 결과인 언어발달상의 자연스런 경로가 있다는 주장을 펴는데 이용되었다. 그러나 각각의 연구방법에는 그 나름대로 문제점들이 있다. 이들의 문제점을 연구방법별로 설명하면 다음과 같다.

오류분석

오류분석은 SLA연구를 위한 열 가지 도구중에 매우 제한적인 도구의 하나이다. 오류분석은 L2학습자들이 생산하는 것 즉 그중 특이형태에만 초점을 맞추고 있기 때문에 SLA의 전체를 보지 못하고 단지 부분적인 정보만 제공할 수 있다. 그리고 어떤 시점에서의 언어학습자언어를 연구하기 때문에 학습자들이 택하는 전반적인 언어발달 경로에 대하여 조망해 볼 수는 없는 방법이다. 그리고 '오류'란 도대체 무엇을 의미하는 것인지 실용적인 개념정리가 매우 어렵다. Corder(1971)의 제안은 말하기를 '오류'와 '착각'을 구분해야 한다고 했지만 실제적으로는 그 구분이 그리 용이하지 않다.

형태소 연구

Dulay와 Burt에 의하여 시작된 형태소연구는 SLA의 인과적인 연쇄에 대하여 정보를 제공하지 못하는 횡적연구의 가장 취약한 부분을 극복하기 위한 하나의 교묘한 시도이었다. 그러나 아마도 SLA연구의 다른 어떤 연구보다도 이 연구방법은 논쟁이 심한 방법인것 같다. 특히 학습자가 형태소를 사용할 때 정확성이란 것이 그들이 습득하는 순서에 상응한다고 간주할 수 있는 충분한 이론적 토대가 미약하다는 비판을 받아왔다. 사례연구는 학습자들이 정확성과 습득을 동일하게 보려는 헛수고를 하는 후기 단계로 되돌아 갈 때만 문법적 유형들을 정확하게 사용함을 보여주고 있다. 이 방법에 대한 또 다른 의문은 이렇게해서 얻어진 습득순서라는 것이 이중언어 통사측정법에 의한 인공적인 것은 아닌지 즉 연구 수행을 위하여 형태소를 선별한 것에 관한 비판, 형태소를 점수화하는데 채택한 방법 등 등에 의문이 제기되고 있다. Rosensky(1975)도 습득순서를 비교하는데 사용된 순위 상관통계들은 데이터의 신뢰도면에서 상당히 위장된 것이 많다고 주장했다. Hatch(1978; 1983)는 이 방법에 대한 훌륭한 반대론을 펼쳤다.

종적연구

SLA에 관한 가장 신뢰할 만한 증거자료들은 종적연구에서 나오지만 그래도 이 방법에도 문제점은 있다. 문제점중 가장 중요한 것은 L1연구에서와 동일한 방법으로 L2학습자의 언어습득과 발달도 이루어지는 것인지 아닌지를 입증해 보여 주지를 못하고 있다는 점이다. L1연구자들은 발화평균길이(mean length of utterance)를 발달의 신뢰할 만한 지표로 사용할 수 있었지만 Larsen-Freeman(1978)이 지적한 바와 같이 L2 학습자들의 수 많은 초기 발화들이 두뇌의 내적 구조 형성없는 이미 잘못된 기존의 언어지식 덩어리로 구성되어 있기 때문에 발화평균길이란 것을 SLA에 적용시킬 수는 없게 된다. 그래서 여러 가지의 다른 대안으로서의 지표들이 제안되었지만 그 많은 대안들중에 아직 광범위한 지지를 받는 지표는 하나도 없다. 결국 학습자들간에 신뢰할 만한 비교지표를 만들기는 매우 어렵다는 결론에 도달한다. 각각의 연구들은 자기 데이터를 분석하려고 각자의 방법을 사용하고 있는 실정이다. 사례연구의 또 하나의 문제점은 부정문, 의문문 등 연구대상으로 삼는 문법영역이 비교적 제한적이라는 점이며, 문법을 다루어도 기본문형들을 선호하고 있으며, 복잡한 문장구조에 관해서는 최근에 와서야 관심을 갖기 시작했을 뿐이다.

문법에 관하여

제1장에서 SLA에 관한 실험연구에서 가장 한계성을 갖는 요소는 아마도 문법에 모든 것을 얽어 매려는 선입견이 있었던 것 같다고 이미 지적한 바 있다. 이것은 언어습득에 관한 인지주의의 설명과 촘스키의 통사론을 너무 긴밀하게 연결시켜서 생각한 직접적인 결과라고 볼 수 있다. 언어를 습득한다는 것은 언어능력을 구축하는 것으로 이해되었다. 그러나 모국어 습득에 관한 연구가 어린이의 의사소통능력을 어떻게 발달시키고 있는가에 대하여 연구영역을 넓혀가며 적극적으로 진행되고 있는 동안 SLA연구는 의사소통능력이 어떻게 발달되는 것이며 이 능력이 문법발달에는 어떤 영향을 미치는가에 대하여 계속 관심을 갖지 않고 있었다. SLA의 의미와 형태 사이에 어떤 관계가 있는지 그 관계를 연구한 논문들은 그 동안 매우 미미했다. 그러나 최근엔 많은 연구들(예: Huebner 1979; Eisenstein et al 1982)은 이들의 상관관계야말로 SLA가 어떻게 발달하느냐를 이해 하는데 가장 중심적인 요소라고 주장하고 있다. 예를 들면 학습자가 어떤 범위의 의미를 표현하기 위하여 어떤 특정한 문법적인 유형들(예: 진행형 굴절어미 -ing)을 사용할 수 있음을 보여주고 있다. 습득론은 의미란 목표어의 특정한 유형에 의하여 깨닫게 된다는 점을 점차로 인식하기 시작했다. 유형에만 근거를 둔 분석은 어느 것이나 유형-기능관계를 인식하기까지는 오랜 세월이 걸릴 것이다. 유형-기능관계를 다루는 습득론은 제4장에서 상세히 다루고자 한다.

주요 이론적 현안들은 (1) 중간어 연속선의 출발점 문제; (2) SLA에 관한 적절한 설명을 하려면 학습자의 내부요인과 외부요인을 거론하는데 그 요인의 범위는 어디까지로 정할 것인가 하는 문제; (3) 중간어 이론의 문제점 그리고 언어학습자언어 자체의 변이성 문제 등등이 있다. 이들 현안들은 아래와 같이 각각 하나씩 분리하여 검토하게 될 것이다.

중간어의 기원

SLA를 재구축의 연속선이라기 보다는 오히려 재창조의 연속선으로 보게 되면서부터 중간어의 출발점이 주요 현안으로 떠 올랐다. 만약 학습자가 언어체계의 복잡성을 차츰차츰 익혀가면서 자신의 중간어를 증강시켜 나간다는 것이라면 그 출발점은 어디란 말인가? Corder(1981)는 두 가지 가능성을 생각했다. 하나는 학습자가 어린 시절 모국어를 배우던 방식과 똑같이 어떤 기준선에서 출발할 것이라는 것이다. 그러나 Corder는 이 경우 언어습득과정 전체를 다시 복제해야 하므로 그럴 가능성은 희박하다고 본다. 또 하나의 가능성은 학습자가 어떤 '간단한 기본 문법'으로부터 출발할 것이라는 점이다(Corder 1981). Corder는 언어학습자가 정교한 학습과정을 시작하기에 앞서서 자신의 언어발달의 아주 초기단계로 퇴영을 하게 된다고 주장한다. 그러나 Ellis(1982)는 학습자들이 초기의 언어습득단계를 기억한다고 단정할 필요가 없다고 반론을 제기한다. 출발점은 학습자가 이미 습득한 초기 어휘들로 구성되어 있다. 바로 이 초기 어휘들은 문법적인 발화 속에서 쓰이고, 학습자가 하고자하는 말의 의미는 상황문맥에 의하여 청자에게 정보전달을 할 수 있게 해준다. 바꾸어 말하자면 출발점은 문법의 도움없이 메시지를 어떻게 전달할 것인가하는 학습자의 지식 바로 그것이다. 이것은 어떤 언어를 사용하든 언어사용자의 능력의 일부이며 이것은 간단한 메시지를 창출할 필요가 있을 때 언제든지 불러낼 수 있는 것이다. 이와 똑같은 과정이 엄마가 아이에게 말을 할 경우, 모국어 화자가 L2 화자에게 말을 할 경우 의사소통을 위하여 나타나는 것으로 입증된다. 그러나 일반적으로 중간어의 기원에 대한 의문은 아직도 관찰에 따라 달라 중간어 연속성의지는 여전히 남아 있는 의문점이다. 중간어 연속선의 출발점이 무엇인지에 관한 실험적 연구는 아직 미흡한 편이다.

외부요인 무시경향

언어습득에 관한 이성주의 입장은 언어를 습득하는 방법에 대한 행동주의의 부정, 거부에서부터 그 기원을 찾을 수 있다. 이성주의는 오히려 정신 과정을 강조하고, 특히 언어에 대한 천부적인 인간의 속성을 강조하면서 환경요인의 기여도를 깎아내렸다. 정보의 투입은 단지 뇌 속의 진행 매카니즘을 작동하도록 시동을 걸어주는 방아쇠 역할만 하는 것으로 보았다. L1 습득과 SLA 둘 다에 보편성이 있을 것이라고 보려고 했던 이유도 바로 이런 관점 때문이었다. 학습 상황 여건이 다름에도 불구하고 언어발달의 순서와 결과가 고정적임을 보여 줄 수만 있다면 이것이야말로 언어습득장치가 있다는 강한 증거가 될 것이다. 지금까지 촘스키는 언어적 투입을 '퇴화(degenerate)' 라고 명명하고 있다. 그는 어린이가 문장 조각, 문법규칙의 예외, 잘못된 출발 등으로 구성된 데이터에 노출된 상태에서 잘 구성된 문장(well-formed sentences)을 생성해 낼 하나의 언어능력을 개발해내는 것은 논리적으로 불가능하다고 주장했다. 그러나 언어적 정보 투입에 관한 촘스키의 주장은 추상적인 추측이었으며 나중에 이것은 잘못된 것으로 입증되었다. 어린이들과 L2학습자들에게 한 말은 일반적으로 잘 구성된(well formed) 것들이다. 언어학습자들과 의사소통을 하는 그런 것들을 일부나마 수용한 결과로 인하여 제공되는 언어 투입은 특별히 언어습득에 적합한 것일 수도 있다. 언어습득에 환경적 요인을 최소화시키므로서 초기의 중간어 이론은 SLA에 가장 중요한 요인 일지도 모르는 것 즉 소위 말하는 투입과 학습자 내부진행 매카니즘 사이에 존재하고 있는 어떤 관계를 소홀하게 다루었다. 예를 들면 전략의 개념을 숨겨진 뇌 속의 어떤 고장으로서가 아니라 한편으로는 기존의 지식에 투입(input)을 연계시켜주고, 또 다른 한편으로는 기존의 지식에 산출(output)을 연계시켜주는 하나의 장치로 이해할 필요가 있다. 연구조사의 기초가 앞 장과 관련된 일련의 연구에 있는 데이터로 제공된 학습자 발화들을 따로 분리해내기 보다는 오히려 학습자와 대화자가 포함된 상호작용으로 된다면 이 일은 업적을 남길 수 있을 것이다. 즉 관심을 유기체 내부에서 유기체간의 문제로 볼 필요가 있다. 이 문제는 제6장과 관련이 있다.

변이성의 문제

중간어 이론의 주요 원리중의 하나는 언어학습자언어가 체계적이라는 것이다. 언어발달의 어느 단계에서도 언어학습자는 그 당시에 최신으로 구축해 놓은 자신의 규칙체계에 잘 맞도록 운영한다는 것이다. 그렇다면 학습자의 언어수행은 왜 그렇게도 일관성이 없고 변이성이 크게 나타나느냐 하는 이유를 규명해야하는 일이 매우 심각한 현안으로 대두된다. 학습자가 사용하는 발화를 보면 이때는 이 규칙을 사용하고, 저 때는 저 규칙을 사용한다. 그러므로 각 발달단계는 변함없이 적용이 가능한 범주적 규칙의 체계에 의한다고 볼 수 없고, 대안적 규칙체계에 의한다고 그 특성을 이해할 수 있을 것이다. 언어발달의 자연적 경로나 순서가 그렇게도 혼란스러운 것은 바로 이 때문일 것이다. 각 발달단계는 경계선이 명확한 것이 아니고 중첩될 뿐만 아니라 그 중첩의 정도나 양도 가변적이다(Hatch 1974).

언어습득의 자연스런 경로 개념도 학습자 개인차로부터 야기되는 또 다른 유형의 변이성도 고려해야 하는데 이것을 간과하고 있다. 사례연구 문헌들은 학습자들이 학습목표를 향해 가는 방법이 개인별로 커다란 편차를 보이고 있음을 시사하고 있다. 이것이 부정문, 의문문과 같은 잠정적 구조의 자연스런 경로를 꾸며주는 것을 반영하는 것인지 혹은 반영한다면 그 정도가 어느 정도라고 볼 것인지가 분명치 않다. 그러나 이런 것들은 매우 중요한 해석요인이다. 제5장에서는 이들의 역할에 관하여 살펴 보기로 한다.

요약 및 결론

이 장에서는 SLA에 관한 이성주의적 해석의 예를 탐구했다. 그러기 위하여 L1 습득 및 SLA의 중간어 구조, 언어발달의 자연스런 경로를 찾는 실험적 증거, 자연스런 경로가 있다면 L1습득과 SLA간에 이 경로가 일치하는 정도 등에 대하여 이성주의는 어떤 설명을 하고 있는지 일별해 보았다.

언어습득을 습관-형성이라고 본 행동주의에 대한 이론적 공격의 결과로서 L1습득은 학습자가 배우는 언어의 표면구조에 보편문법규칙을 연결시킨 '습득장치'의 산물일 것이라는 가설이 성립되었다. SLA에 '습득장치'

에 해당하는 것은 '창조적 구축'이 되었다. 즉 SLA를 중간어 연속선을 포함한 일련의 진화체계로 보게 되었다. 각각의 체계는 규칙의 지배를 받는 조화로운 것으로 생각되었다. 그러나 이것은 새로운 규칙도 받아들일 수 있는 아주 역동적인 것으로 되어 있다. 연속선은 천부적으로 학습자의 L1으로부터 시작해서 목표어에까지 이르는 뻗어나가는 연속선을 재구성하는 것으로 보았다. 그러다 나중엔 이것을 학습자가 중간체계의 복잡성에 새로운 것을 추가시키는 재창조의 연속선으로 보게 되었다. 대부분의 학습자들은 이 연속선의 마지막 단계에까지 이르지 못했다. 즉 그들의 중간어가 목표어의 언어능력에 미치지 못하고 화석화되어 버리는 것이다.

중간어 이론들은 탄생 발전되었으며 동시에 SLA에 실험적 연구를 통한 증거제시를 하지 못했다. 이 분야의 연구는 오류분석의 형태를 취했다. 이것은 결국 L2학습자들이 보이는 많은 오류들이 L1에서는 그흔적을 찾아볼 수 없음을 보여주는데 도움이 되었다. 이것은 중간어 발달에 해당하는 몇몇 진행과정을 식별해내는데 도움이 되기도 했다. 그러나 SLA는 학습자가 거쳐가야 하는 언어발달경로를 연구하는데 점점더 관심을 갖게 되었다. 종적연구와 횡적연구 두 연구방법론은 다음과 같은 두 가지 의문점에 해답을 찾으려고 노력했다; (1) 언어발달에 자연스런 경로란 것이 있는가? 그리고 (2) 이 경로란 것이 있다면 그 동안 보고된 L1의 경로와 SLA의 그것은 동일한 것인가 다른 것인가? 상기 (1)항에 대한 답은 학습자의 L1배경과 기타 다른 요인들 때문에 다소 경미한 차이점은 보인다 하더라도 학습자가 대체로 L1과 SLA에서 유사한 경로를 밟아가며 언어발달을 가져옴을 보여주는 증거가 있더라는 것이다. SLA는 발달의 자연스런 연속체(예: 명확한 한계를 긋지는 못했지만 학습자가 일정한 경로를 거쳐서 단계별로 발전해 간다는 것)가 있다는 특징을 볼 수 있지만, 발달의 순서는 구체적으로 들어가면 매우 다양성을 보인다(예: 일부 단계는 그냥 건너 뛰기도 하고, 특정의 형태소 자질들은 습득순서가 다르게 나타남). 습득순서는 다르지만 L1습득과 SLA에 공히 발달연속체는 있다고 볼 수 있다. 두 가지 유형의 습득을 작동시켜주는 것처럼 보이는 유사한 진행과정이 있기는 하지만 분명히 L2 = L1 가설은 아직 확실하게 입증된 바가 없다. SLA에서 L1과 성숙요인들 - 적어도 일부 인지과정의 사용에 영향을 미치는 - 등 두 가지는 분리되어 따로 활동한다.

그것을 지지해 주었던 중간어 이론과 실험적 연구 등 이들 둘은 SLA의 특성에 대한 우리의 생각에 매우 중요한 충격을 주었다. 행동주의를 인지주의 구조 속에 접속하는 것이 L1습득과 SLA 연구 둘 다에 상당히 권해 볼 만 한 것임이 입증되었다. 인간의 언어능력이 언어습득에 하나의 잠재력이라는 사실이 일반적으로 받아들여지기 시작했다. 그러나 뇌내부의 진행과정과 천부적 매카니즘 등 이 두 가지가 언어습득을 설명하는 논리의 전부는 아니다. 언어적 정보 투입이 언어습득과정에 어떻게 기여하는지도 고려해 볼 필요가 있다. 최근의 연구들은 이 분야에 다시 관심을 갖기 시작했기 때문에 이것은 주요 방법론중의 하나가 되었다. 제6장에서는 언어적 환경의 역할에 관해서 자세히 다루고자 한다. 다른 관점에서 보면 중간어 이론이 새로운 사고를 해 볼 기회 특히 언어학습자언어의 천부적 변이성에 관심을 촉구하는 계기를 마련해 주었다(제4장 참조).

SLA에 주요 영향을 미친 가장 중요한 이성주의적 해석은 오류에 대한 재평가가 될 것이다. 오류를 설명하는 행동주의 입장은 비학습의 증거로 치부되면서 이성주의 이론에서는 그것들이 습득에 학습자의 적극적인 기여로 평가받고 있다. 사실 학습자가 완벽하게 화석화되는 것인지 여부는 상당히 의심스럽다. 중간어 체계에 대한 이론의 일부 수정은 항상 있을 것이다. 오류는 중간어 체계의 계속적 수정에 해당하는 가설-검증과정이 외부로 표출된 구체적 사실이다. 이와 같이 다른 각도에서 본 오류에 대한 관점은 대단히 중요한 교육적 반발을 낳게 했다.

권장 문헌들

D. Crystal (Edward Arnold, 1976)의 Child Language and Linguistics는 L1 습득시 어린아이들이 따라가는 발달경로에 관하여 건실하고 합당한 이론 요약을 제공해 줄 만한 책이다.

L1연구에 보다 철저한 이론적 기초를 확립하고자 하는 독자에게는 H.

Clark과 E. Clark (harcourt Brace Jovanovich, 1977)가 쓴 Psychology and Language: An Introduction to Psycholinguistics의 8, 9, 10장을 참고할 것을 강력히 권한다.

초기 중간어 이론과 관련된 가장 중요한 책은 J. Richards (Longman, 1974)가 편집한 책 Error Analysis를 들 수 있다. 그리고 Corder 의 논문 2편, Selinker의 논문 1편 등도 상당히 중요한 논문들이다.

Working Papers on Bilingualism 3: 1-17, 1974에 수록된 E. Hatch의 논문 Second language learning은 대여섯편의 연구 프로젝트로부터 얻은 연구 결과를 요약하고 있다.

마지막 분석을 하기 위해서는 실험연구 결과에 대한 보고서를 빼놓을 수 없는데 E. Hatch (Newbury House, 1978)가 편집한 Second Language Acquisition은 이 분야의 논문 모음집이란 특성을 갖고 있다. 이 책의 본 장과 관련이 있고 한 번 읽을 가치가 있는 것으로는 Itoh and Hatch, Wode, Huang and Hatch, Cancino et al, Butterworth and Hatch, Adams, Dulay and Burt 등 등의 학자가 있다. 이책은 SLA분야에서는 아마도 유일한 출판물로서 가장 중요한 책일 것이며 이 책에 포함된 기타 다른 논문들도 권할만 하다.

S. Felix (Gunter Narr Verlag, 1980)가 편집한 책 Second Language Development도 읽어 볼만 하다. 이 책 속엔 독일에서의 SLA연구 프로젝트 보고서가 포함되어 있어서 미국 일변도의 연구에 식성의 변화를 줄 수 있다.

SLA연구의 최신판들은 R. Scarcella and S. Krashen (Newbury House, 1980)이 편집한 책 Research in Second Language Acquisition, 그리고 K. Bailey, M. Long, S. Peck (Newbury House, 1983) 등이 편집한 Second Language Acquisition Studies 등을 들 수 있다. 이들 두 책은 위에 소개한 책들을 먼저 본 다음에 읽기에 가장 좋은 책들이다.

제4장
중간어의 변이

개요: 변이의 유형

앞 장에서는 언어 발달에 자연스런 경로가 있다는 증거를 찾아 보았다. 중간어 이론은 언어 학습자언어에 천부적인 변이성이 내포되어 있다는 사실을 고려할 필요가 있음을 언급했다. 언어습득의 '자연스런 경로'란 것은 명확한 단계가 아닐 때는 그 자체가 구체화 되지 않는다. 오히려 그 단계들은 앞선 단계와 뒤에 오는 단계들이 상호 중첩되면서 발전해 나간다. 각 단계마다 새로운 언어규칙들은 언어적 문맥상황 위에 서서히 발전해 나간다. 그러므로 어떤 발달 단계에서도 학습자의 중간어 체계는 하나의 규칙이 하나의 사건에 언어수행 안내 역할을 맞으며, 또 다른 사건엔 또 다른 규칙이 그 역할을 담당하면서 수 많은 규칙들이 경쟁적으로 존재하게 된다. 뿐만 아니라 각각의 중간어체계는 자유변이적인 언어유형을 즉 규칙에 따르지 않고 그 사용법이 전혀 체계적이지 않은 그런 유형들도 내포되어 있다. 이와 같은 유형의 변이성은 SLA연구에 이론적이고도 실제적인 문제점을 야기시킨다. 실제적인 문제점은 언어 학습자언어를 연구하기 위하여 데이터를 어떻게 수집할 것인가하는 문제이다. 학습자의 언어수행이 매번 연구때마다 다르게 변한다면 연구자는 자신이 수집한 데이터를 어떻게 평가할 수 있겠는가? 이론적인 문제점은 학습자 언어수행의 천부적 변이성을 '중간어는 체계적이다'라는 주장과 어떻게 조화를 이룰 수 있는가 그리고 비체계적 변이성을 어떻게 설명할 것인가하는 점이다.

본 장에서는 언어 학습자언어 속에서 문맥상황적 변이성의 특징을 검토하게 된다. 즉 언어사용의 언어적 상황 또는 상황적 문맥 둘 중의 하나와 연관시켜서 설명될 수 있는 다양한 언어수행과 관련이 있게 될 것이라는 말이다. 문맥상황적 변이성은 개인적 변이성과 반대되는 개념이다. 개인적 변이성은 나이, 동기, 개인적 특성 등과 같은 요인들과 관련이 있는 개인차란 용어로 설명이 가능한 변이로 구성되어 있다. 개인적 변이성은 장을 달리하여 제5장에서 다루기로 한다.

따라서 본 장에서는 비체계적 변이성 하나만 따로 분리하여 고찰하려고 한다. 이것은 학습자 중간어에 존재하는 두 세 개의 대안 유형들을 아무렇게나 사용할 때 분명하게 나타나는 변이이다. 이와 같은 유형의 변이를 자유변이라고 명명하기로 한다. 이와 같은 변이성은 중간어 발달에 매우 중요한 하나의 매카니즘으로 작용하게 될 것임은 나중에 재론하기로 한다. 그러나 모든 비체계적 변이성이 다 자유변이를 포함하는 것은 아니다. 학습자의 정서적, 신체적 여건과 관련이 있는 심리언어학적 요인들로 말미암아 실언(slips), 말 더듬기(hesitation), 말의 반복(repetition) 등을 낳게 될 수도 있다. 이와 같은 유형의 변이성을 언어수행변이라고 칭할 수 있다. 이 문제는 언어습득에 관하여 어떤 도움도 주지 못하는 요소이기 때문에 본 장에서는 다루지 않을 것이다. 지금까지 언급한 변이의 유형들을 도식화하면 다음 <도표 4.1>과 같다.

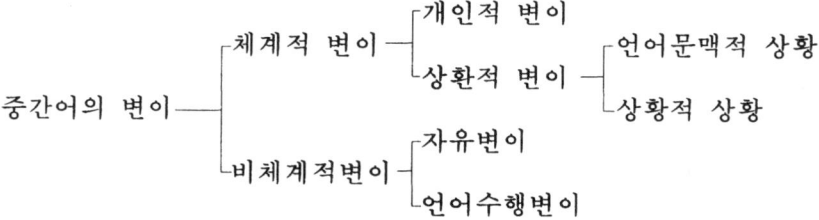

<도표 4.1> 언어 학습자언어의 변이 유형들

물론 변이는 언어 학습자언어에만 유일하게 나타나는 것은 아니다. 변이란 모든 언어 사용에 나타난다. 그러므로 우리가 중간어의 변이에 관하여 논하기 이전에 언어 사용면에 있어서 변이의 일반적 속성에 관해서 먼저 검토해 볼 필요가 있다.

변이의 일반적 속성

위의 <도표 4.1>에 의하면 변이 유형엔 크게 체계적 변이와 비체계적 변이 등 두 가지가 있음을 알 수 있다. 이들 두 가지 변이를 각각 별도의 항목으로 분리하여 다음과 같이 기술한다.

체계적 변이

원어민 화자의 언어 사용 면에 나타나는 변이의 특성은 언어학자들이 이것을 동질능력모델(homogeneous competence model)로 보느냐 아니면 이질능력모델(heterogeneous competence model)로 보느냐에 따라 그 입장과 견해가 상당히 달라지게 되었다. 동질능력모델의 경우 모든 변이를 다 비체계적 변이로 분류한다. 즉 언어 사용자는 어떤 동질의 규칙체계(자신의 '능력')를 갖고 있다고 믿는다. 이것이 자신의 언어수행을 위한 모든 노력의 기초로 깔려있고, 그래서 말하거나 쓰는 방식의 이상적인 체계를 화자가 항상 구체화하지 않는다는 사실이 바로 이상적인 체계를 이해하는 것과는 별개로 화자가 자유롭게 말을 할 수 있다는 것이다(Chomsky 1965). 능력모델에서 언어적 지식은 비록 언어적 지식을 사용해야 할 때 이것을(비언어적 지식) 불러낸다고는 하지만 그래도 이 언어적 지식은 비언어적 지식과는 분리되어 있다. 그러므로 비록 비언어적 지식(최근에 촘스키가 말하는 화용적 지식과 같음)이 아무리 체계적이라 할지라도 언어능력을 설명할 때 (이것을) 고려할 필요는 없다. 그러므로 동질능력모델은 스타일상의 변이성을 고려하지 않고 오히려 이것을 언어수행의 한 현상으로 취급한다.

<도표 4.1>은 동질능력모델로부터 나온 것이 아님이 분명하게 나타나 있다. 위 도표는 체계적 변이와 비체계적 변이를 다시 세분하여 분류하고 있다. 그러니까 <도표 4.1>은 언어 사용의 이질능력모델임을 나타내 주고 있는 것이다. 비록 관찰된 일부 변이들이 비교적 예측이 곤란한 요인들(예: 언어 사용자의 마음이나 정서와 관련이 있는 것들)이라 하더라도 다른 변이들 특히 언어를 어떻게 하면 적절히 사용할 것인가하는 언어 사용자의 언어 지식으로부터 나오는 변이들은 체계적인 특성을 갖고 있으며 더욱 중요한

사실은 이것이 언어 사용자의 의사소통능력에 핵심이라고 가정해 볼 수 있다(Hymes 1971)는 점이다. 그러므로 이질능력모델에 따르면 사용자의 언어규칙에 관한 지식은 해당 언어 표현을 언제, 어디서, 누구에게 사용할 것인가하는 사용자 지식과 맞물려져 있는 것이다. 언어를 이와 같이 보는 견해에 따르면 언어 사용에 관한 사용자 능력을 언어 능력보다는 오히려 의사소통쪽으로 이해할 필요가 있다. 그러므로 이질능력모델에서는 문체적 변이(스타일상의 변이)를 언어 수행이 아니라 언어 능력의 핵심으로 이해한다.

Labov(1970)는 이질능력모델의 범위내에서 연구를 계속하고 있다. 그는 언어 사용에 대한 연구방법으로 다음과 같은 5대원리를 제시하고 있다.

1. 모든 화자는 각자의 독특한 문체(스타일)를 한 개가 아니라 여러 개 갖고 있다. 즉 화자가 복수의 스타일중에서 사회적 상황에 맞는 것을 수용하거나 맞게 적용하게 된다.
2. '스타일은 발화에 주의를 집중하는 정도(양)로 측정이 가능한 그런 차원에 분포되어 있다' 즉 화자가 상황이 달라질 때 자기의 발화가 어떻게 달라지는지 스스로의 말을 모니터할 수 있는 정도가 사람마다 다르다.
3. 발화를 모니터할 때 가장 주의 집중의 양이 적게 드는 것이 바로 일상어/사투리이다. 사투리는 일상적으로 사용하는 격식이 없는 하나의 스타일인 것이다. 사투리야말로 언어연구에 '가장 체계적인 자료(데이타)'를 제공한다.
4. 공식적인 상황(예: 실험)으로 일상적인 사투리의 사용법을 체계적으로 알아낼 수는 없다.
5. 언어 사용자의 좋은 스피치 데이터를 얻어낼 수 있는 유일한 방법은 철저하리 만큼 체계적 관찰 뿐이다.

상기 5대원리중 4번과 5번 항목은 상충되는 내용인데 Labov는 이것을 '관찰자 역설(Observer's Paradox)'이라고 명명했다. 좋은 자료를 얻으려면

체계적인 관찰이 요구되지만, 그렇게 하려면 우선 일상어/사투리 사용자에
게 접근하는 자체가 어려워진다.

　　사회언어학적 모델이 상황적 요인들 때문에 나타나는 변이들을 어떻게
다루고 있느냐에 관한 좋은 예로서 우리는 Labov의 연구를 고찰해 볼 필요
가 있다. Labov(1970)는 토박이 뉴욕인들의 스피치 유형을 조사했다.

　　그는 다양한 스피치 표본을 추출하기 위하여 여러 가지 방법으로 데이
터 수집을 했다. 그는 이를 (1) 통상적 스피치, (2) 주의를 기울인 스피치, (3)
도서, (4) 단어 목록, (5) 최소대어(對語)(minimal pair) 등 5가지로 분류했다.
이와 같은 스타일들은 화자가 자기 스피치에 어느 정도 주의를 기울이냐에
따라서 연속선 상에 확산, 분포되었다. 상기 (1)은 주의를 기울이는 정도가
가장 낮고, (5)가 가장 높은 단계이다. Labov는 스피치 스타일면에서 사회
적으로 어떤 유표를 갖는 말(그 사회에서 특징적으로 나타나는 발음)의 빈
도가 있을 것으로 보고 이를 면밀히 조사해 보았다. 예를 들면 thing의 첫음
에 해당하는 / θ / 는 뉴욕 영어 발음상의 하나의 특징을 형성하는 음가이지
만, 또한 / t /음 처럼 별로 뉴욕 영어의 특징이 아닌 발음도 많이 나타났다.
Labov는 thing의 첫음을 / θ /로 발음하는 특징적 발음이 아니라 기타의 음
(예: 앞에서 언급한 t 음 처럼)으로 발음하는 정도는 문맥적 상황에 따라 화
자가 발화시에 발음에 얼마나 주의를 기울이느냐의 정도에 따라 그 양상이
다양하다는 점을 발견했다. 그러므로 발음시 주의를 많이 기울이면 thing의
첫음을/ θ /로 정확히 발음하게 되므로/ θ / 이외의 다른 발음이 나올 확률은
그 만큼 감소하게 된다. 그러므로 스타일의 차이를 / θ / 와 같은 음의 사용
상의 다양성으로 설명이 가능할 것이다. 중요한 점은 언어행위는 예측이
가능하다는 점이다. 화자의 언어 스타일의 변경은 체계적으로 일어난다.

　　Labov는 또한 언어적 요인에 의하여 결정되는 변이성을 다루고 있다.
그는 뉴욕 흑인영어 (뉴욕지방 흑인 사투리)에 나타나는 연계사(be동사)를
조사해 보았는데 여기서 그는 이들의 영어에서 연계사를 사용하는 경우와
생략하는 경우가 대체로 체계성이 있다는 점을 발견했다. 연계사의 사용은
발화에 의하여 제공되는 구체적 언어문맥(상황)에 따라 달라졌다. 예를 들
면 연계사의 사용 빈도는 앞에 대명사 보다는 명사구가 올 때 더 높게 나타

나는 경향이 있었다. 마찬가지로 연계사 다음에는 명사구 보다는 'gonna' 와 같은 문법적 구조가 더 많이 오는 것으로 나타났다. 그러나 이와 같은 통사적 환경이 연계사 사용에 결정적 요인은 아니고 비교적 그런 경향이 있다는 사실을 지적할 뿐이다. 그러므로 'be'는 모든 문맥에서 하나의 변수이지만 화자에 따라서는 연계사를 더욱 선호하는 문맥을 따로 갖고 있는 즉 개인적 선호도가 있을 수 있다.

동질능력모델과 이질능력모델 모두 공히 언어 사용자의 언어 수행의 변이적 특성을 설명하고 있다. 그러나 동질능력모델은 변이성에 해당하는 요인들을 배제하고 있지만, Labov에 의하여 제안된 것과 같은 이질능력모델은 문맥적 상황 요인을 언어지식을 사용하는 사용자 능력의 핵심으로 보고 있다. 언어 사용자는 언어를 사용할 때 매번 무엇이 정확한 용법이며 무엇이 적절한 언어인지를 잘 알고 있다. 사용자 능력이란 '이상적인 화자-청자'의 그것이 아니라 상당히 이질적일 수 있다. 그러나 이질능력모델은 사용자의 언어수행 자체가 아니라 사용자 자신에게 내재된 지식이 무엇인지 규명해 보려고 한다.

동질능력모델은 불변규칙으로 동질적 언어능력을 설명하고 있지만 Labov와 같은 이질능력모델은 가변규칙으로 의사소통능력을 설명하고 있다. 불변규칙은 문법적으로 잘 짜여진 손색없는 문장의 쎄트를 구체화시키는 범주적 언급을 말한다. 가변규칙은 특정의 상황문맥과 언어적 문맥에서 발생하는 어떤 문법유형의 사용 가능성을 말하는 것이다. 언어 사용의 가변적 특성이 언어사용자 능력에 본질적 역할이 할당된다면 이 능력을 설명할 필요가 있고, 그 방법중의 하나는 가변규칙에 있을 것이다.

변이성을 설명할 수 있는 또 다른 대안은 암시적 분석을 통하여 가능할 것이다(Decamp 1971; Bickerton 1975). 이 방법은 언어를 하나의 개인방언 (idiolects: 개인이 일생중 어느 시기에 쓰는 방언)의 교차하는 하나의 쎄트로 보고 있다. 화자는 누구나 이와 같은 수 많은 개인방언을 접할 수 있지만 개인방언 전체를 접할 수는 없는 것 같다. 그러나 한 언어집단을 들여다 보면 개인방언 전체를 살펴 볼 수 도 있다. 스피치 공동체의 능력을 하나의 연속선으로 볼 수 도 있다. 이 연속선의 한쪽 끝에 있는 것이 방언인데(대개 표

Bickerton은 Labov의 그 유명한 Martha's Vineyarders 스피치에 나타난 음
운변화의 예를 지적했다. 그들은 그들 자신의 특유한 발음을 생산하여 자
기들 집단에 외부인이 침범하지 못하도록 동질성을 유지하려고 했다. 그러
나 그들이 사용하는 발음은 구체적으로 소개되지는 않았지만 그 음(音)이
야 본래부터 그들의 스피치에 존재하는 것인데 이를 집중적으로 강조했던
것이다. 바꾸어 말하자면 다른 음과 함께 자유변이로 이미 존재하는 음
(音)은 사회적 의미를 전달하기 위하여 체계적으로 사용할 수 있게 되었던
것이다. 자유변이 속에서 하나의 유형을 이용하는 이와 같은 과정은 바로
중간어 발달의 핵심이 되는 자질인 것이다.

요약

언어 사용은 체계적 변이와 비체계적 변이란 특징을 갖는다. 체계적 변
이는 상황적 요인과 언어적 요인 등 두 가지와 관련시켜서 설명이 가능해진
다. 이들 두 가지 요인이 어디서, 언제, 어떻게 사용할 것인지 그 변량을 결
정짓는 핵심이 된다. 언어 사용자들은 크리올어 연속선에서 명백한 증거가
나왔던 것 처럼 개인 사투리 연속선을 의미하는 하나의 능력을 갖고 있다고
볼 수 있다. 이 연속선은 수 많은 변형 혹은 lects로 구성되어 있는데 이들 수
많은 변형들은 복잡성 수준이 매우 다양하기 때문에 위계구조로 서열화가
가능하다. 비체계적 변이의 한 유형이 바로 자유변이이다. 자유변이에서
처음으로 사용된 언어학적 유형들은 그 유형들이 안고 있는 여러 가지 의미
를 체계적으로 소개할 겸 후반부에서 다루고자 한다.

중간어의 변이성

중간어에도 자연적인 언어의 경우와 마찬가지로 변이가 있음이 분명하
다. 그러나 중간어의 종류가 다르지 않다 하더라도 그 정도의 차이는 있다.
즉 중간어의 변이성은 그 범위가 상당히 넓다. 그래서 우선 다음과 같이 문

맥상황적 변이와 자유변이에 대하여 논하기로 한다.

문맥상황적 변이

문맥상황적 변이에는 문맥상황에 따라 결정되는 것과 언어적 상황에 따라 결정되는 것 등 두 가지가 있음은 이미 언급한 바 있다.

상황적 문맥의 결과로 나타나는 변이는 원어민 화자들이 사용하는 언어 사용법에서 관찰된 문체적 변이와 앞 장에서 본 Labov의 연구에서 기술한 문체적 변이 등등과 연관시켜 볼 수 있다. Dickerson(1975)은 대학에 재학 중인 10명의 일본인 유학생들의 영어 발음시 /z/ 음의 발생빈도를 조사해 보았다. 그녀는 9개월의 연구기간을 3등분하여 각 기간 마다 (1)자유스런 발화, (2) 큰 소리로 문장 읽기, (3) 큰 소리로 단어 읽기 등을 시험해 보았다. 그 결과 정확한 목표어 별어(발음, 철자가 다른 한 말의 別語)는 (3)이 그 빈도가 가장 높고, 그 다음이 (2), 그리고 (1)의 빈도가 가장 낮았다. 이와 같은 현상은 3개의 실험연구 기간 동안 동일하게 나타났다. 목표어의 발음에 관한 실험연구로 이와 비슷하게 설계한 다른 실험에서도 결과는 비슷하게 나타났다. 다시 말하자면 Dickerson은 L2 학습자들이 한 개가 아닌 여러 개의 別語(variants)를 사용하고 있음을 알게되었다(이들 別語중의 하나는 목표어의 정확한 발음일 수도 있지만 반드시 그럴 필요는 없다). 그들은 목표어의 別語를 사용했거나 자신의 발음을 모니터 할 수 있는 상황에서는 비교적 원어민 발음에 매우 근접한 발음의 별어를 사용했으며, 이들이 자신의 발음을 모니터 할 수 있는 녹음기 설비가 비치되지 않은 상황에서 사용하는 別語는 원어민 발음과 상당히 거리가 먼 그런 발음을 하고 있었다. 시간이 경과함에 따라 別語도 목표어의 발음에 근접해 가거나 목표어 발음과 비슷해지는 경향이 있다.

그 밖의 음운 발달 연구들도 Dickerson의 연구와 그 결과가 매우 유사하게 나왔다. 예를 들면 Schmidt(1977)가 아랍어권의 학생들 영어를 보면 /th/ 음을 발음할 때 공식적인 경우가 비공식적인 경우 보다 정확한 발음을 하고 있다고 지적한 것이 있다. 또한 Schmidt는 이들 학습자들은 영어만 그런 것이 아니고 이들이 아랍어를 발음할 경우에도 일상 대화시의 /th/음 보다는 고전을 독서할 때의 발음이 더욱 정확하게 나온다는 사실도 발견했다. 다시 말하자면 발음상의 스타일 변화가 L1에서나, L2에서 공히 동일한 현상이라는 것이다. Beebe(1980)도 상황이 공식적인 스타일을 요할 경우 L1의 공식적인 자질이 바로 L2로 이전된다는 증거를 발견했다. 그녀가 연구 대상으로 삼은 태국 학생들이 비공식적인 경우 보다 공식적인 경우에 목표어 발음(이 경우 /r/음)의 생산 예가 훨씬 더 적었다. 그 이유는 태국에서는 태국어의 /r/음이 공식적으로 태국어 고유의 음가로 인정받고 있기 때문에 이 인정 받는 음을 L2인 영어의 공식적인 발음에도 그대로 적용한 別語로 인식하기 때문이다. 학습자들이 자신의 발음에 주의를 집중시키게 되면 목표어 발음 유형에 높은 정확성을 보일 뿐만 아니라 그것이 자신의 L1내에 공식적인 발음으로 인정되는 것으로 존재한다면 L2에도 그대로 적용하게 된다는 점은 Dickerson의 연구를 뒷받침해주는 Schmidt와 Beebe의 연구로 인하여 더욱 분명해진다. 그러므로 언어전이도 가변적인 현상이다.

이상과 관련된 연구들은 모두 중간어 음운론과 관련이 있다. 그런데 문법적 자질 면에서도 이와 유사한 결과를 얻었다. Schmidt(1980)는 Mary is eating an apple and Sue ∮ a pear 와 같은 문장에서 두 번째 나오는 동사의 생략을 조사해 보았다. 모국어가 다른 많은 학습자들이 위의 예문과 같은 문장에서 두 번째 반복되는 동사를 자유스런 분위기에서 구두로 말할 때 그대로 반복하여 사용하고 있지만 지켜보는 모니터의 정도가 심해지면 반복되어 나오는 동사의 생략이 증가하고 있다. Lococo(1976)는 초기단계의 스페인어 과정에 등록한 28명의 대학생들이 자유롭게 작문을 해 보라고 할 때 보다는 번역을 해 보라고 할 때 형용사, 한정사, 동사 등에 체계적인 오류를 덜 범한다는 사실을 알게 되었다. 그러므로 학습자가 언어 수행을 모니터 당하고 있을 때 목표어에 정확한 발음을 보다 규칙적으로 생산한다는 사실을 다시 한번 확인한 셈이다.

Tarone(1983)은 상황적 문맥의 효과를 하나의 중간어 스타일 연속선(도표 4.2 참조)으로 나타냈다. 이 연속선의 한쪽 끝에는 학습자가 자신의 스피치에 신경을 쓰지 않을 경우에 나타나는 일상어 스타일을 나타낸다. 바로 이것이 가장 자연스럽고 가장 체계적인 스피치 형태를 나타낸다. 그런가하면 연속선의 정반대편에는 학습자가 문법적 판단(문법적으로 맞는지 틀리는지)을 요하는 것이 가장 분명한 신경쓰는 스타일이 있다. 신경쓰는 스타일은 학습자가 자기 스피치에 주의를 집중시킬 때 나타나는 스타일이다. 그러므로 스타일 연속선은 언어수행 목적의 다양성에 따라 그리고 주의를 집중하는 정도의 차이에 따라 생산되는 발음이 달라진다는 말이다. 그러나 Tarone은 스타일 연속선을 언어수행으로만 본 것이 아니고 언어능력으로 보고 있음을 주목해야 할 것이다.

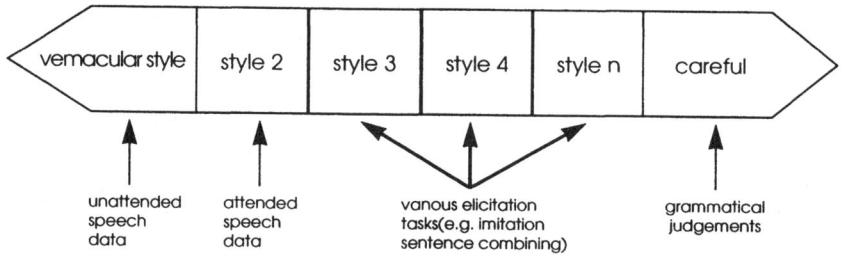

<도표 4.2> 중간어 연속선 (Tarone 1983)

비록 목표어에서 동일한 유형을 요한다 할지라도 두 개의 각기 다른 언어학적 문맥 상황이 다른 유형을 유도할 때 언어학적 문맥상황의 결과로 인한 변이가 발생하게 된다. 예를 들면 Mr. Smith lives in Gloucester에서 보는 바와 같이 언어학적 문맥상황이 단문으로 구성되어 있을 때 학습자들은 3인칭 단수어미 '-s'를 정확히 생산해 낼 수 있지만 Mr. Smith who live in Gloucester married my sister와 같이 언어적 문맥상황이 종속절을 구성하고 있을 경우엔 3인칭 단수어미 '-s'를 생산해내지 못하고 있다.

이와 같은 변이는 목표어의 정확한 유형을 전혀 내포하고 있지 못하다. 이것은 아마도 두 개의 상이한 유형의 사용으로 구성되어 있다고 보아야 할 것이다.

Dickerson(1975)의 연구도 언어적 문맥상황에 따라 문맥상황적 변이가 나타난다는 증거를 제시하고 있다. 그녀는 연구대상 학생들이 언어적 환경에 따라 영어의 /z/음을 여러 가지의 변종으로 사용하고 있음을 주목했다.

실험대상들이 생산하는 음의 음성학적 자질들이 /z/음 옆에 자음이 오느냐 아니면 모음이 오느냐에 따라 달라졌다. 그러므로 /z/ 다음에 모음이 올 때 학습자들은 목표어에 있는 고유의 발음으로 정확한 발음을 했고, /z/ 다음에 묵음이 올 때 이들은 3가지 변이음을 냈는데 그중 하나만이 /z/음이었다. 하나의 경우에서 다음 경우로의 발전은 처음엔 잘 사용되지 않는 환경에 /z/음의 사용을 증가시키는 사례, 그리고 /z/음과 음성학적으로 매우 유사한 변음 사용의 증가 사례 등으로 구성되어 있다. 첫 번째 시험의 대화-독서의 예를 보면 목표어가 buzz와 같이 뒤에 묵음 혹은 아무런 음이 없을 때 (실험대상들이) /z/음을 50% 가량 사용하는 것으로 나타났는데, 세 번째 시험에서는 그 빈도가 80%로 높아졌다. 그러므로 /z/음의 습득은 언어적 문맥상황 범위 내에서 급성장하는 것이 아니고 서서히 익혀 나가게 됨을 알 수 있다.

언어적 문맥과 상황적 문맥의 영향은 둘 다 상호작용을 하여 학습자의 중간어에 영향을 미치고 있다. 언어적 상황문맥이 연속선의 '단순'(예: 3인칭 단수어미 -s처럼 단문일 때)에서 '복합'(예: 종속절에 나타나는 3인칭 단수어미 -s처럼)으로 범위가 확산되는 것이라면, 그리고 상황적 문맥도 연속선을 갖는 것이라면, 그렇다면 어느 것이든지 중간어 형태는 다음 도표 위에 그 위치를 설정해 볼 수 있을 것이다.

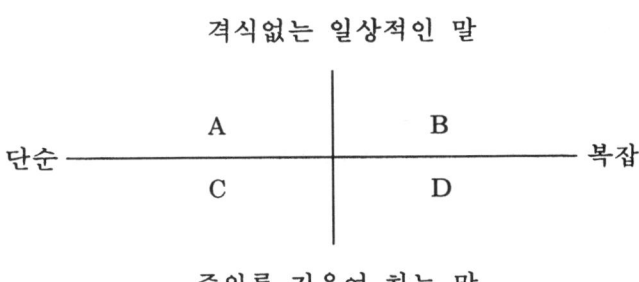

<도표 4.3> 두 개의 연속선상의 상관관계로서의 중간어

예를 들면 처음부터 3인칭 단수 어미의 사용은 언어적 문맥이 「단순」하고, 문장 스타일은 「주의를 기울여 하는 말」일 경우 즉 위 도표상으로 구간 C 에 있을 경우가 가장 빈도가 높게 나타날 것이라고 예측해 볼 수 있다. 언어적 문맥상황이 「복잡」하고, 문체가 「격식없는 일상적 말」일 경우의 빈도가 가장 낮게 나타났다(상기 도표의 구간 B). 언어적 문맥이 「단순」하고, 스타일이 「격식없는 일상적인 말」에 해당하는 구간 A 와 언어적 문맥상황이 「복잡」하고, 스타일이 「주의를 기울여 하는 말」에 속하는 구간 D 등 이들 둘은 어느 것이 더 빈도가 높은지 분명치 않다.

자유변이

모든 중간어 변이들이 다 문맥과 연관된 것은 아니다. 초기단계에서는 변이의 적당한 비율이 아무렇게나 되는 대로 구성되는 것일 수 있다. 즉 학습자는 의미를 동일한 것으로 인식하고 사용하는 두 개 또는 그 이상의 유형들을 보유하고 있다. 예를 들면 Ellis(1984)는 영어를 배우는 11살의 포르투칼 어린이의 다음과 같은 말을 인용하고 있다:

> (인용문) N'o look my card.
> Don't look my card.

상기 인용문은 이 어린이가 빙고게임을 하는데 옆의 동료 학생이 자기 카드를 보지말라는 것이다. 이 두 말은 발화에 몇 분 정도의 간격이 있었다. 두 경우 모두 어린이는 의미에 초점을 맞출 뿐 자기가 하는 말이 맞는지 틀리는지 어법 등에는 신경을 쓰지 않고 있다. 그리고 두 발화 모두 시발 자체가 담화로부터 출발하여 언어적 문맥은 둘 다 동일할 뿐이다. 이 두 발화가 가장 잘 설명해주는 것은 'no + 동사와 'don't + 동사를 부정문 문법규칙으로 인식하고 있다는 점이다.

중간어에서 자유변이를 추적하기 위하여, 우리는 어떤 의미에 어떤 표현을 사용하는지 조사해 볼 겸 유형-기능관계를 살펴볼 필요가 있다. 불행하게도 SLA에서는 이 분야에 대한 연구가 별로 없는 편이다. 자유변이에 대한 연구 보고서가 불과 몇 편밖에 없는 정도이다. 예를 들면 Wagner-Gough(1975)는 6세의 이란(Iran) 어린이가 진행형 '-ing'를 계속적인 행동, 즉각적인 행동 의도, 먼 장래의 행동 의도, 과거에 대한 참고, 습관적 행동, 명령문의 의미 등에 사용하고 있음을 발견했다. 그녀는 또한 단순 동사형을 위에 언급한 기능으로 사용하고 있음도 발견했다. 두 가지 유형 모두 의미적으로는 자유변이에 속한다. Eisenstein et al.(1982)도 진행형과 단순현재형의 사용법을 조사했는데 이것은 성인 L2학습자에 대한 횡적연구이었다. 이들 연구에서 얻은 결론은 단순현재형과 진행형은 맨 먼저 하나의 유형/기능으로 저장되어 나중에 두 개가 분리된다는 가설로 설명하고 있다. 더 많은 정보는 Huebner(1981)에 의하여 이루어졌다. 그는 태국 학습자들의 영어 스피치에서 두 가지 공식적인 표현을 사용하고 있다는 점을 확인하고 공식화하여 사용하는 유형의 습득은 그 언어의 기능의 습득보다 선행한다는 사실을 발견했다. 이와 같은 연구들은 광범위하게 퍼져있는 현상이 어떤 것일 것이다라는 증거를 제시하고 있다. 학습자가 먼저 새로운 언어적 품사를 내면화시키게 되면 그것들이 목표어에서 어떤 기능을 하는지에 대해서 정확히 알지를 못한다. 그 결과는 자유변이인 것이다.

요약

본 장에서는 중간어에 체계적인 문맥변이와 비체계적인 자유변이 등 두 가지 변이가 있음을 예를 들어가면서 설명했다. 언어습득 과정은 이들 변이와 관련이 있음이 분명하다. (1) 학습자들은 한 유형의 추가적인 스타일 문제와 언어적 문맥 등을 배워서 그 유형을 완전히 마스터하므로써 자신의 유형의 문맥적 범위와 한계를 서서히 확장시켜 나간다. (2) 학습자들은 자신의 중간어에 존재하는 자유변이를 유형-기능관계를 명확하게 파악해 가면서 서서히 해결해 나간다. 진행과정 둘 다 자세히 검토하게 될 것이다. 그러나 첫째, 언어 학습자언어 속에 내재하는 변이의 다양한 방법들을 SLA

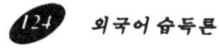

측면에서 고찰하게 될 것이다.

중간어 변이와 SLA 연구

앞 장에서 기술한 변이의 종류들은 SLA연구와 연관시켜 보면 많은 의문점들이 노출된다. 그러므로 언어 학습자언어를 이해하는데도 적지 않은 문제점들이 야기되고 만다. 이들 의문점들이란:

1. 어떤 '스타일'이 '기본' 또는 주(主)가 되는 것인가?
2. 중간어를 설명하는데 가장 좋은 데이터는 무엇인가?
3. 학습자 중간어의 가변성을 어떻게 하면 정확하게 설명할 수 있는가?

이상과 같은 것들이 관련 현안들인데 이들을 하나하나 차례로 고찰해 보자.

일상적인 말의 스타일이 기본이다

Labov에 이어서 Tarone(1982)은 중간어의 일상적인 스타일이 가장 안정적이고 모든 스타일을 총망라하고 있기 때문에 이것이 기본이라는 주장을 한다. 일상 스타일(상기 도표 4.3의 "격식없는 일상적인 말"에 해당함)은 모니터되지 않는 상태이므로 이것은 다른 스타일보다도 목표어나 L1의 유형의 예가 훨씬 적게 내포되어 있는 것이다. 그러므로 이는 기타 다른 지식의 원천으로부터 가변적 영향을 잘 받지 않기 때문에 내적 일관성을 크게 갖고 있다고 볼 수 있다. 조심스런 스타일(위 도표 4.3의 "주의를 요하는 말"에 해당함)은 모니터링하는 정도, 주의집중 정도 등 등에 따라 상당히 가변적일 수 있지만 일상 스타일은 비교적 불변성을 가진다.

Tarone은 일상 스타일의 특성을 가진 유형들이 자동적으로 내면화된다고 주장한다. 아마도 이것은 학습자가 언어 정보 투입과정을 지배하고 중간어 체계를 만들 수 있는 천부적인 자질을 부여받았기 때문에 그런 것 같다. 이것은 SLA를 언어 발달에 자연적 경로를 구체화시켜주는 '창조적 구축'의 한 과정으로 보는 견해이다. 그러므로 자연스런 경로는 일상 스타일의 한 자질이라고 볼 수 있다. 이런 것들은 모니터 되지 않는 것을 연구 대상으로 하는 연구물에서나 볼 수 있을 것 같다. 흉내/모방, 번역, 혹은 기타 중간어의 조심스런 스타일을 반영하는 유도장치 등으로 데이터를 수집한 자료에 근거한 연구에서는 나올 수 없는 것들이다. 이와 같은 주장을 뒷받침해 주는 증거들을 간단하게 고찰해 보자.

　일상 스타일은 또한 또 다른 의미에서 기본이라고 볼 수 있다. 우리 모두는 '계획된 담화' 보다는 '계획없이 이루어지는 담화' 가 더 쉽고, 자연스럽다는 점을 잘 알고 있다. Ochs(1979)는 전자를 미리 생각하지 않고 조직적인 준비가 없는 담화로, 그리고 후자를 미리 계획을 세우고 조직화한 담화라고 정의를 내리고 있다. 이들 두 담화의 차이점은 앞으로 계속해서 논의될 것이다. Ochs는 이들 두 담화의 차이점이 수 없이 많다고 지적하고 있다. 계획되지 않은 담화의 경우 화자들은 초기 언어습득 단계에서 배운 문법적 자질에만 의존하려 하고, 따라서 심리언어학적으로 깊이가 훨씬 더 심원하다. 이런 예로는 지시적 수식어(예: this, that), 능동태, 과거보다는 현재 시제 등을 주로 사용하는 빈도에서 찾아 볼 수 있다. 계획되지 않은 담화는 가르쳐지지 않은 습득문맥 속에서 발견될 수 있는 그런 종류의 의사소통이다. 이것은 대부분의 사람들이 가장 빈번히 참여하는 그런 타입의 담화인 것이다. 우리가 제2외국어 습득에 관하여 논할 때 우리는 그 의미를 계획되지 않은 담화로 동시에 의사소통할 수 있는 능력을 외국어 습득이라고 정의한다. Ochs의 계획되지 않은 담화와 계획된 담화란 개념은 Tarone의 일상 스타일 연속선과 조심스런 스타일 연속선과 매우 유사한 개념임이 분명하다. Ochs의 연속선이 언어수행에 관한 것이라면 Tarone의 개념은 언어능력과 관련된 개념이라고 볼 수 있다. 일상 스타일이 주가 된다는 것은 대부분의 사람들의 생활 속에서 계획되지 않은 담화가 주를 이룬다는 점을 반영하고 있다.

　간단히 요약하자면 일상 스타일의 담화가 매우 안정적이고, 언어습득에 관한 보편원리를 반영해 주며, 계획되지 않은 담화 스타일이기 때문에 이것이 L1에 기본이라고 볼 수 있다. SLA의 자연스런 발달경로 속에 일상 스타일이 있는 것으로 관찰될 수 있는 것이라고 볼 수 있다. 일단의 환경하에서의 언어수행이 하나로 딱 떨어지게 규명될 수 없을 뿐만 아니라 그것이 다른 환경하에서도 유사하게 발생할 수도 있음은 자명하다. 특히 실험이 자연스런 행동이나 정상적인 행동을 이끌어 낼 수 없다는 것을 근거로 실험이란 조건하에서 인간의 행동을 조사한다는 것이 과연 타당성이 있는 것인지 의구심을 갖는 경우가 많다(Cicourel et al 1974). Butterworth(1980)는 이 점에 관하여 다음과 같이 지적하고 있다:

> 자극을 조작하는 것과 이에 대한 적절한 반응은 인간을 조작하는 것과 동일할 수 없다. 아무리 실험대상을 잘 통제한다 해도 실험대상이 인간이기 때문에 이들 대상들은 실험에서 부여한 임무를 해결할 수 있는 전략을 세울 수 있고, 그것은 실험 조작자가 갖고 있던 의도와는 상관없이 일어날 수 있다.

SLA에서 임무의 특성이 관찰된 그런 류의 언어에 영향을 미친다는 사실을 보여주는 심각한 증거가 있다. 이런 연구중의 일부는 이미 중간어 스타일 문제를 논할 때 언급한 바 있다. 또 다른 예로는 Fillmore(1976)를 들 수 있다. 그녀는 실험대상 학생들중의 일부를 보면 1단어와 유도된 데이터내의 단편적인 발화 등을 상당히 많이 생산하고 있음을 발견했다. 그런데 이들의 자연적인 발화속에는 상당히 복잡한 복문구조가 많았던 것이다. Burmeister와 Ufert(1980)는 5명의 독일 어린이들이 SLA로 영어를 배우는 과정을 5년간에 걸쳐서 종적연구를 통하여 이들의 자발적인 스피치와 그의 해석법으로 얻은 데이터를 면밀히 비교하는 작업을 수행했다. 그래서 두 종류의 데이터 속에 다음과 같이 차이점이 4개 영역으로 분류됨을 확인했다.

    1. 유도된 데이터는 자발적 데이터보다 L1간섭효과가 더 높게 나타났다.

2. 실험조건하에서 어린이들은 언어발달 단계상 현재의 단계보다
   낮은 앞단계에 속하는 문형구조로 후퇴하거나 정체되는 현상이
   나타났다.
3. 유도된 데이터는 어린이들이 복잡한 부정문 구조와 같이 어떤
   특정 구조를 회피하려는 경향이 있음을 볼 수 있다.
4. 유도된 데이터는 자발적 스피치에서는 좀처럼 발생하지 않는
   구조가 수 없이 많이 나타났다. 이들 이상한 구조들은 실험을
   했던 것이 그 주요인이 아닌가 싶다.

　　이에 대하여 Burmeister와 Ufert는 이 실험 데이터가 의사소통적 행동의
특수 타입으로부터 야기된 것이라고 결론을 내렸다. 실험조건들은 어떤 규
칙에 대한 지식을 실험대상들이 가지고 있었을 것이라고 미리 전제했기 때
문에 대상들이 가지고 있던 의사소통 수단을 자유롭게 선택하지 못했던 것
이다. 반대로 학습자들이 자발적 스피치에서는 내용과 언어규칙 둘 다를
보다 자유롭게 선택할 수 있었다.
　　이와 같은 관찰은 가장 체계적인 스타일은 일상적인 말이라고한 Labov
와 Tarone의 주장과도 일맥상통한다. 어떤 수단으로든 유도장치에 의하여
도청이나 모니터된 스타일에서는 정상적인 언어유형이 방해를 받는다. 학
습자들은 자연스런 대화일 경우는 생기지 않는 다양한 전략을 구사하게 된
다. 이들 전략들은 L1전이형, 원초적 중간어 유형, 잠시 나타난 매우 발달된
중간어 유형 등 엉뚱한 언어수행을 낳게 한다.
　　다른 과업 진행중에 언어수행에 영향을 주는 또 다른 요인은 학습자가
언어를 수행하도록 가용하게 되는 행동의 인지적 복잡성이 있다. 어떤 과
업이든지 착수할 수 있도록 되어 있는 인지작동은 잡다하지만 전반적인 복
잡성을 측정할 수 있는 한 방법은 '언어인지거리'(Blank et al 1978)로 설명
할 수 있다. 이것은 언어가 사용되는 정도가 눈에 띄게 현저한 상황의 특성
들과 관련이 있다. 이것은 종종 L1습득에 대해서 언급되는 사실인데 언어
발달 초기단계에서 어린이들이 주변의 물리적 대상물이나 사건에 대하여
말을 할 때 사용한다. 이것이 행동을 대치시키는 것에 대하여 말하는 것보

다 훨씬 쉬울 것이다. 언어-인지 연속선에 기초를 둔 테스트 방법을 Blank et al.은 설계했다. 가장 쉬운 질문은 인지 과업에 일치하느냐(예: 테이블 위에 무엇을 있는가?) 정도를 묻는 것이고, 가장 어려운 질문은 인지추론을 요하는 질문(예: 쿠키를 오븐 위에 올려 놓으면 어떤 일이 발생하는가?)이다. Ellis(1982)는 이와 유사한 검사법을 L2사용자용으로 개발해냈다. 그는 구체적 과업에 인지적 복잡성은 L2학습자들이 그 과업을 수행할 때 성공여부에 영향을 미친다는 사실을 발견했고 또한 이것이 언어의 복잡성과 언어 사용의 정확성에도 영향을 미친다는 사실을 알게 되었다. L2학습자들도 L1학습자와 같이 "여기서 지금" 일어나고 있는 일에 대하여 말할 때와 마찬가지로, L2학습자들도 혜택을 받고 있음을 보여주는 증거들이 사례연구(예: Hatch 1978)에 나타났다.

중간어 언어수행의 경우 임무에 다른 영향을 어떻게 설명할 것인가는 학습자 자신이 말하고 있는 것에 대하여 얼마나 주의를 집중시키느냐 즉 주의집중 정도에 달려 있다고 할 수 있다. 번역과 같은 유도 임무에서 학습자들은 목표어를 L1과 비교하게 되기 때문에 번역의 경우에 L1간섭이 더 많이 일어남은 놀라운 일이 아니다. 인지적으로 더욱 복잡한 경우(예: 폭 넓은 언어인지의 갭을 보이는 경우) 학습자의 관심은 비언어적 이슈에 더 매달리게 되는 경향이 있다. 그 이유는 학습자가 가장 최근에 추가된 중간어 유형에 초점을 맞출 수 없는 관계로 인하여 인식이 자동화되지 않았기 때문이다. 그 결과로 나타나는 스피치는 쉬운 임무의 경우보다 임무지향성이 떨어지고, 덜 복잡하고, 그러면서 더욱 단편적(연계성이 없이 조각조각 떨어진 상태)으로 나타나는 경향이 있다. 그런데 이와는 대조적으로, 인지적으로 쉬운 임무(예: 목록표를 보고 단어를 읽는 경우)를 부여할 경우 학습자는 자신의 가장 진보되고 발전된 중간어 유형에 초점을 맞출수 있기 때문에 자신의 언어능력을 최대한 발휘할 수 있게 된다. 그러므로 그 임무의 성격이 관찰되는 언어 학습자언어의 종류를 결정하게 됨은 자명해진다. 여기서 다음과 같은 중요한 의문이 야기된다. 즉 SLA연구에 가장 좋은 데이터는 무엇일까? 하나의 가정은 자발적인 의사소통이 계획성없는 담화가 가장 자연스러운 대화일 것이고 이것만이 유일하게 유효성을 갖는 것으로 볼 수 있다는 것이다. 이 가정은 일상적인 스피치 스타일이 다른 어떤 중간어 스타일보다 기본이 될 것이라는 믿음에 기초를 두고 있다. 앞 장에서 언급한 바와 같이 여기엔 몇 가지 근거가 있다. 그러나 중간어 연구를 위한 최선의 데이터가 절대적인 것이라기 보다는 상대적이라는 점에 대하여 논란도 있을 수 있을 것이다. 즉 연구자가 조사, 연구해 보고자 하는 특정의 중간어 스타일이 최선의 데이터가 될 수도 있다는 말이 된다. 그러므로 연구자가 일상 스피치 스타일에 관심이 있으면 그는 자발적 스피치에서 데이터를 얻어야 할 것이고, 연구자가 조심성있는 스피치 스타일에 관심이 있다면 실험 대상들의 모니터링된 언어수행을 반영하는 유도된 데이터를 필요로 할 것이다. 만일 중간어를 가변적 체계로 보면 그 때는 임무의 범위(range)를 필요로 하게 될 것이다.

SLA연구시 피해야 할 일이 두 가지가 있다. 첫째, 활용한 데이터에 대하여 그릇된 주장을 해서는 않된다. 예를 들면 유도된 도구로 추출해낸 데이터를 자연스런 스피치 스타일로부터 얻은 데이터라고 근본부터 틀리게 주장하는 경우가 있다. 과거 형태소 연구에 대한 비판은 사용한 자료가 유도된 인공자료를 놓고 자연스런 경로로 얻었다고 주장한 것에 대한 강한 비판이었다(예: 이중언어통사측정). 이미 앞에서 본 바와 같이 Burt와 Dulay(1980)가 이 측정 방법은 자연스런 상황하에서 발견되는 의사소통 스타일을 이끌어 내기 때문에 학습자의 일상적인 언어 스타일을 타진해 볼 수 있다고 주장했다. 그러나 그들은 이 측정법으로 이끌어 낸 어떤 대화도 예로 들지 못했기 때문에 이들의 주장은 평가하기가 매우 어렵다. 유도된 스피치는 자연발생적인 스피치와 다를 수 있다는 주장은 가능한데, 그렇기 때문에 이들이 말하는 '자연스런' 습득순서란 것이 그렇게 자연스럽지 못하다. Porter(1977)의 한 연구는 이것이 바로 그런 경우가 될지도 모른다고 주장한다. 포터는 L1을 배우는 어린이에게 이 측정법을 적용해 보았는데 그 결과는 Burt와 Dulay의 발견, 그리고 기타 SLA연구의 결과들과 매우 유사하게 나타났다. 그러나 이 순서는 자연스럽게 발생하는 스피치로 구성된 중간어 연구(예: de Villiers and de Villiers 1973; R. Brown 1973)들이 보고한 '자연스런' 습득순서와는 일치하지 않았다.

피해야 할 위험요소의 두 번째 것은 하나의 자료가 아닌 것들을 하나로 취급하는 자료혼합의 문제이다. 이렇게 자료를 뒤섞으면 중간어의 스타일을 뒤섞은 것과 같아서 중간어 A와 B를 식별조차 해내기 어렵게 된다. Larsen-Freeman(1976)은 연구 임무가 말하기, 듣기, 읽기, 쓰기, 그리고 유도된 모방하기 등에 대하여 각기 다른 형태소 습득순서를 찾아내고 있다. 이와 같이 연구 임무의 범위를 광범하게 설정하여 얻은 자료는 변수를 분리하지 않았기 때문에 중간어의 체계성을 분석해 낼 수 없게 된다. 언어 학습자 언어에 이질성이 많다고 보고된 상당수의 연구결과들은 중간어에 자유변이가 많다는 점을 고려해도, 그래도 이들이 연구할 때 자료를 혼합시킨 결과일 가능성이 높다.

중간어 변이성에 대한 기술

연구 임무가 다르면 데이터도 따로 분리시켜서 학습자의 각기 다른 변이체계를 스타일별로 조사, 연구할 수 있을 것이다. 그러나 이미 앞 장에서 변이의 다른 유형들에 대하여 언급한 바와 같이 데이터가 완전 동질성을 갖고 있지는 않을 것이다. 여기엔 사소한 스타일의 차이가 - 앞의 <도표 4.2>의 스타일 연속선에 나타난 바와 같이 - 있을 수 있으며, 동시에 언어적 문맥 상황에 상응하는 또 다른 체계적 변이가 있고, 자유변이도 있을 것이다. 그러므로 가변적 현상으로서의 중간어를 어떻게 기술할 것인가라는 의문점이 남게 된다.

그 한 가지 방법은 가변규칙을 이용하는 것이다. 이 방법은 각기 다른 상황적 문맥 혹은 언어적 문맥에서 발생하는 두 개 이상의 변량의 발생 확률을 구체화시키는 규칙이다. 예를 들면 학습자들은 가끔 WH-의문문을 어순 도치로 사용하기도 하고 어순이 도치되지 않은 평서문 어순으로도 사용한다. 학습자 발화의 핵심을 면밀히 분석해 보면 대부분(전부는 아님) 어순 도치를 시킨 WH-의문문에 연계사나 조동사 'be'를 사용하고 있음이 들어날 것이다. 마찬가지로 어순 도치가 일어나지 않은 WH-의문문도 조사해 볼 수 있는데 이 경우는 'be' 보다는 다른 조동사를 사용하는 사례가 대부분(전부는 아님)일 것이다. 어순 도치형 WH-의문문, 어순 정치형 WH-의문문이 어떤 상황에서 나타나는지를 가변규칙을 활용하면 이런 경우의 규칙성을 확률 논리로 파악해 낼 수 있을 것이다. 또한 가변규칙은 상황적 요인으로 인하여 나타나는 다양한 스타일의 언어수행을 기술하는 도구가 될 수도 있다. 이런 규칙들은 불가피하게 복잡성을 갖게 되지만 학습자의 중간어 체계가 정말 그런 것이라면 규칙도 당연히 복잡할 것이다.

가변규칙들이 체계적 변이성을 기술할 수 있는 최선의 방법이다. 가변규칙들은 자유변이를 처리할 수 없다. 뿐만 아니라 가변규칙들은 언어발달 단계가 변천해가는 것을 정확하게 기술하기 보다는 매우 엉성하기 때문에 발달단계별로 새로운 가변규칙들이 설정되어야 할 것이다.

자유변이와 발달단계의 변천은 확산모델(diffusion model, Gatbonton 1978)로 더욱 효과적으로 설명할 수 있다. 이 모델은 중간어 규칙을 크게 '습득단계'와 '교체단계' 등 두 가지 단계로 이루어져 있다고 가정한다. '습득단계'에서 학습자들은 우선 먼저 중간어에 주어진 유형(모든 상황이나 문맥으로)을 사용하다가 나중엔 두 번째 유형을 도입하게 된다. 시작부터 이것은 모든 환경에서 처음에 주어진 유형과 나중에 도입된 유형이 함께 사용된다. 다시 말하자면 이 두 유형들은 자유변이로 사용된다는 말이다. 그 다음 '교체단계'가 되면 학습자는 구체적 환경에 둘중의 한 가지 유형만 고집하게 된다. 그러면서 다른 환경 여건하에서는 역시 두 가지 유형을 공동으로 사용한다. 그러다가 나중엔 두 가지 유형을 각각의 환경에 맞도록 선택하게 된다. Gatbonton은 음운발달을 설명하는데 확산모델을 이용하고 있지만 모든 SLA에 다 적용이 가능하다고 본다. 다음 장에서 언급하겠지만 이 모델은 중간어 변이성을 기술하는데 매우 우수한 모델이라고 생각된다.

L2 언어수행을 설명할 수 있는 또 다른 기법으로는 암시적 측정법 (implicational scaling)이 있다. 이 방법은 처음엔 크리올어(creole) 연구에 이용되었다(예: Decamp 1971). 그것은 시간상의 어떤 시점에서 발생할 수 있는 변이성을 꾸미는데 이용되지만(예: 데이터는 횡적연구로 수집된다), 관찰된 수평적 변이성은 그 주어진 시간상의 수직적 발달과 일치한다는 가정

이 있어야 한다. 그러므로 복잡성을 기준으로 할 때 단순한 것이 먼저 습득되고 복잡한 것이 나중에 습득된다는 습득상의 위계 순서가 있다고 할 수 있다. 그러므로 암시적 측정법은 통시적 변이를 다룰 수 있을 뿐만 아니라 발달경로의 한 가지 그림을 제공해준다. 암시적 측정법의 좋은 사용 예는 Dittmar(1980)에 의하여 제공되었다. 그가 사용한 절차는 다음과 같다:

피실험자(수)		동사	서법동사+동사	연계사동사	보조사+동사	보조사+ 서법동사+동사
V1	01	15	-		-	-
	02	21	-		-	-
	03	31	-	-	-	-
	04	36	-	-	-	-
	05	40	-	-	-	-
	06	42		-	-	-
	07	49				
	08	57				
	09	65	-			
	10	76	-	-	-	-
V2	11	71	3	-	-	-
	12	24	2	-	-	-
	13	45	1	-	-	-
	14	42	9	-	-	-
	15	68	5	-	-	-
	16	70	8	-	-	-
V3	17	51	⊖	3	-	-
	18	65	1	4	-	-
	19	66	1	2	-	-
	20	67	4	6	-	-
	21	60	2	4	-	-
	22	69	1	2	-	-
	23	55	10	1	-	-
	24	58	3	9	-	-
	25	48	2	23	-	-
	26	60	11	11	-	-
V4	27	57	14	⊖	1	-
	28	40	15	11	1	-

30	52	1	7	1	-
31	66	4	8	1	-
32	50	2	31	2	-
33	54	1	5	6	-
34	65	2	5	3	
35	55	6	15	11	-
36	69	9	5	8	-
37	26	9	39	5	-
38	47	4	21	24	-
39	50	7	23	8	-
40	55	2	23	14	-
41	40	15	18	27	-
42	44	2	28	18	-
43	52	5	20	15	-
44	52	11	11	2	-
45	43	9	21	27	-
46	34	7	24	23	-
V5 47	11	3	24	59	3
48	17	8	12	57	3

<표 4.1> 암시적 측정법의 예(실험대상 48명, 성인 학습자, 동사
구 5개의 사용규칙)(Dittmar 1980: 225)

1. 조사연구할 자질들이 무엇인지 확실히 정한다. Dittmar는 SLA에서
   의 동사구를 조사하여 다음과 같은 자질들을 식별해냈다.
   　동사
   　서법동사 + 동사(Modal verb + 동사)
   　연계동사(Copular verb)
   　보조사 + 동사(Auxiliary + verb)
   　보조사 + 서법동사 + 서법동사
2. 각 실험대상들의 고정된 핵에서 나타나는 자질들의 숫자를 계산한다.
3. 이렇게 해서 계산된 각각의 실험대상들의 점수를 하나의 행렬

(matrix)로 구성한다

- 실험대상들은 그들이 사용하는 자질의 수에 따라 세로로 배열한다 (도표에). 도표의 상단에는 사용 자질의 수가 가장 적은 것부터 나열하여 아래로 내려갈수록 자질의 수가 큰 것으로 나열한다. 모든 자질들은 각 집단에 공통적으로 가장 많이 사용하는 순서로 배열한다.
- 자질들은 사용하는 실험대상들의 수에 따라 도표의 상단에 좌에서 우로 배열한다. 왼쪽끝에 빈도수가 가장 많은 것부터 우측으로 갈수록 그 빈도가 낮아진다.
4. 각집단에 따라 변이의 특성을 구분해 나간다(예: V1, V2 등등).
5. 자질1, 자질2, 자질3 등으로 습득 자질의 수를 구분하다보면 계단식이 된다.
6. 암시적 유형에 적합치 않은 것들은 동그라미 표시를 하여 구별한다.

이렇게 작업을 한 결과가 <표4.1>에 나타난 Dittmar의 분석표이다.

SLA연구시 문제점은 한 단계에서 다른 단계로 변화해 가는 변이의 복잡한 양상을 처리할 수 있는 기술적 틀을 찾아내야 한다는 점이다. 변화규칙들은 여러 단계의 언어발달 시점에 있는 언어 학습자언어의 변이성을 기술하는데 이용될 수 있을 것이다. 확산모델은 체계적 변이와 비체계적 변이를 다룰 수 있고 또한 발달단계상의 단일 변수체계와 이어지는 복변수체계와의 관계도 다룰 수 있다. 암시적 측정법은 수평적 변이를 수직적 발달과 연관시켜 볼 수 있다.

SLA에서의 변이의 역할

지금까지 나는 중간어 변이성의 특성, 그 결정요인, 다양한 이론 및 기술시의 문제점 등에 관하여 집중적으로 논의해 왔다. 이제는 발달의 매카니즘으로서 변이가 어떤 역할을 하는지 알아 볼 시기가 되었다. 나는 변이성이 그 특성에 따라 문맥적 변이, 자유변이 등 두 가지 목적에 기여한다고 주장하고 싶다. 문맥적 변이는 순차적 발달이 이루어진다고 볼 때 언어발달

과정상 경미한 기능을 갖는다고 볼 수 있고, 중간어를 더욱 효율적으로 만들어 주는 자유변이가 언어발달에 매우 중요한 요인으로 작용한다고 볼 수 있다.

문맥적 변이

Widdowson(1975)은 '....변화란 현재 일어나고 있는 변이의 잠정적인 결과에 지나지 않는다'라고 언급하고 있다. 어떤 의미에서 이것이 사실일까? 주의를 기울이는 중간어 스타일이 일상적인 스타일 보다 목표어 유형을 더 많이 포함하고 있다고 이미 언급한 바 있다. 그러므로 SLA가 진행되는 한 가지 방법은 학습자의 주의를 기울이는 스타일로부터 일상적인 스타일로 확산되어 간다고 볼 수 있다. 언어발달이란 그냥 어느 순간에 갑자기 툭 튀어 나오는 것이 아니고 공식적인 언어 스타일로부터 서서히 발전해서 일상적인 스타일로 확산되어 가는 것이라고 볼 수 있고 한편 간단한 스타일로부터 복잡한 것으로 진행되어 간다고도 볼 수 있다. 이러한 관점에서 볼 때 SLA는 비목표어 변량이 환경범위가 서서히 확대됨에 따라 감소해 가는 것처럼 SLA의 변이의 정도도 서서히 감소해 간다고 볼 수 있다. 이와 같은 감소가 결국은 주의를 요하는 스타일로 변화해 간다는 의미일 것이다.

이것이 바로 Tarone(1982, 1983)이 제안한 SLA의 설명인 것이다. 비록 이와 같은 제안을 지원할 만한 증거가(예: Dickerson 1975) 충분치 못하다고는 하지만 그래도 이 논리를 뒷받침할 매우 강력한 이론적 주장이 있다. 그 중 첫 번째 이론은 중간어 체계를 발전시키고자 하는 학습자 동기와 관련이 있다. 대단히 제한된 문법만 - 간단한 일상 대화 스타일만 가지고도 매일매일의 일상생활을 유지할 수 있음 - 가지고도 효과적인 의사소통이 가능하다고 지적(예: Schumann, 1978)한 적이 종종 있었다. 그러나 그와 같은 체계는 주의를 요하는 스타일로 의사소통을 해야하는 사회적 규범과 관습에 맞는 스타일은 될 수 없다. 그러므로 사회적으로 용납이 되는 스타일을 원하는 학습자들은 나중에 일상적인 스타일로 전환되더라도 우선은 공식적인 스타일의 언어를 필요로 할 것이다. 이에 관해서 Littlewood(1981)는 다음과

같이 말하고 있다:

> 이와 같이 규범적인 언어를 배우고자 하는 필사적인 노력은 결국
> 학습자들을 원어민 화자가 사용하는 언어이거나 이에 매우 유사
> 한 변이의 범주내로 끌어들이게 될 것이다. 이렇게 해서 학습과정
> 에 역동성을 제공하게 된다.

이것은 사회언어학적 논리라고 부를 수 있을 것이다.

SLA의 변이성에 관한 Tarone의 두 번째 주장은 심리언어학적인 것이다. 이것은 자신의 스피치에 공식적인 자질이 얼마나 들어 있는지 관심을 기울여야 하는 학습자의 능력과 관련이 있다. 공식적인 스타일에서는 화자 자신의 세심한 주의를 요하지만 일상어 스타일에서는 그런 모니터링이 다소 떨어진다고 이미 여러번 지적한 바 있다. 이에 대한 이유는 중간어 유형의 자동성의 정도 차이 때문이다. 일상어 스타일은 즉흥적으로 가능하지만 주의를 요하는 스타일의 경우는 그렇지 못하다. 그러나 주의를 요하는 스타일을 사용하게 되면 언어연습이 되고 차츰 연습이 숙달되게 되면 중간어 연속선상에서 그 말이 일상어 스타일화 되어 가게 마련이다. 그러므로 처음엔 계획적 담화와 관련된 의사소통 스타일 일지라도 그것이 결국은 비계획적 담화에 접근해가게 마련이다. 물론 이 경우 충분한 연습과 훈련이 쌓였다는 전제조건이 있다.

자유변이

자유변이는 오히려 다른 역할을 한다. 학습자는 자꾸만 명료한 언어를 원하고 중간어의 발달을 요한다는 바로 이 이유 때문에 중간어가 매우 불안정하게 되는 주요 원인이 되는 것이다. 동일한 기능을 갖는 두 가지 유형을 한 체계로 사용한다는 것은 매우 비효율적인 것이다. 그러므로 자유변이의 두가지 유형이 존재한다는 것은 언어학적 조직의 경제성에 상충된다. 이 말은 화자가 의사소통을 할 때 기능적으로 반드시 필요한 것 외에 군더더기

로 더 많은 언어체계를 요하지 않는다는 점을 의미한다. 경제성의 원칙이 중간어에 무엇을 넣을 것인지를 결정하지는 못한다 하더라도 경제성이 그 속에서 무엇이 발생할 것인지에 대해서는 결정권이 있다. 경제성의 원리는 새로운 유형이 언어체계에 삽입되므로써 새로운 의미를 부여 받거나 아니면 불필요하다고 삭제시키는 일은 하게 된다.

그러므로 SLA는 유형-기능간의 상관관계를 선별해내는 것으로 구성되어 있다. 대안유형에 다른 기능을 부여하지 않는다면 군더더기 유형이 될 것이고 그런 군더더기 유형은 중간어체계에서 삭제되게 된다. 새로운 유형이 중간어 체계에 들어오면 그런 것들은 자유변이로 사용되게 될 것이다. 학습자가 언어습득단계가 높아지면 불필요한 유형을 식별하여 삭제하는 작업을 하게 된다. 학습자가 처음에 하는 선별작업은 목표어의 유형-기능 상관관계를 확실하게 구축하지 못할 수도 있다. 그래서 선별작업은 단 1회로 끝나지 않고 여러 번의 시행착오도 있을 수 있는데 이 과정을 많은 학습자들은 성공적으로 해내지 못하는 것이다. 선별과정은 자유변이 과정을 해결하기 위하여 새로운 유형이 유입될 때마다 기능적 재구성을 해야 하므로 끊임없이 계속되는 작업일 수밖에 없다.

확산모델은 자유변이가 발생할 때 이것을 처리하는 과정이 얼마나 복잡한가를 예로서 보여주고 수용해가는 과정을 알 수 있게 설명하고 있다. 다음 데이터를 예로 들어 보니 잘 이해해 주길 바란다:

Time 1	Time 2	Time3	Time4
I am no go	I am no go	I am no go	I am no go
No look	No look	Don't look	Don't go
I am no run	I am don't run	I am don't run	I am no run
No run	Don't run	Don't run	Don't run

이들 학습자들의 데이터를 보면 이들은 두 개의 부정규칙을 사용하고 있다.

1. no + 동사
2. don't + 동사

Time 1에서 보면 학습자는 규칙(1)-"발화가 직설법이든 명령문이든 상관없이 사용하는 것"을 사용하고 있다. Time 2는 규칙(1)과 (2)-"직설법과 명령문을 둘 다 사용하는 담화"를 채택하고 있다. Time 3은 규칙(1)과 (2)를 채택하고 있지만 규칙(2)는 명령문에서만 채택하고 있다. Time 4는 규칙(1)을 직설법에서만 사용하고 규칙(2)는 명령문에서만 채택하고 있다. 이것을 Gatbonton은 다음과 같이 표로 작성했다.

	환 경	
	직설법	명령문
습득단계		
Time 1	(1)	(1)
Time 2	(1), (2)	(1), (2)
대체단계		
Time 3	(1), (2)	(2)
Time 4	(1)	(2)

<표 4.2> 부정문에 대한 확산모델

위 <표 4.2>에서 설명한 데이터는 다소 이상적인 모델이었는데 물론 이 모델로 부정문 습득에 관한 모든 것을 다 설명해 주지는 못하지만 습득에 관한 실제적인 모델로는 충분하다.

요약하자면 변이개념이 SLA에 기여하는 바는 두 가지가 있다. 첫째, 중간어 연속선을 따라가면서 퍼져있는 하나의 규칙이 있다. 즉 주의를 요하는 스타일로부터 일상적인 스타일로, 언어적 환경이 단순에서 복잡으로 퍼져 나가는 하나의 규칙이 존재한다. 이와 같은 발달과정은 학습자가 사회적으로 인정받는 스타일을 배워야겠다는 학습자 동기 때문에 나타나며 학습자 자신이 자기의 발화에 주의를 집중하고 계속적인 훈련과 연습을하여 자동화시킬 수 있다. 둘째, 자유변이를 계속 삭제하고 줄여 나가므로써 중간어체계를 보다 효과적인 언어로 만들 필요가 있다. 이것은 유형-기능관계의 점진적 재구성 및 군더더기 유형의 실제적인 삭제 등으로 발전해 나간다.

요약 및 결론

본 장에서는 중간어의 변이에 관하여 살펴보았다. 그러기 위해서 사회언어학적 관점에서 언어 학습자언어를 고찰했다. 즉 학습자의 언어능력은 동질적이라기 보다는 오히려 이질적인 것으로 보았다. 이와 같은 관점이 중간어에 관하여 더욱 정확하고 신뢰할 만한 도식을 제공할 뿐만 아니라 학습자가 언어발달단계상 한 단계에서 다음 단계로 발전해 가는 과정을 보다 상세하게 설명할 수 있는 매카니즘을 제공하는 것이 된다. 그러므로 이것이 과거의 중간어 이론 보다 훨씬 더 SLA를 잘 설명하는 이론이 된다.

원어민 화자의 언어와 마찬가지로 언어 학습자언어도 가변적이다. 이 가변성은 체계적이며 동시에 비체계적이기도 하다. 체계적 변이는 언어 사용의 상황적 문맥과 언어학적 문맥에 따라 결정될 뿐만 아니라 문맥상황적 변이와도 관계가 있다. 학습자들은 비계획적 담화의 일상 스타일 혹은 계획적 담화의 주의를 요하는 스타일중 어느 것을 채택하느냐에 따라 학습자의 중간어 선택도 다양해진다. 이들의 유형선택도 언어환경의 특성에 따라 지대한 영향을 받고 있다. 이와 같은 변이 패턴의 요체는 학습자가 자기 자신의 스피치를 얼마 만큼 모니터하느냐 하는 바로 그 모니터하는 양의 문제이다. 모니터를 많이 하고 있으면 가장 발달된 중간어를 사용하게 되거나 또는 가장 발전된 유형은 자신의 L1으로부터 차용하는 방법을 택하기도 한다. 모니터 양이 적은 낮은 단계에서는 일상적인 스피치 스타일에서 볼 수 있는데 이것이 차츰 체계적으로 발전해 간다. 그것은 '깊이'가 있고 완전히 자동화된 중간어 유형의 사용이란 점으로 특징지워진다. 자유변이(비체계적)가 초기 SLA에는 만연된 현상이지만 발달과정에서 계속적으로 나타나는 현상이기도 하다. 학습자들은 같은 범위의 기능을 표현할 때 한 가지 유형만 사용하는 것이 아니고 두 개 이상의 유형을 사용함이 분명하다.

SLA연구시에 중간어 변이성은 수 많은 문제점을 야기시킨다. 그 중의 하나가 우선 다양한 변이가 기본적으로 존재한다는 점이다. 일반적으로 말해서 일상적인 스타일은 더욱 자연스럽고 체계적이므로 중간어에 기본이라고 볼 수 있다. 또 다른 문제는 L2데이터를 어떻게 수집하느냐하는 점이다. L2자료를 수집할 때 중간어에 천부적인 변이성이 있음을 감안해야 하고, 변이성을 인식하고 있음을 명시적으로 나타내야 한다. 세 번째 문제는 중간어의 변이성을 어떻게 기술할 것인가하는 문제이다. 지금까지 이 분야에 관하여 사용되어 온 방법론으로는 변화규칙, 확산모델, 암시적 측정법 등이 있다.

끝으로 본 장은 변이가 언어발달과정상 어떤 역할을 하고 있는가에 대하여 고찰해 보았다. 각각의 발달단계는 앞선 단계의 변수체계를 제조정하여 새로운 변수체계로 이동해가는 것으로 구성되어 있다. 이것은 다음과 같은 두 가지 방식으로 나타난다. 첫째, 단 한 개의 체계에서만 일어나는 유형(예: 주의를 요하는 스타일)은 연속선상을 옮겨가서 또 다른 스타일로 사용된다(예: 일상적인 스타일). 둘째, 중간어체계의 효과적인 의사소통을 위하여 유형-기능관계를 끊임없이 뒤섞는다. 즉 비체계적 변이들이 서서히 체계적 변이로 변화해 간다.

학습자의 언어능력이 한 때는 이질적이라고 인식되었는데 중간어의 변이성을 볼 때 SLA를 유형의 습득만 가지고 설명하기는 매우 어렵게 되었음이 분명하다. SLA를 연구하기 위하여 각 발달 단계마다 존재하는 유형과 기능간의 관계를 조사해 볼 필요가 있다. 그러나 본 장의 초기에서 이미 언급한 바와 같은 몇몇 예외적인 연구로 볼 때, 그런 것들은 SLA연구에서는 나타나지 않았다.

권장 문헌들

언어를 사용할 때 변이가 있으며 변이의 특성을 이해하려는 출발선에서 좋은 책으로는 Labov의 Sociolinguistic Patterns(Basil Blackwell, 1972)중 한 장으로 나온 'The study of language in its social context'를 들 수 있다.

Dickerson의 논문 The learner's interlanguage as a system of variable rules도 좋은데 이 논문은 TESOL Quarterly 9/4에 실려 있으며, 음운변이의 중요성과 학습자 중간어체계의 민감성에 관하여 보고하는 내용이 들어 있다.

Tarone은 중간어 변이성에 대하여 상당히 이론적으로 다루고 있다. Applied Linguistics(4/2: 142-63)에 실린 그녀의 논문 'On the variability of interlanguage systems'는 본 장에서 언급한 동질모델과 이질모델을 포함하여 중간어 변이성을 세 가지로 분류하여 설명하고 있다. 그 녀는 중간어 문제에 사회언어학적 설명을 배격하고 있다.

연구방법론에 관심이 있는 독자들에게는 N. Dittmar가 쓴 Sociolinguistics(Edward Arnold사 1976년 판) (제5장에서 언급하게 됨)가 상당히 좋은 책이다. 그러나 Dittmar는 L2 데이터에 관해서는 다루고 있지 않다는 점을 명기한다. E. Hatch와 H. Farhady는 Newbery House 출판사 1982년판 Research Design and Statistics for Applied Linguistics에서 L2데이터를 이용한 암시적 측정법을 아주 훌륭하게 설명하고 있다.

제5장
학습자 개인차와 외국어 습득

개요

외국어(L2) 학습자는 성격, 동기, 학습 스타일, 적성, 연령 등 등의 요인들이 매우 다양한 요인을 갖고 있다. 본 장의 목적은 이와 같은 다양한 요인들과 외국어 습득(SLA) 사이에 어떤 관계가 있는지 연구해 보는데 있다. 우선 첫째로 이들간의 관계에 두 가지 점을 고찰해 보는 것이 중요하다.

학습자 개인적 변수(요인)에 영향을 받는 SLA

SLA가 학습자 개인적 변수에 의하여 영향을 받는다는 점에 관해서는 기본적으로 두 가지 가능성이 있다. 하나는 SLA 학습과정에서 개인간의 차이를 가져오는 연령, 학습 스타일, 적성, 동기, 개성 등이 그것이다. 또 하나는 이들 요인들이 SLA의 습득 속도와 궁극적인 성공 여부에 영향을 끼친다는 점이다. 이들 둘은 서로 다른 별개의 문제이다. 학습자들이 SLA를 배우는 속도가 개인별로 다르다는 점, 개인별로 언어능력에 차이가 있다는 점 등 두 가지 주장은 서로 상충되는 것이 아니다. 실은 이런 것들이 대부분의 학생과 교사들이 경험하고 있는 것들이다. 그러나 개인차가 언어지식의 습득순서나 과정에 영향을 끼친다는 주장은 상당히 모순된 이야기이다. 왜냐하면 이는 앞에서 언급한 '언어발달의 자연스런 경로'가 있다는 증거와 논리에 대치되기 때문이다(제3장 참조).

학습자 개인요인 하나하나를 검토할 때 보게 되겠지만 SLA의 습득경로에 미치는 영향에 대해서 그 동안 심각하게 연구된 바가 없다. 학습자 변수에 대한 거의 모든 연구가 학습자들이 성취해낸 언어유창성 수준에 대하여 혹은 그것들이 학습자 개개인의 L2 학습에 어떤 영향을 미치는가에 대해서만 연구되었을 뿐이다. 유창성이나 학습반응 등을 연구해 봤자 이것이 언어습득경로에 대한 연구와는 별로 관계가 없다.

SLA의 개인차에 관해서는 의견이 첨예하게 대립되고 있다. Fillmore(1979)는 개인간의 차이는 하나의 중요한 요인이지만 또 다른 한편에서 보면 이것이 비교적 중요하지 않은 요인으로 취급당해 왔던 것도 사실이라고 지적했다. 학습자 언어유창성에 차이가 있다는 점에 중점을 둔 연구는 학습자 개인적 요인의 중요성을 강조하는 경향이 강했다. 한편 SLA의 습득경로를 연구하려고 했던 연구들은 개인적 요인의 중요성을 과소평가 했다.

학습자 요인의 실체와 분류

학습자간 차이가 난다는 학습자 요인의 실체와 분류는 문제가 있음이 입증되었다. 여기서 가장 어려운 점은 적성, 동기, 열망과 분노 등이 직접 관찰될 수 있는 것들이 아니라는 점이다. 이들은 단순히 어떤 행동의 덩어리들에 붙여진 이름으로 명목변수들이기 때문에 연구자에 따라서이 명목변수의 내용이 달라질 수 있다는 사실은 그다지 놀라운 일이 아니다. 결과적으로 연구자간의 연구결과를 상호 비교, 평가하기가 매우 어렵다. 각각의 요인들은 획일적인 구조를 갖는 것이 아니고 행동의 중첩 부분이 많은 매우 복잡한 자질들을 내포하고 있는 것이다. 그러므로 명목변수란 용어의 사용자가 어떤 현상을 서술하기 위하여 채택한 개념인 것이다. Hawkey(1982)는 이와 같은 명목변수를 '감성적, 인지적, 사회적 요인' (Tucker et al. 1976)이라 칭하는 경우, '태도적/동기적 특성' (Gardner et al. 1979)으로 보는 경우 등이 있다고 목록화했다.

이와 같이 난무하는 용어와 그 용어의 개념을 정리할 목적으로 저자는 우선 개인적 요인과 일반적 요인의 구분을 제안한다. 개인적 요인들은 L2에 대한 학습자 개개인의 접근방법들이 상당히 다른 자질들을 말한다. 우리는 몇 가지 예를 언어학습 경험이란 한 보고서에서 Schumann 과

Schumann(1977)에서 찾아 볼 수 있다. 여기엔 '둥우리형'(학습자가 효과적으로 언어학습을 시작하기에 앞서서 안정되고 질서 정연한 보금자리의 필요성), '이동불안'(낯선 장소로 이동해 감으로서 나타나는 긴장), 그리고 개인적으로 언어학습 일정을 유지하고 싶어하는 욕구 등등이 있다. Schumann은 이들 요인들이 SLA에 지대한 영향을 끼쳤음을 발견했다. 일반적 요인들은 모든 학습자들에게 나타나는 공통적인 변수이다. 이것들은 어떤 특정 개인의 학습시에 나타나는 것이 아니고 누구를 막론하고 이들 변수에 노출되는 정도와 이를 대하는 학습자의 태도에 따라 달라지는 변수이다. 일반적인 요인들은 다시 동기처럼 변경 가능한 것(SLA 진행과정에서 변하기 쉬운 것)과 적성처럼 변경 불가능의 것(SLA진행과정에서 강도나 특성이 변하지 않는 것) 등 두 가지로 나누어진다.

개인적 요인과 일반적 요인은 모두 사회적, 인지적, 감성적 측면을 갖고 있다. 사회적 측면은 학습자 외적 요인으로 학습자와 L2의 모국어 화자간의 관계에 관한 것이고 또한 학습자와 학습자 모국어 화자들과의 관계와도 관련이 있다. 인지적, 감성적 측면은 학습자 내부요인들이다. 인지적 요인은 학습자가 사용하는 문제-해결 전략의 특성과 관련이 있으며, 감성적 요인은 L2를 배우고자 할 때 야기되는 정서적 반응과 관련이 있다. 또 다른 개인적 요인과 일반적 요인은 이 세가지 요인을 모두 포함하는 개념인데 다만 정도의 차이만 있다. 예를 들면 적성은 성격상 제1차 인지로 생각될 뿐만 아니라 감성적, 사회적 측면도 내포하고 있다. 개성은 제1차적 감성이며 동시에 사회적, 인지적 측면도 갖고 있다. 연령은 이들 세 요인을 모두 동일한 분량으로 내포하고 있을지도 모른다. 그 이유는 한 개인의 언어학습 스타일을 만들어내는 개인적 요인과 일반적 요인들이 매우 복잡하고 따라서 때로는 그 용어의 정의마저 애매한 사회적, 인지적, 감성적 자질로 구성되어 있기 때문이다. 그럼에도 불구하고 이들이 SLA에 매우 중요한 역할을 하고 있음을 아래 소제목들에서 보게 될 것이다.

개인적 요인들

Schumann과 Schumann이 식별한 개인적 요인들은 제3자에 의하여 육안으로 관찰되기가 매우 어렵다. 이에 대한 방법론상의 문제점은 다음과 같은 두 가지 방법으로 해결되었다. 첫째 방법은 일기를 이용하는 연구법(diary studies)이다. 이 방법은 L2 학습자들에게 그날 배운 것과 경험한 바를 매일 일기 형식으로 기록하도록 한다. 학습기간이 끝나고 나면 '의미있는 변화나 흐름'을 극대화시키기 위하여 일기 작성자(L2 학습자)는 보고서를 쓸 기회를 준다. 이 방법을 채택하여 보고서를 책으로 출판한 예는 Schumann과 Schumann(1977), F. Schumann(1980), Bailey(1980, 1983) 등이 있다(이들 예중 Bailey의 경우는 일기장 연구법으로 연구한 그간의 실적중 출판된 것과 출판되지 않은 것 등등을 상당히 많이 수집하여 이 분야를 종합적으로 살펴볼 수 있도록 편집한 책으로 이 분야의 결정판이라고 볼 수 있다). 두 번째 방법은 설문지법과 면접법이 있다(예: Pickett 1978; Naiman et at 1978). 이 방법은 개개인으로부터 SLA에 관한 정보수집에 어려움이 크다. 그 어려움의 한 예로는 조사 대상들이 스스로 생각해서 질문자가 듣기를 원하는 것이 이런 것이겠거니 하고 자의적으로 생각한 것을 응답하거나 자신을 너무 좋은 쪽으로 과장하는 경향이 있다. 또 다른 예로는 이 방법은 학습자(질문 대상자)의 의식적인 부분만 파악해 낼 수 있을 뿐이라는 한계가 있다. 그럼에도 불구하고 일기 이용법과 설문/면접법 등 두 가지 방법 모두 언어 학습의 개인적 특성 특히 교실 언어학습에 관하여 중요한 통찰력을 갖게 되는데 큰 기여를 했다.

개인적 요인에 관해서는 그 용어의 정의마저 잡다하다. 그러나 수 많은 용어들을 면밀히 들여다 보면 용어의 혼돈은 있을지 몰라도 내용상으로는 다음과 같이 크게 세부류로 나누어 볼 수 있다: (1) 집단 역학(group dynamics), (2) 교사와 교과목에 대한 학습자의 태도, (3) 학습자 개인별 학습기법(learning techniques) 등이 그것이다. 이들 세부류에 대하여 앞으로 하나하나 구체적으로 검토해 보자.

집단역학

집단역학은 교실에서 배우는 SLA에 중요한 것 같다. Bailey(1983)는 일기장을 면밀히 검토해 본 다음 학습자들이 경험한 불안과 경쟁 등 심리적인 변화에 관하여 소상하게 기록하고 있다. 학급에서 일부 학생들은 학급내 다른 동료 학생들과 자신을 공공연하게 비교하고 있다. 또 다른 종류의 비교를 보면, 자기들이 기대한 만큼 학습발달이 잘 되지 않는다고 생각한다. 이와 같은 비교가 때로는 언어 학습경험에 대한 감정적 반응을 낳는 결과가 되기도 한다. 경쟁은 질문에 큰 소리로 답하여 동료 학생들을 능가하겠다거나, 시험을 볼 때 맨 먼저 답안지를 제출하고 나가려는 심리 등 등의 심리적 욕구에 잘 나타나 있다. 영국 University of Essex(이색스 대학) 응용언어학과 석사과정 학생들의 언어학습경험을 면밀히 조사한 McDonough(1978)도 집단 역동성을 개인적 변수로서 매우 중요한 부분이라고 지적하고 있다. 그는 그러나 비록 경쟁심이 혼란을 촉진시킬 수도 있지만, 경쟁은 역시 학습에 좋은 자극 요소가 되기도 한다고 언급하고 있다. McDonough는 더 나아가 학습자들이 집단적으로 거부, 또는 수용 실패 등에 기초를 둔 집단 응집력은 학습자들의 언어수행를 막고 억제하는 요인이 될 수도 있다고 매우 흥미로운 견해를 피력했다.

Bailey(1983)의 경우, 언어학습자들 간의 경쟁을 분석한 결과 그녀는 학습자 자신들이 갖고 있는 다른 L2학습자들과 이미 비교된 자신의 이미지가 자신의 SLA에 장애가 되기도 하고 발전의 원동력이 되기도 한다는 점을 하나의 모델로 도식화하여 제안하고 있다. 비교가 성공하지 못한 자신의 이미지란 결과로 나타나면 불안이 감소하거나 촉진될 수 도 있다. 불안이 감소되는 경우는 학습자들이 학습 노력을 줄이거나 아예 포기할 수 도 있다. 불안이 촉진되는 경우 다른 동료들과 적극적인 비교를 하기 위하여 노력을 배가할 것이고 그 결과 학습이 발전적으로 진행되어 간다. 비교가 성공적인 자아 이미지란 결과를 낳을 때 학습자는 긍정적인 보상을 경험하기 때문에 계속해서 노력을 할 것이고 따라서 학습도 계속 발전적으로 진행된다. Bailey의 모델은 학습자 개인이 집단에 어떤 반응을 보일 때 학습에 어떤 영향을 미치는지에 대하여 매우 흥미있는 분석을 했다고 볼 수 있다. Bailey

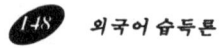

의 모델을 다음과 같이 <도표 5.1>에 소개한다.

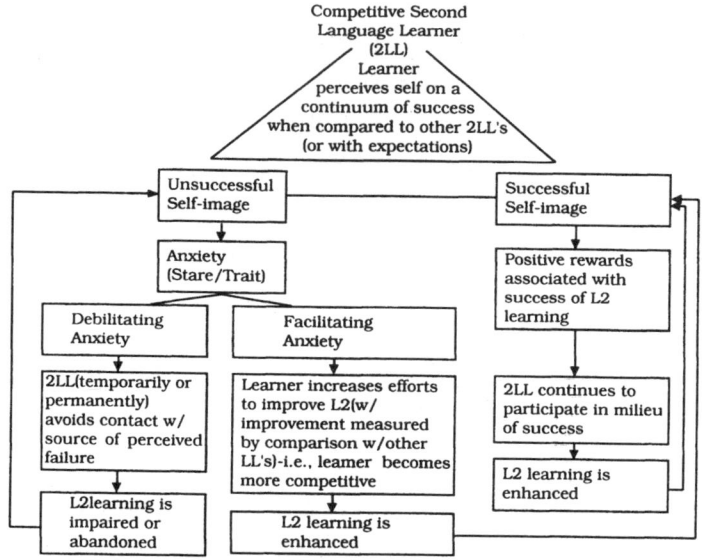

<도표 5.1> 경쟁과 외국어 학습(Bailey, 1983)

교사와 교과목에 대한 태도

학생들은 어떤 교사가 최고냐에 대하여 각각 보는 관점과 생각이 다를 수밖에 없을 것이다. Stecick(1980)의 말에 의하면 학생들이 스스로 학습의 길을 열어갈 수 있는 '공간적' 여유를 제공하는 교사를 좋아하는 학생들이 상당수 있다고 한다. 그런가 하면 학습전략을 보다 내실있게 꽉 짜는 교사를 좋아하는 학생들도 있다. 일반적으로 말해서 일기 이용법을 주장하는 학자들은 전자 즉 '공간적' 여유를 주는 교사쪽을 더 선호하는 것 같다.

예를 들면 Bailey(1980)는 민주적 교육형(democratic teaching style)을 대단히 좋은 것이라고 의견 피력을 한 바 있다. 그녀는 불공정한 시험에 대하여 교사에게 항의하는 장면에서 학생-학생간의 상호작용이 활발하게 일어나고 있음을 주목한다. John Schumann도 언어학습에 있어서 개별학습사항을 요하는 욕구가 있음을 주장한다. John Schumann(1978)은 학생들의 심리

속에 '외국어 학습에서 나만의 학습사항을 갖고 싶다... 난 그것을 나만의
방식으로 한 번 해 보고 싶다. 그러나 그것이 종종 선생님의 학습계획과 달
라서 충돌이 불가피한 경우가 있다'는 사실이 있음을 발견했다.
McDonough(1978)의 많은 학생들도 교사의 교육계획에 의존할 때의 문제점
에 관해서 비난조로 언급하고 있다. 그러나 성공적 언어학습을 연구한
Pickett(1978)는 교사의 역할에 대한 학생들의 태도가 다양함을 발견했다.
일부 학생들은 '교훈적'인 교사를 좋아하고, 또 어떤 학생들은 논리적이고,
체계적인(학생들의 눈에) 교사를 좋아한다. Pickett의 연구로부터 나온 일
반화란 학습자들이 교사에게 연민의 정을 느끼며, 또한 교사가 예측 가능성
이 있기를 바란다는 점이다.

교재에 대해서도 학생들의 태도가 다양하다. 일반적으로 말해서 성인
학습자들은 엄격하게 짜여진 수업시간과 교과서를 싫어한다는 것이다. 이
들은 교재를 자기들이 스스로 선별할 수 있으며 동시에 다양한 교재를 사용
할 수 있기를 바란다. 예를 들면 McDonough의 학생들은 수업기간이 5주밖
에 않되게 짧고 집중적인 과정으로 짜 놓은 교과과정에 참가했으면서도 종
종 수업을 거부하기도 했다. 그들은 집중적인 이 과정에 대하여 피부로 느
끼는 압력이 상당히 컸다고 과정을 마친 다음 고백했다. 물론 공부해야 한
다는 외부의 압력이 있었기 때문에 공부할 수 있었다고 고백하는 일부 학생
들도 없었던 것은 아니다. 그러나 이들 학생들 모두가 교육과정에 배정되
어 수업을 받았다. 또 다른 학생들은 학생-학생간의 관계가 교사-학생간의
관계보다는 그래도 더 나은 편이었다고 할 수도 있다.

개인별 학습기법

학습자 개인이 채택하고 있는 학습기법이야말로 그 종류가 다양하다고
할 수 있다. 이들을 크게 두 가지 집단으로 분류할 수 있다. 즉 L2 학습을 하
고 있는 학습자 집단과 L2 입력정보를 얻고 있는 집단 등이 그것이다.

Naiman et al.(1978)과 Pickett(1978)는 수 많은 학습기법을 다음과 같이
분류하고 있다. L2어휘를 공부하고 있는 학습자들의 학습기법의 예를 들겠

다.

1. 어휘 목록을 준비하여 암기한다.

이 목표를 달성하기 위하여 학습자 개개인이 채택하고 있는 기법은 다양하다. 예를 들면 Pickett의 실험대상들 중의 한 명은 영어 단어를 우선 노트에 정리하고, 발음을 외국어로 표기한 다음 끝으로 그 외국어의 철자를 기록한다. 그는 또한 3개의 어휘 목록을 적어 둔다. 즉 하나는 연대순으로, 또 하나는 알파 순으로, 그리고 끝으로 문법적으로나 혹은 상황적으로 기재한다.

2. 문맥상 단어의 사용법을 배운다.

일부 학생들은 단어 목록표 작성을 아예 하려고도 들지 않는다. 그런 학생들은 문맥상 어떻게 단어가 사용되는지 보고 그 문맥에서 주요 단어만 선별해내는 작업을 한다.

3. 어휘연습

어휘연습엔 여러 가지 방법이 있다. 즉 혼자서 자습할 목적으로 단어를 다양한 문장구조에 넣어 보는 방법, 어휘를 강화하기 위하여 소리내어 읽어보는 방법, 문장의 끝이 동일한 음으로 끝나는 낱말을 제시하는 단어 게임법, 혼자서 낱말을 되뇌어 보는 암송법 등등이 그것이다.

이와 유사한 기법들은 문법과 발음 공부시에도 많이 사용되었다. 어휘는 학습자들이 가장 많이 의식하고 있는 분야이다.

언어학습의 또 다른 부류의 기법은 학습자가 L2와 접촉하는 방법과 관련이 있다. 학습자들은 종종 원어민 화자들과의 접촉기회 혹은 L2에의 노출을 최대화하기 위한 라디오나 영화감상 등 등의 기회를 만들고자 한다. 일부 학생들은 아예 방학이나 휴가를 이용하여 L2가 사용되는 해당국가를 방문하기도 한다.

일반적 요인

저자가 고려하게 될 일반적 요인에는 (1)연령, (2) 적성, (3) 인지 스타일, (4) 동기, (5) 인성(개성) 등 5가지가 있다.

연령

연령은 SLA에서의 개인차를 논할 때 가장 많이 고려되는 변수이다. 의심할 여지도 없이 이것은 다른 일반요인과는 달리 측정하기가 매우 쉽기 때문에 신뢰도가 높게 그리고 정확하게 기술될 수 있는 변수이다. 그러나 또 다른 이유는 어린이가 성인보다 더 나은 언어학습자라고 하는 일반적인 믿음을 실험적으로 연구할 수 있기 때문이다. 연령과 SLA(Hatch 1983, 제10장; Stern 1983, 제17장; Duley, Burt, Krashen 1982, 제4장 등)를 연계시켜서 다룬 종합적인 연구가 상당히 많다. 그러나 이들 수 많은 학자들의 연구결과가 상호 일치하는 것이 매우 적다는 점이 큰 특색이다. 이것은 연령문제가 그렇게 쉽게 해석할 수 있는 변수가 아니라는 점을 반영하고 있는 것일 것이다. 본 장에서 저자가 의도하는 목적은 이 복잡한 문제를 놓고 우선 첫째로 연령의 효과를 검증하고, 그 다음 연령의 효과에 대한 여러 가지 설명을 소개하고자 한다.

연령의 효과

우선, SLA의 발달경로에 미치는 연령의 효과와 SLA의 성공이나 습득 속도에 미치는 연령의 효과는 분리해서 생각할 필요가 있다. 연령의 역할을 연구해 왔던 대부분의 연구논문들은 전자보다는 후자쪽에 관련이 있다. 즉 학자들은 학습시기의 길이나 연령의 측정과 언어 유창성에 대한 측정간에 상관관계의 범위가 어느 정도인지 조사연구를 해 봤다. 그러나 언어학습의 '자연스런 경로'가 학습자의 연령에 따라 매우 다양한 것인지 아닌지를 염두에 두고 실시한 횡적, 종적연구는 수 없이 이루어졌다.

여러 가지 연구 결과로 볼 때 나이는 언어습득경로를 바꿀 정도의 변수가 아니라고 주장할 수 있다. Bailey et al.(1974)은 연구결과 성인 학습자들도 Dulay와 Burt에 의하여 연구된 바 있는 문법적 형태소 습득순서가 어린이 학습자들과 동일함을 알아냈다. Fathman(1975)은 6세부터 15세의 어린이 200명을 대상으로 연구한 결과 20개의 문법사항의 습득순서가 일정함을 알아냈다. 그러나 위의 두 연구에서 사용한 방법론은 정확성과 습득순서를 등식화했기 때문에 방법론상 연구결과의 신뢰도에 의구심이 남게 된다. 종적연구도 부정문, 의문문과 같이 언어발달과정상 중간구조의 습득순서에도 달라지는 것이 없음을 시사하고 있다. Cazden et al.(1975)은 어린이, 청소년, 성인 학습자 모두가 동일한 습득경로를 밟아서 언어를 습득함을 발견했다. 그러므로 학습자는 나이에 관계없이 언어적 데이터를 동일한 경로와 과정으로 처리하는 것 같다.

SLA의 습득속도와 성공여부는 학습자의 나이에 지대한 영향을 받는 것 같다. 습득속도에 관한한 나이가 많을수록 더 좋다고 주장할 만한 증거가 있다. 즉 만약 연령이 서로 다른 실험대상들을 놓고 일정한 시간제한을 주고 L2에 노출시킨다면 나이가 많은 학습자가 더 높은 단계의 언어유창성을 나타낸다. 그러나 이런 일반화는 두 가지 중요한 방식으로 수정되어야 할 것이다. 첫째, Snow와 Hoefnagel-Höhle(1978)이 보여준 바와 같이, 가장 빠른 속도로 언어를 습득해 가는 학습자는 청소년이었다는 점이다. 그들은 L2로서 네델란드어를 배우는 학생들을 대상으로 연구했는데, 연구결과는 비록 성인(15세 이상)이 어린이(6-10세)보다는 잘했지만, 10대(12-15세)가 성인집단이나 어린이 집단보다 더 습득속도가 빨랐음을 알게 되었다. 이렇게 볼 때 나이가 언어습득 능력을 개선해 준다고는 하지만 언어수행은 10대에 최고점에 달하고 그 이후로는 언어수행 능력이 감소한다고 볼 수 있다.

둘째, 일반화를 위하여, 연구 대상으로 삼은 언어의 aspect(문법적인 相-문법의 여러 가지 형식을 나타내는 형식)를 연관시켜야 한다. Snow와 Hoefnagel-Hohle의 연구도 여기엔 관련이 있다. 그들은 나이가 형태론과 통사론에서만 언어습득과 관계가 있음을 발견했다. 발음시험에선 나이가 아무런 차이도 보여주지 못했다. 그러나 발음에 관해서 마저도 어린이가 더 우세하다는 일반적인 생각이 입증되지 못했다.

SLA의 성공이란 면에서 보면, L2에 노출된 시간이 길어지면 길어질수록 L2 유창성이 더욱 커지고 있다. 즉 L2 유창성은 시간에 비례한다.

Burstall(1975)은 초등학교 불어교육에 관한 NFER 프로젝트의 연구결과를 면밀히 검토한 다음, 다음과 같은 결론에 도달했다: '외국어의 세련된 성취는 해당 언어를 공부하는데 투자한 시간의 양이 가장 중요하다...'. 그러므로 초등학교부터 불어를 배우기 시작한 학생들이 중학교부터 불어를 배우기 시작한 학생들보다 월등히 불어를 잘하는 경향이 있다. 그러나 Burstall도 나이가 많은 학습자가 더욱 효과가 높다고 앞에서 언급한 내용을 인정했다. 나이보다는 투여된 학습시간이 더 중요하다는 내용이 최소한 「듣기」와 「읽기」 평가에서는 인정할 수 있을 만큼 확실하지만, 「말하기」와 「쓰기」평가에서는 그렇게 분명하지 않다. 이와 같은 관찰 - 학습에 투여된 시간 분량이 감수성 훈련보다는 언어 생산성에서 가장 중요한 변수라고 느낀다는 점 - 은 Ekstrand(1975)에 의해서도 지지를 받고 있다. 그는 스웨덴에 이주한 기간이 다른 분야의 유창성(쓰기, 읽기, 듣기 등) 이 아니라 바로 스웨덴어를 자유롭게 구사할 수 있는 정도와 비례함을 알게 되었다. 그러므로 L2에 노출된 시간의 양이 L2습득의 성공에 중요 변수라고 하지만, 이때 성공이란 문법적 정확성이나 음운의 정확성 보다는 전반적인 의사소통능력에 성공하는 것이라고 볼 수 있다(Hatch 1983).

SLA의 성공은 시작단계에서는 나이와 상단한 관계가 있는 것으로 보인다. 특히 발음면에서 그렇다. 예를 들면 Oyama(1976)는 60세에 미국에 이민온 이탈리아 남자는 미국에 체류한 시간상의 길이에 비해 발음면에서 아주 미흡했다는 점을 발견했다. 다시 말하자면 발음면에서 성공 여부는 나이가 어릴수록 유리하다는 말이다. 이렇게 볼 때 적어도 발음에 관한 일반적인 상식이 맞는 것 같다. Oyama는 문법습득에 관해서도 연령과 연결시켜 연구해 보았는데 그 결과는 그다지 분명치가 않다.

이들 결과로 볼 때 서로 모순, 상충되는 것도 있고 다소 혼란스러운 것도 있지만 습득경로, 습득속도 등을 별개의 변수로 분리하면 훨씬 더 명확한 결과가 나올 것이고, 발음, 어휘, 문법 등도 별개로 분리하여 연구하고, 그리고 L2 출발 연령도 L2에 노출된 시간이란 개념과 복합적으로 볼 것이

아니고 분리된 하나의 개념으로 설정한다면 보다 좋은 결과가 나올 수 있을 것이다. 요약하면 다음과 같다:

1. 몇 살에 L2를 배우기 시작하느냐하는 문제는 SLA습득경로와는 아무런 상관이 없다. 습득순서상에 약간의 차이가 있다고는 하지만 이런 것들이 나이로 인하여 발생한 것은 아니다.

2. 언제 L2를 시작하느냐하는 것은 습득속도에 영향을 줄 수 있다. 문법과 어휘에 관한한 L2 에 노출된 시간이 동일할 때 청소년이 어린이나 성인 학습자 보다 습득 속도가 빠르다. 발음면에서는 그다지 의미있는 차이점을 발견할 수 없다.

3. L2에 노출된 시간의 수와 L2를 시작한 나이 등 두 가지는 성공 수준에 영향을 준다. 노출된 시간은 학습자의 의사소통적 유창성에 전반적인 영향을 주지만 몇 살에 L2를 시작하느냐하는 나이 문제는 정확성 특히 발음의 정확성을 결정짓는 요인이 된다.

본 요약에서 단 하나 모순된 것은 일찍이(연령상) L2를 시작하는 것이 원어민에 가까운 발음을 형성할 개연성이 높아지지만, 나이가 어린 학습자는 성인 학습자 만큼의 속도로 L2의 음성학적 숙련성을 터득하지 못한다는 주장이 될 것이다. 이 문제는 비록 어린이가 나이든 학습자와 동일한 속도로 또는 더 느린 속도로 L2를 배우지만 결국은 어린이 학습자들이 더 앞서 나갈 수 있다고 가설을 세우면 해결할 수도 있는 문제이다(Krashen et al. 1979 참조).

연령의 효과에 관한 설명

지금까지 요약한 실험연구외에 나이가 SLA에 미치는 영향에 관하여 고려해 볼 만한 이론들이 많이 나왔다. 실험연구의 결과를 의식하면서 그간에 나온 나이와 SLA에 관한 이론들을 검토해 보겠다.

[언어학습시기 가설]

이 가설은 언어습득엔 노력을 들이지 않고도 자연스럽게 이루어지는 시기가 있다는 것이다. Penfield와 Roberts(1959)는 언어습득의 연령적 최적기는 10세 미만이라고 주장했다. 이 시기에 두뇌는 프라스틱처럼 유연성이 있는데 이 유연성이 사춘기가 되면 서서히 사라진다는 것이다. 그들은 이런 현상이 두뇌의 공간내에서 좌측에 해당하는 언어기능의 좌측화 현상의 결과라고 주장한다(즉 10세 미만의 어린이에게는 좌뇌, 우뇌의 기능이 확연히 구분되지 않은 미발달 상태로서 어떤 언어라도 다 포용할 수 있는 융통성이 있다는 말이다). 즉 처음엔 좌뇌와 우뇌에 모두 언어 이해 및 생성의 뇌신경 능력을 갖고 있다가 나이가 먹어감에 따라 서서히 좌뇌 속으로 이런 뇌신경능력이 옮겨 간다는 것이다. 나이 먹은 학습자들이 경험하는 것으로 보이는 언어습득의 어려움이 나이가 먹을수록 더 커지는 것은 바로 이와 같은 뇌신경 이동의 직접적인 결과라고 여겨졌다.

언어를 배우는데 일정한 시기가 있다는 이 가설을 뒷바침해 줄 몇 가지 증거를 제공한 학자는 Lenneberg(1967)이었다. 그는 좌뇌의 손상으로 언어문제가 심각하게 된 것이 성인보다 어린이의 경우가 더 심하다는 사실을 발견했다. 그는 또한 좌뇌에 수술을 받은 어린이의 경우 스피치 자체의 고장이나 혼란이 없었지만 어른의 경우는 언어 기능 자체가 거의 망가졌다는 사실도 알게 되었다. Lenneberg는 어린이의 경우 뇌수술 다음에 전반적인 언어 통제력을 다시 재빨리 회복하지만 어른의 경우는 그렇지 못하고 언어에 관한한 성인의 경우는 영구불치가 되고 만다는 증거를 제시했다. 이 점이 바로 언어가 뇌신경에 바탕을 두고 있다는 사실과 함께 어린이의 경우와 어른의 경우가 다르다는 점을 보여준다고 주장하는 배경이 되었다.

그러나 Lenneberg도 사춘기 이전에 언어습득이 더 쉽다는 주장을 증거로 제시하여 보여주지는 못했다. 사실 Lenneberg는 언어습득이 어린이에게 더 쉽지 않을까 추정하는 수준에 지나지 않았다. 언어습득에 관한 연령적 시기가설은 SLA에 나이가 갖는 역할을 설명하기에는 가설 자체가 부분적 타당성밖에 없기 때문에 부적절한 가설이다. 발음문제만 가지고 보면 조기에 L2를 시작하는 것이 더 낫다고 볼 수 있을 뿐이므로 발음문제에 관한한 성공이냐 실패를 가늠해 볼 수 있을 뿐이지 언어습득 속도에 관한 것은 아니다. 그러므로 시기가설은 두뇌의 유연성 상실이 발음에 영향을 미치는 이유를 설명하기 위해서 재조명될 필요는 있지만 언어의 다른 분야(발음 이외의 영역들)에는 설명적 타당성이 없다. 한가지 가능성은 시기가 발음뿐만 아니라 언어의 다른 영역에도 있을 수 있다고 볼 개연성은 있다는 사실이다(Seliger 1978). 언어기능의 좌뇌화 및 특정 영역화(뇌속에서) 과정은 짧은 시간내에 일어나는 현상이 아니고 수년간에 걸처서 서서히 진행되는 현상이다. 이 점진적 진행과정에서 「말하기」, 「듣기」, 「쓰기」, 「읽기」등 언어의 제반 영역에 각각 영향을 받는 결정적 시기가 있을 수 있다. 이렇게 보면 사춘기에 달한 청소년들이 성인보다 문법습득이 더 빠른 이유가 설명될 수 있다 - 연령적으로 16세 정도가 문법습득에 가장 결정적인 시기라고 볼 수 있음. 그러나 이와 같은 설명은 순수 이론적 사색일 뿐이다. 일반적으로 언어가 뇌의 지배를 받는다는 점과 언어학습에 연령적 차이가 있다는 점을 연결시켜서 이론을 전개하는 것은 양자관계를 입증할 만한 증거가 분명치 않다.

[인지적 입장]

어린이와 청소년이나 성인과의 분명한 차이점은 언어를 공식적인 체계로서 이해하는 능력의 차이 즉 청소년이나 성인이 어린이보다 언어에 대한 체계성을 이해하는 능력이 더 낮다는 점이다. 청소년이나 어른의 경우 언어를 의식적으로 언어의 규칙을 공부하면서 배우게 된다. 그런가하면 어린이의 경우는 기존의 의식이 완전히 전무한 것은 아니지만 대단히 빈약해서 어린이의 경우는 언어를 하나의 유형으로 이해하고 반응하기가 쉽지 않다. 어린이에게는 언어란 의미를 나타내기 위한 하나의 도구이다. Halliday(1973)가 지적한 바와 같이, 어린이는 언어의 기능과 언어 그 자체에 적절한 반응을 보이지 못한다. SLA에 연령적 차이가 있음은 어린이 언어가 지향하는 목표와 성인의 언어가 지향하는 목표가 다르기 때문이라고 설명할 수는 있을 것이다.

Rosensky(1975)는 어린이가 어른보다 언어를 배우기 쉬운 이유를 인지 발달로 설명할 수 있다고 주장했다. 그녀는 L2의 발달은 학습자 자신이 무엇을 하고 있는지 인지하고 있느냐 혹은 그렇지 못하냐에 따라 두 가지 다른 방식으로 나타난다는 것이다. 어린이는 생각의 유연성이 없고 오직 유사성만 볼 수 있으며, 자기중심적이다. 어린이는 기존의 의식이 전혀없는 상태에서 유연성도 없고 자기중심적이므로 자동적으로 언어를 습득하게 된다. 즉 자동적 언어습득의 전제조건이 바로 사고의 비유연성, 자기중심성 등인 것이다. 어린이는 자기가 언어를 습득해가는지(진행형) 조차도 의식하지 못한다. 더 나아가 어린이는 다른 언어에 배치되는 언어를 사용하고 있다는 사회적 선호를 의미하는 어떤 사회적 태도나 가치관이 있는 것도 아니다. 이와 같은 이유 때문에 어린이는 인지적으로 어떤 언어에도 '개방'적이다. 그런데 성인의 경우는 L2를 자연스럽게 자동적으로 배울 수가 없다. Piaget가 언급한 바와 같이 언어습득의 최종단계가 12세 정도에 나타난다는 추상적인 생각의 출발은 학습자들이 사고의 유연성을 갖고 유사점뿐만 아니라 차이점도 인식하게 되어, 차츰 자기중심적 사고에서 벗어나게 된다는 것을 의미한다. 그리고 모국어와 목표어(L2)에 대한 사회적 가치관도 강하게 받아들일 정도가 되어간다. 즉 사회의 일원으로서 그 사회의 가치관에 영향을 받게 된다는 말이다. 이런 것들이 자연스런 언어습득에 장애가 될지도 모른다. Rosansky의 입장은 나이를 먹어가면 자연스런 습득을 방해하는 의식이 생겨나고, 이에 따라 자연스런 습득이 아닌 다른 방식이 도입된다는 견해이다. Rosansky가 인식한 바와 마찬가지로 그것은 발달의 결과가 매우 유사해 보일 때(사실은 매우 다른데도) 나타나게 된다.

Rosansky논리의 문제점은 뇌신경논리의 문제점과 같다. 이들 둘의 논리는 일단 사춘기가 지난 학습자들은 어린이 학습자들 보다 효율이 떨어지고 성공률도 낮다는 잘못된 단정으로부터 출발한다는 점이 공통점이다. 그러나 Rosansky의 입장이 실험적 증거와는 맞지 않는다 하더라도 언어습득에 인지적 발달이 하나의 요인일 가능성은 여전히 남아 있다고 볼 수 있다. 인지적 발달이 사춘기 학생들이 어린이 학습자 보다 언어습득면에서 더 빠른 이유를 설명하는데 도움이 될지도 모른다. Formal Operations(Piaget의 이론의 '형식적 조작')와 함께 나타나는 기존의 인지가 보다 효과적인 언어습득에 호재로 작용할지도 모른다. 사춘기 학생들도 어린이처럼 언어를 '선택'할 뿐만 아니라 의도적인 공부로 이런 과정을 보충해 나갈 수도 있다. 그래도 여전히 문제는 남는다. 그렇다면 왜 사춘기 학생들에게 발음상의 잇점은 없단 말인가?(어린이가 발음면에서는 제일 유리하다고 앞에서 언급했음을 상기하라). 그 이유중 한가지 가능성은 언어의 여러 측면중 발음은 의식적 조작으로 수정할 수 있는 가능성이 가장 적은 분야일 것이다. 또 다른 문제는 사춘기 학생들이 성인보다 언어수행 능력이 앞서는 이유는 무엇인가? 하는 점이다. 이 점은 인지 발달의 또 다른 면 즉 기억력으로 설명할 필요가 있을 것이다. 사춘기는 성인보다 기억력이 훨씬 양호할 수 있다.

[정의적 입장]
탐색해 볼 수 있는 또 다른 가능성은 어린이와 성인의 정서적 차이점에 있다.

Brown(1980)은 SLA가 문화적 섭취단계(acculturation, 즉 외국어 문화에 쉽게 접하고 반응할 수 있는 학습자의 능력)와 관련이 있다고 제안했다. Brown은 문화적 섭취단계를 다음과 같이 4단계로 분류하고 있다:

(1) 우선 흥분하고 행복감을 맛보는 단계.
(2) 목표어 문화에 대하여 이상한 감정을 느끼고, 적대감을 갖는 문화충격 단계.
(3) 서서히 그리고 갈팡질팡하며 회복되어가는 문화적 긴장단계.
(4) 새로운 문화에 동화 또는 수용되는 단계.

Brown은 이중에서 제(3)단계가 가장 중요한 단계라고 주장한다. 어린이는 특정 문화에 예속감이 성인보다 적기 때문에 사회-문화적으로 탄력성이 있는 매우 쾌활한 것으로 보인다. 어린이들은 이상의 4단계를 매우 민첩하게 밟아 나아가기 때문에 L2도 재빨리 습득할 수 있다. Brown의 이론중 가장 중요한 문제점은 어린이가 학습 속도면에서 제일 빠르다는 잘못된 가정위에 서 있다는 점이다.

　　Neufeld(1978)는 SLA에 관한 연령적 차이를 설명할 수 있는 또 다른 정의적 요인을 제안하고 있다. 그는 언어의 제1단계와 제2단계를 구분하고 있다. 그가 말하는 언어의 제1단계란 상당히 큰 기능을 갖는 어휘, 기본 단어의 발음 및 문법규칙 등을 포함하는 단계이다. 그리고 언어의 제2단계란 복잡한 문법구조 및 여러 가지 다른 언어스타일을 처리할 수 있는 능력을 말한다. Neufeld에 의하면 모든 학습자들이 언어의 제1단계를 습득할 수 있는 능력을 천부적으로 타고 난다는 것이다. 그러나 어린이들은 또래집단에 빨리 흡수되기 위한 동기가 어른보다 크기 때문에 언어의 제2단계를 습득할 때 어른보다 그 속도가 빠르다는 것이다. 예를 들면 성인들이 외국어를 배워도 원어민 발음과 다른 외국어같은 발음을 그대로 유지해도 아무런 불편을 못느끼고 있지만 L2언어와 사회속에 노출된 어린이들은 원어민과 같은 발음을 하려고 애를 쓴다.

[결론]

　　인지적 요인으로 보완한 Neufeld의 이론은 SLA에서의 연령적 차이에 관하여 알려진 모든 것을 수용할 수 있다. 첫째, 그것은 습득경로가 나이에 영향을 받지 않는 이유를 설명해 준다. 만약 천부적 언어능력이란 것이 그가 말하는 제1단계라면 어린이나 어른 할 것 없이 습득경로엔 차이가 없음을 의미한다. 그러나 성인들은 인지능력이 어린이보다 크기 때문에 언어의 제1단계 습득은 어른이 어린이보다 상당히 빠를 것이다. 이 논리의 예외는 발음일텐데 이는 발음은 의식적으로 조작해야 하는 문제가 따르기 때문일 것이다. 어린이들이 외국어 습득에 더 많이 성공하는 사례가 특히 발음면에서 볼 수 있는데, 이는 어린이들이 원어민 사회에 끼어들어가려는 강한 성취동기를 갖고 있기 때문이다. 그리고 어린이들이 전반적인 의사소통의 유창성이 더 높다고 예측할 수도 있는데, 그 이유는 어린이들이 L2에 노출된 시간이 성인보다 더 긴 경우가 많고, 또래집단 상호작용에서 언어적 유창성이 매우 중요하기 때문일 것으로 본다.

지능과 적성

교실에서의 L2 학습은 두 종류의 지적능력을 내포하고 있다. 즉 하나는 '일반학술능력 혹은 추리력'(Stern 1983)이란 것이 있는데 이는 종종 지능이라고 칭하는 것이다. 이 능력은 L2뿐만 아니라 학교에서 다른 학과목 학습능력도 포함된다. 또 하나는 SLA에 필요한 특수인지력인데 이는 종종 적성이란 용어로 불리운다.

지능

지능이란 학문의 전반적인 수학능력을 말하는 '일반요인'(대개 'g' 요인이라 칭함)으로 가설을 설정해 놓은 개념이다. McDonough(1981)가 강조한 바와 같이, '마음의 내용보다는 오히려 마음의 용량 혹은 능력'에 관한 것이다. 즉 이것은 지능검사에 의하여 측정될 수 있는 실제 지식보다는 무엇을 배울 수 있도록 내재된 능력을 의미한다. 특히 이들 둘간에 개념적인 분리가 그리 용이하지는 않다.

SLA에 'g'요인이 얼마 만큼 영향을 주는가? Oller와 Perkins(1978)는 '언어유창성이란 폭이 넓고 변수가 많은 내용을 설명할 수 있는 세계적인 언어유창성 요인이 하나 있다'라고 주장한다. 그들은 언어유창성의 'g' 요인이 바로 지능의 'g' 요인과 동일하다는 것이다. 이와 같은 관점의 한가지 문제점은 L1습득에는 'g'요인이 필수적인 요인으로 나타나지 않는다는 점이다. 심각한 지진아를 제외한 모든 어린이들이 모국어 L1의 문법적 능력 발달에 성공하고 있다(Lenneberg 1967). 만약 지능이 L1 습득에 결정요인이 아니라면, 이것은 SLA에 특히 SLA가 자연스럽게 습득될 경우엔 그다지 중요한 것이 못된다.

Cummins(1979)는 위에서 언급한 Oller의 주장을 반박하면서 제3의 타협안을 제시했다. 그는 언어능력을 다음과 같이 두 가지로 세분했다: (1) 인지/학술 언어능력(Cognitive/academic language ability = CALP). 이것은 전반적으로 인지 및 학술능력과 강한 관련성이 있는 언어 유창성의 차원으로 Oller와 Perkins가 말하는 'g' 요인 및 일반 지능과 같은 것이다. (2) 개인간의 기본적인 의사소통 기술(Basic interpersonal communication skills = BICS). 이것은 구두언어 유창성을 요하며, 동시에 사회언어학적 측면도 여기에 포함된다. 이들은 자연스럽게 발전된다는 의미에서 '기본적'이다. Cummins는 CALP와 BICS는 서로 독립적이며, 이들 둘의 능력단위가 각각 L1, L2습득시에 발견된다고 주장한다. 언어 유창성 측정시 사용되는 제각각의 측정방법은 특성이 다른 이들 둘을 일관성없이 측정한 것들이다.

　CALP와 BICS의 구분은 지능의 영향을 조사, 연구해 왔던 수 많은 연구논문들의 발견이나 결론을 설명해 줄 수 있다. 예를 들면 Genesee(1976)는 지능이 L2로서 학술적인 프랑스어 능력 발달과는 관련성이 크지만, 원어민의 구두언어 능력 자체와는 무관하다는 점을 발견했다. Ekstrand(1977)도 「듣기 평가」와 「자유로운 구두언어 평가」에 나타난 지능과 유창성간엔 상관관계가 매우 낮지만, 「읽기」, 「받아쓰기」, 「자유 작문」 평가시엔 지능과 유창성간에 상관관계가 매우 높게 나타났음을 발견했다. Chastain(1969)은 연역적 추리기법을 강조하는 인지-부호방법 교수법으로 학생들을 가르칠 경우는 지능과 유창성간에 의미있는 상관관계가 나타나고 있지만, 습관형성을 강조하는 시청각 교수법으로 학생들을 가르칠 경우는 지능과 유창성간에 아무런 상관관계가 없었다고 보고했다.

　결론적으로 말해서, 지능은 L2의 공식적 연구에 이용되었던 그런 것들로서의 SLA의 몇 가지 기술적 습득에는 영향을 줄지 모르지만, 구두언어 유창성의 습득에는 그다지 영향을 주지 못한다고 볼 수 있다. 다른 차원에서 보면, 지능이 학급에서의 SLA에 성공여부를 예측할 수 있는 중요 단서가 될 수 있을지도 모르지만, 자연스런 SLA 특히 L2지식이 목표어로서의 의사소통하는 방법을 터득하면서 발전해 갈 때는 성공여부에 대한 예측 가능성이 상당히 떨어진다. 지능의 효과는 SLA의 습득 속도와 성공에 매우 제한적이다, 그리고 지능이 자발적인 언어사용면에서 언어습득 경로에 영향을 준다는 명백한 증거가 없다는 점도 주목해야 할 것이다(예: 제4장 비계획적 담화편을 참고할 것).

적성

적성이란 정의하기가 그렇게 쉽지 않다. 적성은 대개 이런 것을 측정하려고 제작된 적성검사에(예: Carroll과 Sapon의 현대언어적성검사, 1959, Pimsleur의 언어적성 배터리, 1966 등) 의하여 정의되고 있다. 이들 검사지들은 동일한 행동을 정확하게 측정해 내지 못하고 있다. 그러나 이들 두 검사지는 학습자의 언어의 의미있는 발음의 구분능력, 철자와 음의 연결능력, 언어의 문법적 규칙성의 식별력 등을 측정하려고 한다. 적성에 대한 이와 같은 태도가 시청각 교수법을 반영하고 있는 것이 분명하기 때문에 전후 몇 십년간 매우 인기가 좋았다.

Carroll과 Sapon(1959)은 적성의 구성요소를 다음과 같이 3요소로 세분했다: (1) 새로운 음을 인지하고 기억하는 능력으로 구성된 음성부호화 능력. (2) 문장의 통사적 구조를 인식하고 나타낼 수 있는 개인적인 능력으로서의 문법적 민감성. (3) 문법적 유형과 의미간의 유사성과 차이점을 식별할 수 있는 능력인 귀납적 능력 등이 그것이다. Pimsleur의 Language Aptitude Battery와 공통성이 많은 적성에 대한 이와 같은 입장에서 볼 때, 이 입장은 '개인간의 특성차의 합성'을 강조하고 있는 입장이다(Stern 1983).

적성의 영향에 관한 대부분의 연구들은 '합성적' 견해를 갖고 실시되었다. 그러나 이것은 적성의 의사소통적 측면에 반대되는 것으로 언어를 강조하고 있다. 즉 Carroll이 정의한 적성은 Cummins가 인지/학술 언어능력이라고 정의한 것(개인간 기본적인 의사소통을 포함하는 능력이 아님)과 일맥상통한다.

언어학습에 미치는 적성의 효과는 교실 학습자들이 성취한 유창성 수준의 이론적 용어로 측정되었다. 이 경우 절차는 대부분 위에 언급한 검사지법으로 얻은 적성검사 점수와 언어시험 혹은 교사의 평가점수로 나타난 유창성 점수 등으로 적성검사 성적을 얻어내게 된다. 점수화한 이 두 종류의 점수들은 서로 상관관계가 있다(통계학상 프와송의 상관관계 계수를 이용하여). 이렇게 하면 적성검사의 점수가 단 한 개가 아니고 여러 개가 나올 가능성이 높다. 예를 들면 Gardner(1980)는 캐나다에서 영어를 말하는 전국 어린이 학생들의 Modern Language Aptitude Test Score와 이들의 불어 등급 간에 상관계수 r = 0.41로 계수가 중간 정도라고 보고하고 있다. 이것은 평가된 단계 전체의 약 16% 정도가 적성이 있는 것으로 설명될 수 있다는 의미이다. Gardner는 이것은 적성과 유창성간에 대단히 큰 상관관계가 있음을 의미한다고 주장한다.

비록 Gardner의 연구와 같은 연구결과가 SLA의 한 요인으로 적성이 중요하다는 주장을 뒷바침하는데 이용될 수 있다고는 하지만, 그래도 역시 많은 의문이 남게 된다. 적성이란 제목하에 어떤 인지과정이 포함되는 것인지 여전히 불분명하다. 적성검사 성적을 얻기 위하여 사용해 왔던 구조적 측정들은 마치 SLA가 언어의 음과 문법체계 뿐만 아니라 의미를 의사소통하기 위하여 이들 체계를 이용할 수 있는 능력까지도 포함했던 것 처럼 적절치 못해 보인다. 적성이란 개념은 SLA의 이들 의사소통적 측면도 설명력을 갖도록 그 범위를 넓힐 필요가 있다. 또한 어느 정도까지 지능과 적성을 분리된 개념으로 볼 것인가도 분명치 않다. 이미 앞에서 언급한 바와 같이 Oller는 일반 지능과 언어시험에서 사용하는 언어능력은 근본적으로 동일한 것이라고 주장했다. 그는 분리된 순수 언어능력의 존재란 있을 수 없다고 논쟁을 벌였다. 그러므로 적성에 관한 일단의 의문점은 적성이란 것이 과연 존재하는 것인지 아닌지, 그리고 존재한다면 적성의 구성요소는 무엇인가하는 것이다.

또 다른 의문점은 적성에 영향을 받는 것이 SLA의 어떤 측면인가하는 점이다. Krashen(1981)은 SLA의 두 가지 측면 즉 습득과 학습(SLA의 Krashen적 구분법, 제10장 참고)을 구분하고 있다. 습득은 L2를 자연스럽게 자발적으로 사용할 때 나타나는 L2지식의 반무의식적 내면화이다. Krashen은 적성이 단지 학습에만 관련이 있는 것이라고 주장한다. 즉 교실과 연관된 공식적인 언어학습의 경우에만 하나의 중요한 요인이라는 것이다. 그는 Modern Language Aptitude Test에 의하여 검사되는 그런 류의 기법들은 교실에서 행해지는 공식적인 공부와 관련된 것이라고 주장한다. 인지적/학술적 언어 유창성과 개인간의 기본적인 의사소통 능력을 구분한 Cummins의 구분법도 이미 언급한 바와 같이 상호 관련성이 있다. 전자는 공식적인 교실 언어학습과 관련이 있고 후자는 자연적인 SLA와 관련이 있다. 적성의 영향에 관한 상관관계 연구를 시도했던 검사법들은 전형적으로 인지적/학술적 언어 유창성을 측정한다. 그러므로 그 결과는 개인간 기본 의사소통능력에 관한한 적성이 주요 역할을 하고 있음을 보여주지 못한다.

SLA에서 적성의 역할을 평가할 때, 언어습득 경로의 문제와 언어습득의 속도 및 성공여부를 따로 분리하는 것이 매우 유익함을 다시 한 번 더 언급하고자 한다. 적성이 습득경로에 어떤 영향을 준다고 주장할 만한 증거는 없다. 보편적 유형에 따라 모든 어린이가 다 자기 모국어를 습득하는 것과 마찬가지로 L2학습자들도 SLA에서 기본적인 인지절차를 작동시키고 있는 것이다. 그러나 적성은 언어발달 속도에 특히 교실에서의 공식적인 학습에 영향을 미친다고 예상해 볼 수 있을 것이다. 공식적인 교실 공부에 재능을 가진 학습자들은 배우는 속도가 남보다 더 빠를 수도 있다. 그러나 이와 같은 학습은 특수한 경우라고 볼 수 있다. 특수한 경우란 Krashen의 '학습' 혹은 Cummins의 '인지/학술적 언어 유창성'과 같은 의미에 해당하는 것일 수 있다는 말이다. 적성은 나이와 관계가 있을 수도 있다. 이 경우의 적성이란 추상적 사고를 위한 일반적인 능력과 비례관계에 있을지도 모른다. 적성도 SLA에 특히 이것이 공식적인 언어능력 테스트에 의하여 측정된다면 SLA의 궁극적 성공에 영향을 미치는 것으로 볼 수도 있다. 그러나 일반적으로 말해서 SLA의 습득속도와 성공에 미치는 이들의 영향의 특성은 우리가 적성을 형성하고 있는 성분이 무엇인지 더 명확하게 분석할 수 있게 되기 이전까지는 아무래도 자신있게 단정을 내리기가 어렵다고 볼 수 있다.

결론

SLA에서 지능과 적성의 역할에 관한 이런 논의는 아직도 어떤 영향이 미쳐서 어떤 효과가 나타나는 것인지 단정을 내리기엔 몇 가지 문제점이 있음을 시사하고 있는 것이다. 만약 영향이 있다면 그 영향이 무엇인지 규명되어야 할 것이다. 여기서 가장 중요한 문제중의 하나는 용어의 정의 문제이다. 지능은 적성과 구분되는가? 혹은 Oller가 주장하는 바와 같이 이들은 한 개의 일반 언어능력의 양면인가? 만약 이들이 분리되어 있다면 분리된 각각의 개체의 구성 성분은 무엇인가? 각각의 개체가 구성하고 있는 분리된 구성성분을 식별해 내는 것이 가능한가? 혹은 그들이 혼합되어 존재하는가? 인지적/학술적 언어 유창성과 개인간 기본 의사소통능력을 구분한 Cummins의 구분법은 이런 의문에 답을 제공하는 시발점이 될른지도 모른다. 전자는 Cummins가 주장하는 바와 같이 일반지능과 관계가 있을지도 모르고, 후자는 적성과 관련이 있을 수도 있다. 그러나 그런 경우라면 적성에 대한 새로운 측정법이 발전되어 나와야 할 것이다.

인지 스타일

인지 스타일은 사람들이 정보를 인지하고, 개념화하고, 조직하고, 회상하는 태도와 관련지어 사용하는 용어이다. 사람 개개인은 모두 각자가 어느 정도는 일관성있는 인지 모드를 갖고 있는 것으로 생각된다.

인지스타일의 여러 가지 차원은 그 동안 규명되어 왔다. 이것들은 대체로 이분법으로 나타내어진다. SLA가 관련된 가장 주목받는 이분법은 '장 종속성/장 독립성'이다. 장 종속과 장 독립의 주요 특성은 아래 <표 5.1>에 요약한다. 이 용어는 대안을 나타내는 것이 아니고 사람들이 종속성과 독립성을 향하여 배우는 정도가 다양함을 나타내는 연속선의 정점이다. 이와 같은 이분법은 학습에 어느 것이 더 나은 것이냐와는 별개의 문제이다. '장 독립성'은 '장 종속성' 보다 어떤 일에는 더 효과가 있을 수 있지만 또 다른 일에는 그 반대일 수도 있다.

SLA에 있어서 장 독립성/종속성의 역할에 대해서는 수 많은 가설이 있다. 그중 가장 흥미로운 것은 장 종속성이 자연스런 SLA에 가장 유익하지만 교실 학습의 경우는 장 독립성이 더 효과가 높다는 주장은 참으로 흥미로운 주장이다. 이와 같은 주장의 이면에는 자연스런 학습의 경우, 장 종속

적 학습자의 보다 큰 사회적 숙련도가 원어민과의 접촉을 더욱 빈번하게 해
줄 것이고, 그렇기 때문에 더 많은 언어 정보의 투입이 있게 된다는 추리가
깔려 있다. 물론 교실에서의 학습은 언어의 공식적인 문법규칙을 분석하는
능력에 더 비중을 두게 된다.

〈장 종속성〉	〈장 독립성〉
1. 인간 지향성 (정보전달에 외적 준거틀에 의존)	1. 비인간 지향성 (정보전달에 내적 준거틀에 의존)
2. 전체적 (부분은 뒷배경으로 분산되고 전체적인 하나의 장으로 인식)	2. 분석적 (부분들은 뒷배경과 구분되어 하나의 장은 부분들로 구성된것으로 인식)
3. 종속적 (자신의 관점이 타인으로부터 나옴)	3. 독립적 (독자적인 자아 정체)
4. 사회적으로 민감함 (대인관계/사회관계가 강함)	4. 사회적 인지성이 박약 (대인관계/사회관계가 약함)

<표 5.1> 장 종속적/독립적 인지 스타일의 주요 특성(출처: Hawkey
1982)

그러나 인지효과에 대한 실험적 연구는 이 가설을 언급한 적이 없다. 방
법은 적성연구시의 방법과 매우 비슷했다. 즉 장 종속/독립성의 측정값은
보다 폭넓게 설계된 디자인내에서 실험대상들이 간단한 기하학적 숫자를
인지할 것을 요하는 Group Embedded Figures Test(Witkin et al, 1971)와 같은
시험을 이용하여 얻을 수 있다. 이와 같은 측정값은 유창성에 대한 여러 가
지 측정값(예: 모방 학습법, 이해력 테스트, 교사의 평가 등등)들과 상관관
계를 갖는다. 이런 식으로 조사된 학습자들은 불가피하게 교실에서 공부하
는 학생들이었다. 그 결과는 결정적인 것은 아니다. Bialystok과 Fröhlich
(1977)는 장 종속성/독립성은 캐나다 학교에서의 불어를 공부하는 9학년 10
학년(중3, 고1) 학생들의 독해력에는 별로 효과가 없음을 발견했다. 그러나
Naiman et al.(1978)은 12학년의(고3) 경우처럼 일부 학생들의 인지 스타일

은 장 독립성에 높은 점수를 보이면서 모방학습과 청취력 테스트에 상당한 영향을 미친 것으로 나타남을 발견했다. 이와 같은 결과에 대한 한 가지 설명은 인지 스타일의 영향은 나이와 관련이 있다는 것 즉 장 독립성이 사춘기 후반기에 촉진된다는 것이다. 그러나 이와 같은 해석은 확인이 필요하다. 또 다른 연구를 보면 Hansen과 Stansfield(1981)가 대학 스페인어 과목중 초급단계에 있는 253명을 대상으로 유창성 테스트를 3회에 걸쳐서 실시한 결과 이것이 장 독립성과 관련성이 있음을 발견했다. 그러나 그 관련성은 정도가 매우 낮은 것이었다. 그들은 인지 스타일이 외국어의 전반적인 유창성에 단지 미미한 역할로만 작용했다고 결론을 내렸다. 일반적으로 말해서 장 종속성/독립성은 SLA에 중요 요인은 아닌 것 같다.

이러한 결과들은 육감적 기대와는 상충되는 것이다. 학습자가 언어 정보의 진행, 저장, 수정을 해 나가는 방식에 따라 SLA는 영향을 받을 것이라는 가설이 매우 호소력이 있고 호감을 느끼게 하는 가설중의 하나이다. 그동안 실시해 온 연구 타입에도 문제가 있을 수 있다. 양적으로 규모가 큰 연구 대신에 각 개인 학습자들이 발하는 실제 발화에 초점을 마춘 보다 질적인 연구가 이 분야에는 더 적절하다. Naiman et al.(1978)은 학습자들이 인지 스타일에 따라 다른 종류의 오류를 범한다는 사실을 보여줄 수 있는 몇 가지 증거를 찾아냈다. 분석적 학습자들은 문장 모방시 전체적인 표현보다는 소소한 품사들을 생략하는 경향이 더 많았고, 전체적(위 <표> 5.1에 있는 용어) 학습자들은 그와 반대되는 경향이 나타났다. 인지 스타일은 기타 다른 학습자 요인들과 상호작용을 할 수 도 있다. 예를 들면 Fillmore(1980)는 인종적 배경이 다른 학습자들에게 학습 임무를 부여할 때 그들에게는 집중의 정도에 차이가 날 것이라고 주장하고 있다. 그녀는 멕시코 어린이들은 장시간 주의집중을 해서 공부하기가 매우 어렵고, 중국 어린이들은 비교적 장시간 앉아서 공부할 수 있음을 주목했다. 그러므로 인지 스타일과 유창성 간의 관계가 명료하게 제시되지는 못했다 하더라도 아직 완벽하게 탐구되지 못한 흥미있는 현상들이 상당히 많이 있는 것이다.

SLA의 어떤 면이 인지 스타일에 의하여 영향을 받는 것인가하는 의문을 제기하는 것은 아직 시기상조라고 볼 수 있다. 지금까지의 연구는 성공과 관련된 주요 요인이 있음을 결정적으로 보여줄 만한 것이 아직 없다. 인지 스타일이 습득경로에 영향을 미치는가에 관한 연구는 지금까지 없었다. 언어가 유창하게는 되었지만 많은 언어규칙들을 선별해 내는데까지는 큰 어려움이 없는 '데이타 수집가' 단계와 언어의 정확성에 집중하는 '언어규칙 형성가' 등 두 가지에 대한 Hatch(1974)의 구분법은 인지 스타일의 주요 특성인 전체적/분석적 구분을 반영하고 있는 것 같은데, 여기서 그는 인지 스타일은 언어 발달의 속도를 결정짓는 중요한 요소일지도 모른다고 주장하고 있다.

태도와 동기

태도와 동기를 정의한다는 것은 문제점들이 상당히 많음을 우선 염두에 두어야 한다. 인간의 행동은 실제로 인간이 어떻게 행동하는가에 영향을 주는 어떤 특정의 욕구와 흥미에 지배를 받는다는 것이 상식적인 견해이다. 그러나 이런 것들을 직접 눈으로 볼 수가 없다. 이런 것들은 인간의 행동으로부터 유추할 수밖에 없다. 그러므로 SLA에 있어서 태도와 동기에 관한 연구는 언어학습에 구체적인 발달개념을 포함시켜 왔던 것이다. 이러한 개념들은 언어학습자들의 행동으로부터 파생되었으며, 심리학에서 말하는 일반적인 동기이론과 그 관계가 엉성했던 것이다.

SLA에서는 태도와 동기의 구분이 항상 명확한 것만은 아니다 Schumann(1978)은 '태도'란 '학습자 집단의 크기'와 같은 변수로 형성된 하나의 사회적 요인이고, '동기'란 '문화충격'과 같은 하나의 정의적 요인으로 보고 있다. Gardner와 Lambert(1972)는 '동기'란 L2학습자들의 전반적인 목표 혹은 지향이며, '태도'란 학습자들이 목표를 달성하기 위하여 끊임없이 노력할 때 보여주는 것이라고 주장한다. 그들은 이들 둘간에 어떤 관계를 예상할 이유는 없다 즉 언어학습상 여러 가지 반응이 있을 수 있는데 그 중의 하나가 태도이므로 태도와 동기를 구분한다는 것은 무리라는 주장이다. 그러나 Gardner(1979)는 태도란 학습자가 지향하는 목표를 뒷받침하기 위하여 존재하므로 그런 의미에선 동기와 관련이 있다는 것이다.

Brown(1981)도 '동기'와 '태도'를 구분하고 있다.

그는 동기의 형태를 (1) 학습을 향한 일반적인 목표추구로 구성된 광역동기, (2) 학습이 진행되고 있는(교실 학습과 관련된 동기와 자연스런 학습과 관련된 동기의 구분) 상황에 따라 다양한 상황적 동기, (3) 특정의 학습목표를 수행하기 위한 동기인 임무적 동기 등 3가지로 구분했다. 동기(1)은 분명히 Gardner와 Lambert의 '동기'에 해당하고, 동기(2)는 새로운 개념이고, 동기(3)은 Gardner와 Lambert가 주장하는 '태도'와 같은 개념인 것 같다. Brown은 '태도'란 용어를 학습자들이 목표어 집단 구성원들을 향하여 갖고 있는 신념체계(예: 그들이 '흥미롭게', '지루하게', '정직하게', 혹은 정직하지 않게 '보이는지 여부 등등)와 그리고 학습자 자신의 문화를 보는 견해와 연관을 시키고 있다. 이것들은 또한 Gardner와 Lambert가 '태도'란 용어를 후자의 개념으로 사용하고 있는 것이다. '동기'와 '태도'가 무엇으로 구성되어 있는지 그 구성 요소에 대하여 그리고 양자간의 관계에 대하여 일반적인 합의가 이루어지지 않은 것만은 분명하다. 이것은 이들 주어진 개념들이 너무나 추상적이라는 점은 이해가 가지만, 그렇기 때문에 이 이론적 명제를 비교하기가 매우 어렵다.

SLA에 있어서 태도와 동기의 역할에 관하여 가장 폭넓은 연구는 그 동안 Gardner와 Lambert에 의하여 진행되어 왔다. '동기'에 관하여 그들은 L2학습에 통합적 성향과 도구적 성향을 구별했다. 통합적 성향은 학습자가 L2 집단의 문화와 자신을 동일시할 때 나타난다. 이런 유형의 동기는 Mowrer(1960)가 주장하는 모국어 학습의 동기 개념을 확대해석한 것이다. Mowrer는 어린이가 부모와 함께 있으면서 만족감을 갖고 듣는 언어를 익혀 가게 된다고 주장한다. 그러므로 어린 아이가 부모앞에서 부모처럼 언어를 사용할 수 있기를 바라는 것과 마찬가지로 L2학습자들은 L2 언어를 사용하는 그 사회집단과 동일시하려는 동기를 갖게 될 수도 있다는 것이다. 나중에 Gardner(1979)는 통합적 동기를 '첨가적 이개국어 사용'과 연계시켰다. 즉 통합적 동기를 가진 학습자들은 L2를 배울 때 모국어도 그대로 유지하고 있는 것 같이 보였다. 도구적 동기는 L2를 학습하는 학습자들의 목표가 기능적일 때 나타난다. 예를 들면 시험에 합격하려는 학습, 보다 나은 직업을 구하고자 하는 욕구, 혹은 L2를 이용하여 다른 학문연구의 깊이를 더해보려는 의도 등등은 모두 학습 동기가 도구적이라고 볼 수 있다. Gardner는 도구적 동기는 학습자들이 모국어를 잃어버리거나 모국어의 특정 기능을 표현하는 능력을(문자와 관련된) 상실하게 되는 '마이너스 이중언어'와 연관된 것 같다고 제안하고 있다. 영국에서 Fitzgerald(1978)는 소수민족의 L2 학습자들의 동기적 특성은 통합적이기 보다는 훨씬 더 도구적일 것이라고 주장해 왔다. 그러나 Lambert와 Gardner는 통합적/도구적 동기의 구분은 서로 대안이 된다기 보다는 하나의 연속선상에 존재하는 것이라고 지적했다.

Gardner와 Lambert는 그들이 L2학습과 관련이 있을 것으로 믿고 있던 여러 가지 다양한 태도도를 연구해 보았다. Stern(1983)은 이들 태도를 (1) L2 언어 사용자와 그 지역사회를 향한 태도(즉 '구체적 집단 성향'과 같은 개념임), (2) 해당 언어 학습을 향한 태도, (3) 일반적인 언어 및 언어학습을 향한 태도 등 3가지로 구분했다. 이와 같은 태도들은 학습자 개인 성향(개성)(즉 이기주의적 성향이냐 권위주의적 성향이냐에 따라서)에 따라 영향을 받는다. 그리고 사회적 환경 즉 언어학습이 일어나고 있는 환경에도 영향을 받는다. 예를 들면 태도는 단일 언어권이냐 아니면 이중언어권이냐 라는 사회적 환경에 영향을 받기도 한다. Gardner와 Lambert의 이론적 틀에 기초를 둔 실험연구의 결과들은 일목요연하지 못하고 해석에도 상당히 어려움이 있다. 좌우간 연구결과 주요 발견 사항은 다음과 같다:

1. 동기와 태도는 매우 중요한 요인으로서 학습자의 언어유창성을 결정하는데 도움이 된다. 예를 들면 Gardner(1980)는 L2학습에 나타난 여러 가지 정의적 반응을 하나의 숫자화된 지표로 제시했는데, 이는 캐나다 학교에서 불어를 배우는 학생들의 불어실력을 측정하여 얻은 수치이다. Savignon(1976)은 '태도야말로 제2외국어를 배우는데 가장 중요한 요인'이라고 주장한다.

2. 동기/태도의 효과는 적성의 효과와는 별개인 것 처럼 보인다. 가장 성공적인 학습자들은 학습에 적성도 있고 동기도 높은 그런 학생들일 것이다.

3. 어떤 상황에서 하나의 통합적인 동기는 성공적인 L2 학습에 효과가 있을지도 모르지만, 또 다른 상황에서 보면 도구적 동기가 더 효과를 발휘할 수도 있다. 예를 들면, Gardner와 Lambert (1972)는 집중적 성향이 캐나다와 미국의 학교에서 불어를 배우는데 성공적이지만, 필리핀에서는 도구적 동기가 더욱 중요했음을 발견했다. 그들은 이것을 학습자가 속한 나라에서의 L2의 역할로 설명했다. L2가 '외국어'로서 기능을 갖는 나라에서는(교실 밖에서 그 언어의 중요성이 별로 없는 경우) 집중적 동기가 도움이 되지만, L2가 second language 의 기능을 갖는 나라(교실 밖에서 폭넓게 의사소통 수단으로 그 언어가 사용되는 경우)에서는 도구적 동기가 더 효과적이다. Lukmani(1972)도 도구적 동기가 통합적 동기보다 중 요할 수 있다는 점을 발견했다. 비서구화된 봄베이 여성 학습자의 경우 L2로서 영어를 배 웠는데 그녀는 도구적 동기가 컸으며 Cloze test에서 대단히 높은 점수를 얻었다. Lukmani가 조사연구한 학습상황은 Lambert와 Gardner가 기술한 필리핀의 상황과 매우 유 사했다. 그러나 두 유형의 동기가 상호 배타적인 것이 아니라는 점이 그 동안 누누히 지적되어 왔다. SLA는 단순히 통합적 동기나 아니면 단순히 도구적 동기만 포함된 경우가 별로 없다. Burstall(1975)은 불어 연구 프로젝트인 NFER에서 학생들의 성적이 동기의 이 두 유형과 다 연관성이 긴밀했다는 점을 발견했다. 학생들의 불어 실력은 교과목으로서 불어를 잘하려는 욕구에, 그리고 불란서인 및 불란서 문화에 영향을 받았다.
4. 동기의 수준과 유형은 이미 언급한 바와 같이 학습이 이루어지고 있는 사회적 상황에 강한 영향을 받고 있다.

SLA에 동기가 상당히 강력한 요인중의 하나라는 점에 대해서는 별로 의심의 여지가 없다. 그 효과는 SLA의 습득경로보다는 오히려 습득속도와 성공에서 볼 수 있다. 그러나 동기가 정확하게 학습에 어떻게 영향을 미치는가에 대해서는 분명치가 않다. 연구 분량이 상당히 많을 수 있는 상관관계 연구의 문제점은 이 관계의 방향은 알 수 없고 단지 관계 유무만 알아낼 수 있을 뿐이라는 점이다. 성공적인 학습을 낳는 것이 동기인지 아니면 성공적인 학습이 동기를 확대시켜주는 것인지 우리는 잘 모른다. Burstall (1975)은 이 문제를 거론하면서 성적(업적)이 후발 태도와 그 이후의 성적에 초기의 태도보다 더 큰 영향을 미친다고 결론을 내렸다. 바꾸어 말하자면 그것은 가장 문제가 되는 것 처럼 보였던 학습과정 자체에 의하여 야기되는 동기였다. 이와 유사한 관점은 MacNamara(1973)에 의해서도 제기되었다. 그는 '동기의 가장 중요한 부분'은 통합적/도구적 구분에 의하여 야기되는 일반적인 성향보다는 오히려 의사소통 행위 그 자체에 있다고 주장했다. 그것은 SLA를 동기화할 때 경험과 기쁨을 통하여 의미를 파악할 필요가 있다. 이런 관점들은 언어교사들을 고무 격려해주는 관점들이다. 학습자의 학습 목표에 의존적인 동기를 학술적 혹은 의사소통적 성공으로부터 야기되는 동기에 영향을 받는 것 보다는 오히려 교사에 영향을 받는다는 주장은 받아들이기 어렵다. 교사에 영향을 받는 경우는 학습자가 성공할 수 있도록 기회를 부여해 주고, 진정한 관심을 쏟는 복잡한 단계를 교사가 밟아가면서 학습목표의 세심한 선택을 할 경우만 동기가 발달되어 나올 수 있다.

성격

일반 심리학에서, 성격은 각 개인의 개성을 구성하는 요소로서 수 많은 개인적 기질과 특성을 주 연구대상으로 다루었다. 예를 들면 Cattell(1970)은 냉담한/온화한, 수줍음 타는/대담한(독단적인/지배적인이 아님) 등 등의 이분법을 이용하여 성격을 측정하려고 시도했다. Eysenck(1964)도 외향적/내성적 그리고 신경질적/안정적 등 등의 이분법을 사용하여 성격의 특징을 분류해 보았다. 그러나 한 두 개의 예외(예: Hawkey 1982)를 제외하면 SLA 연구 학자들은 '사회적 유형'(Fillmore 1979; Strong 1983), '이기적 요소' (Brown 1981) 등 각자가 자기 나름대로 좋아하는 용어를 채택해 왔다. 어떤 학자들은(예: Dulay, Burt와 Krashen 1982) 인지스타일마저도 성격의 특질로 포함시키고 있다. 이와 같이 용어상의 혼란이 일어난 것은 성격 자체가 여러 개의 얼굴을 하고 있다는 점, 그리고 학자들 각자가 이 변수를 육감적으로 중요하다고 느끼고 독자적으로 연구해 보겠다는 욕심을 부렸다는 점 등등이 원인이라고 볼 수 있다.

외향적/내성적

지금까지 연구된 육감에 호소력이 있는 가설중의 하나는 외향적인 사람이 언어습득 속도가 더 빠르고 성공률도 더 높다는 것이었다. 외향적인 학습자들은 L2를 사용하는 상대방과 보다 쉽게 접촉하기 때문에 그 만큼 언어정보도 더 많이 얻을 수 있다는 주장이 있었다. 예를 들면 Krashen(1981)은 외향적인 성격의 사람은 '언어 습득'에 도움이 된다고 주장했다. 교실에서 언어를 배우는 학생들도 외향적일 때 L2를 사용하여 언어 연습을 통한 이득을 볼 수 있을 것이다. 그러나 연구결과는 이 가설을 전적으로 뒷바침해 주는 쪽이 아니고 부분적인 뒷바침밖에는 하지 못하고 있다. Naiman et al.(1978)은 외향적/내성적인 성격과 유창성 간에 의미있는 상관관계를 발견하지 못했다. Swain과 Burnaby(1976)는 사회성과 수다성의 측정과 유창성간에 기대했던 관계성을 찾아내지 못했다. 이 경우 연구대상은 제2외국어로서의 불어 및 불어공부 몰입 정도를 초급단계에 있는 학생을 대상으로 하였다. 그러나 Rossier(1976)는 자기의 실험대상 학생들의 구두언어 유창성이 Eysenck가 개성연구법으로 측정한 외향성/내성적 값과 아무런 의미있는 상관관계도 발견하지 못했다.

사회성

내성적/외향성 구분과 관련된 사회성은 SLA에 내포된 사회성의 유형들이다. 5명의 스페인 어린이를 대상으로 이들이 영어를 배우는 과정을 실험한 종적연구에서 Fillmore(1979)는 학습자의 사회성은 L2에 노출된 시간량을 통제한다고 주장하고 있다. 영어권의 어린이들과 접촉을 쉽게 했던 스페인계 어린이들은 그렇지 못했던 아이들 보다 습득 진행 속도가 더 빨랐다. 그러나 Strong(1983)은 사회성을 강조한 Fillmore의 주장을 비판하고 있다. 13명의 어린이를 실험 대상으로 연구한 Strong은 이들이 영어를 습득하는 속도는 Fillmore의 주장과 상당히 달랐다는 것이다. 1년후 그 차이는 더욱 커져서 일부 학생들은 상호 의사소통에 편안함을 느꼈고, 다른 학생들은 전혀 영어를 습득할 수 없었다는 것이다. 그러나 Strong이 연구한 7가지 사회성 유형중에서 단지 '수다성'과 '응답성'만 언어 발달 측정과 의미있는 관계가 존재했다. Strong은 어린이들이 적극적으로 영어에 노출되어 스스로 영어를 사용하는 것 만큼 어린이들이 언어 정보를 얻을 수 있는 사회성은 없다고 결론을 내렸다. 여기서 고려했던 것은 받아들이는 정보의 양 보다 L2로 상호작용하는 질적 통제력을 개성의 특질로 해석했던 것이다.

심리적 억제

SLA와 관련시켜서 연구해 온 성격의 또 다른 측면은 심리적 억제/압이었다. 심리적 억압과 관련된 방어적인 태도가 신속한 L2발전에 필수적인 위험부담을 피하게 만든다는 가설이 설정되었다. Krashen(1981)은 공식조작(Formal Operations)의 개시가 학습자의 정의적 상태에 심각한 영향을 준다고 주장한다. 이것은 이기주의 즉 자기중심적으로 급변하여 심리적 억제가 더 심화되는 것이다. 그러므로 사춘기의 학습자들은 더 어린 아이들 보다 언어 정보의 투입이 적어지고, 이미 투입된 언어정보의 효과적인 사용마저도 더 감소하게 된다. 부정적인 요인으로서 심리적 억제를 뒷받침해주는 연구논문은 Guiora et al.(1972)이 있는데 이들 학자들은 심리적 억압이 발음에 미치는 효과를 알아 보려는 실험설계를 했는데 이 때 실험에서 약간의 술을 동원했다. 그랬더니 실험결과는 매우 긍정적이었다. 술을 약간 마신 실험대상 학생들은 술을 마시지 않은 학생들보다 발음이 훨씬 더 좋아졌다. Guiora et al.은 심리적 억압이 L2발음에 부정적인 영향을 준다고 결론을 내렸다. 대단히 흥미로운 이와 같은 실험은 아직 설득력이 있는 것은 아니다.

실험 설계에서 심리적 억압을 줄여주는 술 요법이 대부분의 교실 학습이나 자연스런 학습자들에게 현실적으로 가능한 것이 아니다. 또한 Krashen이 어린아이 보다 사춘기 학생들이 일반적으로 언어 수행면에서 양호하다는 주장(본 장의 연령편을 참고할 것)도 신뢰도가 낮고, 특히 발음에 관한한 의미가 별로 없다.

결론

일반적으로 신뢰할 만한 연구들은 SLA에 성격이 얼마나 영향을 미치는지 명확하게 그 효과를 제시하지 못하고 있다. 이렇게 된 이유중의 하나는 성격이 의사소통 능력 차원의 언어습득에만 주요 요인으로 작용하기 때문이 아닌가 싶다. Strong(1983)은 연구 논문들에 의하여 오히려 더욱 혼란스런 그림만 제시되었는데 이를 만약 '자연적인 의사소통 언어'를 측정한 연구와 '언어학적 목표를 갖는 언어'를 측정한 연구를 분리한다면 좀더 명확해질 것 같다고 주장했다. 성격이란 변수는 전자와 관련이 있을 것이고, 후자와 관련이 있는 경우는 매우 기이한 경우 뿐일 것이다. 분명히 개성과 의사소통적 임무간의 관계는 개성과 순수 언어학적 능력간의 관계 보다는 육감적으로도 그 가능성이 더 높은 것 같다. 아니면 성격이란 변수중 또 다른 특성이 의사소통 능력과 언어학적 능력을 촉진시킨다고 볼 수도 있을 것이다. 아마도 사회성이 전자와 관련이 있고, '새로운 개념을 이해하는 순발력'과 '완벽주의 성향'(Swain과 Burnaby 1976) 등은 후자와 관련이 있을 것이다. '실험'에 임하는 준비성과 같은 기타 다른 특성들은 아마도 전자와 후자 모두에게 중요할지도 모른다(Hawkey 1982).

그러나 성격의 영향에 대한 연구중 주요 난제는 성격이란 무엇인지 정의를 내리는 문제와 어떻게 측정할 것인지 측정의 문제 등에 여전히 어려움이 남아 있다. 우선 예상되는 어떤 관계를 (예: 외향적 성격과 유창성의 관계) 찾아내는데 실패한 것은 아마도 성격의 특성을 측정하는데 사용한 테스트 자체가 신뢰도가 떨어지기 때문일 것이다. 그렇게 되면 그 실패의 원인이 설명될 수 없을 뿐만 아니라 긍정적인 상관관계도 역시 사용된 측정방법의 조작의 결과일 수도 있다.

'좋은 언어 학습자' 개념

그 동안 일반요인 및 개인적 요인 연구에 기초를 둔 '좋은 언어학습자'
의 자질을 구체적으로 알아보려는 시도가 수 없이 많았다(Rubin 1975;
Naiman et al. 1978). 저자는 그와 같은 자질을 다음과 같이 목록으로 제시하
고자 한다.

좋은 언어학습자란:

1. 학습 상황에서 집단 역동성에 부합하는 반응을 보일 것이고 따
   라서 부정적인 불안 및 심리적 억제를 야기시키지 않을 것이다.
2. 목표어를 사용할 수 있는 모든 기회를 찾아낼 것이다.
3. 학습자 자신에게 그리고 타인에게 행해지는 L2를 듣고, 반응할
   수 있는 기회를 최대한 활용한다. 특히 타인간에 행해지는 L2
   의 경우는 언어유형보다 의미에 중점을 둔다.
4. L2화자와 직접 접촉으로 얻어지는 학습을 실제 공부하는 방법
   (예: 단어, 어휘표 작성 등)으로 보충한다. 이 경우는 언어유형
   과 철자에 신경을 쓴다.
5. 적어도 초급단계의 문법 습득 단계에서는 어린 아이보다는 사
   춘기나 성인이 낫다.
6. L2언어의 언어적 자질을 감지하고, 범주구분을 하며 저장할 수
   있는 분석적 능력을 충분히 보유하여 오류가 발생하는지 모니
   터도 한다.
7. L2학습을 위한 강한 추리력(통합적 혹은 도구적 동기)을 갖고,
   강한 '임무 동기'(즉 선택되거나 제공된 학습 임무에 적극성을
   보임)를 개발한다.
8. 비록 바보같이 보일지라도 위험부담을 안고 실험할 준비를 한다.
9. 학습조건/여건이 달라져도 재빨리 적용한다.

이러한 특질들은 혼합된 덩어리로 존재한다. 이상의 특성중 일부는 자연적인 학습자 보다는 교실 학습자에게 적용되는 사항이다(예: 7번 항목). 어떤 것은 학습자가 통제할 수 없는 것들이다(예: 5번 항목). 그러나 나머지 것들은 학습자 자신이 통제할 수 있는 항목들이다. 예를 들면 학습자가 목표어를 사용할 기회를 만든다든지, 의도적으로 자연스런 학습에 보충작업을 한다든지 등등 학습자 자신이 결정할 수 있는 항목들이다. 이들 모두를 보면 그 동안 SLA에서 중요한 요인으로 다루어 왔던 사회적, 인지적, 정의적 요인들을 모두 반영하고 있음을 알 수 있다.

요약 및 결론

　개인 학습자 변수를 연구한다는 것은 그렇게 쉽지 않으며, 그에 대한 연구 결과도 그다지 만족할 만한 것이 못된다. 그 부분적인 이유중의 하나는 그 동안 연구된 많은 개념들 자체가 너무나 모호했기 때문이다. 이것은 그간 특정 개념을 측정하려고 채택했던 테스트 자체의 신뢰도가 별로 없었다는 점을 반영하고 있다고 볼 수 있다. 또 다른 이유는 여러 가지 요인들 자체가 상호 어떤 내면적 관계로 얽혀있기 때문이다. 변수간의 관계와 인지 스타일 그리고 성격 혹은 나이와 동기 등을 구분하기가 그리 쉽지 않다. 그러나 몇 가지 문제점들은 계량적 연구법의 결과라고 볼 수 있다. 개인 학습자들을 상대로 면접을 실시한 Naiman et al.의 관찰은 오히려 계량적 연구법보다 우수한 성찰(insight)을 제공하고 있다. 비록 계량적 연구가 가설 검증을 하려면 표본의 수를 크게 늘릴 필요가 있다고는 하지만 당면가설을 규명하기 위해서 우선 먼저 면접법과 내성법에 근거한 정성적 연구(qualitative approach)가 필요하다. 이렇게 해서 일부 개념적 모호성 문제부터 극복되어야 할 것이다.

　학습자 개인변수 연구의 목적은 개인변수가 SLA에 어떻게 영향을 미치는가를 보여주기 위한 것이다. 이것은 오히려 별개의 두가지 문제인 것이다. 첫째는 영향이란 무엇인가하는 문제이다. 둘째는 개인적 변수가 SLA에 어떻게 영향을 미치는가 하는 문제이다.

제3장에서 L2학습자들이 언어발달의 자연스런 경로를 밟아, 발전해간 다는 점을 보여주었다. 이 순서는 학습자가 자발적인 언어수행을 어떻게 하고 있는지를 점검, 조사해 봄으로써 구축되었다. 본 장에서 해답을 찾고 자 했던 의문점중의 하나는 이와 같은 언어수행에서 분명한 순서가 나이, 적성, 성격 등과 같은 학습자 개인 변수에 영향을 받는가 여부이었다. 신뢰 할 만한 증거는 자연스런 습득순서가 이와 같은 변수들에 영향을 받지 않는 다는 사실을 입증해 준다. 일상적인 언어와 관련된 기본적인 중간어 발달 이 언어 발달에 보편적이다(제4장 참조).

본 장에서 제시했던 두 번째 의문은 개인적 변수들이 언어습득의 자연 스런 경로를 따라 학습자들의 언어발달 속도에, 그리고 언어 유창성의 전반 적인 수준에 기여하느냐 여부 문제였다. L2학습자들은 배우는 속도, 언어 습득의 성공 유무 등이 일관성이 없고 그 양태가 매우 다양하다. 증거를 바 탕으로 보면 그 이유는 개인적 요인과 일반적인 요인들이 모두 다르기 때문 인 것 같다. 나이, 적성, 동기, 성격 등이 학습자 개개인의 학습 속도, 학습량 등을 설명해 주는 변수들이다. 이들 요인들이 제각각 L2능력의 각기 다른 유형에 관련이 있을 것이라고 가정을 해보는 것은 가능하다. 이와 같은 가 정의 한 쎄트는 Cummins가 인지적/학술적 언어능력이라고 명명한 것일 수 있고, 또 다른 쎄트는 개인간 기본 의사소통 기술일 수도 있다.

학습자 개인 요인들이 SLA의 습득 속도 및 성공에 어떻게 영향을 미치 는가에 대해서는 본 장에서 상세히 다루지 않았다. 그것은 그들이 학습자 가 감지해 낸 투입 정보량을 통제하는 방식과, 그리고 학습자가 이 투입정 보량을 처리하는 방식 등과 연관시켜야만 한다. 이 문제에 관한 논의는 투 입문제를 좀더 자세히 연구한 다음(제7장), 제9장에서 거론할 예정이다.

끝으로 두 가지 현안을 언급해야겠다. 첫째는 성격과 일반 요인과의 관 계이다. 성격은 일반요인을 반영한 것으로 보여진다. 학습상황의 집단 역 동성에, 교사와 학습교재에, 학습자가 어떻게 반응을 보이느냐, 그리고 학 습자가 어떻게 학습기법을 선택하느냐 등 등의 문제는 학습자의 나이, 적 성, 인지 스타일, 동기, 성격 등에 의하여 결정된다. 그러나 수정, 변경이 늘 가능한 이와 같은 일반 요인들도 또한 성공적인 개인 학습 스타일에 의하여 영향을 받을 수도 있다. 개인적 요인들과 일반적인 요인들이 결합해서 한 꺼번에 L2 유창성에 영향을 미친다. Schumann과 Schumann(1978)은 개인적 요인과 일반요인간의 관계를 회전당구대(pin-ball machine)에 비유하고 있 다. 회전당구대의 손잡이들은 여러 가지 일반 요인들을 나타내고, 공의 흐 름(즉 SLA)은 개인 학습자의 개성에 의하여 결정된다.

두 번째 현안은 한편의 수 많은 학습자 개인적 요인 그리고 또 다른 한편 엔 언어 유창성이 있는데 이는 이들간에 관계의 방향성과 관련이 있는 문제 이다. 성격과 동기는 제2외국어 학습경험으로 수정될 수 있다. 그러므로 그 관계는 두 가지 길이 있다고 볼 수 있다. 즉 Burstall(1975)이 '언어 학습 상황에서 성공이라고 할 수 있는 것은 아무것도 없다'라고 지적한 바와 같 이 말이다.

SLA에서의 학습자 요인의 역할에 관한 이와 같은 결론은 아래 <도표 5.2>와 같이 요약해 볼 수 있다.

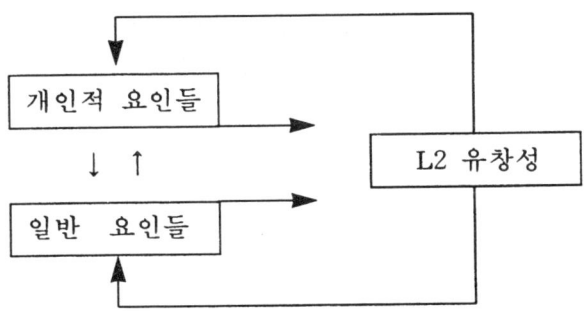

<도표 5.2> SLA에서의 개인적 요인과 일반요인간의 관계

권장 문헌들

언어 학습자 개인차에 대하여 가장 상세한 연구물로는 1978년 Ontario Institute for Studies in Education에서 N. Naiman, A. Fröhlich, H. Stern 등이 공 동 연구한 The Good Language Learner를 들 수 있다. 이 보고서는 개별 학습 자 면담과 교실 학생들의 면담 등 두 가지에 대하여 보고하고 있다. 이 연구

논문은 본 장에서 다룬 대부분의 일반요인을 연구했다.

특히 '일기식 연구법'은 개인적 변수를 처리하는 새로운 방법으로 매우 흥미로웠다. 이 논문의 개략적인 요지는 1983년 H. Seliger와 M. Long이 편집하고, Newbury House에서 출판된 제2외국어의 교실학습에 의한 습득에 관한 연구에서 K. Bailey가 '일기식 연구방법을 통하여 본 성인의 제2외국어 학습시 경쟁심과 불안감'에 잘 나타나 있다.

나이란 변수를 다룬 중요한 논문으로는 S. Krashen, R. Scarcella, M. Long 등이 편집하고, 1982년 Newbury House에서 출판한 Child-Adult Differences in Second Language Acquisition이 있다.

지능에 관해서는 R. Scarcella, S. Krashen이 편집하고 1980년 Newbury House에서 출판된 Research in Second Language Acquisition 책자내의 J. Oller의 Communicative competence: can it be tested?를 들 수 있고, 또 하나는 학술지 Bilingualism 19호 197쪽부터 205쪽에 실린 J. Cummins의 Cognitive /academic language proficiency란 논문을 들 수 있다. 적성에 관해서는 K. Diller가 편집하여 1981년 Newbury House에서 출판한 논문 모음집인 Individual Differences: Universals in Language Learning Aptitude를 들 수 있다.

학술지 Language Learning 31/2호 349쪽부터 367쪽에 실린 논문 'The relationship of field dependent-independent cognitive styles to foreign language achievement'에서 J. Hansen과 C. Stansfield는 인지 스타일의 영향에 관한 조사연구를 싣고 있다.

동기에 관해서 참고할 자료로는 1972년 Newbury House에서 출판된 R. Gardner와 W. Lambert의 Attitudes and Motivation in second Language Acquisition을 들 수 있는데 이 책은 이론연구와 실험연구에 모두 하나의 중요 참고자료가 될 수 있다.

TESOL Quarterly 17/2호 141쪽부터 158쪽에 실린 M. Strong의 논문 'Social styles and the second-language acquisition of Spanish-speaking kindergartners'은 과거 연구실적을 일별해 볼만하고 또한 매우 흥미로운 연구이므로 성격이 언어습득에 미치는 영향을 연구하려면 상당히 유익한 논문으로 권하고 싶다.

제6장
투입, 상호작용 및 외국어 습득

개요

본 장은 다음 장과 함께 한 쌍으로 보아 주기 바란다. 즉 제6장은 학습자 외적 변수가 SLA에 미치는 영향을 다루고, 제7장은 학습자 내적 변수를 다루고자 한다.

본 장의 출발은 언어습득시 투입 정보가 어떤 역할을 하는가에 대한 각기 다른 3가지 견해 즉 행동주의적 입장, 생득설을 주장하는 입장, 상호작용을 주장하는 입장 등등을 다루게 된다. 그 다음엔 L1습득시 엄마에 의하여 제공되는 언어 투입정보에 관한 연구를 간략하게 살펴보게 된다. 이런 것들이 SLA에서 언어적 투입정보를 연구하는 방법론 및 연구 의문점 등에 시사하는 바가 크기 때문에 SLA연구가 나아갈 방향을 제시해 줄 수 있는 매우 중요한 자료가 된다. 그 다음부터는 2개 항목에 걸쳐서 투입, 자연적 여건 및 교실 여건하에서의 상호작용 등을 다루게 된다. 본장의 목적은 학습자가 노출되는 언어적 환경을 특징짓는 주요 자질들을 식별해 정확히 기술하는 것이다. 그 다음은 규명된 주요 자질들에 대한 부연 설명으로 구성한다.

본 장에서 투입, 상호작용, 섭취(intake) 등등의 용어는 특별한 의미로 사용된다. 즉 투입이란 용어는 L2 학습자에게 원어민 또는 또 다른 L2학습자가 발하는 L2를 의미한다. 상호작용이란 말은 학습자와 대화 상대자간의 담화로 구성되어 있기 때문에 투입은 결국 상호작용의 결과이다. 그러나 모든 투입 정보가 다 학습자에 의하여 가공되어 유입되지는 않는다. 그 이유는 학습자에게 이것이 모두 다 이해되지 못할 경우도 있고, 또 어떤 것들은 학습자가 관심이 없을 경우도 있기 때문이다. 바로 이 경우 학습자에게 이해되고 관심이 부여되어 투입되는 과정을 섭취(intake)라고 명명한다.

언어습득시 투입에 관한 3가지 관점

SLA가 진행될 때, (1) L2 데이터중 일부가 투입으로서 학습자에게 유용하고, (2) 학습자가 L2데이터를 이해하려고 받아 들이는 방법을 설명할 수 있는 학습자 내적 매카니즘이 있어야 한다는 등 (1)과 (2)는 자명한 공리나 마찬가지이다. 그러나 SLA연구시 주요 문제는 (1)과 (2)에 얼마 만큼의 비중을 둘 것이냐를 놓고 그 동안 해결을 보지 못했던 것이다. 한쪽에서는 학습자를 자동적이고도 효과적으로 L2를 배울 수 있는 '언어-생산 기계'라고 보는 견해가 있을 수 있는데 이는 학습자가 힘들이지 않고 올바른 투입 정보를 얻게 된다고 가정해 볼 수 있다. 또 다른 한편으로는 학습자를 '거대한 착수자' 즉 L2 언어 자료가 제아무리 빈약하다 할지라도 상관없이 L2를 발견하는데 필요한 능력을 천부적으로 갖고 태어난 존재로 볼 수 도 있다. 물론 학습자를 SLA에 적극적으로 기여할 수 있는 존재로 보지만 적절한 투입 정보가 제공되느냐에 따라 L2습득이 이루어지는 종속변수로서 중간자적 입장에 서 있는 존재로 학습자를 볼 수 도 있다.

행동주의적 입장에서는 학습자를 '언어-생산 기계'로 보고 있다. 언어적 환경은 매우 중요한 결정요인으로 간주된다. 이런 식으로 학습을 이해하는 모델의 경우, 투입은 학습자에게 가용한 언어를 자극이란 형태로 받아 들여서 환류(feedback)가 일어나는 것으로 볼 수 있다. 자극의 경우 학습자의 대화상대가 대화 상대자를 모방하는 학습자에 의하여 내재화된 구체적인 유형과 형식들을 체계화시켜 준다. 그러므로 적절한 자극이 SLA에 중요 결정요인이 되는 것이다. 행동주의 이론은 투입 정보를 단계별로 구분하여 계속적으로 자극을 조절할 필요성이 있기 때문에 각 단계는 학습자가 도달할 수 있는 범위내에서 난이도를 차츰 높여가는 방식으로 짜 놓아야 한다. 환류는 두 가지 목적을 갖는다. 즉 학습자가 발하는 L2발화가 올바른 것일 경우, 그 만큼 강화/보상이 될 것이고, 잘못된 것일 경우는 그것을 수정, 교정해야 한다는 점을 시사한다. 자극과 환류 준비의 조절은 학습을 형성하며, 나아가서 습관으로 이어진다.

　SLA에 원어민주의 입장은 학습자를 '거대한 착수자'로 보고 있다. 이들은 언어에의 노출만으로 만족스럽게 언어습득을 할 수 없다는 입장이다. 투입 정보는 단지 학습자 내부장치를 작동시켜주는 기폭제 역할 밖에는 하지 못한다는 것이다. Chomsky(1965)는 모국어 습득에 투입된 불완전한 엄마 스피치로 볼 때 만약 어린 아이가 혼자서 언어를 배우려고 한다면 어떤 아이도 성공적으로 언어체계를 내면화시킬 수 있을 것 같지 않다고 주장한다. '퇴화'된 투입 정보는 습득에 적절치 못하다.

　1960년대와 1970년대 초의 원어민주의 입장이 확산되면서, 연구의 초점은 L2학습자의 산출, 그중에서도 특히 학습자의 발화와 쓰기에 나타난 오류에 연구의 초점을 맞추게 되었다. 이는 산출이 학습전략의 특성을 외부로 노출시킨 것이라고 믿었기 때문에 그랬던 것이다. 이와 같은 믿음은 Larsen-Freeman(1983)의 다음과 같은 관찰에도 잘 나타나 있다:

　　...학자들은 모두 너무나 빈번하게도 학습자의 언어적 생산에만 연구의 초점을 맞추고 있기 때문에 습득과정을 보다 잘 이해할 수 있는 중요 정보원(즉 투입)에 대해서는 소홀한 편이다.

　바꾸어 말하자면 원어민주의적 입장은 적어도 학습자 산출의 몇 가지 측면은 투입으로 설명될 수 있는 가능성을 처음부터 배제했다.

　그러므로 언어습득에 관한 행동주의적 입장은 너무나 학습자의 외부에 나타나는 현상만으로 언어습득을 설명하려 했고, 원어민주의 입장은 학습자의 내적 요인으로만 언어습득을 설명하려 했던 것이다. 그러나 세 번째 입장은 상당히 조리가 있다. 이 입장은 언어습득을 학습자의 지적 능력과 언어적 환경의 상호작용의 결과라고 보고 있다. 학습자의 언어처리 매카니즘은 투입 정보의 특성을 결정하며 동시에 투입정보에 의하여 결정되기도 한다. 마찬가지로 투입정보의 질은 학습자 내부 매카니즘의 성격에 영향을 주기도 하고, 반대로 학습자 내부 매카니즘이 투입정보의 질에 영향을 주기도 한다. 내적 요인과 외적 요인간의 상호작용은 학습자와 대화자가 참여하는 실제 언어적 상호작용 속에서 구체화된다. 중요한 자료는 학습자 발화뿐만 아니라 학습자와 그를 보살피는 사람(교사 혹은 대화 상대자)간의 상호 담화라는 견해는 상호주의 입장의 견해이다.

지금까지 언어 발달에 투입이 갖는 역할의 중요성을 3가지 다른 입장에서 살펴 보았다. 행동주의 입장은 자극과 환류란 용어로 처리하여 언어적 환경의 중요성을 강조하고 있다. 원어민주의 입장은 투입의 역할을 최소화시키고 언어습득과 발달을 학습자 내부 진행매카니즘에 기인하나다고 설명하고 있다. 상호주의 입장은 언어발달을 투입요인과 천부적 매카니즘 둘다의 결과라고 설명하고 있다. 언어습득은 학습자 자신, 학습자의 대화 상대자 그리고 외적 요인과 내적 요인간의 역동적 상호작용 등 등의 정교한 노력으로 이루어진다.

본 장의 주안점인 SLA에서의 언어적 환경의 역할에 대해서는 대체로 상호주의 논리틀 범위내에서 논리를 진행하고자 한다. 그러나 초기의 투입과 상호작용에 관한 연구의 상당 부분은 L2가 아니라 L1의 습득과 관계가 있다. 그러므로 다음 항목으로 우선 엄마가 아이에게 이야기하는 방식을 먼저 고찰하기로 한다.

엄마 이야기와 모국어 습득

만연되었던 원어민주의적 입장에 첫 번째 도전은 언어습득 연구에서 나타났다. 1970년대부터 서서히 일기 시작한 실험연구에서 엄마가 아이에게 말하는 방법에 관하여 연구하기 시작했다(예: Snow와 Ferguson 1977; Waterson과 Snow 1978). 이 연구가 SLA에서 유사한 연구의 모델이 되고, 일부 SLA이론의 정당화로 이어지자(예: Krashen 1981), 주요 학문적 발견으로 취급할 만큼 중요하게 되었다. 이들 연구를 요약하면 아래와 같다.

1. '엄마 이야기'의 특성

엄마 이야기를 연구한 초기의 많은 연구들은 그것이 Chomsky가 주장한 것 처럼 '퇴보적'인 것인지를 확인하기 위하여 '엄마 이야기'의 언어적 속성을 규명해 보려고 노력했다. 연구결과 '엄마 이야기'는 비문법적 발화와 비문법적인 문장 부분이 극히 적은 아주 잘 짜여진 (well-formed) 스피치임을 실험을 통하여 보여 줄 수 있었다. 뿐만 아니라 이 경우에 성인-성인간 대화와 비교해서 상당히 아이에게 맞도록 조정된 대화가 엄마 이야기라는 특성이 있었다. Snow(1976)는 엄마 이야기를 다음과 같이 수 많은 종류로 리스트를 제시했다: 즉 아주 제한된 문법범위내에서 문장을 사용하는 비교적 짧은 문장(즉 Mean Length of Utterance = MLU가 짧은 문장), 종속절이 가급적 없는 문장, 훈육적인 질문이 내포된 간단한 단문(즉 엄마는 이미 그 답을 알면서 묻는 질문), 전반적으로 불필요한 중복된 내용이 많은 문장 등 등이 있다는 것이다. 발음면에 있어서도 아이를 위하여 상당히 조정을 많이 하게 된다. Sachs(1977)는 엄마가 아이의 인지적 민감성에 맞도록 억양, 리듬, 음색등을 조율하고 있음을 보여 준다. 이와 같은 조정은 언어의 특수한 사용 혹은 '엄마 이야기'로 알려진 사용역(register)을 구성하기 위한 것으로 생각되었다.

2. '엄마 이야기'의 기능

위에서 언급한 바와 같이 엄마가 아기랑 말을 할 때 말 자체를 조정한다고 하면 그와 같이 말을 조정하는 목적이 무엇이냐라는 의문이 생긴다. Ferguson(1977)은 엄마 말의 조정에는 (1) 의사소통을 도와주려는 목적, (2) 언어 교육을 도아주려는 목적, (3) 사회화 기능 등 3가지 기능이 있다고 주장한다. 그러나 엄마 말의 조정 동기는 전자이다. 엄마들은 자기아이와 의사소통을 할 수 있는 방법을 찾게 되고, 의사소통을 하려면 의미를 교환해야 하 므로 엄마의 말을 가급적 간소하게 가공하여 아이에게 전달할 수 있는 방법을 모색하게 된다. 엄마들은 아이의 언어의 공식적으로 올바른 표현이냐에는 그다지 관심이 없고, 아이의 발화 자체가 사회적으로 얼마나 적절한 표현이냐에 관심을 갖게 된다. Brown(1977)은 이에 대한 주요 동기를 '동일한 화제에 대한 의사소통, 이해하기, 그리고 이해되기를 바라면서 엄마와 아기간의 두 마음을 하나로 묶어 두고 싶은 것'이라고 기술하고 있다. 그러므로 엄마말도 언어를 가르치고 부모가 속한 문화권으로 아이가 들어가도록 사회화시키는 것이라면 그것은 엄마와 아기가 의사소통을 하려는 과정에서 생기는 간접적인 파생물에 지나지 않을 것이다.

3. 엄마에 의한 조정의 기초

또 다른 의문점은 필요한 수정, 보완의 성격과 범위를 엄마가 어떻게 결정을 하느냐라는점이다. Gleason 및 Weintraub(1978)은 부모가 어린이들의 언어능력 특히 어린이의 이해능력(그러나 어린이들은 자신들이 마스터해야 할 구체적 언어자질이 무엇인지에 대한 정확한 지식은 없다)에 관한 일반적인 아이디어를 가지고 있다고 주장한다. 부모들은 나이에 따른 아이의 '전형적인' 모델이 어떤 것인지 내면화된 이해력을 갖고 있으며, 그렇기 때문에 엄마는 아이에 따라 말의 수준을 낮추거나 높일 수 있다(조정). 그러므로 매우 중요한점은 어린이가 들은 말을 이해하는 범위와 엄마에게 자신이 이해했는지 여부를 표시하는 범위 등이 될 것이다. 이와 같은 결론은 엄마가 자신의 말이나 아이의 말의 통사적 수준을 모니터할 능력이 있다는 증거를 별로 찾아낼 수 없다는 Cross(1977) 연구 결론과 일맥상통한다. 아이들은 엄마가 이미 말한 것을 이해했다면 이해했다고 표현할 수 있는 범위가 어디까지인지를 평가하고 엄마와 아기간의 상호작용의 의미론적 요소에 반응을 보였다.

4. 엄마말의 효과

L1습득에 영향을 미치는 방법에 대한 논의에서 엄마말도 습득의 속도와 경로를 구분할 필요가 있다. 언어발달 경로와 엄마말 사이엔 어떤 관계가 있는지 별로 알려진 바가 없다. Newport et al.(1977)은 투입은 배워진 언어의 구체적 자질에(예: 영어의 조동사), 그리고 언어보편성 측면(예: 기본 문형 등 '주어진 언어 환경과는 무관하게 진행되어 나가는것')에만 영향을 준다고 주장했다. 그러나 다른 연구를 보면

그 결과가 또 다르게 나와 있다. Furrow et al.(1979)은 엄마의 투입 정보와 아이의 말을 각각 측정해 보니 이들 둘간에 상당한 상관관계가 있음을 발견했다고 한다. 그들은 '언어적 환경이... 언어학습 과정의 모든 측면에 의미있는 기여자'로 심각하게 고려되어야 한다고 결론을 맺고 있다. 그러나 Furrow et al.의 연구 결과는 Gleitman et al.(1984)이 지적한 바와 같이 그 후 다른 연구자들에 의하여 반복되지 않았으며, 아마도 그들이 취했던 방법론상의 문제가 있었던 것이 아닌가 싶다. 후자의 연구는 환경적 요인에 의한 영향이 다소 있다고는 하지만 이런 것들은 학습자 자신의 성질/성향으로 통제되어진다고 주장했다. 일반적으로 L1습득 경로는 언어환경의 차이가 있다고 해서 근본적으로 바뀌지는 않는다는 사실을 입증할 만한 증거가 있다.

그러나 습득속도에 영향을 미친다는 더 큰 증거가 있다. Cross(1977; 1978), Ellis와 Wells(1980), Barnes et al. 등 등의 학자에 의하여 진행된 연구로부터 엄마가 아이에게 말하는 방식이 아이가 언어를 얼마나 빨리 배우느냐에 영향을 미친다고 주장할 만한 좋은 증거가 나왔다. 그러나 투입의 주요 자질들은 공식적인 것 보다는 상호작용적인 것 같다. 즉 아기의 언어발달을 도와주려고 올바른 자료를 제공하는 담화 기능(예: 질문보다는 담화 를 이끌어 가는 것)과 엄마가 대화를 유지하기 위하여 사용하는 기재(예: 분류, 확대해석, 아이의 고백 등) 등등은 결국 엄마의 선택에 달린 문제이다.

5. 효과에 대한 설명

투입은 L1습득에 어떻게 영향을 미치는가? Wells(1981)는 다음과 같이 설명하고 있다:

...내포된 일반원칙은 아이가 듣는 스피치 신호에 기초를 두고, 자기를 도와줄 수 있는 것이면 아무거나 단서가 될 만한 것이면 이용하여, 입으로 나온 말의 메시지를 주어진 상황에 맞는 개념적 표지와 비교하여 언어적 표지를 구축하는 것이 아이의 언어라는 것이다.

그러므로 듣기와 하나의 감각형태(청각)를 또 다른 감각형태(시각)로 연결시킬 수 있다는 것은 가장 중요한 것이다. 이 과정은 엄마와 아기가 참여하는 상호작용적 일상생활로부터 일어나는 것이다. Ferrier(1978)가 설명한 바와 같이 아이는 엄마가 예측 가능한 매우 제한적인 담화를 발하는 그런 일상적인 상호작용적 상황 속에서 자신을 발견하는 것이다. 보호자(엄마)의 발화의 규칙성 및 불변성은 엄마의 조절작용과 함께 제아무리 아기와 의사소통이 어려운 여건에 놓일 때라도 언제든지 엄마와 아기가 감각형태에 맞는 의사소통을 할 수 있게 된다. 반대로 언어는 들었지만 직접 아이에게 한 말이 아닌 경우는 그다지 도움이 되지 않는 것 같다. Clark와 Clark(1977)는 아기가 이해하도록 하는 과정에서 엄마들은 '축소판 언어교육'의 3가지 유형 즉 회화교육(conversational lessons), 구체화교육(mapping lessons), 분할교육(segmentation lessons)등을 제공한다고 제안하고 있다. 회화교육은 어른이 아이가 계속 대화를 유지할 수 있도록 주의를 끄는 자, 주의집중을 하는 자, 대화를 촉진시키는 질문, 아이의 말을 계속 진행하도록 후원하는 방법 등 등의 수단을 동원하여 도와줄 때 가능하다. 구체화 교육은 아이가 문맥의 도움으로 암호(잘 모르는 말)를 해석할 수 있는 말을 어른이 제공할 때 또는 상황에 맞지 않는 말을 아이가 할 경우 어른이 확대해석해 줄 때 나타난다. 분할교육은 어른이 발화를 단어, 구 또는 절(예: 'There's a ....'와 같은 유사한 구문에 새로운 단어를 넣게 하는 일) 등으로 쪼갤 수 있다는 힌트나 단서를 제공해 줄 때 나타난다. 물론 이런 교육은 아이를 가르치려고 하는 것이 아니고 아이와 의사소통하려고 시도한 결과이다.

앞에서 논의한 5가지 현안을 반영한 엄마말 연구는 L1습득에 언어적 환경의 역할을 재검토하게 만들었다. 그것은 천부적으로 타고난 언어습득 매카니즘의 활동에 방아쇠 역할 즉 기폭제 역할만 한다고 볼 수는 없게 되었으며, 언어발달에 대한 상호주의적 해석에 눈을 돌리게 만들었다.

엄마말에 대한 이와 같이 간략한 요약은 SLA에서 투입과 상호작용의 역할을 재고할 필요성이 있다는 근거를 마련한 셈이다. 그것은 짚고 너머 가야 할 질문의 성격을 시사한다. 그러나 일반적으로 SLA연구는 L1연구 만큼 발달되지 못했다. 저자는 이하에서 자연스런 학습배경과 교실배경에 서 이런 문제들을 검토해 보려고 한다.

자연스런 쎄팅에서 투입 및 상호작용

　　자연스런 언어환경 연구는 두 가지 연구방법으로 이루어져 있다. 즉 (1) 외국인 상대시의 말 연구(즉 비원어민에게 말을 할 때 원어민이 사용하는 音域), (2) 원어민과 L2학습자들간의 대화를 포함한 담화연구 등 두 가지가 있다. 이들 둘은 별개로 생각해야 한다.

외국인 상대시의 원어민 말 연구

　　외국인을 상대로 할 경우의 원어민의 말 연구는 Ferguson(1971)의 간소화 된 音域으로 자극을 받았다. 이어서 유사성을 갖는 것으로는 엄마 이야기, 원어민이 외국인 상대시의 말, 중간어의 화석화 유형 등등이 있다. 엄마 이 야기의 경우처럼 외국인을 상대로 한 원어민의 말을 기술하고 설명하려는 연구가 집중되었으며 최근에는 이것이 SLA에서 어떤 역할을 하는지 관심을 갖기 시작했다. 여기서 저자는 외국인을 상대로 한 원어민의 말을 우선 관심 있게 살펴 본 다음 이것이 SLA와 어떤 연관을 맺는지 살펴 보고자 한다.

외국인 상대시의 원어민 말

　　외국인 상대시의 원어민 말을 기술하기 위하여 우리는 외국인을 상대로 원어민이 하는 말을 표본으로 수집하여 분석할 필요가 있다. Long(1981)은 많은 학자들의 연구가 비교의 기초 자료(원어민이 외국인을 상대로 할 때 사용하는 말)와 비교해 볼 수 있는 기준 자료(예: 원어민간의 대화) 확보에 실패하고 있다고 지적하고 있다. 기준자료를 수집한 일부 연구들도 두 개의 자료쎄트(기준자료와 기초자료)가 모두 동일한 표본집단에서 추출한 것인지를 명확히 하지 못했다. 여타 다른 音域과 마찬가지로, 외국인 상대시의 원어민 말도 대화의 토픽, 참여자의 나이(즉 그들이 아이들, 사춘기 청소년, 혹은 성인이냐의 여부), 그리고 특히 학습자의 언어 유창성 등과 같은 변수에 영향을 받는 것 같다. 그러므로 외국인 상대시 원어민 말은 정적이고 자질의 고정적 쎄트라고 볼 수 없고, 여러 가지 상황적 요인에 따라 역동적이고도 변화무쌍한 것이라고 볼 수 있다.

외국인 상대시의 원어민 말은 공식적이고 기능적인 특징을 갖는다. Long(1981)은 이런 것들을 각각 투입 자질과 상호작용적 자질로 명명했다. 투입 자질은 (1) 언어의 문법규칙의 구조내에서 간소화가 내포된 것들, (2) 비문법적 스피치로 이어지는 간소화가 내포된 것들 등 두 가지 유형이 있다. 상호작용적 자질은 원어민에 의하여 수행되는 구체적 담화기능으로 구성되어 있다. 이런 것들은 원어민 화자가 포함된 대화와 다른 종류의 것이 아니지만, 구체적인 언어 기능어들이 사용되는 빈도에 차이가 있다. 많은 연구(예: Ferguson과 Debose 1977; Hatch, Shapira, Gough 1978; Long 1981; Arthur et al. 1980 등)에서 규명해 냈던 주요 투입과 상호작용적 적응 등은 <표 6.1>, <표 6.2>에 각각 목록표로 소개한다. 모든 투입과 상호작용적 자질이 원어민 화자와 비원어민 화자간의 대화에 모두 나타나는 것이 아니라는 점에 주의해야 한다.

투입과 상호작용적 자질간의 구분 및 문법적 간소화와 비문법적 간소화간의 구분에 관해서는 다음과 같이 외국인 상대시의 원어민 말을 세 가지 유형으로 나누어 볼 수 있다:

1. 상호작용적 조정으로만 구성된 외국인 상대시의 원어민 말(즉 공식적 간소화가 없는 경우).
2. 상호작용적 및 문법적 투입 조정으로 구성된 외국인 상대시의 원어민 말(즉 비문법적 간소화가 없는 경우).
3. 문법적, 비문법적 투입 조정 뿐만 아니라 상호작용적 조정도 있

는 외국인 상대시의 원어민 말.

이상의 세 가지 유형의 외국인 상대시의 원어민 말중 어느 유형이 발생하느냐의 문제는 학습자의 언어 유창성 및 대화 참가자간의 역할 관계 등과 관련된 다양한 요인의 결과에 달린 문제이다. 일반적으로 상기 유형중 (1)의 유형이 (2)의 유형보다는 더 보편적이고 (3)의 유형이 가장 적은 유형이다.

그 동안 수 많은 연구가 외국인 상대시 원어민 말에 나타나는 투입과 의사소통시 상호조정에 영향을 미치는 요인을 연구해 왔다. Scarcella와 Higa(1981)는 외국인 상대시 원어민 말중 상대가 어린이인 경우와 청소년인 경우의 차이점을 비교해 보았다. 그들은 연구결과 상대가 어린이인 경우가 청소년인 경우보다 대화 상대방인 원어민으로부터 의사소통에 지원을 도움이 되는 적극적인 분위기로부터 훨씬 간소한 투입 정보를 받는 것으로 결론을 내렸다. 그러므로 이 경우 원어민 말은, 복잡한 문법적 구조를 갖는 문장의 수가 비교적 적고, 비교적 간소한 어휘, 직접화법식 명령문, 보다더 명료한 요구문 등 등 말의 길이가 짧은 발화를 주로 사용했다. Scarcella와 Higa는 '간소화는 언어 능력보다는 오히려 상대의 나이를 기준으로 보는 것'이라고 제안했다. 어느 정도로 조정할 것이냐에 영향을 주는 또 다른 요인으로는 의사소통이 쌍방통행(대화)이냐 아니면 일방통행(독백)이냐에 있다. Long(1981)과 Varonis와 Gass(1983)는 원어민의 말의 부연설명이 전자 즉 쌍방통행(대화)에 더 많음을 발견했는데, 그 이유는 대화의 경우 청자로부터 환류 혹은 반응이 다시 화자에게 전달되기 때문에 화자는 청자의 이해 정도를 보고 다시 어느 정도로 화자의 말을 부연 설명해야 할지 그 정도를 가늠해 볼 수 있게 되는 계기가 마련되기 때문인 것 같다고 한다.

외국인 상대시 원어민 말은 엄마 말과 상당히 닮은 꼴이지만 이 둘간엔 투입과 상호작용적 자질면에선 상당한 차이가 있다. 비문법적 조정이 엄마 말에선 매우 드물지만 외국인 상대시 원어민 말에서는 일정한 조건하에서 비문법적인 말에 대한 조정이 일어난다. Freed(1980)도 다른 언어기능의 상보적 분포는 동일하지 않다는 사실을 발견했다. 엄마 말은 지시와 질문에

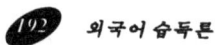

상당한 분포량을 보이지만, 외국인 상대시 원어민 말은 서술에 높은 분포량을 나타냈다. Freed는 엄마 말의 주요 기능과 의도는 주로 아이의 행동을 지시하는 것이고, 외국인 상대시 원어민 말은 정보의 교환이라고 주장한다. 그러나 이것은 엄마 말과 외국인 상대시 원어민 말의 구체적인 차이점이라기 보다는 오히려 말의 상대가 아이인가 아니면 어른인가(Scarcella와 Higa가 제안한 바와 같이)라는 대화 상대방이 누구인지 즉 일반적인 상대의 차이란 점만을 반영하고 있는 것 같다.

외국인 말에 관한 논리

외국인 말은 조정이 일어나는 이유와 조정이 일어나는 방법 등을 어떻게 설명해야 하는지 설명할 필요가 있다. Hatch(1983)는 외국인 말은 엄마 말과 기본적으로 기능이 같다고 한다. 즉 (1) 그것은 의사소통을 촉진시킨다, (2) 그것은 원어민과 외국인 대화 상대간에 특별한 종류의 정서적 유대감을 감지한다, (3) 그것은 암암리에 가르치는 교육적 모든 기능을 갖는다 등등 3가지 특징을 갖게 된다. 이들 3가지 특징중 (1)은 조정중 가장 근본적인 것인데 말의 인지나 이해를 쉽게 하기 위하여, 원어민이 하고자 하는 말의 명료화(예: 말의 반복을 통하여)를 위하여, 혹은 자기가 한 말의 재발견(예: 화자가 자기 말을 확인하거나 청자에게 명료화 시켜보라는 요구)을 위하여 등등의 목적으로 발화의 간소화에 촉진제 역할을 한다. Hatch는 의사소통이 일어날 때 충족감을 맛보기 때문에 (2)가 일어나고, 비록 의사소통에 성공할 경우 교육적 효과도 있다고는 하지만 외국인 말 자체는 교육적 기능을 갖고 있지 않다는 관점에서 (3)은 단지 '암시적'일 뿐이라고 주장한다. 그러나 Naro(1983)는 외국인 말이 구체적으로 학습자의 학습을 도와 주는 것이기 때문에 명백한 교육적 기능을 갖는다고 반대되는 견해를 주장했다.

단 계	표 준	비 표 준
발 음	단어/음절을 분리하여 말의 속도를 낮춤 발음에 더욱 세심한 주의(예: 끝 ㅁㅔㅇ ㅜ.nhtdk g 등의 받침)	단어의 끝자음에 모음추가 감소/약화된 모음에 대한 억양 과장의 숫적 감소.

액센트의 비중 증가
주요 핵심단어의 숫적 증가.

어 휘	제한된 어휘 난해한 품사/어휘의 쉬운 것 으로의 대체. 'he', 'she', 'it'등 대명사의 최소화 단어의 반복. 분석적 부연설명(예: 망치-두둘기는 도구). 제스쳐의 사용(예: 가시적 정의)	수량사, 강화사, 서법불변화사 의 특수 어휘들. 외국어 혹은 외국어식 음의 단어 사용.
문 법	축약형의 감소 전반적인 발화 길이의 축소 문법적 관계의 명료화 (예: He asked to go → He asked if he could go). 선호하는 종속절의 사용. 동사 앞에 수식어 사용의 축소 토픽이 발화의 시작 초기로 옮겨짐 (예: I like John → John, I like him). WH-의문문의 감소, yes/no 의문문의 증가. 어순 고정 의문문의 잦은 빈도 (예: You like John?). 빈도 높은 A or B 선택문. 부가의문문의 높은 빈도. 시제중 현재시제의 높은 빈도.	연계사, 'it', 'do', 동사 굴절 형의 생략. no + 동사와 같은 중간어 형의 사용.

<표 6.1> 외국인 말 혹은 외국인 상대 원어민 말의 투입형태 변경의 예

유 형	설 명	예 문
'여기서 지금'	원어민이 주변의 사물을 지칭한다.	NS: What's that you are wearing?
토픽이 문두로 이동해 나옴.	원어민이 질문 혹은 설명으로 대화의 토픽을 시작함.	
확인점검 과정 의 증가	학습자 발화가 정확히 들렸거나 이해된 것인지 확인 가능토록 발화를 디자인 함.	NNS: I went to cinema. NS : The cinema?
이해점검 과정	학습자가 원어민 말을 따라 하도록 하는 원어민의 시도	NS : It was raining cats and dogs. Do you follow?
명료화 요청심화	듣거나 이해하지 못한 말을 학습자 에게 분명히 할 것을 요하는 발화 설계.	NNS: She very high. NS : Sorry?
자기 반복의 심화	원어민은 자기 말의 일부 혹은 전부 를 반복.	NNS: I went to the cinema. NS : Yeah. You went to the cinema.
확대 심화	학습자가 한 말에 원어민이 추가 확대 등의 방법으로 말을 늘린다.	NNS: I wear a sweater. NS : Yes, you're wearing a red sweater.
짧은 응답	학습자의 질문이나 언급에 원어민은 제한된 짧은 응답으로 반응한다.	

NS : Native Speaker
NNS : Non Native Speaker

〈표 6.2〉 외국인 말 혹은 외국인 상대 원어민 말의 상호작용형태 변경의 예

Hatch가 언급하지 않은 또 하나의 기능은 외국인 말이 화자간의 역할관계 즉 '목소리를 낮추는' 기능을 갖는다는 점이다. 여기엔 문법적 기능어

및 특수 어휘(예: Do you understand?라고 할 것을 속어로 Savvy?라고 하는 표현 같은 것들) 등의 생략과 같은 비문법적 간소화가 포함된다. Long(1983)은 외국인이 비문법적인 말을 사용하는 것은 다음과 같은 4가지 조건에 달렸다고 주장한다: (1) 외국인은 L2 유창성이 매우 낮다, (2) 원어민은 자기가 L2를 배우는 외국인 보다 한 수 위라고 생각한다, (3) 원어민은 이미 외국인 상대시 원어민 말을 경험했다, (4) 대화란 자연스럽게 발생한다 (즉 실험실 실험으로 대화가 이루어져 있지는 않다).

그러나 Hatch, Shapira, Gough(1978)는 영어 원어민 성인이 스페인어권 친구에게 말을 할 때 유심히 관찰해 보니 잦은 기능어 생략과 중간어 형태(예: 'no + 동사')의 모방 등이 나타나고 있음에 주목했다. 이들 학자들은 그 원어민이 스페인 친구가 비문법적 발화를 발하는 것을 저지시킬 수 없다고 느꼈다고 기록하고 있다. 그러므로 비록 비문법적 조정이 대화 상대방 외국인이 원어민보다 한수 아래라고 생각할 때 나타난다고는 하지만, 이것이 반드시 필요조건은 아니다. 이런 현상은 화자와 청자가 대등한 사이에서도 나타날 수 있다. 이것은 마치 Hatch가 말한 서로의 정서적 친근감을 느끼게 하는 그런 방식일지도 모른다.

원어민 화자가 자기 말을 조정하는 방법은 (1) 퇴행, (2) 수준 조절, (3) 타협 등이 있다. (1) 퇴행(즉: 상대방의 수준과 맞을 때까지 무의식적으로 단계를 낮추어가는 것)은 Corder(1981)가 L2학습자들은 현 수준 이전의 언어발달 과정상 초기단계로 되돌아 간다고 주장한 것과 같은 정도로 되돌아 가는 것이다. (2) 수준 조절이란 원어민 화자가 학습자의 언어체계를 평가하고, 평가된 수준에 맞도록 언어 자체를 모방하는 것을 의미한다. (3) 타협이란 원어민 화자가 외국인 청자로부터 나온 반응 즉 환류에 따라 말을 간소화하고 명료화 시키는 것이다. Hatch(1983)는 이상의 3가지 방법을 검토한 다음 (3)이 가장 확신이 간다고 했다. 그녀는 퇴행은 별로 가능성이 없고 관찰된 자질들로 입증되지도 않는다. 수준조절은 Bloomfield(1933)가 제안한 설명이지만 Hatch가 주장한 바와 같이 그것은 학습자가 자기 자신의 언어 산출을 조정하기에 충분한 정확성을 갖는 음운, 어휘, 통사, 담화 등을 측정할 것을 원어민 화자에게 요구하고 있는 것이다. 타협은 심리언어학적 설명보다 상호작용적 설명을 제공한다. 이것은 자기 말의 수준을 조절하기 위하여 원어민 화자가 작동시키는 정신적 과정이 무엇인지에 대하여 우리에게 아무것도 설명해 주지 못한다. 이에 대하여 심리언어학적 설명을 제공한 것은 유일하게 Meisel(1980) 뿐이다. 그는 외국인 말이 언어를 사용하는 화자의 언어능력의 일부분인 간소화의 보편적 전략을 반영한다고 주장했다. 이와 같은 전략들은 중간어 생산에서 분명하고 피진어의 형성에도 나타난다.

중간어, 피진어, 외국인 말 등의 공식적인 특성은 상호 유사성이 매우 높고(예: Ferguson과 Debose 1977), 따라서 이들은 한 개의 진행과정이 내재되어 있는 것일지도 모른다. 이 과정에서 타협이 가장 중요한 요소일지도 모른다. 이는 마치 그것이 원어민 화자(외국인 상대시 원어민) 혹은 학습자(SLA나 피진어의 경우)가 간소화 전략에 요구되는 증거를 얻기 위한 수단을 제공하는 것과 같다.

담화연구

L2 언어자료는 언어 투입을 받고 있는 학습자에게 매우 유용한 것이다. 그러나 이 언어 투입이란 것이 전적으로 원어민 화자에 의해서만 결정되는 것은 아니다. 이것은 화자 자신에 의해서도 결정 되기도 한다. 그가 제공하는 환류는 원어민 화자로부터 뒤이어 오는 투입의 성격에 영향을 주기도 한다. 또한 Sharwood-Smith(1981)가 지적한 바와 같이, 학습자의 산출은 자신의 언어 가공 매카니즘에 투입으로 들어가는 기능을 한다. 그러므로 학습자에게 영향을 미치는 요인으로 원어민의 말만을 고려한다는 것은 별로 의미가 없는 일이다. 하나가 또 다른 것에 영향을 미치기 때문에 원어민과 학습자가 공동으로 참여하고 만들어내는 담화 자체를 들여다 봄으로써 공동의 일이 어떻게 진행되어 나아가는지를 보는 것이 훨씬 더 합리적이다. 이런 작업을 진행시키는 방법은 담화분석이라고 알려져 왔다.

외국인 이야기나 외국인 상대시 원어민 말 그 자체 보다는 담화를 연구하고 분석하는데는 몇 가지 이유가 있다. 그러면 L2학습자가 언어를 배우는 방법에 대하여 조망해 볼 수 있을 것이다. Hatch(1978)가 다음과 같이 언급한 것과 같이 말이다:

투입만 들여다 보거나 빈도만 쳐다 보아서는 충분치 못하다; 중요한 것은 대화가 진행될 때 상호작용 자체가 언어유형의 빈도를 결정하는 방법 및 그것이 언어 기능으로 진화되어 나오는 방법 등등 전체적인 것을 들여다 보고 상호작용이 어떻게 일어나고 있는지 조사해 보야 할 것이다.

바꾸어 말하자면 Hatch는 대화를 진행시키기 위한 전략으로부터 언어학습이 발전되어 나오는 방법을 연구하기 위하여 우리는 담화를 들여다 볼 필요가 있다고 제안하고 있다. Harder(1980)도 '사람의 행동 확대는 불가피하게 언어의 확대를' 필요로 한다고 언급할 때 유사한 지적을 하고 있다.

학습자가 참여하고 있는 담화의 유형은 학습자가 누구냐에 크게 의존한다. 특히 그것들은 학습자가 어린이냐, 성인이냐에 따라 달라진다. 어린이가 포함된 담화는 Hatch(1978c; 1978d), Peck(1978; 1980), Wagner-Gough(1975) 등등이 다루고 있다. 그간에 다루어 온 성인이 포함된 담화는 Hatch(1978c), Schwartz(1980), 기타 등등이 있다.

어린이가 포함된 담화

Hatch는 어린이 학습자 담화에서 대화는 전형적으로 어른들의 주의(예: 'oh oh'라든가 'look it' 등)를 끌어서 어른과 '통로 확보'를 하겠다는 어린이의 의도가 담겨져 있음을 보여주고 있다. 그러면 성인은 아이의 관심을 끈 것으로 보이는 대상을 규명(명명 혹은 명칭을 말함)해 주므로써 아이의 의도에 맞게 반응을 보인 셈이고, 아이는 성인으로부터 들은 그 대상의 명칭을 따라 한다. 학습의 절차는 여기서 끝나고 이와 유사한 학습의 과정은 또 다시 시작된다. 때로는 명명된 대상의 이름을 아이가 따라 한 다음 아이로부터 대상에 대한 더 많은 어떤 말이든 하도록 자극을 주기도 한다. 이것은 아이로부터 더 정교한 설명을 할 수 있는 시도를 부여해 주는 것이다. 만약 성인이 아이에게 더 많은 말을 혹은 명료화를 요구한다면 더 진전된 학습이 일어날 수 도 있다. 전체적인 담화 패턴은 <도표 6.1>에 제시한다. 도표를 보면 L1 습득시 아이와 엄마간의 대화와 매우 유사한 패턴임을 알 수 있다 (예: Clark과 Clark 1977; Wells et al. 1979).

이것은 어린이 학습자가 있다면 언제나 대화를 구축해 가는 일반적인 방법이 있을 것이라는 점을 시사한다.

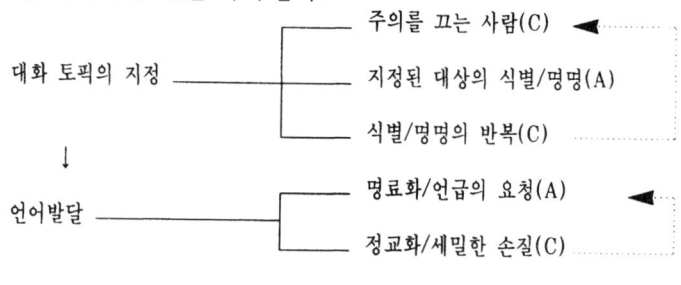

〈도표 6.1〉 Hatch(1978)에 의한 성인-어린이 L2 대화 도식

Hatch는 어린이-성인 담화의 전반적인 면을 도식화하면서 논의했는데, Wagner-Gough(1975)는 성인과 대화를 나눌 때 Homer란 어린이 학습자 한 명이 취한 담화전략을 논하고 있다. 그런데 Homer대화에 참여감을 갖거나 아니면 단순히 칭얼거리거나 아니면 장난기로 성인의 말을 빈번히 모방하고 있다. Homer 는 이미 발한 과거의 말을 자기 발화속에 자꾸만 혼합시키고 있다. 이는 분명히 다음과 같은 매우 기이한 발화를 설명할 수 있게 해 준다.

What this is Homer?
What is this is car?

이것은 의문문 'What is this?'의 병치이고, 이 경우 대답은 여러 가지 생략을 갖는 'This is'가 된다. 예를 들면 위 예문의 첫 번째는 질문-대답패턴이 결합되면서 'is this'가 생략되었으며, 두 번째 예문은 단지 'this'만 생략되었다. 이와 같은 언어행동에 관하여 Hatch et al.은 다음과 같이 쓰고 있다:

> 어린이의 빈도 높은 표현의 사용은 자주 들어서 공식화되어 반복해서 그것을 사용하게 되는데, 이것이 재빨리 아이의 언어학습상 의사소통 현상에 유입되게 된다. 이런 현상은 성인 L2학습자에게는 나타나지 않는 아이만이 갖는 유리한 잇점이다(Hatch et al. 1979).

Hatch와 Wagner-Gough는 어린이-성인 대화를 연구했다. Peck(1978; 1980)는 어린이-어린이 대화와 어린이-성인 대화를 비교해 보았다. 전자는 많은 '기능' 예를 포함하고 있었다. 여기서 '기능'이란 어린이 학습자가 발하는 말 자체와 또 다른 어린이들의 발화의 수정/보충을 기술하려고 Keenan(1974)이 사용한 용어로 그 의미를 한정한다. 이들 둘의 경우 이미 발한 말의 일부 혹은 전부의 구성소가 반복되는 '초점기능'이 있다:

예문 NS Child : You know why?
　　　L2 Child : You know why?

그리고 '대체기능'도 갖는데, 대체기능이란 이전에 한 발화의 구성요소 중 하나가 다음 예문과 같이 동일한 문법범주에 속하는 단어로 대체되는 것이다:

예문 NS Child : There one piece.
　　　L2 Child : There different piece.

Peck는 '기능'과 같은 수행을 통하여, 어린이는 자기의 L2 능력을 탐색해 보고, 자신의 L2 능력의 한계를 극복하거나 확대해 나간다고 주장한다. 반대로 어린이-성인간의 대화에서는 '기능'이란 것이 별로 눈에 띄지 않는다. 어린이-성인 대화의 경우 어린이-어린이 대화의 경우보다 성인이 대화 상대자인 어린이에게 질문과 명백히 표현할 것에 대한 요구를 더 많이 채택하는 경향이 있다. 그러나 성인도 L2 학습자인 어린이에게 자신의 화제를 제시할 기회를 주고 있는 것도 사실이다.

성인-성인간 대화에 관한 연구는 Hatch(1978)에 의하여 진행되고 있다. 어린이-성인간 대화는 '여기서 지금' 원칙(즉 물리적으로 현존하는 대상에서부터 대화가 진행되어 나가는 방식)을 따르고, 성인 대화자들은 현존하지 않는 활동에 뿌리를 둔 경우가 더 많은 것 같다. 결과적으로 성인 학습자는 대화의 화제를 식별해내는데 어려움을 갖게 된다. 그는 그래서 무슨 말인지 확실히 하기 위한 요구적 표현(예: 'huh?')을 사용하게 되거나, 원어민 화자의 질문의 일부를 반복 혹은 메아리 효과를 노리게 된다. 원어민 화자의 말에는 보수/수리 전략이 있는 것이 보통이다. 이와 같은 전략에는 분명한 쪽으로 화제를 다시 처음이나 끝으로 돌리는 것(예: 'Holidays this summer-where are you going?'), 어휘의 간소화, 제스추어를 덧붙이는 것, 외국인 말의 해석 혹은 외국인 말로 이어주는 것 등등의 방법이 있다. 보충/보수 전략이 둘 다 성인 L2 사용자일 경우의 성인-성인 대화에도 나타난다(Schwartz 1980). 이와 같은 경우에 대화는 자아-수리에 알맞도록 구성된다. Schwartz도 서로 협상을 본 타협적 수리가 이해를 도와줄 뿐만 아니라 동시에 통사적으로 보다 복잡한 말의 단위를 구성하는데도 도움이 된다고 지적한다. Hatch(1978)는 원어민과의 성인-성인간 대화의 경우 원어민은 학습자들이 하고 싶은 말을 이런 것일 것이라고 생각하여 그것을 모델링하는데 도움을 주려고 애를 쓴다고 주장하고 있다.

성인-청소년간 대화와 성인-어린이 학습자간 대화의 차이점에 대한 연구는 Scarcella와 Higa(1981)에 의하여 조사된 바 있다. 이들 학자들은 원어민과 외국인 모두 대화를 지속시키려고 노력하고 있음을 주목했다. 어린이에게 말을 할 때, 성인 원어민은 상당한 책임감을 갖고 매우 웅변적인 질문과 반복을 사용하여 대화를 이끌어 갔다. 반대로 청소년 학습자는 대화를 계속 진행시키려고 보다 큰 역할을 할 것으로 기대된다. 이와 같은 목적을 위하여 수 많은 학습자 전략 예를 들면 '보행에 말 동무'(예: 일단 원어민 화자에게 화제를 도입하도록 하고, 그 다음부터 새로운 정보, 관련된 유관 정보를 계속 이어 붙이는 방법), 반복, 화제를 바꾸고 'ya know'와 같은 화제 제공자를 충원시켜가는 방법 등등 수 많은 방법이 있음을 알아야 한다. 이와 같은 전략들은 어린이 학습자의 경우엔 잘 사용되지 않는다. Krashen(1982)은 나이가 연장자인 사람들이 대화를 더 오래 끌고 가는 경향이 있기 때문에 나이가 어린 사람들 보다는 배우는 속도가 빠르다고 관찰하고 있다 (제5장 참조).

의미의 협상/타협

L2 학습자가 포함된 대화의 주요 특색은 학습자와 원어민이 함께 학습자의 L2 지식의 부족으로 나타날 수 있는 의사소통의 어려움을 극복하려고 무척 애를 쓰게 된다는 점이다. 이것은 의미의 타협으로 알려져 있다. 원어민의 입장에서는 이것이 전략과 전술의 사용이 된다(Long 1983). 전략이란 화제 통제권을 포기하는 일, 건전한 화제의 취사선택, 상대방 이해도 측정 등 등의 어려움을 피하기 위하여 택하는 회화 기법들을 말한다. 전술이란 화제 연결 및 명확한 이해 여부 확인 등 등의 문제점을 풀어 나가는 기술적 장치들을 말한다. 천천히 말하는 것, 말의 반복, 주요 단어에 강조 점을 두는 것 등등의 기타 기법들은 전략과 전술에 도움을 주는 보조기재들이라고 볼 수 있다. 학습자도 공동으로 의미의 타협에 기여할 수 있다. 그 방법은 학습자 자신이 이해한 것과 이해하지 못한 것에 대한 확실한 의사표시로서의 씨그날(신호)을 내보냄으로써 명확해지는데 더욱 중요한 것은 포기하지 말라는 것이다. 의미 타협의 결과는 투입과 상호작용의 결과의 특수한 타입이 된다. 특히 타협이 투입을 이해할 수 있도록 만들어 준다고 그 동안 가설 설정을 해 왔으며 이런 방식으로 SLA를 촉진시킬 수 있음을 앞으로 이 책에서 설명하려고 한다.

요약

　본 장에서는 자연적인 쎄팅하에서 투입(원어민 화자의 기여도)과 상호
작용(원어민과 학습자간의 공동 기여도) 등에 관한 많은 연구물들을 살펴
보았다. 투입은 외국인 상대시 원어민 말/외국인 말이란 용어로 고찰했다.
여기엔 원어민 화자의 말 속에 수 많은 공식적 상호작용적 조정이 있었다.
그중 조정의 일부는 비문법적 스피치로 이어졌다. 외국인 말의 조정은 성
인이 포함된 대화 보다는 어린이가 포함된 대화에 그 빈도가 높았고, 일방
적 의사소통(예: 독백) 보다는 쌍방적 의사소통(예: 대화)일 경우가 그 빈도
가 더 높게 나타났다. 외국인 상대시 원어민 말의 주요 기능은 비록 간접적
으로는 교육적 기능도 있기는 하지만 역시 효과적인 의사소통을 촉진시키
고자 함에 있다. 비문법적 외국인 상대시 원어민 말은 원어민이 비원어민
인 대화 상대보다 우위에 있다고 생각하는 것과 같은 특수한 여건하에서 나
타난다. 외국인 상대시 원어민 말은 의미 파악을 위한 타협이 필요하기 때
문에 나타나며, SLA와 피진어에서도 발견되는 간소화라는 언어 보편성의
결과일지도 모른다. 상호작용은 화자와 청자가 참여하는 담화로서 설명이
되었다. 담화 속의 상호작용의 차이는 어린이가 담화속에 포함되느냐 혹은
청소년/성인이 포함되느냐에 따른 차이임이 관찰되었다. 담화 속의 성인들
은 무엇보다도 의사소통에 중점을 두기 때문에 대화를 계속 이어가는데 더
욱 기여하려고 노력하는 것 같다. 여기서도 원어민이 어린이냐 아니면 성
인이냐에 따른 차이가 있다. 어린이의 경우 언어를 가지고 놀이를 하는 경
향이 있고, 원어민이 성인인 경우 그는 대화를 계속 유지하기 위하여 화제
를 주도적으로 이끌고 있음을 알 수 있다. L2학습자가 포함된 담화의 연구
는 참여자들이 의사소통이 난관에 봉착할 것을 우려하고 그런 사태를 피하
려고 애를 쓸 때 상호간에 의미의 타협이 있음을 보여준다. 이 점이 아마도
SLA에 중요한 점일 것이다.

교실 현장에서의 투입/상호작용

　본 장의 마지막 절에서 자연스런 쎄팅하에서의 언어 환경의 특성에 대

하여 논의했다. 이번엔 교실이란 쎄팅을 놓고 논의를 시작한다. 자연스런 쎄팅과 교실이란 쎄팅간엔 의사소통상 많은 차이점이 있기 때문에 이 두 타입을 구분할 필요가 있다.

교실에서의 언어학습은 지난 20여년간 꾸준히 학자들의 관심을 끌어 왔다. 교실에서의 학습은 언어교육이냐 아니면 주제가 있는 학과목 교육이냐에 따라 교실에서 교사가 사용하는 말의 유형이 달라지고 교실내에서의 상호작용도 달라지는 것이다. 언어교육을 하는 교실의 경우, 교사 언어와 상호작용의 분석에 대한 고조된 관심이 성공적인 학습의 주요 결정인자인 언어교수법의 거부에 의하여 자극받아 왔다. Scherer와 Wertheimer(1964), Smith(1970) 등에 의하여 실시된 연구들은 문법-번역식 교수법, 시청각 교수법, 인지학습법 등 등의 교수법중 어느 것이 더 효과적인지 효율적 교수법을 찾고자 비교연구를 했지만 어느 교수법이 더 효율적인지를 찾아내지는 못했다. 교수원리가 서로 다름에도 불구하고, 한 가지 가능성은 어느 교수법이든 언어학습의 결과로 나온 산출은 거의 대동소이했다는 점일 것이다. 바꾸어 말하자면 교실에서의 상호작용이 공식적인 학습의 장에서 SLA에 미치는 영향의 주요 변수라고 가설을 설정했다는 것이다. 이때부터 교수법에 대한 비교연구는 교실에서의 언어자료를 수집하는 등 교실속에서의 상호작용에 관하여 학자들의 관심이 집중되기 시작했다.

교실에서의 의사소통에 관한 연구에서 Gaies(1983)가 명명한「교실진행연구」는 또 다른 유형을 취하게 되었다. 가장 최초의 형태는 교실에서 발생하고 있는 언어사용을 부호화하기 위하여 범주의 쎄트를 사용하는 것으로 구성된 상호작용분석이었다. 또 다른 대안으로는 L2학습자들에게 발하는 교사의 말에만 초점을 맞춰서 연구하는 것이었다. 이 방법은 교사의 말에 나타나는 조정을 도표화하는 방법을 모색했다. 끝으로 담화분석 기법이 교실에서 발생하는 여러 종류의 상호작용을 식별해내는데 도움을 얻고자 교실에 적용되었다. 저자는 자연스런 쎄팅과 교실 쎄팅간에 어떤 결론을 내리기에 앞서서 이들 방법론을 차례차례 검토부터 해 보고자 한다.

상호작용 분석

상호작용 분석은 맨 처음에 교실내의 학생들을 대상으로 시작되었다. 1960년대에 Flanders(Flanders 1970 참조할 것)가 교사와 학생의 언어의 의사 소통적 사용을 분석하기 위한 하나의 범주체계를 개발해 냈던 것이다. 나중에 이 체계는 언어를 가르치는 교실에서 채택하기에 이른다(Moskowitz 1971). 그 후 Fanselow(1977)와 Allwright(1980)에 의하여 더욱 정교한 체계로 개량되었다. 예를 들면 Allwright는 교실에서의 상호작용은 다음과 같이 3가지 타입의 분석을 통하여 설명되어야 한다고 제안하고 있다: 즉 (1) '차례찾기', '차례넘기기'란 제목하에 크게 둘로 나뉘어진 차례분석, (2) 목표어의 '모델'(예: 학생들에게 따라하라고 하는 교사의 말)로 사용되는 교사의 말의 예와 목표어의 의사소통을 목적으로 하는 의사소통의 예 등으로 사용되는 화제분석, (3) 구체적인 범주의 예는 아니지만 차례 지키기 및 화제 운영 수준 및 인지 순준에서 과업을 구분하게 되는 과업분석 등 3가지가 있다. Allwright의 체계는 연구자가 상호작용에 있는 모든 발화를 부호화할 것을 요구한다. 그는 언어교육에서 추출하여 그것을 사용하는 것을 시사하고 그것이 교사와 학생들이 목표어를 사용하는 방법에 대하여 몇 가지 흥미 있는 정보를 제공할 수 있음을 보여주고 있다.

Long(1980)은 상호작용분석 체계에 대하여 통렬한 비판을 가하고 있다. 가장 큰 문제점은 변수의 선택문제인데 이는 검증해 봐야 한다는 것이다(즉 교실 언어라고 범주를 정할 수 있는 것이 무엇인지). Long은 선택된 범주들은 SLA연구로 효용성이 검증되지 않았기 때문에 '주관적 육감'에 지나지 않는다는 것이다. 예를 들면 위에서 언급한 Allwright의 체계를 참고한다면 '차례잡기' 범주상 '수용'(즉 질문이나 소개에 대한 반응)과 '훔치기'(즉 본인이 아닌 제3자에게 말한 질문이나 지시에 대한 반응)를 구분해야 할 언어학습이론상의 기준이나 근거가 없다. 종종 '수용'과 '훔치기'를 하는 교실 학습자는 그러지 않는 학생들보다 학습진행이 더 빠를 수 있다고 가정을 세워 볼 수 있지만 '수용'하는 학생이 '훔치기'하는 학생보다 혹은 그 반대가 언어수행을 더 많이 앞서 나가는지는 명확하지 않다. Long이 관심을 가졌던 또 다른 문제는 '일반적으로 상호작용분석체계는 표면행동만 부호화하기 때문에 말의 의사소통적 가치를 노치는 수가 많다' 는 점이다. 그러므로 비록 그런 체계가 신뢰도를 얻는다해도 이에 대한 타당도와 적절성은 여전히 의문이다.

불가능이 아니라면 상호작용분석이 언어를 배우는 교실에서 투입/상호작용의 성격에 대하여 무엇을 알 수 있는 것인지를 요약하기가 매우 어렵다. 이는 범주의 자체 쎄트를 갖고 있는 체계의 증식(세포분열)이 비교를 할 수 없게 만들고 따라서 일반화가 어렵기 때문이다. 많은 체계들이 교사 연수를 목적으로 개발되었으며 Allwright(1983)가 지적한 대로 이런 것들은 고도로 세련되고 유효한 범주들을 요하지 않는다. 그러나 교실의 투입/상호작용연구는 SLA에 관한한 타당성과 일반적으로 인정할 수 있는 범주를 요하기 때문에 상호비교연구가 가능할 수 있다. 한가지 가능성있는 연구방법은 각 개인학습자들의 사례연구란 틀 속에서 상호작용 분석체계를 이용하면 계량적 정보가 사례연구법으로 얻은 정성적 정보와 함께 분석할 수 있는 좋은 자료로 가공이 가능할 것이다. 그러나 이런 연구는 아직 착수된 바 없다.

교사의 말

교사의 말 연구는 외국인 상대시 원어민 말 만큼이나 그 발전이 아직 미미하다. L2 학습자들에게 하는 교사의 말은 그 자체가 구체적이고 공식적이며 상호작용적 특색을 갖는 하나의 사용역(register)으로 취급된다. 교사 말의 연구는 교사가 언어학급에서 사용하는 말의 연구와 L2학생이 포함된 교과목 시간(예: 과학)에 사용하는 말의 연구 등 두 가지로 분류해 볼 수 있다.

전자의 타입에 관한 연구는 Gaies(1977; 1979), Henzl(1979), Long(1983), Long과 Sato(1983) 등등이 있다. 이들의 연구로 찾아낸 주요 업적을 다음과 같이 요약한다:

1. 공식적인 조정은 모든 언어단계에서 다 나타난다. Gaies는 교사

의 발화가 교사들간에 말을할 때 보다도 학생들에게 말을 할 때 통
사적 복잡성을 더욱 쉽게함을 알게 되었다. Henzl 은 언어 수준의
단계가 다른 학생들을 가르칠 때 사용했던 교사의 말을 비교해 보
았다.   그랬더니 발음(낮은 단계의 학생들과는 교사가 보다 정
확하고 표준적인 발음을 했음), 어휘   (적용범위가 좁은 'young
girl'대신 적용 폭이 넓은 'woman'이란 말로 대체시킴), 문법(발
화의 MLU 조정) 등 등의 면에서 조정이 일어나고 있음을 관찰했
다. 이들 수정/보완은 외국인 상대시 원어민 말과 판에 박은 것 처
럼 꼭 같았다.

2. 일반적으로 비문법적 스피치 보완/수정은 일어나지 않는다. 이
는 표준 언어로부터 어느 정도 편차를 허용하는 조건들이 교실에
서는 발생하지 않기 때문인 것 같다. 그러나 변이적인 발화가 포
함된 극단적 간소화가 자유토론과 같은 그런 유형의 학급 상호작
용에서는 나타날 수 있다(Hatch, Shapira, Gough 1978 참조).

3. 상호작용적 조정이 나타난다. Gaies는 교사의 말에 있는 상호작
용적 기재들이 엄마 말에 있는것들과 매우 유사하다고 지적한다
(예: 반복, 촉진, 자극, 확장 등). 기타 간소화된 사용역(register)에
서 발견되는 수 많은 상호작용적 조정이 교사의 말에서도 나타날
수 있다.

그러나 이 모든 것이 동일하지 않고 다를 수도 있다. Long(1983)과
Long, Sato(1983)는 언어 학급에서 'Are you a student?', 'Is the clock on the
wall?' 등과 같은 학습지도적 질문들이 자연스런 쎄팅에서 보다 더 자주 나
타난다고 지적하고 있다. 이들 학자들은 교실에서는 이해 점검문제들은 그
빈도가 훨씬 더 많고, 확인 점검과 명시적 구체화 질문 등은 자연스런 쎄팅
에서 보다 훨씬 적었음을 지적하고 있다. 이들은 이것을 학급에서는 일방
통행식 교사의 가르침이 만연되었기 때문인 것으로 설명하고 있다. 확인점
검과 명시적 구체화 질문(이해 점검과는 달리)들은 학습자 발화가 나온 다

음 환류과정으로 이용되었지만 학급에서는 학생들이 말을 할 기회가 거의 없고 교사가 대화의 지배권을 갖고 있었다. 그러므로 학생들의 대화에 참여 기회를 제한함으로써 교사도 자기들이 전형적으로 수행하는 담화기능 범위에 한계를 설정하고 만다.

요약하자면 언어 교육시 교사의 말은 외국인 상대시 원어민의 말과 유사하다(넓은 의미에서). 그러나 교실에서는 특수한 억제/제한이 작동되기 때문에 둘간에는 형태상, 상호작용상의 차이점이 존재한다.

L2학습자가 포함된 교과목 수업시의 교사의 말을 연구한 학자로는 Chaudron(1983), Wesche와 Ready(1983) 등등이 있다. 이들 두 연구는 모두 대학 강의실에서의 교수의 말을 연구대상으로 삼았다. 이들 연구는 스피치 수용의 범위가 위에서 언급한 바와 매우 유사함을 보여 주었다. 예를 들면 L2를 말하는 사람에게 지시하는 말(원어민 학생들의 스피치와 비교할 때)은 문법적으로 보다 간소화된 것(하나의 절 속에 들어 있는 단어의 수가 비교적 적은 문장)으로 말의 속도가 다소 느리고, 쉼표가 있는 곳에서의 잠시 정지하는 시간도 길고, 반복도 더 많았던 것이다. 그러나 어휘적 조정은 비교적 잘 나타나지 않았는데 그 이유는 어휘의 선택은 교과목의 내용에 따라 달라지기 때문이 아니었나 싶다. 교과목 수업에서의 조정은 L2를 가르치겠다는 시도에 의한 동기가 아니고, 정보의 교환을 시도할 때 동기가 확장됨을 주목해야 할 것이다.

교사의 말중에서 한 가지 재미있는 현상은 조정의 수준을 어느 단계로 할 것인가를 교사가 결정하는 방법이었다. 외국인 상대시 원어민 말의 경우는 학습자로부터 상당히 많은 환류를 받아서 1대1의 상호작용 속에서 조정이 일어나게 된다. 학급에서의 교사의 말인 경우는 학생들이 여러 명으로 유창성의 단계가 학생마다 다르고, 환류도 극히 일부의 학생들로부터 나오기 때문에 1대 다수의 상호작용 속에서 조정이 일어나게 된다. 그러나 교사들은 Henzl이 보여준 바와 같이 그들이 가르치고 있는 학급의 언어적 능력에 맞도록 다양한 조정을 행하는데 성공하고 있다. 조정은 고급단계의 학급에서 보다, 초급단계의 학급에서 그 빈도가 잦다. 교사는 학급의 언어 유창성의 전체적인 단계를 측정해야만 하고, 그 측정 결과에 따라 수정/보완의 특성 및 범위를 결정해야 한다. 이와 같은 측정과 수정/보완작업에는 늘 학급의 '평균' 수준을 염두에 두어야 한다. 따라서 교사의 말은 외국인 상대시 원어민의 말처럼 그렇게 학습자와 수준이나 단계가 정확하게 일치하는 것일 수 없다. 바로 이점이 SLA촉진에 교사의 말이 주는 영향과 효과를 감지해 볼 수 있는 단서가 될 것이다.

담화분석

상호작용 분석과 마찬가지로(교사의 말 연구와는 다름), 담화분석도 교사의 기여도와 학습자의 기여도 둘 다를 고려해야만 한다. 이것은 단순히 개인적 발화의 기능이 아니라 이들 발화가 어떻게 더 큰 담화를 형성하는가를 기술하려고 하기 때문에 상호작용분석과는 다른 것이다. 이것은 또한 어느 범주에도 속하지 않는 '넉마' 범주를 피해 가면서 모든 데이터를 설명할 수 있는 방법을 찾고 있는 것이다.

학급담화의 분석은 한 가지 특수한 타입에 초점을 맞추고 있다 - 즉 교사가 중심이 되는 학급에 널리 퍼져있는 3단계담화 방식이다. 이와 같은 방식은 버밍햄대학교에서 실시되었던 담화분석법에 크게 의존하고 있다(예: Sinclair와 Coulthard 1975; Coulthard와 Montgomery 1981; Sinclair와 Brazil 1982). 3단계담화란 교사가 말을 시작하고, 학생이 이에 대한 응답을 하고, 다시 교사가 환류(feedback)작업을 하는 그런 식의 의사교환으로 구성되어 있다. 예를 들면:

T: Is the clock on the wall?	Initiates(시작)
P: Yes, the clock is on the wall.	Responds(응답)
T: Good. The clock is on the wall.	Feedback(환류)

시작, 응답, 환류의 두문자를 따서 보통 IRF라고 부르는데, 이런 식의 상호교환은 교사가 수업을 이끌어가는 학급에서는 언어수업이든 학과수업이든 모두 나타나게 된다. Barnes(1976)가 지적한 바와 같이, 교사는 자기가

보유하고 있는 지식을 학생들에게 나누어 주려고 하고, 모든 학급 행동의 주도자로서 교사의 사회적 역할을 강화하려고 하는 '교육의 이식모드'와 관련이 있다. 위에서 도식화한 것과 같은 이런 종류의 담화의 결과는 Burton에 의하여 가지런히 요약되었다:

　　학급내에서 모든 당사자들은 교사로부터 학생으로 정보의 전달에 시
　　간을 소비하게 될 것으로 모두 동의가 이루어져 있다. 여기엔 끝까지
　　교사에 의한 하나의 의식적인 교훈, 유도, 지시 등 등의 구조가 있고,
　　학생들에 의한 교사를 돕기 위한 적절한 상호지원적인 행동이 있다.

　버밍햄 대학교 연구는 일반적으로 학급내의 담화를 관찰했다. 그러나 동일한 연구 틀을 가지고 연구에 임한 기타 다른 학자들은 언어교육을 실시하고 있는 교실을 연구대상으로 택했다. McTear(1975)는 IRF구조가 초점이 채널 자체가 될 때 종종 수정/보완됨을 보여주고 있다. 예를 들면 교사의 환류 움직임이 있고 난 다음에 학생의 응답이 하나의 대안으로 발생함을 지적했다. 이것은 다시 수정/보완된 IRF(R)구조를 낳는다:

　　　　T: What do you do every morning?　　Initiates(시작)
　　　　P: I clean my teeth.　　　　　　　　Responds(응답)
　　　　T: You clean your teeth every morning.　Feedback(환류)
　　　　P: I clean my teeth every morning.　　Responds(응답)

　McTear는 이 선택적 응답이 교사가 앞으로 필요한 응답을 요하는 발화를 모델링하고 있다고 학생이 믿을 때 발생하는 것이라고 주장한다. 그러나 교실밖에서는 언어학습자의 담화 속에 모방이 팽배해 있고(예: Huang과 Hatch 1978), 학습자는 간단히 연습할 기회를 포착하게 된다.
　McTear는 언어 학급에서의 담화에 기타 많은 차이점이 있음을 주목하고 있다. 그는 언어사용의 타입을 (1) 의미 교환이 전혀없는 기계적 유형, (2) 언어의 사용이 문맥화되었지만 여전히 의미전달이 진정으로 되지 않는

단계인 의미적 유형, (3) 정보는 교환되지만 교실밖에서 일어나는 것과는 다른 유사 의사소통적 유형, (4) 자연스런 스피치로 구성된 진짜 의사소통적 유형 등 4가지 유형으로 분류하고 있다.

교사와 학생간에 위의 4가지 유형중 어느 타입으로 작동되고 있는지에 대하여 갈등이 일어나면 의사소통에 지장을 초래하게 될 수도 있다. 예를 들면 교사는 구체적으로 유형화한 구조를 연습시킬 의도로 설계된 질문을 던질 수 있고, 학생은 그것이 진정한 의미의 질문으로 알고 응답을 할 수 있다. McTear의 분석은 언어를 공부하는 학급에서 일어나는 특수성에 대하여 수 많은 암시를 제공할 수 있다. SLA에 적절한 투입 정보의 기본자료로 IRF 담화가 어느 범위까지 유효한가? 이 문제는 Nancy대학(University of Nancy)에서 나오는 수 많은 연구논문 및 간행물에 언급되어 있다(예: Gremmo, Holec과 Riley 1978; Riley 1977). 이들 연구의 결론은 교사중심의 학급운영이 전형적인 경우 그 속에서의 담화는 왜곡되었다는 것이다. 왜냐하면 교사가 중심 인물임을 수용하기 때문에 한 학생이 옆의 학생에게라도 이야기를 할 수 있는 의사소통의 기회가 엄격하게 억제될 수밖에 없다. Gremmo, Holec과 Riley는 이와 같은 왜곡이 언어학습을 위한 기회를 억제하게 된다고 다음과 같이 말하고 있다:

....우리가 학급의 담화를 분석할 때, 학급에 교사가 있다는 사실과 교사의 수업 참가 자체가 결국은 학습자가 자기 언어능력을 구축할 수 있는 기본적인 재료도 제공할 수 없을 정도로 상호작용은 왜곡되고 있음이 분명하다.

그들은 말하길 학급은 단지 응답방법만 가르치고 있기 때문에 실제로 살아가야 할 교실 밖에서의 스스로 담화를 시작할 수 있는 상호작용을 위한 기초를 제공하지 못하고 있다는 것이다.

그러나 교실에서 오직 IRF교환만 일어난다고 본 것은 잘못이라고 볼 수 있다. Ellis(1980; 1984)는 학급에서 일어나고 있는 수 많은 상호작용을 조사 연구해 보았다. 그래서 그는 여러 가지 가능성을 분석할 수 있는 하나의 분석틀을 제안했다. 그의 분석틀은 다음과 같이 세 가지 기본교육적 목표를 구분하고 있다: (1) 교육적 목표와 명백한 관련성을 갖는 핵심 목표(예: 구체적인 교과의 내용이 되고, 구체적으로 L2의 현상을 가르쳐서 학생들에게 직접 도움이 되게 하는 것들), (2) 수업의 조직, 운영에 필요한 진행적 목표(예: 수업 재료를 제공하고 학생들의 학습활동을 이끌어 가는 것), (3) 학생 개개인이 직접 자기 목적에 맞도록 언어를 활용하는 것과 관련된 사회적 목표(예: 개인의 정보를 담화에 반영시키는 것 즉 말다툼과 같은 것들).

　　Ellis는 그 외에도 누가 화자가 되고, 누가 청자가 되느냐 하는 담화의 태도유형도 구분했다. 학급담화는 위에서 언급한 담화의 목표유형 및 담화 태도유형 등으로 설명이 가능해진다. Ellis는 영어가 교육적 목표와 강의 수단으로 사용되고 있는 ESL 초급단계 수업에서 나타나는 담화를 조사분석했다. 그 결과 그는 상당히 다양한 상호작용이 일고 있음을 발견했다. 상호작용의 일부는 Gremmo, Holec과 Riley가 주장하는 내용과 매우 다른 유형이었다. 예를 들면 교사가 학급활동을 조직, 운영권을 가지고 있을 때 상기 (2)항의 진행적 목표에서의 상호작용은 학생들이 말없이 교사를 따라 가야 하는 매우 지시적인 표현을 사용(교사가)한다는 특성이 있었다:

（예문）
T: J... could you collect the scissors for me?
　　(학생은 그저 자기 가위를 집어든다. 교사가 그 학생 책상을 향하여 간다)
T: In the box.
　　Go round and collect the scissors in the box.
　　(교사가 상자를 가르킨다. 학생은 가위를 집어서 상자속에 넣는다)
T: All right. Put the scissors in the box.
　　(학생은 한바퀴 교실을 돌아 다니며 다른 아이들의 가위를 수거한다)

　　이와 같은 상호작용은 많은 지시문이 내포되어 있으며 그 동안 L1습득에 도움이 된다고 가정(Ellis와 Wells 1980)했고, 또한 SLA에도 도움이 된다고 가정(Asher 1977)했으며, 이것은 문맥상황-의존적인 언어로서 상당히 많

은 반복이 이루어지는 그야말로 초급단계 학습자에게 적절한 상호작용이
라고 볼 수 있다. 그러나 이런 종류의 담화의 빈도는 학급의 유형에 따라 다
양할 것이다. 예를 들면 학생들의 모국어가 위에서 언급한 (2)항 즉 학급운
영 목표로 모국어를 사용하는 L2언어 학급에선 이와 같은 담화가 별로 일어
나지 않을 것이다.

　　L2학습자가 포함된 학급담화분석은 오직 교사의 언어에만 초점을 맞추
기 보다는 교사와 학생의 상호작용이 공동으로 형성되어야 할 것이다. 학
급 상황 속에서 의미에 어떤 방법으로 교사와 학생간에 타협을 하는지, 투
입 정보가 학습자의 언어 가공 매카니즘에 필요한 것들을 어떤 방법으로 형
성해 가는지 등등에 초점을 맞춰 볼 필요가 있다. 그러나 학급에서 충분한
타협이 가능한 것인지 특히 IRF교환이 지배적일 경우 과연 타협이란 있을
수 있는 것인지 여전히 의문이다. 교사대 학생 즉 1대 다수의 언어환경은
교사대 학생이 1대1인 환경보다는 학습 촉진에 적합치 못한 것 같다.

학습환경의 비교(자연적 환경과 교실환경)

　　저자는 본 장의 처음에서 자연스런 쎄팅에서의 투입과 상호작용과 교실
쎄팅에서의 그것은 다를 것이라는 주장을 하면서 교실 환경에 관하여 논의
를 시작했었다. 이제 본 장의 끝마무리 단계에 와서 저자는 양자를 직접 비
교하여 어느 정도까지가 사실인지 보려고 한다.

　　자연스런 쎄팅과 교실 쎄팅간엔 근본적인 차이가 있다, 특히 교실 쎄팅
에 공식적인 L2 교육이 실시될 경우에 더욱 차이가 있을 것이라는 일반적인
가정이 종종 있어 왔다. 예를 들면 Corder(1976)는 다음과 같이 말하고 있
다:

　　...학습자들은 교실에서 우리가 흔히 말하는 '공식적인' 혹은 '진정
　　한' 의사 소통 목적이라고 부르는 것을 위해서는 그들이 중간어를 잘
　　사용하지 않는다. 학급에서의 중간어 자료가 많으면 많을수록 그것
　　은 공식적인 연습의 결과이며 또한 테니스 스트로크 연습이 테니스를

잘 치게 하는 것처럼 언어의 자연스런 의사소통적 사용과 관련이 있을 것이다.

Corder는 학습자의 산출에 대하여 언급하고 있지만 그의 언급이 투입에 관한 한 타당한 논리이다. D'Anglejan(1978)은 언어 교육이 공공연하게 진행되고 있는 학급에서 의사소통은 교실 밖에서 일어나는 의사소통이란 개념에 상응하는 것이 별로 없음을 지적하고 있다. 그녀는 그와 같은 교실에서 투입은 다양성이 별로 없고, 가설 형성과 가설 검증의 기회가 별로 없다고 주장한다(이에 대해서는 제7장을 참고할 것). 이 감소된 투입은 의미 타협을 위한 기회가 매우 제한적이기 때문인 것 같다. 교사는 자신의 말에 적절한 조정을 위하여 필요한 환류를 박탈당하고, 학생은 그가 수행할 수 있는 스피치 활동 영역을 제한하는 담화 역할을 그에게 강요하게 된다. 자연스런 의사소통과 학급 의사소통간의 차이는 각기 다른 동기 지향성 속에도 잘 반영되어 나타난다.

MacNamara(1973)는 교실 쎄팅에서 나타나는 그런 종류의 동기는 '거리' 쎄팅에서 발견되는 것과는 완전히 다르다고 주장한다. 전자의 경우에 교사나 학생이 너무나 중요해서 상대방의 말의 의미를 추측하고 개선하고자 서로 뭐든지 말을 하려고 하는 경우는 매우 드물다. 이것은 교실 쎄팅의 경우 의미의 타협이 별로 없는 또 다른 이유 중의 하나이다.

그러나 자연 환경과 교실 환경간에 명백한 차이가 있음에도 불구하고, 이 차이점만을 과도하게 강조하는 것은 잘못일 경우도 있다. 자연적 환경 그 자체는 그들이 할 수 있는 투입의 타입 면에서 매우 다양할 수 있다. 일부 학습자들은 앞에서 설명한 바 있는 잠정적으로 부여된 상호작용에 참여할 수 없을 수도 있다. 이미 저자가 앞에서 보여준 바와 같이 교실도 담화의 종류가 다를 수 있다. 교실 쎄팅과 자연스런 쎄팅을 반대 개념으로 보기보다는 정도의 차이만 있을 뿐 똑같은 담화 타입을 제공하는 것으로 보는 것이 더 정확하다고 볼 수 있다. 즉 동종의 상호작용이 두 경우에 다 나타날 수 있지만 참여자의 숫자와 물리적 배치 등에 관한 기본적인 차이점 때문에 이러한 상호작용의 일부 유형들은 두 유형중 어느 하나에 더 빈번히 나타나고, 또 일부 유형들은 다른 하나에 더 빈번히 나타난다고 보아야 할 것이다. Krashen(1976)이 지적한 바와 같이 교실은 진정한 의미의 의사 교환의 기회가 있을 수 있고, 자연스런 쎄팅에서는 학습자들이 공식적인 학습 혹은 Corder가 말한 것처럼 '테니스 스트로크 연습'에 몰두할 수 있다.

그러므로 SLA를 위한 투입의 원천으로 자연 환경과 교실 환경간의 비교는 각 쎄팅에서 나타나는 상호작용의 여러 타입의 빈도에 달린 문제이다. 특히 그것은 L2학습자가 자신을 발견할 수 있는 교육적 쎄팅의 유형에 달린 문제이다. 다음의 <표 6.3>은 이들 수많은 쎄팅의 특성을 간단하게 요약한 것이다. <표 6.3>으로부터 우리는 수업에 몰두한 학급을 볼 수 있고, 몇몇의 경우에 이중언어학급은 여기서 관찰되는 담화가 자연적 환경의 경우와 상당히 닮은꼴을 하고 있어서 의미의 타협이 더 많은 것을 알 수 있다. 그러나 어느 학급 쎄팅도 이와 같은 종류의 담화가 나타날 수 있는 잠재력을 다 갖고 있는 것이다.

교실쎄팅유형	주 요 특 징	자연스런 쎄팅과 비교
1. 외국어 학급	의미보다 언어유형에 중점을 두는 경향. 학급운영이나 사회적 목적으로 L2 사용.	관계가 가장 적음 -의미의 타협 별로 없음.
2. ESL 학급	의미보다는 여전히 언어유형에 초점을 맞춘 상호작용이 많음. L2기능이 수업진행 수단 및 목표로 됨. 상기 1번 항 보다는 담화기능이 넓어짐.	상당히 근접함. -의미의 타협 기회가 약간 있음.
3. 교과목 학급	언어유형보다는 의미에 초점을 맞춤 L2학습자의 숫자가 높지 않는 한 투입을 조정하지 않음. IRF교환이 지배적일 수 있음.	자연스런 쎄팅에 '노출' 개념과 닮음(즉 수정/보완된 바가 없는 투입)-그러나 의미의 타협은 거의 없음.
4. 이중언어학급 (L2학습자들이 L1, L2 두 가지 언어로 수업받음)	혼합초점-때로는 언어유형, 때로는 의미에 중점을 둠. 동일한 내용을 L1과 L2로 강의한다면 학생들은 L2 수업을 들을 필요 없음. 따라서 투입이 없음. 다른 교과목을 L2로 가르친다면 조정된 투입 필요.	자연스런 쎄팅과 가장 많이 닮음 - 학생들이 L2에 출석한다면. 의미의 타협이 있을 수 있음.

5. 몰두하는 학급 (L2를 L2로 수업)	L2교과목의 의미에 치중. 투입은 간소화. IRF교환은 여전히 활발.	자연스런 쎄팅과 가장 많 이 닮은꼴임. 의미의 타협 기회 많음(특 히 학생중심의 수업일 경 우에.

〈표 6.3〉 여러 가지 타입의 교실 쎄팅의 투입과 상호작용의 특징

[부연설명] 1 : 한국에서 한국인이 영어를 배우는 경우 즉 수업만 끝나면
바로 자기 모국어를 사용하는 경우.
2 : 미국에서 한국인이 영어를 배우는 경우 즉 수업이 끝나면
바로 사회 속에서 영어를 써먹는 경우.
3 : 원어민이 중간 중간 포진돼 있는 경우.
4 : 영어와 한국어가 동등하게 수업언어로 사용되는 경우(반
반).
5 : 직접식 교수법에 의한 수업의 경우.

요약

교실에서의 투입과 상호작용은 상호작용 분석, 교사의 말 연구, 담화분석 등등의 방법으로 연구되어 왔다. 상호작용 분석은 상당히 많은 범주체계 특히 언어 교육 학급에서 사용을 목적으로 설계된 범주체계를 낳게 되었다. 그러나 일반적으로 SLA측면에서는 투입과 상호작용에 그 동안 큰 관심을 갖지 않았었다. 교사 말 연구는 유사한 수정/보완이 외국인 상대시 원어민 말의 경우처럼 교사의 언어면에서 나타나고 있음을 -비록 비문법적 조정이 좀 적다고는 하지만 - 지적한다. 교사도 1대 다수의 학급 상황에 맞도록 교사의 스피치를 조율할 수 없을 수도 있다. 담화분석은 많은 학급 상호작용이 의미 타협의 기회를 억제하는 IRF(Initiate-Response-Feedback) 방식을 따르고 있음을 보여준다. 그러나 L2가 일반 학급 조직 및 운영을 위하여 그리고 사회적 목적을 위하여 사용될 때도 기타 다른 타입의 담화가 나타날 수 있다. 자연스런 쎄팅과 교실 학급 쎄팅간에 커다란 차이가 있는데 특히

언어 수업에 초점을 맞출 경우 그 차이는 더 심하다. 이들 차이점이 절대적인 것은 아니다. 즉 그 차이점들은 학급의 타입에 따라, 그리고 교사의 교육타입에 따라 여러 가지로 다양성을 보인다. 교과목 수업시 학습자 중심 혹은 몰입하는 수업은 자연스런 쎄팅에서 발견되는 것들과 매우 유사한 상호작용의 예를 볼 수 있다.

SLA에서의 투입과 상호작용의 역할

지금까지 우리는 투입과 상호작용의 다양한 타입에 관하여 정확한 기술과 설명에 초점을 집중시켜왔다. 그러나 핵심적인 문제는 SLA가 투입과 상호작용의 량과 질에 의하여 심각한 영향을 받느냐 하는 것이고 만약 영향을 받는다면 어떻게 받는 것인가 하는 문제이다. 여기서부터는 이 문제를 다루기로 한다. 이 의문에 제기되는 문제점들은 여러 가지 다른 각도에서 조명해 보기로 한다. SLA습득 경로에 투입과 상호작용이 어떻게 영향을 주는가를 보고, 이어서 SLA의 속도에 주는 영향을 검토해 보기로 한다.

투입과 상호작용의 영향을 연구하는 방법

투입과 상호작용이 SLA에 미치는 영향을 알아보려면 L2학습자에게 필요한 L2 데이터와 학습자의 산출간에 인과관계가 있음을 밝힐 필요가 있다. 이 작업을 위하여 그 동안 채택했던 방법론은 다음과 같이 많이 있었다.

1. 선별된 L2 투입 및 이에 따른 상호작용 분석

이 방법은 자연스런 SLA를 위한 Hatch와 Long, SLA 학급을 위한 Ellis 등에 의하여 채택된 방법이다. 예를 들면 Hatch는 원어민-학습자 담화의 예를 면밀히 검토한 다음 그들이 어떠한 방식으로 SLA를 구속하는지 관찰했다. 비록 이 방법에서 투입과 산출간의 관계가 경험상으로 정립되지는 않았지만 이것은 상당히 많은 가설을 제안한다.

2. L1습득시의 투입과 상호작용의 정보에 관한 연구로부터 추정

이것은 Krashen(1981)의 연구 방법이다. 그는 연구가 주장하는 엄마 말의 자질들을 목록화하고 이것이 매우 유용하다고 하면서, L2학습자가 포함된 투입과 상호 작용면에서 유사한 자질들이 SLA를 지원해 줄 것이라고 주장했다. 이 연구 방법은 실험적 연구의 골격을 그려볼 수 있다는 이점이 있지만, L1과 L2 습득 면에서 환경의 역할이 동일하다는 점을 가정이 정당화될 경우만 맞는 말이 될 수 있다. 이와 같은 가정을 뒷바침 할 수 있는 배경은 튼튼하다.

3. 상관관계 연구

상관관계 연구는 투입 자질과 산출 자질간에 관계가 어느 범위까지가 의미가 있는지를 알아보기 위하여 투입과 산출 자질들을 측정해 보는 방법이다. 예를 들면 투입의 문법적 자질의 빈도는 학습자 산출 면에서 동일한 자질의 빈도수와 상관관계가 있을 수 있다. 이와 같은 연구 방법은 Hatch와 Wagner-Gough(1975), Snow와 Hoefnagel-Höhle(1982) 등에 의하여 채택, 사용되어 왔다. 이 경우 주요 문제점은 상관관계 통계가 인과관계를 설명해 주지 못한다는 점이다. 이것은 오직 분석 결과로부터 추론할 수밖에 없다.

4. 실험 연구법

실험 연구에서는, 특수 자질의 효과를 조사하기 위하여 매우 조심스럽게 언어적 환경을 통제한다. 분리된 두 집단간에 두 가지 다른 종류의 투입이 나타내는 효과의 차이가 있는지 종종 비교를 실시한다. 실생활 면에서는 이런 식으로 언어적 환경을 조작하는 것이 가능하지도 않고 윤리적, 도덕적이지도 못하다. 자연히 발생하는 환경들은 이러한 연구의 수행을 위하여 통제된 투입 조건을 유지할 수 없는 경우가 대부분이다. 한 가지 돌파구는 아주 제한된 숫자의 규칙으로 구성된 축소판 인공 언어를 사용하는 것이다. 이런 류의 흥미로운 연구는 Schachter와 Kimmell(1983), Zoble(1983) 등등에 의하여 진행되었지만 그들이 검토한 언어들도 역시 인공적인 것으로 구성된 언어 행동이라는 공통된 비판에 봉착했다.

5. 간접적 연구법

Long(1983)은 투입과 상호작용의 효과가 다음 3단계를 거쳐서 간접적으로 연구될 수 있다고 제안했다:

제1단계 : (A) 언어적/회화적 조정이 (B)이해를 촉진시킴을 보여준다.
제2단계 : (B) 이해할 만한 투입이 (C) 습득을 촉진시킴을 보여준다.
제3단계 : (A) 언어적/회화적 조정이 (C) 습득을 촉진시킴을 보여준다.

이것은 매우 매력적인 아이디어이다. 그러나 이것은 이해할 만한 투입이 투입-산출에 인과관계 변수가 있다고 보는 견해에 바탕을 두고 있다. 그것은 가시적으로 나타내 보일 것을 요하는 정확히 말해서 바로 이것이다.
일반적으로 세심한 실험 연구보다는 SLA면에서 투입과 상호작용에 관한 이론화가 더 발전되어 왔다. 위에 목록화한 방법론 중에서 (1)과 (2)가 가장 보편적인 방법론들이다. 이하 논의에서는 이들 두 방법론을 항상 염두에 두어야 할 것이다. Hatch(1983)가 관찰한 바와 같이 우리가 연구 끝에 발견한 내용들을 해석할 때 장족의 발전이라고 말하지만 이어서 즉각 이 말을 당혹스럽게 만드는 일이 되기도 한다.

SLA 습득경로상의 투입 및 상호작용의 효과

앞장에서(제3장) SLA에의 문법지식 발달에는 '자연스런' 순서가 있을 것이라는 점을 보여주려고 노력했다. 우선 이 말은 투입이 SLA발달 경로에 주요 결정 요인은 아니라는 점을 의미한다. 만약 그것이 주요 요인이라면 발달순서상의 변이들이 투입 유형에 나타나는 변이들과 동시에 나타날 수 있을 것으로 기대해 볼 수 있다. 그러므로 우선 보기에 '자연스런' 순서는 천부적으로 타고난 보편적인 매카니즘으로 설명하는 것이 보다 간편해지는 것 같다. 그러나 투입에 기초를 둔 설명은 여전히 설득력이 있다고 볼 수 있다.

Hatch(1978c; 1978d)는 자연스런 습득순서는 학습자들과의 대화가 조직 되어지는 그런 방식의 생산이라고 주장한다. 우리가 이미 본 바와 같이 L2 학습자들이(특히 어린이인 경우) 참여하는 담화의 유형은 예측이 가능하 다. 그러므로 '자연스런' 순서가 이 예측 가능한 교류로부터 야기된 다소 표준적인 투입의 결과일 가능성이 있다. 원어민과 학습자 양자 공히 화제 를 만들어 내고 유지하는데 관련이 있다. 학습자의 제한된 언어 재료는 이 것이 수행되는 방법에 제약이 되며, 또한 학습자가 받는 투입을 통제한다. 그러므로 간접적으로 자연스런 순서는 회화 능력의 반영일지도 모른다. Hatch(1978)는 이점을 다음과 같이 말하고 있다:

인간은 회화방법을 배우고, 음성언어로 상호작용하는 방법을 배우며, 이와 같은 상호작용으로부터 통사구조가 발달되어 나온다.

그러나 Hatch가 인정한 바와 같이, 이와 같은 설명 논리에는 한 가지 문 제가 있다. 즉 대화의 화제가 어린이를 위한 투입을 통제하는 것 같이 보이 지만 이것들이 성인의 경우에도 동일하게 적용되는 것 같지는 않다. 그러 나 언어습득의 일반적인 경로는 어린이의 경우나 성인의 경우나 동일한 것 같다. Hatch는 성인 학습자와 대화시에 발생하는 상호작용적 타협은 어린 이의 경우에 나타나는 것과 유사한 종류의 투입으로 나아가지만 그 방법에 관해서는 아직 분명하지 않다고 말한다.

만약 Hatch가 옳고 습득순서가 회화 능력 성장의 반영이라면 그것은 정 확히 어떤 방식으로 되는 것인지 분명하게 보여 주어야 한다는 문제점이 남 아 있다. 이에 대하여 수많은 논리적 설명이 전개되어 나아갔다. 이들 설명 들은 상호 경쟁적이고, SLA에 투입과 상호작용이 영향을 끼치는 방법을 가 장 잘 설명하는 구성 성분을 갖고 있다. 이들을 설명하면 다음과 같은 두 가 지가 될 것이다.

1. 상투적인 말(스피치)
상호작용이 SLA를 도와줄 수 있는 한 가지 방법은 '분석이 필요 없는 전체' 로서 기억될 수 있는 스피치의 기성품 덩어리를 학습자에게 제공하는 것이다. 이런 것은 학습자가 원어민에 의한 불변적 발화 타입의 사용을 내포한 일상적인 상호작용에 참여할 때 나타나는 것이다. Hatch(1983)는 이런 타입의 투입을 '통조림 스피치' 라고 지칭했다. 그녀는 성인 학습자들은 공식의 정교한 사용에 의하여 화제의 통제(예: 학습자가 언어적으로 처리할 수 없는 나락으로 굴러 떨어지는 대화상의 위험성을 피해 가는 것)를 계속 유지할 수 있음을 주장한다. 이런 방식으로 즉각적인 의사소통 목적을 달성하는데 도움을 받고 있다. 그후부터 계속해서 학습자는 이런 것들을 잘게 분해하여 자신의 말속의 구성소의 일부분으로 흡수시켜 자신의 중간어 체계에 끌어들인다. 그러므로 공식적인 혹은 상투적인 스피치는 학습자의 내부 매카니즘 작동을 위한 원자재를 제공하므로써 SLA 경로에 간접적인 기여를 하게 된다. 이와 같은 과정에 관해서는 제7장에서 자세히 다루게 된다.

2. 수직적 구조

수직적 구조는 이미 앞선 담화의 스피치의 일부를 차용하여 구축한 학습자 발화를 말한다. Ellis(1984)로부터 인용한 다음 예문을 보자:

> Teacher : Take a look at the next picture.
> Pupil : Box.
> Teacher : A box, yes.
> Pupil : A box bananas.

위 예문중 학생의 마지막 발화는 그 바로 이전에 나타난 교사의 말(A box)의 반복 + 한 개의 명사(bananas)로 되어 있다. 이것은 '수직적' 으로 구성되었던 것이다. 즉 위의 예문을 보면 수직적이라는 말이 실감나게 될 것이다. 교사와 학생의 말을 상. 하로 비교해 보면 학생의 말은 교사의 말을 그대로 반복하되 추가적인 단어가 더 첨가될 뿐이라는 사실을 가시적으로 볼 수 있다. Scollon(1976)은 L1 습득에서도 이와 유사한 예를 수 없이 관찰했다. 그는 이런 것을 어린이들이 언어 가공의 한계에 직면하여 자신의 발화의 길이에 제한과 한계성을 느끼고 이것을 극복해 가는 주요 수단 중의 하나라고 지적한다. 이런 방식이 SLA에서도 비슷한 목적으로 작용하게 될 것이다. Wagner-Gough도 SLA에서 수직적 구조가 있다는 증거를 확보했다. 그녀의 실험 대상은 다음에 예시하는 바와 같이 이전에 나온 발화의 전체 덩어리를 자기 발화에 결합시켰다:

> NS Child : Come here.
> L2 Child : No come here (=I won't come)

그녀는 때로는 하나의 패턴이 즉각적으로 자기 발화 속에 결합되지 않는 경우도 있는데 이런 것은 나중에 사용하기 위하여 저장시키는 것이라고 지적한다(즉 곧 바로 발화에 나타나지 않고 두 번째 혹은 세 번째 발화에 등장하게 된다는 말이다). 더더욱 때로는 하나의 패턴이 다른 단어와 결합되기에 앞서서 모방이나 흉내내어 지기도 한다.

Long과 Sato(1984)는 학습자가 담화 문맥을 만들어서 다르게 사용하는 것을 기술하고 있다. 이들 두 학자는 그들이 대화 상대방이 이전에 사용한 발화를 시제 참고 사항으로 의존하는 방법을 보여주고 있다. 바꾸어 말하자면 일시적인 참고는 대화 상대방의 발화에 의하여 형성되어 학습자의 발화로 '이전'된 것으로 추정된다. Long과 Sato는 이와 같은 문맥의 사용을 협력적 담화(collaborative discourse)의 일반적인 과정의 또 다른 예라고 보고 있다.

위에서 논의한 바와 같이 수직적 구조 및 상황 의존성으로 치장된 협력적 담화는 L2산출의 친숙한 자질을 확실하게 설명하고자 한다. 위 예문에 나온 'A box bananas'는 마치 명사와 명사 사이에 들어 갈 기능어 'of'가 담화를 구상하는 동안 생략된 것으로 담화의 간소화를 위한 전략적 생략인 것처럼 보인다. 그리고 'no + 동사'패턴의 수직적 구조는 왜 이것이 초기 단계의 SLA에 그렇게도 공통적으로 나타나는지를 설명할 수 있는 단서가 된다.

학습자는 앞의 예문에서 본 바와 같이 이전에 나온 말의 덩어리에 간단히 'no'만 하나 추가시킨 것이다. 수직적 구조의 설명력은 '기능'이란 개념에 의하여 증가된다. 학습자는 이전에 나온 말의 덩어리를 추가할 뿐만 아니라 일부 생략과 대체도 하게 된다. 산출의 많은 자질들은 여러 가지 다양한 방식으로 학습자가 이전에 나온 발화(화자 자신이나 원어민이 발한 발화)를 놓고 작업한 결과로 설명되어 질 수 있다. 산출이 산출 그 자체만으로 보아서는 안되고 항상 문맥 상황 속에서 고려되어야 할 이유가 바로 여기에 있는 것이다.

3. 빈도수

SLA습득 경로에 영향을 끼칠 수 있는 또 다른 길은 학습자에 의하여 무의식적으로 습득되게 되는 구체적 문법 유형의 모델링에 의한 방법이 있다. 바꾸어 말하자면 학습자가 습득하는 첫 번째 구조는 학습자가 가장 빈도가 높게 노출되는 언어라는 점이다.

Hatch와 Wagner-Gough(1975)는 투입에 다양한 WH-의문문이 나타나는 빈도와 이 의문문들이 습득되는 순서간에 매우 큰 상관관계가 존재한다고 보고하고 있다. Larsen-Freeman(1976)은 1973년 Brown이 모국어 습득에 관한 연구에서 부모의 말에 나타난 형태소의 빈도수와 SLA의 표준 형태소의 수를 비교해 보았다. 그 결과 양자간에 상당한 상관관계가 있음을 알게 되었다. 이에 대하여 Larsen-Freeman은 다음과 같이 언급하고 있다:

그러므로 원어민 스피치에 나타나는 형태소의 빈도수는 ESL 학습자의 구두언어 생산시의 형태소의 정확한 순서를 결정짓는 주요인 이라고 잠정적인 결론을 내릴 수 있다(1976: 378-9).

그러나 이와 같은 결론은 상당히 조심해야 한다. Lightbown(1983)은 통계적 방법의 사용은 오류를 범하기 쉽다고 주장했다. 그러면서 그녀는 캐나다 6학년 교사들의 스피치에 나타난 동사 형태소의 빈도수가 의사소통적 스피치에 동일한 형태소의 '습득' 순서를 예측할 수 없었다고 지적했다. 그러나 Lightbown은 투입 정보의 유형 빈도수가 뒤늦게 오는 자극 요인은 될 수 있을 것이라고 가정해 본다. 즉 6학년에서의 투입 빈도수는 7학년에서의 산출 빈도수로 반영되었다는 것이다.

투입 빈도와 산출 빈도간의 관계는 그 관계가 확실치 않다. 하나의 상관 관계가 단지 어떤 구조들은 자연스럽게 다른 구조들 보다 빈번히 나타난다는 사실만을 반영하고 있을 뿐이다. 그러므로 투입 빈도와 산출 빈도의 유사성은 우연한 것이지 어떤 의도적인 교육 전략을 시사하는 것은 아닌 것 같다. 더욱이 투입 빈도가 산출시 나타나는 이상한 발화 타입을 설명할 수 있는 방법이 분명치도 않다. 학습자들이 외국인이 말하는 이야기에서 그들이 인지한 비문법성을 그대로 모사할 가능성은 있지만 이런 것은 아직 규명된 바가 없다.

4. 이해 가능한 투입

자료에 간단한 '노출'만 투입시키는 것은 충분치 못한 것 같다. 학습자들은 알기 쉬운 투입(comprehensible input)을 필요로 한다. Krashen(1981a; 1982)과 Long(1983; 1983c)은 학습자의 내부 처리장치가 작동되기 이전에 이해 가능한 투입의 양이 얼마나 되느냐에 따라 SLA가 좌우된다고 강력하게 주장했다.

Krashen은 투입가설의 형태로 이해 가능한 투입을 할 수 있는 경우를 제시한다. 그는 SLA가 일어나기 위해서는 학습자가 자연스런 순서에 따라 다음 단계에서 요구되는 언어 유형의 견본들을 포함하는 투입을 필요로 한다. 투입은 'i + 1'로 구성되어야 한다. Krashen(1982)에 의하면:

...'i'단계에서 'i + 1'단계로 이동해 가기 위한 필요조건(충분조건은 아님)은 습득자가 'i + 1'을 포함하는 투입을 이해해야 한다는 것이다. 여기서 'i + 1'이란 습득자가 언어 메시지의 유형이 아니라 의미에 초점을 맞출 수 있는 단계를 의미한다.

그러므로 습득은 학습자가 'i + 1'을 포함하고 있는 언어를 이해할 때 일어난다. 이것은 의사소통이 성공적일 때 자동적으로 일어난다. Krashen은 투입이란 언어적으로 'i + 1'을 포함하는 조정이 이루어졌다는 세련된 조율을 필요로 하지는 않는다고 강조하고 있다. 이 경우의 조율은 그저 대강의 조율이면 가능하고, 그 의미는 상호 의사소통이 된다는 정도면 자동으로 이루어진다. Krashen은 투입을 이미 습득된 언어 유형을 내장된 검색기로 검색하여 'i + 1'이 이해되었는지 여부를 확인하여 최적의 규모로 존재하는지 확인하기 위한 '그물 투망'이라고 설명하고 있다. '그물 투망'은 의미 기준이지 언어 형태 기준이 아니다.

　Long(1983c)은 투입이 이해 가능하게 되는 방법에 관하여 다소 상세하게 깊이 있는 고려를 하고 있다. 한 가지 방법은 학습자가 이미 알고 있는 구조와 어휘의 사용에 의하는 것이다. 그러나 이런 류의 투입은 그것이 새로운 언어적 자료를 공급하지 않기 때문에 언어 발달을 지원할 수 없다. 또 다른 방법은 '여기서-지금' 지향성에 의한 것이 있다. 이는 학습자가 언어적 및 언어 외적 문맥 그리고 학습자가 실제로는 알지 못하는 언어를 해석할 수 있는 일반 지식 등을 활용할 수 있는 것을 의미한다(제7장에서 이 문제를 완벽하게 다룰 예정이다). 세 번째 방법은 대화의 상호작용 구조의 수정/보완을 통하여 가능하다. Long은 상호작용적 조정이 SLA에 중요하게 되었다고 보고, 이것은 정상적인 수정/보완 없이도 발생할 수 있다고 지적한다. 상호작용적 조정과 함께 '여기서-지금' 지향은 이해할 만한 투입의 주요 근원이다. 학습자들이 새로운 언어 재료에 노출되면 의사소통은 앞으로 진행되어 나아감을 이들은 확인, 보장하게 된다. <도표 6.2>는 SLA를 도와주는 쌍방 의사소통에서 상호작용적 조정을 설명할 수 있는 하나의 모델을 제공하고 있다.

　Krashen과 Long의 이해할 만한 투입의 사례는 매우 강한 것중의 하나이다. 그러나 여기에도 문제는 있다. 첫째, SLA는 쌍방 의사소통과 상호작용적 수정/보완 없이도 일어날 수 있다. Larsen-Freeman(1983a)이 지적한 바와 같이, 단지 투입만이 독서나 TV시청만으로 자료가 얻어질 때 성공적인 SLA가 일어나는 사례도 있다. 그러나 이들 반대 논리의 예들은 자발적인 의사 소통에 쓸 만한 지식들이 이런 투입의 결과로 나타날 수 있는 학습의 범위도 명확하지 않고 이런 것은 하나의 일화에 지나지 않을 뿐이다. 또 다른 반대 이유는 상호작용적 조정이 항상 이해할 만한 투입의 결과가 아니라는 점이다. Chaudron(1983a)은 교사의 말속에 나타나는 그런 종류의 수정/보완은 '애매한 과잉 간소화' 및 '혼란스럽게 과도한 수식'으로 나아갈 수 있음을 지적하고 있다. 그러나 Chaudron은 Long이 일방통행식 상호작용(예: 대학 강의)이라고 지칭한 것을 조사, 연구하고 있었기 때문에 교사가 그들의 투입을 도와줄 수 있는 환류를 학생들로부터 별로 받을 수 없었을 것이다. 그와 같은 어려움은 의미의 타협이 충분히 일어나는 쌍방 통행식 의사 소통의 경우엔 별로 없을 것이다. Long과 Krashen의 입장을 강력하게 비난한 것이며 세 번째 방법인 이것은 Swain(1983)에 의하여 발전되었다. 그녀는 투입 가설은 이해할 만한 산출의 중요성을 인식하는데 실패했다고 주장했다. 특히 Krashen(1982)은 생산(이해와 반대되는 개념)은 SLA의 어떤 목적에도 기여할 수 있는 가능성을 거부하고 있다. Swain은 산출이 다음과 같은 몇 가지 면에서 중요하다고 주장한다: (1) 학습자는 의사 소통이 난관에 봉착했을 때 하나의 메시지를 정확하게, 적절하게 표현하기 위하여 대체 수단을 이용할 것을 강요당하게 될 것이다. (2) 언어의 사용(단순히 이해라는 차원과 반대되는)은 SLA의 초기 단계의 특성이 의미적 이행 절차로부터 통사적 가공 절차로 나가도록 학습자들은 가용 당할 수도 있다(즉 단순히 내용어의 의미에 관심을 기울임으로써 나타나는 이해가 있는가 하면, 생산은 공식적인 자질에 초점을 맞추는 기폭제가 될 수도 있다). (3) 학습자는 L2에 관한 가설을 검증하여 기각시킬 기회를 갖는다(제7장 참조). Larsen-Freeman, Chaudron, 그리고 특히 Swain의 논리는 비록 중요하다고는 하지만 이해할 만한 투입이 SLA에 꼭 필요한 것도 아니거나 충분한 것이 아닐 수도 있다고 주장한다.

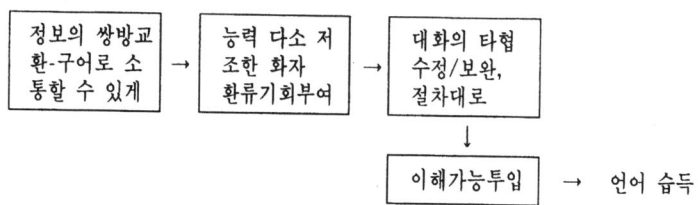

<도표 6.2> 대화 임무의 유형과 언어 습득간의 관계에 관한 모델(Long 1983)

5. 투입과 섭취

　　마치 투입은 이해되는 것 같지만 그것이 학습자의 내부 매카니즘에 의하여 가공되지는 않는 것 같다. 그것은 Krashen이 이해할 만한 투입이 SLA에 충분한 조건이 아니라고 언급했을 때 그가 의미했던 바로 그것이다. 투입은 SLA가 일어나는 섭취가 될 경우에만 해당한다. 투입은 학습자가 듣는 L2 자료이다. L2 자료 즉 그것은 섭취가 되는데, 섭취란 동화된 L2의 일부분으로 그것이 중간어 체계에 영양분으로 공급된다.

　　우리는 학습자가 받은 투입 데이터로부터 어떤 방식으로 선별을 하는지에 대하여 별로 아는 바가 없다. 투입 데이터의 조각들이 제시되는 것과 같은 방법일까? 동기와 같은 사회-정서적 요인들과 관계가 있는 것일까? Krashen은 이런 행동들을 투입정보의 얼마만큼의 량을 '필터'로 걸러서 들여보내고, 얼마 이상은 배제할 것인지를 통제하는 '필터' 기능을 갖는 것이라고 주장했다. 그것이 내부 가공 매카니즘 그 자체와 관련이 있는 것일까? SLA를 이성주의적 입장에서 설명하는 경우는 섭취를 통제하는 것이 바로 이들 매카니즘이라고 설명한다. 학습자들은 그것을 동화시키든 거부하든 전부 아니면 모두란 원칙에 따라 가용한 데이터에 반응하지는 않는다. 그들은 존재하는 가설을 확신하거나 불신하거나 주어진 투입의 자질에 따라 각기 다르게 판단하게 된다. 즉 어떤 경우는 새로운 가설을 형성하고 또 어떤 경우는 '저축'으로 그냥 저장하기 때문에 몇몇 흔적들은 나중에 작업하기 위하여 남겨 두게 된다(Hatch 1983b).

　　투입이 어떻게 필수적인 섭취를 하느냐 하는 방법론에 대한 논의는 내부 매카니즘의 특성을 고려해 보아야 할 것이다. 이런 문제는 제7장에 속하는 것이다.

SLA 속도에 투입과 상호작용이 미치는 효과

투입과 상호작용이 언어습득 경로에 영향을 미치는 여러 가지 방법에 대하여 상당히 구체적인 논의를 마치면서 이제 저자는 이것이 언어 발달의 속도에 영향을 미치는 방법에 대하여 논의하고자 한다. 물론 만일 언어적 환경이 언어 습득 순서상 중요 결정 요인이 아니라면 적어도 학습자가 배우고 있는 언어 습득의 속도에는 하나의 주요 결정 요인이 될 가능성은 있다.

SLA의 속도에 투입과 상호작용의 영향 문제를 놓고 탐색, 연구한 논문들은 그 동안 수 없이 많았다. 이들 연구는 대개 교실에서의 SLA와 관련이 있는 것들이었는데, 이들 연구가 교실 쎄팅과 SLA간에 어떤 관계가 있느냐에 관하여 중요 의문점을 제기하고 있다.

Snow와 Hoefnagel-Höhle(1982)는 나이 3세부터 18세에 이르는 네델란드의 영어-말하기를 배우는 학습자 13명을 대상으로 학급 투입을 조사해 보았다. 그들은 비록 교사와 일부 원어민 어린이들이(유치원과 초등학교가 대상이지 중학교는 포함되지 않음) L2학습자들에게 말을 할 때 자기들의 말을 수정/보완하기는 했지만, 학습자들이 전반적인 수준의 분량에 충분한 스피치에 노출되지도 않았고, 학습자들에게 구체적으로 지시되는 스피치의 양이 각기 다른 학습자들의 언어 능력의 근본적인 개선도 예측할 수 없었다. 그러므로 이런 연구는 학급에 이해할 만한 투입의 양이 SLA의 습득 속도에 결정적인 요인이 되지 못한다고 주장한다. 그러나 Snow와 Hoefnagel-Höhle가 관찰한 바와 같이 이것은 아마도 투입의 잘못된 측정이 사용되었기 때문일 것이다. 그들은 투입의 량을 조사해 보았지만 그것은 중요한 특질(즉 특수하게 조정된 투입)일 것이다. 그러나 Seliger(1977)는 학급에서의 성인 학습자에 대한 연구에서 그는 과정이 끝난 다음 상호작용의 양과 학업 성취도 시험 성적간에 상당히 의미 있는 상관관계를 발견했다. 그는 학급에서 '높은 투입 발생 인자'를 갖은 학생들이 교실 밖에서도 언어를 연습할 기회를 극대화시키고 있을 것이라고 가정하고 있다. 그러므로 투입량의 효과에 관한 증거는 혼합되어 있다. 명료한 그림을 그리기까지는 아직도 상당한 연구가 더 필요한 것 같다.

　Fillmore(1982)는 유치원 교실에서 L2를 배우는 학생들 60명의 언어발달 진행 과정을 비교해 보았다. 그녀는 SLA에의 성공은 다음의 (1), (2), (3), (4)의 경우에 나타남을 발견했다. 즉 (1) 교사에 의하여 주도되는 교실 내에서 L2학습자의 수가 많은 학급, (2) 개방적 학급 조직을 갖추었지만 L2학습자와 원어민 학생들이 혼합되어 있는 학급, (3) 개방적 학급조직을 갖춘 많은 수의 L2 학습자가 있는 학급에서는 SLA가 별로 잘 이루어지지 않는다, (4) 교사가 주도하는 방식의 L2학습자와 원어민 어린이들이 혼합된 학급 등 4개의 경우가 있다. 바꾸어 말하자면 학급의 구성과 학급 조직 형태를 포함해서 하나의 상호작용적 효과가 있었다. Fillmore는 이런 결과를 각기 다른 학급에서 받아들이는 투입의 타입이라고 설명하고 있다. 상기 (1)에서는 교사가 투입의 주요 원천으로 작용하고, L2학습자가 너무 많기 때문에 투입이 이해할 수 있는 것이었다고 그녀는 확신할 수 있었다. 상기 (2)에서 보면 L2 학습자들은 교사로부터, 그리고 원어민 어린이들로부터도 타협된 투입을 얻어냈다. 그러나 (3)의 경우엔 학생들은 그다지 많은 교사의 투입을 받지 못했고, 자기들끼리 말을 할 때 L1을 사용하려고 했다. 그리고 (4)의 경우 교사들은 L2학습자들에게 맞는 언어를 주문하기가 어려움을 발견했기 때문에 이해할 만한 투입도 당연히 작았다. Fillmore 의 연구는 투입의 양과 질 모두가 SLA의 속도를 결정하는데 매우 큰 영향을 준다고 주장한다.

　투입과 상호작용에 대한 실험적 연구 외에도 L1과 L2습득의 투입의 특성과 효과에 관한 연구를 통하여 무엇이 '학습의 최적 환경'인가를 기술하려는 몇몇 연구가 시도되기도 했다. Ellis(1984a)는 다음 몇 가지 자질들이 빠른 습득을 촉진시키게 된다고 주장했다:

1. 상당한 량의 투입이 학습자에게 방향 지시를 했다.
2. L2로 의사소통을 할 필요성에 대한 학습자 자신의 인식.
3. 학습자에 의한 명제적 내용에 대한 독자적인 통제(예: 화제 선택에 대한 통제권).
4. 적어도 처음 단계에서의 '여기서-지금' 원칙에의 집착.

5. 원어민/교사와 학습자 등 양측에서 스피치 활동 범위의 언어 수행 (즉 학습자는 언어의 각기 다른 기능을 수행하기 위하여 사용된 말을 듣고, 생산할 필요가 있다).

6. 상당량의 (교사의)지시/지도에의 노출.

7. 상당량의 '확장' 발화에의 노출(예: 명료화, 확인, 쉬운 말로 다시 쓰기, 문장의 확대 등등 의 요구).

8. 제한 없이 '불변화'를 사용할 기회부여(이것은 '새로운' 유형을 실험적으로 사용할 수 있는 기회를 부여한다).

이상과 같은 자질로 구성된 풍부한 학습 쎄팅이 SLA의 성공을 낳게 한다고 믿을 만한 강한 이론적 배경이 있지만 그러나 아직 이에 대한 실험적 증거는 매우 작은 편이다.

요약

SLA의 투입과 상호작용의 효과에 관한 연구를 하는 방법엔 여러 가지 다른 방법론이 수 없이 많다. 그러나 이들중 상당수가 투입 언어의 기술 단계에서 그 효과나 영향에 관한 설명 단계로의 한 발짝 도약이 불가피하다. 투입과 상호작용이 SLA에 미치느냐 여부를 보여주는 그런 연구가 부족하다. 즉 투입과 상호작용의 어떤 자질들이 중요하며, SLA의 어떤 측면이 영향을 받는지에 관한 설명이 있어야 한다. SLA의 습득경로를 보면 투입이 다음 5개항에 의하여 발달을 촉진시키는 것 같다. 즉 (1) 기억하고, 나중에 분석하기 위하여 기존의 기성품 말의 덩어리를 학습자에게 제공, (2) 수직적 구조를 형성하는 일에 대하여 학습자를 도와주는 일, (3) 빈도 수가 높은 특수 문법 유형에 대한 모델링, (4) 투입이 학습자의 기존 지식보다 한 단계 앞서 나감을 확인(이해할 만한 투입을 제공하여), (5) 투입이 곧 섭취가 될 수 있는 올바른 정서적 분위기 제공 등이 있다.

SLA습득 속도에 관해서는 수많은 연구가 투입 및 상호작용의 효과를 중심으로 진행되었는데 그 결과는 성공 자체가 뒤죽박죽이다. 그러나 투입의 양과 질 모두가 중요하다는 생각을 해 볼 수 있는 근거가 있다. 최적 학습 환경의 특성들은 L1, L2습득 둘 다에서의 투입과 상호작용에 관한 연구로부터 찾아낼 수 있을 것 같다. 이들에 관해서는 앞에서 목록으로 제시한 바 있다.

결론

SLA에 있어서의 투입 및 상호작용에 관한 연구는 다음과 같은 질문에 해답을 모색하고 있다:

1. L2학습자가 포함된 투입 및 상호작용에 의하여 무슨 특성이 전개되는가?
2. 투입과 상호작용의 특성은 SLA와 관련이 있는가? 그리고 관련이 있다면 어떤 방식으로관련이 있는가?
3. 투입 및 상호작용의 기타 기여도는 무엇이며 또한 SLA에 내적 가공 매카니즘의 기여도는 무엇인가?

위의 1번 질문에 대한 답은 비교적 명확하다. 우리는 원어민 화자/교사와 L2학습자간의 원어민 화자 투입 및 담화에 관해서 상당히 많은 것을 알고 있다. 2번 질문에 대해서는 우리가 아는 것이 비교적 작은 편이다. 상호작용적 조정이란 수단에 의하여 제공되는 이해할 만한 투입에 의하여 SLA는 도움을 받는다는 단계에까지 강한 주장이 발전되어 왔다. 그러나 쌍방 의사소통은 SLA에 필수 조건은 아니다. 그리고 그것으로 충분한 것도 아니다.3번 질문에 관해서는 우리가 확신할 수 있는 것이 더더욱 없다. 내적 매카니즘에 대하여 반대하는 것과 마찬가지로 언어적 환경에도 어느 만큼의 비중을 두어야 할 지 우리는 잘 모른다. SLA는 학습자의 내적, 외적 요인들이 종합적으로 작용하여 결정되는 것이기 때문에 이 질문은 대답을 할 수 없는 성질의 것인지도 모른다. 이에 대하여 Hatch(1983a)는 다음과 같이 말하고 있다:

사회적 상호작용이 학습자에게 '최선'의 데이터를 제공하는 동안 두 뇌는 그 투입의 적절하고 이에 대등한 모델을 산출해 내야만 한다.

그렇기 때문에 이것은 행동주의나 이성주의적 입장이 아니고 오히려 상호작용주의적 입장이라고 볼 수 있으며 동시에 이 입장이 가장 수용 가능성이 높은 것이다.

부연설명

Allwright의 용어 'topic'은 이야기되는 것이 무엇이냐 뿐만 아니라 상호 작용의 목적을 고려하는 것에 대한 중요성을 올바르게 반영하는 용어이다. 언어 학급에서 'topic'은 종종 귀납적으로('모델'로서) 혹은 연역적으로('규칙'으로서)처리되는 몇 가지 품사들인 것이다.

참고문헌들

엄마 말에 관한 많은 논문들이 실려 있는 책으로 1977년 C. Snow와 C. Ferguson이 쓰고, 케임브리지 대학 출판부에서 펴낸 Talking to Children이 있 다. 엄마 말의 음에 관한 개론적인 논문으로 Gardner Press에서 1978년도에 출판한 K. Nelson 편집의 Children's Language Volume 1에 기고한 J. Gleason 과 S. Weintraub의 논문이 있다.

투입과 L2언어습득을 다룬 두 개의 논문 모음집으로는 D. Larsen-Freeman이 편집하고 Newbury House에서 1980년도에 출판한 Discourse in Second Language Research - 주로 교실이 아닌 장소에서의 투입/상호작용을 주로 다루고 있음, 이 있고 또 한 권은 H. Seliger와 M. Long이 편집하여 1983년 Newbury House에서 출판한 Crassroom Oriented Research in Second Language가 있다. 이 책은 주로 학급에서의 투입/상호작용을 다루고 있다 (Long, Chaudron, Schinke-Llano, Gaies, Seliger, Long과 Sato 등의 논문을 참 고할 것).

SLA에서의 투입/상호작용의 역할에 관해서는 E. Hatch가 편집하여 1978년 Newbury House에서 출판한 Second Language Acquisition의 일부분으로 들어 간 'Discourse analysis and second language acquisition'이란 제목의 장이 있다. TESOL '82에 M. Long이 쓴 'Native speaker/non-native speaker conversation in the second language classroom, M. Clark과 J. Handscomble 등이 편집한 TESOL '83에 실린 Pacific Perspectives on Language Learning and Teaching 등은 이해할 만한 투입 가설을 검토하고, 그것이 교실 학급과 관련이 있는 것으로 추정하고 있다.

제7장
학습자 전략

개요

본 장에서는 학습자가 투입 데이터를 처리하는 방법 및 L2에서 학습자가 메시지 생산에 L2 재료를 상용화하는 방법 등을 설명하는 내적 처리과정에 대하여 알아보고자 한다. 그것은 내적 처리 매카니즘 혹은 일명 '블랙박스' 속을 들여다 보게 된다. 따라서 앞 장의 보충이 될 것이다. SLA에 대한 완벽한 설명은 투입이 그것을 배울 수 있는 것(유기체 자체내부를 총괄하는 것)으로 만들어주는 방법과 그 투입을 섭취할 수 있는 것으로 학습자가 작업하는 방법 등을 보여 주어야 할 것이다(유기체간의 작용을 총괄하는 것).

학습자는 선언적 L2 지식과 절차적 L2 지식 등 두 타입의 L2 지식을 갖고 있다(Faerch와 Kasper 1983b). 선언적 지식은 내재화된 L2 지식 및 암기된 언어 덩어리('그것을 안다는 것') 등으로 구성되어 있다. 절차적 지식은 학습자가 L2데이터를 습득과 사용을 위하여 가공함으로써 채택하게 되는 전략과 절차로 구성된 '방법을 안다'는 것을 의미한다. 우리가 L2 습득에 관하여 말을 할 때 주로 선언적 지식을 뜻한다. 이는 학습자가 L2학습을 위한 일련의 절차들에 이미 접근할 수 있게 되어 있다고 생각하는 것이다. 선언적 지식에 관해서는 이미 제3장과 4장에서 검토한 바 있다. 본 장은 절차적 지식에 관하여 고찰하게 된다. 이미 앞에 나온 장들은 SLA를 기술(SLA가 무엇인지 스케치하듯 하는 것)하는데 주로 할애되었다면, 본 장에서는 SLA를 설명(기술보다는 더 자세히 내용을 고찰하는 것)하는 기회로 볼 수 있다.

절차적 지식은 사회적 구성소와 인지적 구성소로 분류할 수 있다. 사회적 구성소는 학습자가 상호작용적 기회(즉 L2를 사용한 1대1 면전에서 상대하거나, L2 교재를 매개로 접촉하는 것)를 운영하는 행위적 전략을 포함한다. Fillmore(1979)는 5명의 스페인 아이들(영어를 배우고 있음)을 이용하여 이들이 원어민 화자 어린이들과 노는 상황을 보고 여기서 수 많은 일반적인 사회적 전략을 기술하고 있다. 처음부터 아이들은 실제로는 그렇지도 못한데 그래도 마치 자기들이 무슨 일이 일어나고 있는지 다 아는 것 처럼 행동하며 원어민 아이들과 합류하는 전략을 채택했다. 나중에 그 아이들은 몇 가지 세심하게 선별한 아주 제한된 단어를 사용하여 그 언어(영어)를 사용할 수 있다는 인상을 원어민 아이들에게 줄 수 있는 방법을 모색했다. 그들은 또한 상호 의사소통에 어려움이 생기면 그 문제를 해결하기 위하여 친구들에 의존했다. 기타 다른 사회적 전략들은 제5장, 6장에서 이미 고찰한 바 있다. 그러므로 본 장은 인지적 전략에 초점을 맞추게 될 것이다.

절차적 지식의 인지적 구성소는 새로운 L2지식을 내면화하고 자동화하는 것, 그리고 L2로 의사소통을 하기 위한 기타 다른 지식의 원천과 연관된 L2 지식의 사용 등이 포함된 다양한 지적 과정을 포함한다. 그러므로 이들 과정은 L2의 학습과 사용 둘 다를 포함한다. 학습 발달과정은 학습자가 새로운 L2규칙을 축적해 가는 방법 및 투입 자료를 잘 지켜보다가 존재하는 L2 규칙들을 자동화하는 방법, 그리고 기존의 지식을 통한 간소화 방법 등등을 설명한다. 그들은 제3장에서 기술한 언어 발달의 '자연스런' 경로를 설명할 수 있다. L2 지식 사용에 포함된 이런 과정들은 생산전략 및 수용전략 그리고 의사소통 전략 등으로 구성되어 있다. 전자는 Tarone(1981)에 의하여 최소의 노력을 들여 현존하는 L2 지식을 효과적으로 그리고 분명하게 사용하려는 시도라고 정의된 바 있다. 후자는 화자가 계획을 세운 본래의 목표대로 의사소통을 할 수 없게 되어 목표 수준을 줄일 것을 강요받거나 그것을 표현할 대체수단을 찾아낼 경우에 나타난다. 그러면 의사소통 전략은 생산계획을 보충하기 위한 초기 실패의 결과이다. 그러므로 언어의 사용은 생산 및 수용 전략 둘 다에 의하여 특징지워진다. 그런데 이것은 학습자가 가용 자원을 쉽게 그리고 무의식적으로 이용할 때 작동된다. 그것은 또한 학습자가 부적절한 수단을 보충할 필요성이 있을 때 작동되고, 그 결

과 더 큰 노력이 내포되어 의식쪽에 더 근접할 경우의 의사소통 전략에 의
하여 특징지워진다.

각기 다른 학습자 전략의 구조 틀은 <도표 7.1>에 제시되어 있다. 이런
전략들은 학습자에게 그다지 특수한 것이 아니라고 볼 수 있다. 원어민 화
자들도 동일한 타입의 전략을 사용한다고 볼 수 있다. 학습자와 원어민을
구분짓는 것은 동일한 전략의 빈도수일 뿐이다. 학습자들은 더 많은 전략
표시를 구체화시킬 것이다.

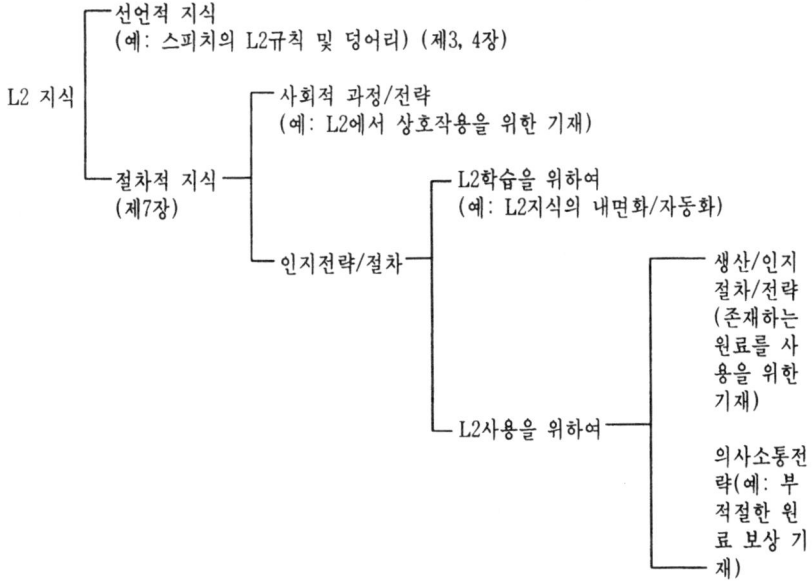

〈도표 7.1〉 L2 지식의 여러 타입들

각기 다른 유형의 절차적 지식을 상세히 조사해 보기에 앞서서 이와 같
은 종류의 정신적 현상을 기술하려고 사용했던 메타언어(언어를 분석하려

고 사용하는 언어 또는 기호)를 고려해 보는 것은 중요하다. 내포된 개념의 추상성으로 볼 때 메타 언어는 애매하고 혼란스러울 경우가 종종 있을 수밖에 없다는 점은 불가피한 것 같다. 특히 연구하는 학자들은 'process', 'strategy', 'principle' 등 등의 용어를 일관성있게 사용하지 않는다. 때로는 학자들이 이런 용어를 일반적인 정신조작에 동의어로 사용하지만, 때로는 용어를 언어 진행과정에 내포된 작동을 특수화하기 위해서 사용하기도 한다. 예를 들면 Faerch와 Kasper(1980)는 'strategy'와 'process'를 명쾌하게 구분해냈다. 이들은 전자(strategy)를 작동의 절차가 수행되는 순서를 통제하기 위한 계획이고, 후자(principle)를 계획(계획 절차)의 발전이나 계획의 실현(실현 절차)이 내포된 작동이라고 정의했다 - 아래 <도표 7.2>를 참고하라.

이와 같은 구분의 한가지 문제점은 어떤 행동이 '전략(strategies)'에 반대되는 개념으로서의 '진행과정(processes)'에 속하는 것인지에 대한 학자 간의 의견접근이 별로 이루어진 바가 없다는 점이다. 그러나 작동순서가 있을 것이라는 생각('생산/수용 절차'에서와 같이)과 절차적 특징은 단수조작(복수가 아님)일 것이라는 생각('간소화/단순화 전략'에서와 같이) 등으로 구별해 보는 것은 좋은 생각이며 따라서 좋은 아이디어를 낳을 수 있을 것이다. 그러므로 Faerch와 Kasper의 구분은 가능하면 좀더 집착해서 연구를 해 볼 필요가 있다.

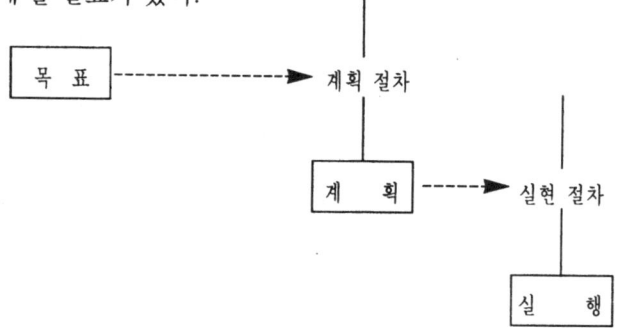

〈도표 7.2〉 지적 행위의 계획 및 실현(Faerch와 Kasper 1980)

본 장은 학습전략에 관한 검토로부터 시작하게 된다. 그래서 처음엔 생산과정을 보게 된다. 이상적으로 수용절차를 검토해 보게 되지만 지면관계상 그리고 이 분야는 별로 연구가 많지 않았던 일종의 '블랙 박스' 같은 분야이므로(그러나 Faerch와 Kasper 1980, 1983b; Rivers 1979 등을 참고할 수 있을 것임), 여기서는 생략하기로 한다. 그리고 본 장의 끝에서 의사소통전략을 다루게 된다.

학습전략

학습자 전략을 논할 때 가장 큰 특징은 아마도 절차적 지식의 모든 측면과 현상을 다루는 용어 및 개념의 확산, 난립일 것이다. 지금까지 '학습자 전략' 이란 제목하에 전략의 의미를 기억/암기화, 과도한 일반화, 추론, 미리 조립된 패턴 등등으로 매우 다양하게 구구각색으로 정의를 내리고 이해해 왔던 것이다. 그리고 이를 놓고 끊임없이 가설-검증의 과정을 밟아 왔는데, 여기엔 보다 더 구체화된 전략을 짜는 방법에 뭔가 문제가 있었던 것이다. 저자는 이렇게 이질적인 용어 속에서 몇 가지 순서나 혹은 질서가 있을 것이라는 가정을 해 보지만 그렇다고 여기에 심리학적 진실/실체를 들어내 보이는 어떤 틀을 제시할 생각은 없다. 오히려 저자의 생각으론 학습자 전략 논의에서 정확한 실체파악이란 면에서 상당히 결여된 부분들이 있는데 이를 보충하고자 노력하는 것이 더 바람직하다고 본다. 그런 구조들의 기본은 구구단식 스피치와 창조적 스피치 등 언어적 생산의 두 형태를 구별하는 것이다. 이들 두 종류의 스피치에 대하여 다음과 같이 살펴 볼 수 있다.

구구단식 스피치

공식적 스피치/구구단식 스피치에 대해서는 앞 장(제6장)에서 간략하게 검토한 바 있다. 그것은 분석할 수 없는 한 덩어리로 배웠던 표현들 그리고 특수한 경우에 채택했던 것으로 구성되어 있다(Lyons 1968). 그것은 학습자의 스피치 뿐만 아니라 원어민 화자의 스피치에서도 관찰될 수 있다. Krashen과 Scarcella(1978)는 기억된 덩어리로서 배워진 전체 발화 및 부분적으로 분석되지 않은 발화를 각각 지칭하기 위하여 일상적인 것과 패턴화된 것을 구별지었다(예: Can I have _____ ?). Ellis(1984c)도 구구단식 스피치는 학습자가 이런 표현은 다소 고정되어 있고 예측 가능성이 있기 때문에 암기할 수 있는 것(예: 인사법 정도)들인데 이는 전체가 하나의 대본(script)으로 구성될 수 있는 것이라고 주장한다.

구구단식 스피치는 SLA에서 특히 언어발달의 초기단계에서는 대단히 흔한 것으로 관찰되어 왔다. 이것은 자연스런 SLA세팅에서 어린이 학습자 스피치(Huang과 Hatch 1978 참고)와 성인 학습자 스피치(Hellwig 1983 참조)에서, 그리고 일부 학급 학습자(Ellis 1984c 참조)들에게도 빈번히 나타나고 있다. 이미 배워서 알고 있는 분석되지 않은 특수한 말의 덩어리란 것이 학습자에 따라 다양하겠지만 다음과 같이 나타나는 것이 전형적인 형태라고 볼 수 있다.

> I don't know.
> Can I have a _____ ?
> There is no _____ .
> I wanna _____ .
> This is a _____ .
> How do you do ?
> I can't speak English.

이상에서 본 바와 같이 각각의 구구단식 공식은 특별한 의사소통적 목표와 밀접한 관련을 맺고 있다. 예를 들면 Ellis(1984a)는 3명의 교실 학습자들이 의사소통 수단으로 영어가 통용되는 ESL 학급에서 기본적인 의사소통을 해야겠다는 동기로 수 많은 구구단식 공식을 급격하게 개발, 발전시켰다는 사실에 주목하고 있다. 학습자들은 구구단식 공식을 의사소통을 해야

겠다는 압력에 대처한 것으로 Krashen과 Scarcella(1978)는 주장해 왔다. 즉 학습자들은 자기들이 부족한 L2규칙을 보충하여 창조적인 스피치를 발하기 위하여 수 많은 기성품같은 표현들을 암기하는 것이다. Krashen(1982)은 구구단식 스피치는 학습자가 스피치를 발할 준비가 되기도 전에 말을 할 수 밖에 없는 상황에 처하게 되는 경우에 나타난다고 주장한다. 자기 자신이 갖고 있는 언어 기재에 상관없이 이 경우 학습자는 창조적인 스피치가 가능한 충분한 L2규칙을 구축해 가는 동안 '침묵기간(silent period)'에 속하게 된다. 그러나 중요한 것은 구구단식 스피치가 구체적 의미 수행과 밀접한 관계가 있다는 점, 그리고 의사소통 능력이 극대화되면 학습 부담이 감소하기 때문에 초기 SLA에서 이런 것이 공통적으로 나타난다는 사실이다.

구구단식 스피치 습득에 포함된 학습자 전략은 무엇인가? 이런 것들은 창조적 스피치에 대응하는 언어규칙 습득에 내포된 것들과 동일한 것일 가능성은 대단히 낮다. 구구단식 스피치는 대부분의 사람의 경우 두뇌 속에서 창조적 언어기능을 담당하는 좌뇌라기 보다는 오히려 우뇌의 기능에 속하는 것 같다는 제안이 있다. 우뇌는 일반적으로 전반적인 처리과정을 담당하는 것으로 생각한다(Seliger 1982). 즉 학습자는 실재를 전체로 만들어 주는 개별적 부분들을 예속시킨다. 학습자는 전체적인 패턴을 그것을 구성하는 요소가 아니라 하나의 gestalt(형태)로 인식하게 된다. 그러므로 구구단식 스피치의 경우 학습자는 패턴 암기화 전략을 구사하게 될 것이다. 학습자는 투입에 신경을 쓰고 우뇌에 위치한 매카니즘을 활용하여 그런 말들이 사용되는 문맥 상황에 따라 공통적으로 나타나는 수 많은 발화를 식별해 내게 된다. 학습자는 이 경우 다음과 같은 사실에 의하여 도움을 받게 된다. 즉 (1) 빈도수가 높게 나타나는 패턴, (2) 각각의 패턴은 학습자가 수행할 동기를 주는 의사소통 기능과 연결되어 있다.

이런 문장 패턴들은 우뇌에 저장되며 수용과 생산에 즉각적인 처리를 위하여 매우 유용한 것들이다. 패턴 암기화 작업의 범위는 학습자가 감지하는 타입의 생산(즉 그것이 얼마나 예측 가능성이 높고 문맥 의존도가 높으냐), L2로 의사소통을 원하는 학습자 자신의 욕구 강도 등에 따라 다르다.

　　문장 패턴 암기화는 하나의 심리언어학적 전략이다. 그것은 그것을 의식적으로 활성화시킬 필요가 있는 학습자가 없이도 나타날 수 있고, 명백한 현시도 없다. 우리는 일어나고 있는 패턴 암기화를 볼 수도 없고 들어 볼 수도 없다. 일부 학자들은 학습 전략으로서 사전에 짜여진 패턴의 사용을 참작하지만 이것은 생산과 절차를 혼란스럽게 만든다. 패턴은 패턴 암기화 과정의 생산품이다.

　　생산물 - 패턴 그 자체들 - 은 전략과 관련된 또 다른 패턴의 결과일 수 있다. 패턴 모방은 패턴 암기화의 행위와 같은 말이다. 그것은 늘 의식적으로 활동되기 때문에, 그리고 그것이 발생할 때 가시적으로 볼 수 있기 때문에 그것은 하나의 행위전략이다. 패턴 모방은 발화 전체의 방법론적 복제 혹은 대화 상대의 스피치 속에서 사용되었던 발화의 일부를 포함하는 것이다. 시청각 교수법을 통한 패턴 연습이 나타나는 곳은 학교 교실이라는 것은 상식에 속한다. 의사소통에 적합하냐 여부와는 상관없이 학습자가 원어민이 이전에 발한 발화를 모방할 때 그것은 자연스런 SLA속에서 나타나게 된다. 이런 현상은 대단히 상식적인 것인데 특히 어린이 학습자의 경우 그렇다(Itoh와 Hatch 1978). Seliger(1982)는 패턴 모방도 우뇌의 능력에 속한다고 보고 있다.

　　구구단식 스피치가 창조적 스피치를 위한 기초가 된다는 주장은 L1 및 L2습득연구시 나타났다. 즉 학습자들은 발화는 다양한 규칙성을 갖는 다른 구성소들과 결합될 수 있는 불연속 구성소로 이루어진 전체로서 이해되고 사용되는 것으로 인식하게 되었다. Clark(1974)는 L1습득시, 새로운 구조가 어떻게 일상적인 것 두 개의 병치의 결과 혹은 다른 것의 내부에 들어 있는 하나의 내포문의 결과가 될 수 있는지를 도식화했다. Fillmore(1976)는 SLA에서 구구단같은 공식들이 구성소들이 처음부터 자리를 차지하고 있다기보다는 오히려 '슬롯' 내부에서 사용될 구성소를 방출하는 분석적 절차로 서서히 넣어지게 되는 것이라고 주장한다. Seliger(1982)는 처음부터 우뇌의 능력을 통하여 배워진 패턴들은 분석을 목적으로 일하는 좌뇌의 관심을 불러 일으킬 것이라고 제안하고 있다. Ellis(1984c)는 'I don't know'란 공식이 다른 공식과 결합하여 구축되는 방법을 다음과 같이 보여주고 있다.

(예문) That one I don't know.
       I don't know what's this.

그리고 이것을 분해해서 'don't가 비슷하게 쓰이지만 다른 표현이 됨도 보여준다.

(예문) I don't understand.
       I don't like.

'Know'는 'don't'없이 사용된다.

(예문) I know this.

그리고 주어로서 'I' 이외의 인칭대명사도 쓰이기 시작한다.

(예문) You don't know where it is.

그러므로 공식들은 천천히 풀려서 값나가는 정보가 창조적 규칙체계 속으로 영양을 공급해 들어갈 수 있을 것이다.

이와 같은 분석의 기초는 어느 부분이 순환하고, 어느 부분이 그대로 잔존하는지 식별해내기 위하여 학습자가 발화를 비교한다는데 있다. 학습자는 상황에 따라 구구단식 공식을 적용하는 구조 속에 변이가 있음을 서서히 깨닫게 되고, 다른 구구단식 공식에도 그런 유사한 변이현상이 있음을 탐지하게 된다(Fillmore 1979). 그러므로 초기에 공식처럼 외우며 배운 발화들이 문법규칙으로 만들어진 나중 단계에서 습득한 발화보다 외견상 더 문법적으로 훌륭한 것 처럼 보이는 경우도 종종 있다. 이런 현상을 설명하기 위하여 패턴 분석전략을 가정해 볼 수 있다. 이런 작업은 구구단식 공식의 비교, 유사점과 차이점의 비교 등을 통하여 가능하게 된다. 그것은 언어학자가 발화를 구성하는 구조를 식별해내는 특수한 기술로 학습자로부터 추출해

낼 수 있는 것이다.

그런데 패턴분석법에 관해서는 학자간에 의견의 일치가 아직은 없다. 그런데 Krashen과 Scarcella(1978)는 구구단식 스피치와 규칙 창조적 스피치는 서로 상관이 없다고 주장한다. 이들 두 학자는 학습자가 공식속에 들어 있는 언어적 정보를 풀어 낼 수는 없지만 언어발달의 '자연스런' 경로에 부합하도록 투입 정보를 잘 지켜보면서 L2규칙을 내면화시킬 수는 있다고 주장한다. 이들 두 학자는 L2규칙의 '창조적 구축' 과정을 완전히 별개로 분리된 것으로 보고 있다.

구구단식 공식적 스피치가 SLA에서 하나의 중요 요인이기는 하지만 초기 SLA단계에서는 아마도 둘도 없는 유일한 중요 요인인 것 같다. 패턴 암기화, 패턴 모방, 패턴 분석 등의 전략은 창조적 규칙체계에 직접적으로 기여하는 다른 요소들과 비교해 볼 때 학습전략중 그다지 비중이 큰 중요한 것은 아닐지도 모른다.

창조적 스피치

창조적 스피치는 L2언어규칙의 산물이다. L2학습자가 완벽하리 만큼 훌륭한 문장을 만들어 낼 수 있다고 믿고 있는 촘스키 학파적 감각으로는 이런 것이 '창조적'인 것으로 볼 수 있다. 그것들은 학습자의 중간어체계를 구성하는 언어규칙들이고, 또한 이런 것들이 언어발달의 '자연적' 경로를 설명해 줄 수 있다(제3장 참조). 이런 것들은 학습자들이 언어적 문맥과 상황적 문맥에 따라 자기의 언어수행을 다양하게 할 수 있도록 허용하는 변수들인 것이다(제4장 참조).

창조적 언어규칙체계를 설명하려고 그 동안 과다한 전략이 제안되어 왔다. Faerch와 Kasper(1980; 1983b)은 이런 전략을 체계적으로 고찰해 볼 수 있는 하나의 이론적 틀을 제공하고 있다. 이들 두 학자는 중간어 규칙체계의 형성에 내포된 전략과 중간어 지식의 자동화에 내포된 전략을 구분하고 있다. 전자의 경우엔 다시 가설형성과 가설검증 등 두 개의 기본과정으로 세분한다. 저자는 이런 분석방법의 용어들을 그대로 받아 들여 이하에서 저자의 논리에 이용하고자 하지만 Faerch와 Kasper에 의한 구체적인 전략에만 국한시키지는 않겠다.

가설형성

Faerch와 Kasper(1983b)는 중간어규칙에 관한 가설은 다음과 같은 3가지 방법으로 형성된다고 주장한다:

> 1. 이전에 있던 언어지식의 사용에 의하여(즉 L1언어지식, 존재하는 L2지식 혹은 기타 언어에 관한 지식).
> 2. 투입 정보로부터 새로운 언어규칙을 유도해 냄으로서.
> 3. 상기 (1)과 (2)의 결합으로.

이상과 같은 일반적인 절차에 따라 보다 구체적인 수 많은 전략과 함께 두 가지 일반적인 전략을 찾아낼 가능성이 있다. 즉 이들 두 가지 전략이란 간소화와 추리이다.

간소화

초기에 중간어에 관한 상당히 많은 연구물들은 학습자들이 다양한 방법으로 학습의 짐을 덜어 볼 방법을 모색하고 있음을 인식했다. Richards(1974)는 '동화전략'을 학습 부담을 덜기 위한 시도라고 정의하고 있다. 한 가지 예로 그는 자기가 불어를 사용할 때 'going to' 유형과 동일한 불어 표현으로 미래의 의미를 표현하는데 이는 자기가 배우기 쉽다는 점을 발견했기 때문이라는 것이다. 그렇다면 간소화란 학습자가 비교적 의사소통에 도움이 되고 쉬운 형태가 있을 것이라는 가정에 맞도록 가설을 제한하여 자기의 언어발달 단계에 맞도록 조정하려는 학습자의 시도로 형성되어 있는 것이라고 볼 수 있다.

간소화는 수 많은 전략을 사용할 때 분명하게 나타난다. Widdowson(1975b)은 Selinker가 말하는 5가지 중간언어 처리과정이 동일한 간소화 전략속에 기술적으로는 다양한 변이가 있을 것이라고 주장했다. 그러므로 예를 들면 전이는 L2에 대한 가설형성의 기초로서 학습자의 L1 사용을 내포하고 있으며, 과도한 일반화는 기존의 L2지식을 새로운 중간어 유형에까지 확대하여 사용하는 것을 내포하고 있는 것이다. 이들 두 전략은 새로운 학습을 유용하게 하기 위하여 이전의 지식에 의존하는 똑같은 기본 전략의 구체화라고 볼 수 있다(Taylor 1975; McLaughlin 1978a). 어떤 전략이 사용되느냐는 다분히 개인적인 선호도와 관련이 있지만 또한 학습자의 습득단계와 같은 요인들에 의하여 지배되고 있을 수도 있다. 예를 들면 L2의 언어적 속성들과 학습 상황 - 예를 들면 Ervin-Tripp(1974)은 전이가 자연스런 쎄팅에서 보다 학급쎄팅에서 더 일반적이라고 제안했던 점 등등이 있다. 그러나 어떤 전략을 사용하는냐와는 상관없이 학습자 자신이 기존 지식에 기초를 두고 구축하기가 쉬운 쪽의 중간규칙을 설정함으로써 투입 증거에 과도하게 편승하려고 할 때 간소화는 나타나게 마련이다. 이러한 의미에서 간소화란 투입 데이터를 면밀히 검토하면 추론의 대안으로 그 기능을 할 수 있는 것이다.

모든 학자들이 간소화가 하나의 학습전략이라는 점에 대하여 의견의 일치를 본 것은 아니다. 예를 들면 Faerch와 Kasper(1980)는 간소화, 규칙화, 과도한 일반화, 군더더기 감소 등과 같은 전략들은 사실상 정확한 가설형성을 방해하는 것들로서 비학습 전략이라고 볼 수 있다고 논하고 있다. 그러나 만약 비정확 가설이 SLA의 전반적인 과정에 필수적인 것이라는 주장을 받아 들인다면 이런 주장은 별로 중요치 않은 것 같다. 학습은 정확한 가설형성이 내포되어 있을 뿐만 아니라 최종적으로 정확한 가설이 나타날 때까지 체계적으로 수정되어 가는 잠정적 가설까지도 내포하고 있다. 간소화는 언젠가 한 번은 투입 정보를 잘 검토하여 형성된 가설의 한계를 해제시켜 주는 긍정적 역할을 하기도 한다.

간소화 개념에 또 다른 반대는 학습자 자신이 보유하고 있지 못한 것을 간소화 한다는 것은 학습자에게는 무의미한 것이라는 것이다. Corder(1981)는 SLA를 '복잡화'의 과정으로 보아야 한다고 주장하고 있다. 학습자가 아직 습득하지 못한 L2를 간소화시킬 수 없다는 Corder의 주장이

옳다면, 학습자가 투입 정보에 매달려서 가설형성에 제약을 받게 되는 학습의 부담을 경감시키려고 한다는 주장이 더 그럴 듯 하다. 비록 생산은 간소화시킬 수 없다고 - 그리고 이 문제는 다음 장에서 자세히 보게 될 것이다 - 볼 수 있을 지 몰라도, 그 과정은 간소화되는 것이라는 주장이 여전히 자생력이 있다. 이것은 Meisel(1983)에 의하여 수용된 입장이다. 그는 투입에 나타나는 언어규칙의 근사값을 산출해 냄으로써 이전에 습득된 것에 지금 막 습득된 것과 조정을 하는 과정에 있는 학습자와 관련이 있는 '정밀한 간소화'란 용어를 사용하고 있다.

간소화가 때로는 학습전략(Tarone 1981)이라기 보다는 오히려 생산전략으로 분류되기도 한다. 즉 학습자는 L2규칙의 속성을 배워야 하는 단계이지, 언어처리과정이 복잡하기 때문에 아직 L2규칙을 사용할 수는 없는 것이다. 그러므로 그는 그것들을 간소화하고 있다(예: 몇 가지는 사용하지만 기타 대부분의 것들은 모두 생략하므로써). Meisel은 이것을 '제약된 간소화'라고 칭하고 있다. 간소화는 분명히 생산의 중요 현상중의 하나이고 이에 대한 자세한 내용은 다음에 다루기로 한다. 이것이 위에 언급한 그런 방식의 학습에 기여한다는 점을 배제하지는 않는다. 간소화는 하나의 학습전략이며 동시에 하나의 생산전략인 것이다.

추론

추론은 학습자가 투입 정보를 보고 가설을 형성하는 수단인 것이다. 즉 적절한 L2 규칙이 기존의 중간어 지식으로부터 전이 혹은 과도한 일반화란 수단으로 도출될 수 없는 경우에 학습자는 투입으로부터 규칙을 유도해 낼 수밖에 없다. 예를 들면 영어를 배우는 스페인 학습자는 간소화에 기초를 둔 부정문 규칙을 습득하는데 성공하지 못할 것이다. 전이 전략이 'no + 동사'규칙(예: 'No like beer')으로 학습자를 이끌어 갈 것이다. 이와 같은 규칙은 과도한 일반화에 의해서도 파생되어 나올 수 있다(즉 'no'가 명사때와 마찬가지로 동사일 경우도 부정어 기능을 하는 것으로 과도하게 일반화되는 것이다). 그러나 다음 예문과 같이 정확한 규칙에 도달하기 위해서는 스페인 학습자는 L2투입 정보를 보고, 적절한 가설을 형성할 필요가 있다.

(예문) I don't like beer.

추론을 다루는 기존의 방법들이 저자의 견해와 전적으로 동일할 수는 없다. 예를 들면 Carton(1971)은 다음과 같은 단서의 3가지 타입으로 추론을 논하고 있다. 즉 (1)언어내적 단서(즉 L2의 형태적, 통사적 규칙성으로부터 파생된 단서들), (2) 언어간 단서(즉 유사한 언어유형적 가설을 갖는 언어간에 차용되어 나오는 단서들), (3) 언어외적 혹은 상황적 단서(즉 예측이 가능한 객관적 세상 속에 존재하는 규칙에 근거를 둔 단서들) 등이 있다. Bialystok(1983a)도 추론의 3가지 타입을 설정했는데 Carton의 타입과 같은 것은 아니었다. 그의 3가지 타입은 (1) 함축적인 지식으로부터의 추론(즉 처음부터 육감에 의존하는 명백한 L2 지식 만들기), (2) 다른 지식으로부터의 추론(즉 다른 언어 특히 L1의 지식의 활용 또는 이 세상의 지식을 활용), (3) 상황으로부터 추론 등이 있다. 그러나 Carton과 Bialystok의 이론적 틀에서 추론은 저자가 추론 및 간소화라고 칭했던 두 가지 모두가 포함된 일반적인 과정으로 처리되고 있다. 저자는 언어내적 추론과 언어외적 추론 등 두 가지 방법으로 개념을 분류하고 싶다.

언어 내적추론은 구구단식 스피치의 패턴분석의 그것과 매우 유사한 과정을 내포하고 있는데, 이 경우 차이점이 있다면 그것은 학습자가 L2의 내적 자료 보다는 외적 자료로 작동된다는 점이다(즉 비축된 구구단 공식). 따라서 언어 내적추론은 섭취분석의 결과이다. 전략의 사용은 투입의 구체적 자질들을 접하게 되는 천부적 언어 성향 혹은 인지적 성향에 의하여 지배된다. 그들이 언어적이라면 그것들은 촘스키가 L1학습자는 천부적으로 타고 났다고 믿고 있는 '보편문법'을 닮은 것일 것이다. 그것들이 만약 인지적인 것이라면 Slobin이 '작동원리'로서 목록화시킨 것들과 같은 일반적인 인지전략의 사용을 내포하게 될 것이다. 그러나 섭취 분석의 구체적인 작업은 아직 무엇인지 기술된 바 없으며, 이에 대한 우리의 이해도 상당히 제한적인 수준에 머물고 있다.

언어외적 추론은 외적 투입으로부터 학습자가 가설을 구축할 수 있는 가장 강력한 기재중의 하나이다. 그것은 물리적 환경의 특질에 주의를 집중시키는 것과 L2투입을 이해할 만한 것으로 만들어 사용하는 것 등으로 구성되어 있다. 발화의 비언어적 상관관계를 관찰해 볼 때, 학습자는 자기가 섭취할 수 있는 능력을 벗어나는 투입을 변하게 할 수 있다. MacNamara (1972)는 L1학습자가 '의미의 단서로서 언어 사용이 아니라 언어의 단서로서 의미의 사용'을 하게 된다는 말을 했다. 이 말은 L2학습자는 물론 성인 학습자도 포함해서 L2학습자에게도 그대로 적용되는 말이다. 스피치 활동의 상황적 관계는 학습자가 SLA출발점부터 의미를 파악해 낼 수 있게 해준다. 그러므로 언어외적 추론은 초급단계에 있는 학습자가 외적 투입으로부터 가설을 공식화하기 위하여 사용하는 주요 수단이라고 볼 수 있다. 이것은 SLA의 처음부터 끝까지 계속해서 그 중요성이 있는 것이다.

가설 검증

가설 검증이란 개념은 이미 제3장에서 소개한 바 있다. 제3장에서 언어학습자는 L2언어규칙체계에 관한 가설을 검증하기 위하여 오류를 범할 수 있다고 지적한 바 있다. 이런 일이 발생하는 방법을 좀더 자세히 조사해 보고, 지금까지 야기되었던 가설 검증에 대한 몇 가지 반대이론도 고찰해 볼 필요가 있다.

학습자가 일단 가설을 발전시키면, 그 가설이 맞는지 여러 가지 방법을 동원하여 검증해 볼 수 있다. Faerch와 Kasper(1983b)는 이에 대하여 다음과 같은 방법을 소개하고 있다.

1. 인지적으로(즉 학습자는 L2 투입정보를 주시하고, 섭취분석이란 수단을 동원하여 제공된 데이터와 가설을 비교해 본다).
2. 생산적으로(즉 학습자는 자기가 형성한 가설을 자기가 받은 환류와 잘 맞는지 평가하여 가설에 나타난 언어규칙을 내포하는 L2발화를 생산한다).
3. 메타언어적으로(즉 학습자는 자기 가설의 타당도를 높이기 위하여 원어민, 교사, 문법 혹은 사전 등을 조회하고 참고한다).

4. 상호작용적으로(학습자는 앞 장에서 설명한 바와 같이 대화 상대
   방으로부터 자기 말의 수정/보완을 이끌어 낸다).

가설검증은 이상에 기술한 한 가지 혹은 몇 가지 방법으로 수행된 결과
이기 때문에, 학습자는 자기의 초기 가설을 확신하거나 거부할 수 있는 위
치에 서게 된다. 중간어 규칙의 계속적인 수정은 학습자가 가설의 수정/보
완을 요하는 증거에 반응을 보인 결과이다. SLA가 끝나는 것은 학습자가
더 이상 가설에 모순되는 증거를 받지 못할 경우나 혹은 가설 검증을 중단
한 경우 등 둘 중의 한 경우이다(즉 학습자가 자기 언어능력에 만족하기 때
문일 경우).

SLA관점에서 본 가설검증에 관해서는 그 동안 몇 가지 비판이 있었다.
이들 비판중에서 가장 많은 비판은 환류의 역할에 관해서였다. 부정적 환
류의 규정조건(즉 정정)이 보다 정확한 언어수행으로 특히 그 자리에서 당
장 더 나은 언어수행으로 이어지지 못한다는 점이 관찰되었다. 일상적인
대화에서 마저도 부정적인 환류가 나타나면(예: 말의 의미를 명확하게 이해
하기 위하여 확인하려고 확대 및 알기 쉽게 다시 말하라는 요구가 있을 경
우), 학습자가 즉석에서 자기 가설을 수정한다고 주장할 만한 증거가 여전
히 없는 상태이다. 뿐만 아니라 Long(1977)이 지적한 바와 같이 학습자가
적극적으로 부정적 환류를 모색할 것이라는 점에 대하여 논하는 것은 별로
의미가 없다. 이와 같은 '왜곡된 아이디어'는 별로 신빙성이 없다.

그럼에도 불구하고 가설검증 모델은 여전히 실현 가능성이 있다. 이런
비판들은 가설을 어떻게 부정 혹은 기각하느냐와 관련이 있다. 그러나 중
요한 과정은 오히려 가설 확신일 것이다. 학습자들은 한 가지 언어규칙에
대하여 가설을 둘 이상의 복수로 만드는 경우가 많다. 환류의 역할은 학습
자가 최종적으로 어느 가설을 수용할 것인가를 결정할 수 있게 해준다. 학
습자는 복수의 가설을 충분히 검증해 보기 이전까지는 섣불리 어느 가설이
옳다고 결론을 내지 못할 것이다. 결과적으로 대안 가설이 잠정적으로 유
지 될 것이고, 서서히 복수의 가설중 더 나은 것으로 선호하는 윤곽이 들어
날 것이다. 실제로 경합된 두 가지 가설중 어느 하나가 승리하게 되고, 그것

이 영원한 L2 언어규칙으로 자리잡게 될 것이다. 가설검증에 대한 이와 같은 관점은 위에 언급한 반대 혹은 기각과 잘 맞는 내용이고, 다양한 현상으로서의 중간어를 인정하는 개념도 된다. 전체적인 과정은 하나의 무의식적 과정이라고 볼 수 있다. 즉 학습자는 L2언어를 배우기 위하여 가설검증을 수행하는 것이 아니고 의사소통 과정의 한 부분으로 이루어질 것이다. 그러므로 다양한 종류의 의사소통이 제6장에서 언급한 바와 같이 과정상에서 방해가 되거나 도움이 될 수 있는 것이다.

　　가설 검증의 역할은 제8장 SLA에서의 '보편가설'을 다룰 때 다시 보기로 한다. 이하 본 장에서는 귀납적 가설형성이 언어습득은 어떻게 일어나는지를 적절히 설명할 수 없다는 주장에 관하여 고찰해 보기로 한다.

자동화 과정

　　중간어 현상의 변이성 또한 각기 다르게 자동화된 규칙들의 한 가지 반영이다. 복수의 가설들은 서로 경쟁적이지만 여전히 그 확실성의 정도가 구구각색인 상태로 존재한다. 확실성이 적으면 적을수록 그 가설은 L2 생산에 사용되는 빈도수도 적게 된다. 학습과정의 일부분은 확실한 증거의 축적에 의하여 가설을 정리한다. Faerch와 Kasper(1983b)는 이것은 학습자가 L2를 생산적으로 그리고 예민하게 연습/훈련할 때 일어날 수 있다고 주장한다. 이들 학자들은 초점이 L2의 공식적인 자질들에 중점을 두느냐 아니면 의사소통적 노력에 중점을 두느냐에 따라 공식적 연습과 기능적 연습을 구분하고 있다. 자동화는 스타일의 연속선상 공식적인 목표점에 있는 중간어에 들어가는 L2언어규칙의 연습과 '일상적인 언어'에서 이미 사용되고 있는 언어규칙의 연습 등 두 가지 연습을 다 포함한다.

요약

　　창조적 스피치를 위한 과정과 전략은 다음 <표 7.1>로 요약한다. 이런 것들은 전형적으로 무의식적인 절차(즉 학습자가 의사소통을 목적으로 몇 가지 점에 초점을 맞추고 있는 동안 학습자의 뇌속에서 동시발생적으로 작동된다)이지만, 동시에 의식적인 절차(즉 학습자가 의식적으로 L2언어지식을 증가시키려는 의도에 의하여 작동되는 것)이기도 하다. 그러나 메타언어적 가설검증 및 공식적인 연습과 같은 몇몇 절차들은 반드시 의식적이다.

진 행 절 차	전 략
가설 형성	간소화 (1) 과도한 일반화 (2) 전이 추론 (1) 언어내적(섭취분석을 통하여) (2) 언어외적
가설검증	수용적(섭취분석을 통하여) 생산적 메타언어적 상호작용적
자동화	공식적 연습 기능적 연습

〈표 7.1〉 창조적 언어학습의 과정과 전략

생산전략

중간어규칙의 유용성은 생산/수용전략 및 초기 계획이 문제성이 입증될 때, 의사소통 전략 등 두 가지를 포함한다는 것은 취소될 수 있다. 본 장에서는 L2지식의 문제없는 사용에 관해서 고찰하기로 한다. 그것은 생산의 기본 모델중의 하나를 제시할 수 있고(이미 언급했기 때문에 수용은 고려되지 않을 것이다), 이 모델의 구성 요소를 계획하고 표현하는 것과 연관된 구체적인 전략을 고려해 볼 수 있다.

L2생산의 한 모델

L2생산은 원어민 화자들의 그것과 동일한 패턴을 갖는다고 가정해 볼 수 있다. 아래에 요약한 모델은 Clark과 Clark(1977)에 의하여 기술된 것이다.

이 모델의 출발점은 화자의 의사소통 목표이다. 이것은 가르치는 교육 문제 혹은 질문에 대답하는 문제 등에 관한 하나의 이야기가 될 수도 있다. 의사소통 목표는 화자가 유형을 필요로 하는 담화계획 타입을 결정하게 될 것이다. 이 계획은 의사소통 목표가 대화를 통하여 실현될 것인지, 아니면 독백을 통하여 결정될 것인지를 반영하게 될 것이다. 그것은 또한 담화의 어느 정도까지가 관습적이며 '각본'적이냐 아니면 독특한 계획을 요하느냐 등을 반영하게 된다. 일단 화자가 적절한 담화계획을 세우고 나면 이젠 문장계획에 착수한다. 이런 것들은 일반적인 명제적 내용 및 스타일에 맞지 않는 표현적 의미 등을 결정한 다음, 각 발화의 구성 성분 구조의 윤곽선을 그리는 것을 포함하고 있다. 담화와 문장계획은 함께 하나의 '골격'을 구성한다. 다음 단계는 모델의 실행요소로 이동하는 것이다. 그것은 각 구성소의 구조를 구축하는 계획으로 짜여져 있다. 그러나 언어 사용자는 제안된 발화의 모든 구성소를 구축할 계획을 세울 필요는 없다. 언어 사용자는 개별적 구성소의 구축계획과 이들의 실행중 어느 하나를 선택적으로 골라서 채택할 수 있는 것이다. 그러므로 구성소 계획단계 및 발음 프로그램 단계는 linear fashion(하나하나 차례대로 진행되는 형식)을 따르지 않는다. 사용자가 계획단계와 실행단계를 앞으로 혹은 뒤로 움직인다는 증거는 실제 스피치상에서 중간 휴지(pause)를 보면 발견된다. 이런 것들은 구성소 경계선에서 발견되며, 학습자가 다음 계획을 세우기 위하여 시간이 필요하다는 점이 주요 동기인 것 같다. Clark와 Clark는 발음 프로그램 그 자체는 다음과 같이 5단계를 거친다고 보고 있다. 즉 (1) 각각의 구성소가 갖고 있는 의미의 선택, (2) 구성소에 대한 통사적 윤곽의 선택(즉 실제 단어의 위치 확정), (3) 내용어의 선택(즉 적절한 자리에 맞는 명사, 동사, 형용사, 부사 등의 선별), (4) 접사 및 기능어 형성(즉 기능어의 자리 배정 및 문법적 굴절어미 확정), (5) 음운부의 구체화 등이 그것이다. 이 모델의 마지막 구성소는

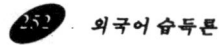

모타 프로그램 즉 실제 발화를 위한 작동 프로그램이다. 아래 <도표 7.3>은 Clark와 Clark의 구성소 모델의 골격을 나타내고 있다.

```
┌─────────────────────┐
│ 계획 프로그램        │
│ 1 의사소통적 목표    │
│ 2 담화계획           │
│ 3 문장 계획          │
│ 4 구성소 계획        │
└─────────────────────┘
          ↓
┌─────────────────────┐
│ 발음 프로그램        │
│ 1 의미 선택          │
│ 2 통사적 윤곽        │
│ 3 내용어 선택        │
│ 4 접사 및 기능어 형성│
│ 5 음운부의 구체화    │
└─────────────────────┘
          ↓
┌─────────────────────┐
│ 작동 프로그램        │
└─────────────────────┘
```

〈도표 7.3〉 언어생산의 구성소 모델(Clark와 Clark 1977)

Littlewood(1979)는 L2 사용을 설명할 수 있는 구체적인 생산모델을 제안했다. 그의 모델은 Clark와 Clark모델을 많이 닮았다. Littlewood는 모델에 기초를 둔 전략을 최소전략과 최대전략 등 두 가지로 구분하고 있다. 전자는 SLA의 초기단계의 생산이란 특징이 있다. 여기엔 여러 가지 방법으로 구성소 계획 및 발음단계를 학습자가 모두 간소화시키는 것들이 내포되어 있다. 학습자는 문장의 모든 주요 구성소를 위한 구성소 계획을 발전시킬 수 없을 지도 모른다. 오히려 이어지는 상황중에서 실수로 누락시킨 것들을 받아 들이면서 수 많은 의미 요소중 최소 숫자만 계획속에 끌어들일 수 있을 것이다. Ellis(1982a)는 이것을 하나의 의미 간소화 전략이라고 기술하고 있다. 또 다른 형태의 간소화는 학습자가 내용어만 임호화하고, 접사 및 기능어 형성을 생략한 발음 프로그램 상태에서 나타날 수 있다. 이것은 학습자가 아직 L2의 그와 같은 측면에 관하여 가설을 세우지 못했기 때문에, 아니면 언어적 원재료를 철저히 검색할 시간적 여유가 없이 일단 말을 해야한다는 압력을 받는 과정 때문에 나타날 수 있는 것이다. 셋째로 간소화는 작동 프로그램내에서 발발할 수 있다. 최대전략은 학습자가 충분한 L2 지식을 갖고 있으며 이런 지식을 적절히 통제할 수 있기 때문에 공유된 지식에 의존할 필요성이 감소되는 경우에 나타난다. 여기엔 겸양/겸손과 같은 문체적 유표를 부호화하기 위한 미묘한 언어적 선택을 충분히 해낼 수 있는 능력도 포함된다. 그러므로 초기 생산은 서법 감소(즉 may, must, would, should 등, Kasper 1979)라는 유표가 나타나는 경향이 있고, 후기 생산은 서법 조동사와 연결된 문법체계(예: 서법 조동사 및 부사적 표현)의 사용을 특징으로 한다. 최대전략은 중간어체계의 복잡성에 반영된다.

골격과 구성소 모델도 계획자와 교정자를 분류한 Seliger(1980)의 흥미로운 구분법을 해석하는 하나의 틀을 제공하고 있다. 계획자들은 발음 프로그램을 시작하기에 앞서서 각 구성소를 세심하게 계획을 짜는 사람들이다. 따라서 그들의 언어수행은 머뭇머뭇 할지는 몰라도 적어도 그들의 중간어체계내에서 정확하기는 하다. 반대로 교정자들은 발음 프로그램을 착수하기에 앞서서 각 구성소를 부분적으로 계획하게 되는데, 그 결과 그들은 휴지(pause)가 적어지지만, 그들이 중간어체계를 따르지 않거나 문제가 발생하게 될 때 의사소통전략의 사용이나 모니터일에 더욱 빠지기 쉽다. 계획전략 및 교정전략의 사용에 관해서는 이하에서 상세히 다루기로 한다.

계획전략

여기서 두 가지 계획전략 즉 의미적 간소화, 언어적 간소화 등 두 가지를 소개한다. 이들 전략은 학습자가 최소한의 L2 언어 원재료를 갖고 있어서 그 재료를 최대한 쉽게 그리고 가장 효율적으로 채택할 필요가 있을 때 SLA의 초기단계에서 학습자에 의하여 이용되는 절차이다.

의미적 간소화

이는 학습자가 언어적으로 부호화된 명제적 요소들을 감소시킴으로서 문장계획을 간소화할 때 나타나는 현상이다. 학습자는 부호화를 위한 구체적 구성소를 선별하고 나머지는 언어 외적 단서로부터 청자가 알아서 추론하도록 내버려 둔다. 삭제된 구성소들은 통사적인 것들이 아니고 의미적인 것들 즉 실제 상황에서 그리고 언어적 상징(기호)으로서 인지되는 상황에서 사용되는 일반적인 개념 범주로 생각할 수 있는 행위자, 대상물(목적물), 여격 등등(Fillmore 1968)과 같은 격(cases)을 구성한다. 갑(A)이 을(B)을 때리는 상황을 상상해 보자. 을의 입장에서 보면 다음과 같을 것이다.

> He is hitting me.
> (행위자/행위 주체)   : He
> (행위 과정) : is hitting
> (행위객체/당하는 자)   : me

학습자는 위의 예를 보고 다음과 같은 단축된 유형중의 어느 것 하나를 생산할 수 있을 것이다.

> Hitting   (= 행위 과정)
> He hitting (= 행위주체 + 행위과정)
> Hitting me (= 행위 과정 + 행위객체)
> He me   (= 행위주체 + 행위객체)

이상의 유형중 어느 것을 학습자가 선택하느냐 하는 문제는 (1) 학습자에게 현재 가용한 언어적 원재료(예: 동사 'hit'를 모를 수도 있다), (2) 학습자가 느끼는 구성소가 학습자의 의사소통 목표와 문맥상황상 최대한의 정보를 제공하는 요소가 어느 것이냐 등등 두 가지중에 학습자에게 가장 효용성이 높은 것을 반영하게 될 것이다. Ellis(1982a; 1984a)는 의미적 간소화는 L1, L2 습득에 내포된 언어습득과정을 설명할 수 있는 강력한 논리를 제공한다고 주장했다.

언어적 간소화

언어적 간소화는 형태어 및 접사의 생략을 의미한다. 의미적 간소화와는 달리 언어적 간소화는 학습자가 보유하고 있지 않은 것을 간소화시킬 수 없다는 논리적 반대에 부딪히고 말았다. 그러므로 학습자가 다음 예문과 같은 발화를 생산한다면:

He hitting me.

위 예문에서 조동사 be가 생략되고 있는데, 이는 학습자가 자기 자신의 중간어에 조동사 be규칙을 보유하고 있음을 보여줄 수 있다면 이런 경우에 한해서 언어적 간소화라고 볼 수 있다. 사실상 학습자들이 이미 조동사 be 규칙같은 필수적인 유형을 습득했지만 이들이 말을 할 때 이런 류의 기능어를 생략한다고 주장할 만한 증거는 얼마든지 있다. 이것은 학습자가 L2 지식의 사용에 여러 가지 변이를 갖게 된다는 일반적인 특성중의 하나일 뿐이다. 이는 '...학습자가 구조적으로 간단하게 된 발화를 생산하며... 비록 이 시점에서 학습자의 잠정적 언어능력이 간소화되지 않은 구조를 생성할 수 있는 언어규칙들을 포함한다고 해도.'라고 Meisel(1983)이 지적한 것 처럼 말이다. Meisel은 '제한적 간소화'가 L2생산을 설명할 수 있을 뿐만 아니라 엄마 말 및 외국인 상대시 원어민 말 등등과 같이 간소화된 音域(register)도 설명할 수 있다고 주장한다. 그러므로 언어적 간소화는 대단히 일반적인 언어 생산전략인 것이다.

수정/교정 전략: 모니터 작업

수정/교정을 할 수 있는 주요 전략이 바로 모니터링이다. 이것은 Krashen의(1981) L2 수행 모니터 모델로부터 가장 훌륭한 빛을 발했다. Krashen은 학습자가 두 종류의 지식 즉 암시적/육감적 지식(Krashen이 말하는 '습득'에 해당함) 그리고 명시적/메타 언어적 지식 등이 그것이다. Krashen에 의하면 학습자가 암시적 지식만을 사용하여 발화를 시작하지만 발음 이전 혹은 이후에 명시적 지식을 이용하여 자신의 언어수행을 모니터할 수 있다는 것이다.

Krashen의 이론은 상당한 공격을 받아 왔다(제10장 참조). 그의 모니터링의 개념은 학습자가 암시적, 명시적 지식을 이용하여 자신의 언어수행을 편집할 수 있다는 의미에서 너무 협소한 개념인 것으로 보인다. 사실 Krashen은 '느낌'에 의한 교정이란 그의 주장에서 이 점을 인정했지만 그러나 이 점은 그의 이론 전체의 틀 속에서 보면 매우 작은 한 부분일 뿐이다. 저자가 여기서 논하고 싶은 모니터링은 초기의 산출이나 실제 산출을 교정할 수 있는 어떤 유형의 지식이라도 사용할 수 있는 좀더 넓은 의미에서의 모니터링이다.

Morrison과 Low(1983)는 모니터링의 역할을 논하기 위하여 Clark와 Clark의 모델과 매우 유사한 생산모델을 제안했다. 그들은 발음 프로그램이 이미 시작된 다음에 나타나는 사후 발음 모니터링과 사전 발음 모니터링을 구별했다. 학습자가 구성소 계획을 언어적 형태로 채워 나가는 작업을 시작한 다음에 그는 처음에 선별한 유형을 다른 선호하는 유형으로 교체함으로써 시발단계의 발화를 작동할 수 있다는 것이다. 이와 같은 종류의 모니터링은 어휘, 통사, 형태 및 음운적 실재화 등등에서 실행될 수 있다. 바꾸어 말하자면 위의 <도표 7.3>에서 보여준 발음 프로그램 5단계중 어느 단계에서나 나타날 수 있다는 말이다. 이것은 의사소통적 목표나 담화 및 문장계획의 조정을 받으면 더 상위 단계에서도 일어날 수 있는 것이다. 그러나 모니터링은 의사소통적 혹은 언어적 어려움을 경험하지 않을 때 일어날 수 있기 때문에 이것은 쉽고도 효율적인 기존의 원재료를 극대화하는 하나의 수단으로 보아야 할 것이다. 그러므로 이것은 의사소통적 전략이라기 보다는 생산전략으로 보아야 한다.

요약

생산은 계획, 발음, 작동 프로그램 등을 포함하는 위계구조를 갖는 하나의 과정으로 구성되어 있다. 이 과정은 원어민 및 L2 사용자에게 공통으로 나타나는 과정이다. 생산전략은 발화계획 및 발화교정 등 두 가지로 분리할 수 있다. 의미적 간소화 및 언어적 간소화는 L2체계의 간편하고 효율적인 이용을 위한 '최소전략'이다. 이런 것들이 바로 계획전략인 것이다. 모니터링은 교정전략중의 하나이다. 이것은 발음 이전이나 이후에 나타날 수 있으며, 암시적 지식과 명시적 지식 둘 다를 이용할 수 있다.

의사소통 전략

'의사소통 전략'이란 용어는 중간어 진행과정을 설명하면서 Selinker(1972)가 명명한 용어이었다. 그후 학습자 의사소통 전략에 관해서 꾸준한 관심 증가를 보여 왔다. 그러나 이에 대한 많은 관심은 용어의 정의 문제에 너무나 많은 시간을 허비했다. 그래서 처음으로 관심의 방향을 돌린 것은 바로 저자이었다. 이어서 의사소통 전략에 형태론이 나타났고, L2 학습자들이 사용하는 말에 대한 실험적 연구가 나타나게 되었다. 본 장에서는 SLA면에서 의사소통 전략의 역할에 관하여 몇 가지 지적하는 것으로 결론에 대신하고자 한다.

의사소통 전략의 정의

의사소통 전략에 대한 논의의 대부분은 두 가지 주요 개념으로 구성되어 있다. 이들 두 가지 개념이란 의식적이며, 문제 지향적인 것 등이다.

Varadi(1973)는 L2 오류가 우연하게 혹은 고의적으로 일어날 수 있는 문제라고 지적했다. 전자의 경우, 이런 것들은 생산전략의 결과이고 학습자의 L2 지식의 잠정적 상태를 반영하는 것이다. 후자의 경우는 학습자가 최초 계획의 의미나 유형의 몇 가지 요소들을 감소하거나 교체하려고 의도적으로 채택하는 의사소통 전략의 결과인 것이다. Faerch와 Kasper(1980)도 의식(consciousness)을 의사소통 전략의 분명한 특성으로 고려했지만, 하나의 전략이란 것이 의식적인지 아니면 다른 것인지를 경험적으로 결정을 내리기가 매우 어렵다는 사실을 인정했다. 학습자가 항상 자기들이 사용하는 말이 의사소통 전략을 사용하는 것이라고 깨닫고 있을 수는 없기 때문에 그들은 이것을 '잠재적으로 의식적인' 것으로 보는 것이 더 나은 정의라고 주장했다.

의사소통 전략은 문제 지향성을 갖는다. 즉 학습자들이 자기가 원하는 대로 말로 표현할 수 있는 L2 지식 즉 언어적 원재료에 접근할 수 없거나 결여된 상태에 있기 때문에 학습자들은 의사소통 전략을 채택하게 되는 것이다. Corder(1978c)가 말한 바와 같이 의미와 목표 사이엔 균형이 맞지 않는다. Faerch와 Kasper(1980)는 의사소통 전략을 최초의 계획을 수행할 수 없을 때 대안으로 채택하는 특수한 종류의 계획의 일부분으로 분류하고 있다. 학습자들은 생산계획을 수행하기 위한 충분한 수단을 갖지 못했다는 사실을 발견했기 때문에 최초의 생산계획을 대체시킬 하나의 '전략적 계획'을 강요받게 된다. <도표 7.3>에 나타난 모델상의 용어에 의하면 이것은 문제의 본질로부터 출발하고, 발음의 조음 과정상의 어느 한 지점에 놓여 있으면서 발음 프로그램으로 환류되기 이전의 대체계획(담화, 문장, 혹은 구성소 수준에서)으로 발전해 나갈 수 있는 연결고리를 내포하는 것이다. 그러나 의사소통 전략은 문제 지향성이란 면에서 독단적으로 홀로 존재하는 그런 것은 아니다. 학습자 전략은 기존의 의미가 충분치 못하다는 사실을 학습자가 인식할 때도 효력을 가질 수 있다. 그러나 의사소통 전략은 학습자가 L2를 수행하려고 했으나 문제가 있는 그런 학습전략과는 다른데, 학습전략은 의사소통적 필요성에 부합할 필요가 있다. 학습전략이 문제 해결의 장기적 전략이라면 의사소통 전략은 단기적 해답을 제공한다.

처음부터 의사소통 전략은 심리언어학적 용어로 논의되기 시작했다. 즉 그것은 실제 언어행위 내면에 깔려 있는 정신적 현상으로 취급했던 것이다. 이 보다 좀 나중에 나온 논의(예: Tarone 1981)에서는 상호작용적 입장을 취하게 되었다. 여기서 의사소통 전략은 L2 학습자의 언어적 지식과 실제 의사소통 상황에서 학습자의 대화 상대자의 언어 지식간의 갭을 메꾸어 주기 위한 시도로 간주되었다. 이것들은 대화 상대자들간에 '의미에 대한 의견의 일치를 본 타협' 이라고 특성을 규정하게 되었다(Tarone 1981). 그러므로 Tarone은 의사소통 전략을 의사소통의 문제점을 극복하기 위하여 요구되는 상호작용적 노력을 향한 학습자의 공헌으로 보고 있다. 그러나 Faerch와 Kasper(1983c; 1984)가 지적한 바와 같이 이와 같은 상호작용적 정의에는 몇 가지 난제들이 있다. 첫째, 이것은 L2 학습자의 대화상대가 없는 상황 즉 독백에 적용하기가 어렵고, 이 경우는 명백하게 의미의 타협이란 존재하지 않는 것이다. 그러나 의사소통적 문제는 대화에서와 꼭같이 독백에서도 나타나게 된다. 둘째, 의사소통적 전략의 적용은 상호작용의 구체화없이도 나타날 수 있다. 학습자는 자신의 초기 작동계획을 실천하기에 앞서서 그 계획이 작동하지 못할 것이라는 점을 깨달을 수 도 있다. 그러므로 대체계획은 휴지(pause) - 이것은 아마도 정상적인 쉼표의 정지기간 보다 약간 더 길게 시간을 끄는 것일 것임 - 기간과 동시에 발발하게 될 것이다. 그러나 Tarone의 상호작용적 정의는 학습자 측에서 몇 가지 호소력이 있는 유형으로 외관상 들어나는(유표) 의사소통 전략만을 고려하고 있다. 그러므로 일반적으로 볼 때 심리언어학적 정의를 선호하게 되는 것이다. 상호작용적 입장은 분리하여(학습자만) 분석을 시도하기 위한 학습자 활동분석 보다는 학습자와 학습자의 대화 상대자 등 양자 모두의 공동 기여도를 따지는 담화분석이 나타나면서 큰 타격을 입고 말았다.

　　의사소통 전략은 원어민과 L2학습자에 의하여 채택되었다. 이 책의 이하에서 소개하는 유형학(類型學, typology)에 목록으로 들어가 있는 대부분의 의사소통 전략은 양자 모두에 공통으로 되어 있다. 이들은 의사소통 능력의 한 부분으로 보고 있다. Canale와 Swain(1980)은 '전략적 능력'을 정의하기를 언어 사용자의 전반적인 의사소통 능력의 집중된 한 부분으로서 '신뢰할 만한 의사소통적 상황에 대처하는 방법 및 의사소통 통로를 계속해서 열어 놓는 방법' 등등이라고 했다.

논의를 더 발전시켜 보면 의사소통 전략이란 다음과 같이 정의를 내릴
수 있다:

의사소통 전략이란 언어 사용자의 의사소통 능력의 일부분으로 존재
하는 심리언어학적 계획이다. 이것은 잠재적으로 의식되는 것이며
학습자가 작위적으로 실행할 수 없는 생산계획에 대체품으로 기능하
게 된다.

의사소통 전략의 유형학(類型學)

아마도 정의의 어려움 때문에, 의사소통 전략의 유형학엔 일반적으로
일치된 견해가 없는 것 같다. 이 분야의 유형학을 이론적으로 제시한 학자
로는 Varadi(1973), Tarone et al.(1976), Corder(1978c), Faerch와 Kasper(1980)
등등이 있다. 뿐만 아니라 어휘문제와 특별한 연관을 지은 유형학도 Blum-
Kulka와 Levenston(1978), Paribakht(1982) 등에 의하여 제시되었다. <표
7.2>에 제시된 유형학은 Faerch와 Kasper(1984)의 주장을 요약하여 소개한
것이다. <표 7.2>에 나타난 것들은 적용이 아니라 생산과 관련이 있음을 다
시 한 번 상기시키니 주목할 필요가 있을 것이다.

이들 많은 전략들이 실제 데이터를 놓고 볼 때 <표 7.2>의 유형학중 어
느 것에 해당하는 것인지 식별해 내기가 매우 어려울 것이다. 어떤 것들(예:
retrieval strategies = 수정전략)은 실제 언어수행에서 구체화되지 않을 것이
다. 그러므로 이상적으로 보면 의사소통 전략중 어느 전략을 사용하느냐에
관한 식별은 스피치 데이터의 분석뿐만 아니라 내성적 연구기법의 사용도
필요하게 된다.

실험적 연구

의사소통 전략의 이론적 논의는 실험적 연구방법을 놓고 확산되어 왔

다. 그 이유는 용어 정의의 불확실성 및 어떤 것을 의사소통 전략으로 볼 것
인가라는 근본적인 문제점 등등이 원인인 것이다. 그럼에도 불구하고 몇몇
실험적인 연구가 실시되었고 실험연구 분야는 급속히 성장했다.

　　연구방법면에서는 여러 가지 다양한 방법과 절차가 대두되었다. 초기
의 연구(예: Vara야 1973; Tarone 1977)는 이야기-말로 하기 임무에 대한 학
습자의 수행능력중 L1으로 할 때와 L2로 할 때의 차이점 비교를 연구했다.
이 경우 연구 동기는 L2의사소통 전략은 기본적으로 L1 언어자료가 가용한
것으로 존재할 경우라야만 L2 의사소통 전략이 식별될 수 있을 것이라는 믿
음이었다. 예를 들면 만약 회피현상이 L1 언어수행에 명백하게 나타날 때
만 L2에서도 회피현상이 나타나지 않을 것이다. 이와 유사한 또 다른 연구
법은 원어민 집단의 언어수행과 L2 학습자들의 언어수행을 비교해 보는 방
법이다(예: Hamayan과 Tucker 1980; Ellis 1984d). 세 번째 방법은 특별한 어
휘/품사의 사용에 초점을 맞춰보는 방법이다. 이 방법에 속하는 것은 그림
을 주고 이야기를 만들어 보라는 방법(Bialystok 1983b) 혹은 그림에 제목을
붙여 보라든지 혹은 L1으로 번역해 보라는 방법(Paribakht 1982) 등이 있다.
기타 방법으로는 원어민과 L2 화자간의 대화를 비디오 테이프로 녹화해서
테이프를 분석해 보라는 방법(Haastrup과 Phillipson 1983)이 있다.

　　이들 연구의 결과는 결정적인 것은 없고 다만 권해 볼만 하다고 말할 수
있다. 이들 방법의 각기 다른 특색과 효과를 다음과 같이 요약한다.

1. 유창성 단계의 효과

　　학습자의 유창성 단계(수준)는 자신의 전략 선택에 영향을 준다.
Tarone(1977)은 그녀가 연구한 능력이 좀 떨어지는 학생들은 성취전략을 줄
이는 것을 선호했다. Ellis(1983)도 종적연구의 실험대상 학생중 한 명이 초
기단계에서 감소유형의 행위를 선호했지만 학습이 진전됨에 따라 서서히
성취-타입의 행동으로 변해갔다. Ellis(1984d)는 ESL의 어린이의 전략과 원
어민 어린이 영어간에 차이점이 양적인 것이지 질적인 것이 아니라는 사실
을 발견했다. 전자는 주로 회피에 의존하고, 후자는 주로 알기 쉽게 다시 풀
어쓰기(paraphrase)에 의존한다. Bialystok(1983b)은 고급단계 학습자들은

하위수준의 학생들 보다 L2에 기초를 둔 전략을 더욱 의미있게 사용하고, L1에 기초를 둔 전략은 상대적으로 적게 이용한다는 사실을 발견했다. 그러므로 일반적으로 보아서 L2 학습자들의 유창성의 한계는 전략의 숫적 감소나 L1 의 기초를 둔 전략을 선호하게 만들지만, 고급단계로 올라 갈수록 L2 의존도가 높게 됨을 알 수 있다.

2. 문제-원재료의 효과

전략적 선택은 문제의 구체적 특성에 영향을 받는다는 사실을 나타낼 수 있는 증거가 별로 없지만 이것은 사실인 것 같다. Tarone(1977)은 L1과 L2간에 밀접한 인식이 존재할 경우 부호-연결이 더욱 쉽게 일어날 확율이 높다고 지적했다 Hamayan과 Tucker(1980)는 L2 학습자 어린이가 회피를 보이는 범위는 이에 내포된 문법구조에 의존한다는 사실을 발견했다.

3. 개성의 효과

Tarone(1977)은 이야기-말하기에 접근하는 학습자의 전반적인 접근방법에 근본적인 차이가 있음을 발견했다. 한 학습자는 말을 빨리 했고, 이 때 L1 혹은 L2 수행상 별로 구체적인 사항은 제시하지 못했다. 그런데 또 다른 학습자는 매우 정교했으며 필요시 도움도 요청했다. 그녀는 개성적 요인이 전략상의 선호도와 밀접한 상관계가 있을 것이라고 주장했다.

유 형(Type)	설 명	예
A. 감소전략	문제를 해소하려는 시도. 학습자들이 자신의 본래의 의사소통 목표중 일부를 포기하는 것.	
1. 형식적 감소전략	학습자가 배웠지만 아직 자신이 없는 L2 문법규칙을 회피하는 것 혹은 아직 접근해보지 못한 L2 문법규칙을 회피하는 것.	He made him to go..... → He asked him to go.....

| 2. 기능적 감소전략 | 특정한 스피치 행위나 담화기능의 회피 특정의 화제를 회피 혹은 포기 혹은 대체, 서법 유포의 회피. | He plays... He does sport |
| B. 성취전략 | 본래의 의사소통전략을 학습자가 유지하려고 결정할 때나타나지만 불충분한 요소는 보충시켜야 함. | |

1. 보충전략

a) 비협력적 전략	대화 상대방의 도움을 요하지 않는 보충전략.	
1) L1/L3에 기초	학습자가 L2보다는 다른 언어를 사용.	
-부호-연결 한 전략	학습자가 L2가 아닌 다른 언어 사용. Geschwester.	I don't have any
-외국어화	학습자가 L2는 아니지만 L2처럼 보이는 유형을 사용.	Danish 'papirkurv' → 'papercurve'
-문자적 번역	학습자가 L1/L3유형을 번역	Danish 'grøsager' (=vegetables) → 'green things'
2) L2에 근거 한 전략	학습자가 대안으로서 L2유형 사용	
-대체	L2를 다른 것으로 대체	'rabbit' →'animal'
-풀어쓰기	예를 들거나 설명으로 L2를 대체시킴.	He cleaned the house with a... → It sucks in air.
-신조어 만들기	L2유형으로부터 새로 만듦	'gallert' → 'picture place'
-재구성	대체구성소 개발	'I have two...' 'I have a brother and sister'
3)비언어적 전략	제스추어나 판도마임 등 비언어적 수단을 통한 보충.	

b) 협동적 전략	학습자와 대화 상대자의 공동 문제해결 노력	
1) 직접 호소	학습자가 직접 도움 요청	'What's this?'
2) 간접 호소	학습자가 도움을 청하지는 않지만 휴지, 눈의 응시 등의 수단으로 도움이 필요함을 전달함.	
2. 회복전략	학습자가 필요한 단어/품사의 위치에 문제가 있으면 사용하지만 보충전략 대신 자제하고 참는 쪽으로 결정	
a) 대기	단어/품사가 떠오를 때까지 기다림.	
b) 의미적 장	학습자는 단어/품사가 속하는 의미적 장을 식별하고 맞는 위치에 넣음	
c) 다른 언어 사용	학습자는 다른 언어에서 그 단어의 유형을 찾고, 그것을 L2로 번역함.	pirkurv'

〈표 7.2〉 의사소통 전략의 유형들

4. 학습상황의 효과

학습자의 의사소통 전략의 사용은 언어사용 상황에 영향을 받는 것 같다. 예를 들면 학습자는 자연스런 학습환경에서 보다 교실 학습환경에서 전략 채택의 수가 적은데 특히 교사의 교육 초점이 L2 사용의 오류를 지적하고 교정해 주는데 맞추어져 있다면 더욱 그렇다. 상황도 어떤 타입의 전략을 사용하느냐에 영향을 주는 것 같다. Piranian(1979)은 러시아어를 배우는 미국 대학생들이 자연스런 학습환경에서 보다 교실 학습에서 더 많이 회피에 의존하는 것을 발견했다.

그러나 의사소통 전략연구에서 가장 중요한 점은 그것이 L2 의사소통 촉진에 얼마나 효과가 있느냐 하는 점이다. 이런 점은 그 동안 별로 관심이 없었던 분야이다. Bialystok(1983b)은 최선의 전략 사용자는 전달하고자 하는 구체적 개념에 적합하도록 전략을 수정하는 적절한 유창성을 가진 그런 학습자라고 주장했다. Haastrup과 Phillipson(1983)은 L1에 기초를 둔 전략은 가장 효과가 적고, L2에 기초를 둔 전략이 가장 효과가 높다고 주장했다. 그들은 L1에 기초를 둔 전략은 거의 항상 부분적으로 혹은 전적으로 이해가 되지 않고 비언어적 전략이 월등하지도 않다는 점을 발견했다. 그들은 다시 풀어쓰기(Paraphrase)가 가장 성공적인 전략일 것이라고 제안하고 있다. 그러나 여러 가지 전략중에서 어느 것이 더 나은 것이고 어느 것이 더 못한 것이라는 장단점 비교는 적절치 못한 주장이라고 본다. 왜냐하면 학습자는 종종 여러 개의 전략을 한데 묶어서 사용하기도 하고, 처음에 어떤 방법을 사용하려고 하다가 그 방법이 실패하거나 그 방법의 부족분을 보충하기 위하여 중간에 또 다른 방법으로 돌아 서기도 하기 때문이다.

SLA에서 의사소통 전략의 역할

정의에 따르면 의사소통 전략은 L2생산과 관련이 있다. 그러나 한 가지 중요한 문제는 그것이 L2 학습에 어느 정도로, 그리고 어떤 방식으로 기여하느냐 라는 문제이다.

사실 의사소통 전략은 SLA에 구성요소적 역할을 해 왔다. 예를 들면 Corder(1978c)는 감소전략을 '위험부담 회피'로, 그리고 성취전략을 '위험부담 감수'로 특성을 규정했다. Faerch와 Kasper(1980)는 잠재적 학습효과를 얻기 위한 의사소통 전략의 기본 조건은 그것들이 감소행위에 속하는 것이 아니라 성취행위에 속하는 것이라야 한다고 주장한다. 이들 두 학자는 이것을 단지 성취행위만이 가설형성을 도와줄 수 있고, 위험부담은 자동화에 필수요건이라는 관점에 기초를 두고 있다. 그러나 Tarone(1980)은 이와 같은 관점에 비판을 가하고 있다. 그녀는 일반적으로 의사소통 전략의 회화적 효과는 원어민이 L2 학습자에게 자기가 원하는 말을 옳게 할 수 있도록 도와줄 수 있다고 주장하고 있다. 그러므로 모든 전략은 원재료를 확대시켜 주는데 도움을 줄 수 있다. 이와 같은 관점을 강화시켜주는 또 다른 주장은 의사소통 전략의 주요 기여가 통로를 활짝 열어 놓고 있다는 주장이다. 그러므로 학습자가 필요로 하는 특정의 구조를 제공받지 못했다 할지라도 학습자는 또 다른 많은 다양한 구조에 노출될 수 있기 때문에 이런 것들이 학습자가 학습전략으로 작동시킬 수 있는 적절한 섭취의 구성물이 될 수도 있는 것이다. Hatch(1978c)가 주장하는 바와 같이 '보유해야만 하는 가장 중요한 것은 바로 포기하지 말라' 라는 경구가 된다. 의사소통 전략은 끊임없이 계속 의사소통을 할 수 있는 주요 방법중의 하나이다.

그러나 의사소통 전략의 성공적인 사용은 습득을 방해하게 될 것이라는 주장도 있을 수 있다. 학습자는 여러 가지 다양한 의사소통 전략의 사용에 의하여 부족한 언어적 지식을 보충할 만큼 노련하기 때문에 가설형성이나 검증의 필요성은 미연에 방지된다. 그와 같은 학습자들은 SLA의 일화적 설명과 낯설지 않지만, 그렇다고 열심히 연구된 바도 없다.

SLA에서 의사소통 전략과 관련해서 또 다른 문제는 중간어 발달 현상들의 수용은 무엇에 영향을 받는가 하는 점이다. 특히 의사소통 전략의 사용이 어휘나 문법규칙의 습득을 촉진시키는지 여부를 아는 것이 중요하다. 이때 영향의 범위를 어휘에만 제한 시킬 수 있다고 주장하는 논리가 있다. 그런데 전략은 학습자와 원어민 언어 수행에 공통적으로 존재한다는 사실이 이미 관찰된 바 있다. 원어민 화자의 경우, 전략들은 어휘적 지식이 확장될 수 있는 수단을 제공한다고 주장할만 하지만 동시에 이들은 새로운 문법규칙의 습득으로 나아갈 수 있다고 육감적으로 주장할 수도 있다. 만약 그렇다면 L2 학습자들이 전략 발전을 통하여 어휘 뿐만 아니라 문법 발달도 꾀할 수 있다고 본다면 의사소통 전략은 원어민 화자에게 보다도 학습자에게 다른 차원에서의 영향과 효과를 가져다 준다고 볼 수 있는 것이다. 그렇다면 의사소통 전략은 문법 보다도 어휘 습득에 도움이 된다는 논리가 성립한다.

SLA에서의 의사소통 전략의 역할에 관한 이와 같은 논의는 실험연구가 부족하기 때문에 불가피하게 순수 논리적인 속성을 벗어나지 못해 왔다. 그러므로 현재로선 어떤 확실한 결론을 내리기가 매우 어렵다.

요약

의사소통 전략은 학습자들이 생산 문제에 직면했을 때 L2학습자들에 의하여 이용된다. 이 전략은 대체계획으로 구성되며 대개 의식적이다. 의사소통 전략의 유형학은 함께 발생하는 문제를 피하기 위하여 사용되는 감소전략과 문제를 극복하기 위하여 사용되는 성취전략을 구별하고 있다. 후자는 보상전략(L1, L2에 기초를 둔 전략 둘 다)과 복구전략으로 다시 세분된다. 의사소통 전략면에서는 실험연구가 매우 제한적이었지만, 그 사용은 학습자의 언어 유창성의 수준, 문제 자체의 특성, 학습자의 개성, 학습상황 등에 의하여 영향을 받는다고 주장할 만한 증거는 충분하다. 그런데 의사소통 전략이 언어 발달에 어떤 효과를 주는지에 대해서는 아직 분명치 않다. 현안 문제들은 (1) 어떤 전략이 용이한지(예: L2에 기초한 전략인지, L1에 기초한 전략인지), (2) SLA의 어떤 측면이 영향을 받는 것인지(예: 어휘인지 문법인지) 등 등에 관한 의문점들이다.

결론

SLA에서 작동되는 각기 다른 학습자의 전략을 식별해 내기 위하여 '블랙 박스'를 들여다 보는 것은 감추어 둔 물건을 찾아내기 위하여 눈을 가리고 방안을 기어 다니는 것과 같다. 아마도 학습 전략을 찾아내기 위한 노력은 다음과 같은 두 가지 방법이 있지 않나 싶다. 즉 첫째, 연구자가 자기의 연구를 안내해 줄 학습자의 실제 발화의 지원을 필요로 하듯, 수신(reception)보다 생산에 관심의 초점을 고정시켜야 하는 것은 아마도 불가피할 것이다. 그러므로 수신에 내포된 과정과 전략은 그 동안 상당히 소홀히 다루어 왔다. 둘째, 빡빡한 개념적 틀 속에 전략을 도식화하는 것은 정도의 차이는 있지만 다소 자의적인 특성이 있다. 학습자의 전략이 본 장에서 설명한 바와 같이 학습, 생산, 의사소통 등으로 가지런히 정리되어 있다고 보기에는 의문점이 아직 많다. 이것은 그 동안 일반 학습전략과 생산전략으로 구분해 온 간소화의 논리 속에서 자명해진다. 예를 들면 의미적 간소화는 학습자가 자기의 최초의 생산 계획에 문제가 있음을 경험하게 될 때 나타날 수 있는 의사소통 전략이라고 볼 수 있다. 학자들은 각자가 제 나름대로 전략에 대한 틀을 제시하고 있는데 그 이유는 학습과 사용의 저변에 깔려 있는 심리언어학적 현상들을 규명하고 분류하는데 문제가 있기 때문이다. 학자들은 같은 이유에서 용어의 정의 문제를 해결하기 위하여 헌신적인 노력을 기울여 왔다. 학자들은 보다 나은 성찰을 얻어내기 위하여 이 문제에 관하여 차츰 SLA연구를 위한 내성법에 관심을 갖기 시작했다. 그러나 언어 학습자의 언어를 이해한다는 것은 '불랙 박스'의 설명없이는 완벽할 수가 없는 것이다. 본 장은 학습자의 절차적 지식에 대한 설명을 제공하기 위하여 여러 가지 다른 입장에서의 언어습득과 사용에 대한 심리학적 설명과 주장을 고찰하려고 했다.

참고문헌들

C. Faerch와 G. Kasper가 편집하여 1983년 Longman출판사에서 출판한 Strategies in Interlanguage Communication은 전략에 관한 가장 중요한 이론적, 실험적 연구의 몇몇을 수집, 함께 신고 있다.

A. Davies와 C. Criper가 편집하고 1984년 에딘버러 대학 출판부에서 펴낸 Interlanguage: Proceedings of the Seminar in Honour of S. Pit Corder 속에 일부로 들어 있는 C. Faerch의 논문 'Strategies in production and reception'은 전략사용에 관한 실험적 연구의 훌륭한 요약을 제공한다.

J. Richards와 R. Schmidt가 편집하고 1983년 Longman출판사가 출판한 Language and Communication 속에 일부로 들어 있는 D. Morrison과 G. Low 의 논문 'Monitoring and the second language learner'는 생산전략에 관하여 매우 흥미로운 논리를 전개하고 있다.

제8장
보편가설과 L2 습득

개요

우리는 지금까지 SLA의 수 많은 결정요인들을 - 학습자의 L1, 투입/상호작용, 학습자 전략 등 - 논의해 왔다. 지금까지 논의하지 않았을 가능성이 있는 것 하나는 목표어와 모국어 등 두 언어의 특성에 의하여 SLA가 지배받는다는 점일 것이다. 예를 들면 Wode(1980b)는 언어습득이란 그가 목표어의 언어적 특성이란 용어로 정의를 내린 '발달 원리'를 구체화시킨다고 제안하고 있다. 그는 발달의 순서는 습득해야만 하는 언어규칙의 속성에 의하여 결정된다고 주장했다.

이 제안은 앞 장에서 논의한 내용과는 상당히 다른 것이다. 앞 장에서는 발달과정이 투입된 데이터에 따라 작동하는 귀납적 전략의 결과로 설명되었다. 비록 이들 전략이 SLA에 구체적인 참고사항으로 정의되었다고 하지만, 그럼에도 불구하고 이들 전략들은 언어와는 상당히 동떨어진 기타 다른 종류의 발달에 내포될 일반인지절차로 보아야만 한다. 그러나 Wode는 언어습득에 관련된 하나의 독자적인 언어적 자질이 있다고 제안했다. 그가 주장하는 발달원리들은 일반적인 유도능력보다는 오히려 언어-인지능력으로부터 유래된다. Wode(1984)는 이 점을 다음과 같이 명백히 설명하고 있다:

...언어를 배울 수 있게 되기 위하여 필요로 하는 그런 종류의 인식은 일반 인지나 문제해결 능력이나 피아제(Piaget)식 발달심리학에서 중요시 다루는 그런 종류의 작동 등등과는 달라야만 한다.

    L1이거나 L2이거나 언어습득은 이미 제3장에서 논의한 바 있는 본래적
으로 존재하는 인간이면 누구나 갖고 있는 별개의 언어능력에 의존한다.
본 논의의 목적은 중간어 보편성 연구에 배경을 제공하고자 함에 있다. 그
러나 이들 보편성이란 목표어의 형태론적 언어기재를 고려함에 의해서가
아니라 '인지적 조직자'(Dulay와 Burt 1977)를 가정함에 의하여 설명이 되
었다. 즉 SLA의 규칙성은 독립적인 언어능력의 산출이라기 보다는 오히려
귀납적 절차의 산물로 여겨졌다. 본 장의 목적은 이들 규칙들이 어느 정도
까지 중간어 발달에 영향을 미치는 순수 언어적 자질을 설명할 수 있는가에
관하여 탐색해 보자는 것이다. 본 장의 핵심 개념은 언어보편성이다.
    언어보편성 연구는 다음과 같이 두 가지 면에서 SLA의 이론적 설명에
기여했다. 첫째, 목표어의 언어적 자질이 보편성을 띠느냐 아니면 해당 언
어만이 갖는 특수성을 갖느냐에 따라서 학습자가 그 언어를 습득할 때 어려
운 정도가 각기 다르다는 점이 그 동안 계속해서 거론되어 왔다. 즉 목표어
의 자질들이 모든 언어 혹은 많은 언어에 공통적으로 들어 있는 것은 목표
어에만 존재하거나 극히 일부 언어에만 나타나는 현상 보다는 학습자가 배
우기가 훨씬 용이하다. 이와 같은 접근법은 목표어만 고려의 대상으로 생
각하는 것도 포함된다. 두 번째 접근법은 목표어와 자신의 모국어를 비교
해 보는 것이다. 언어보편성 연구는 대조분석가설의 주요 문제중의 하나를
- 말 그대로 모국어와 목표어간의 모든 언어적 차이가 학습의 어려움을 낳
는 것은 아니다 - 극복하는데 도움이 될 수 있다는 주장을 계속해 왔다. 그
러므로 언어보편성 연구는 전이이론을 개조하는데 도움이 되었다.
    본 장은 촘스키의 보편문법 이론 및 유형적 보편성에 비중을 두게 될 것
이다. 이런 것들은 본 장의 이하에서 거론하기로 한다. 그리고 이어서 L1습
득에서 보편성의 역할을 고찰하고, 이어서 SLA에서 언어적 보편성의 역할
을 문법형성 및 L1전이에 미치는 영향과 효과를 고찰하게 될 것이다. 끝으
로 보편성 가설의 몇몇 문제점들에 관해서 논의하게 된다.

언어 보편성

언어 보편성을 기술하는 두 가지 상이한 접근법이 그 동안 수용되어 왔다. 촘스키는(예: 1965, 1980, 1981) 하나의 언어를 깊이 연구 함으로써 언어 보편성을 찾아내려고 모색한다. 그는 단지 이런 방법으로만 어떤 구체적 문법의 유형을 만들어 내는 고도의 추상적 문법원리를 발견할 가능성이 있다고 주장한다. 그는 이런 원리를 보편문법이라고 칭한다. 반대로 Greenberg(1966)와 그의 아류들은(예: Comrie 1981) 언어가 공통으로 갖고 있는 자질을 찾아내기 위하여 광범위한 언어들을 다른 어족에 속하는 언어와 구분하여 조사해 봄으로써 보편성을 찾아내고자 했다. 이런 방식으로 구축한 보편성은 유형적 보편성(universal typology)을 의미한다.

보편문법

보편문법에 대한 촘스키학파의 견해를 알기 쉽게 명쾌한 해석을 한 Cook(1985)는 다음과 같이 쓰고 있다:

인간의 마음속에 천부적으로 타고난 언어의 특성은 어떤 특정의 언어 규칙이나 특정의 언어로 구성된 것이 아니라 모든 언어에 적용할 수 있는 일반원리의 한 쎄트로 구성된 '보편문법'을 형성하고 있다는 점이다.

이 정의로부터 다음과 같은 두 가지 의문점이 야기된다. 즉 (1) 왜 이런 속성이 인간의 마음속에 천부적으로 존재하는가?, 그리고 (2) 모든 언어에 적용되는 '일반원리'란 정확히 무엇인가? 등 등의 두 가지 의문점이 생긴다.

보편문법의 천부성에 대한 촘스키의 논리는 천부성이 없다면 어린이가 모국어의 문법을 배운다는 것은 불가능하다는 것이다. 이것은 아이에게는 어떤 언어규칙을 발견하기엔 투입 정보가 너무나 불충분하기 때문이다. 촘스키학파의 이론에 따르면 아이의 문법지식은 투입 정보로는 결정될 수 없다는 말이 된다. Felix(1984)는 이들 데이터가 적절치 못한 이유를 다음과 같이 세 가지를 들고 있다. 첫째, 일부 구조들은 너무나 희귀하고 한계성이 있기 때문에 아이가 그런 드문 구조에 충분히 노출될 시간적 여유가 있을 수 없다. 둘째, 잘못된 가설을 버리게 되는 유일한 길은 투입정보가 부정적 환류를 제공할 때 뿐인데, 실상은 부정적 환류만 있는 것은 아니다. 셋째, 어느 것이든 문법규칙이란 상당히 추상적이기 때문에 여기엔 언어의 표면적 특성이 반영되지 않는다.

하나의 예로서 유전적으로 프로그램화된 보편문법이란 존재가 있음을 정당화시키는데 사용된 사례는 다음 두 문장을 들 수 있다:

(예문) 1. We gave the book to the girl.
2. We explained the answer to the girl.

위 (예문)의 표면구조는 동일하지만 (예문) 1은 간접목적어를 갖고 있고, 아래 (예문) 3과 같이 다시 재서할 수 있다.

(예문) 3. We gave the girl the book.

(예문) 2는 하나의 전치사구를 갖고 있으며 아래 (예문) 4와 같이 재서할 수 없다.

(예문) *4. We explained the girl the answer.

그러면 아이가 동사 'give'는 간접목적어를 취하고, 동사 'explain'은 전치사구를 취한다는 사실을 어떻게 알게 되는가? (예문) 4는 비문법적이라는 점은 아이가 어떻게 해서 식별하는가? 이런 질문에 대한 답의 한 가지 가능성은 아이가 부정적 증거 즉 성인이 아이에게 (예문) 4는 비문법적이며 동사 'explain'은 전치사구만 취할 수 있다고 말을 해주는 것이다. 그러나 연구결과에 따르면 부모가 아이에게 이런 정보를 제공하지도 않으며, 아이의 오류를 교정해 주는 사례도 별로 없다는 것이다. 그러므로 아이가 위 (예문) 4와 같은 비문법적 문장의 생산을 막아주는 몇 가지 천부적인 원리가 있다고 추정하는 것이 논리적인 것 같다. 아이는 간접목적어나 전치사구를 취하는 'give'와 'explain' 등을 동일범주의 동사로 분류하는데 오류를 범하지 않게 되어 있다.

보편문법은 보편성의 종류가 단수가 아니라 복수로 구성되어 있는 것이다. 촘스키(1965)는 보편성에 적어도 실(명)사 보편성과 형식 보편성 등 두 가지가 있음을 규명해냈다. 실(명)사 보편성은 발음을 만들어내는 변별적 음운자질, 명사, 동사, 주어, 목적어 등등과 같은 통사 범주 등 고정된 자질로 구성되어 있다. 형식적 보편성은 이 보다는 더 추상적이다. 이것은 문법 규칙이 가능하냐에 대한 언급이다. 예를 들면 의문문을 만들 때 어순변형을 시키는 원리를 공식화하는 것이 가능할 것이다. 촘스키 언어학의 상당 부분은 형식적 보편성 연구에 매달리고 있다.

보편문법은 개개 언어의 문법이 취할 수 있는 형식/형태를 강요한다. 그러나 이것은 어린이가 자기 문법에 통합할 수 있는 기존의 규칙을 제공하므로써 곧바로 이루어지는 그런 것은 아니다. 오히려 그것은 아이가 획득하는 특정의 투입 데이터에 따라 고착되는 매개변수(파라메타)를 배열하게 된다. 바꾸어 말하자면 형식적 보편성과 본질적 보편성은 아이가 발달시킬 수 있는 문법의 종류에 국한시켜, 구성소를 이루어 나가게 된다는 말이다. 이 구성소들은 아이가 탐색을 필요로 하는 수 많은 선택 앞에 놓이게 된다. 그러나 아이는 그 수 많은 선택앞에서 어느 것이 목표어에 부합하는 것인지 스스로 찾아내야 한다. 이것은 적합한 것을 골라내어 매개변수를 고정시켜야 하는 투입 데이터를 요하는 그런 환경하에 놓이게 된다.

보편문법의 도움으로 아이가 발견하게 되는 규칙들은 아이 자신의 언어의 핵심문법을 형성하게 된다. 그러나 이 때 모든 규칙이 다 핵심규칙이 되는 것은 아니다. 모든 언어는 보편문법에 구속받지 않는 요소들도 포함하고 있다. 이런 것들을 부수적인 것이라고 칭한다. Cook(1985)는 이런 부수적인 것들의 몇 가지 예를 들었다. 부수적 언어규칙들은 언어의 역사로부터 온 것(예: 영어 고어에서 온 'the more the merrier'와 같은 표현), 또는 다른

언어에서 차용해 온 것(예: 'police'의 발음은 불어에서 차용한 것임), 혹은
우발적으로 발생한 것 등등이 있다. 그러므로 아이의 모국어 지식은 보편
문법에 의하여 결정된 언어규칙과 보편문법의 도움없이 배워야만 하는 규
칙(즉 앞에서 언급한 부수적인 규칙들)에 의하여 나타났기 때문에 배워야
만 하는 규칙들 등 적어도 두 가지에 의하여 결정된다.

핵심문법과 부수적 문법의 개념과 관련이 있는 것은 바로 촘스키의 유
표이론(有標理論)이다. 핵심규칙들은 무표(無標) 즉 unmarked 그러니까 이
것은 언어 일반성에 부합하는 것들이다. 부수적 규칙들은 유표(有標) 즉
marked 그러니까 이것은 해당 언어에만 나타나는 특수한 것으로 매우 예외
적인 특성을 갖는다. 그러나 유표 및 무표규칙들은 연속선상에서는 서로
양 끝에 대칭적으로 위치하는 것이며, 규칙들은 다소 유표가 있게 마련이
다. 핵심규칙과 부수적 규칙 그리고 무표규칙과 유표규칙 등의 관계는 <도
표 8.1>에서 도식화하여 보여준다. Rutherford(1982)는 영어에 유표규칙과
무표규칙의 수 많은 예를 보여주고 있다. 그가 적용하는 유표의 기준은 규
칙의 한쌍중 어느 하나 혹은 자질들이 다른 규칙이나 자질과 문법적으로 제
한, 구속받는 정도의 차이라는 것이다. 그러므로 형용사 'big', 'long', 'fast'
등은 'small', 'short', 'slow' 등과의 관계는 이들이 둘 다 서술문과 의문문에
쓰이기 때문에 무표가 되지만, 후자는 서술문에서만 사용된다(즉 'How
slow can he run?' 처럼 의문문에서 사용될 수 없다). 통사론에 관해서는 또
다른 예가 서술문 대 의문문을 볼 수 있다. 전자는 서술문과 의문문 둘 다를
형성하는데 사용할 수 있기 때문에 무표로 볼 수 있다.

(예문) He can run fast.
He can run fast? (문장뒤를 올리는 억양으로 발음함)

후자는 단지 의문문만을 형성할 수 있다. 일반적으로 무표규칙은 유표
규칙 보다 덜 복잡하다고 여겨진다.

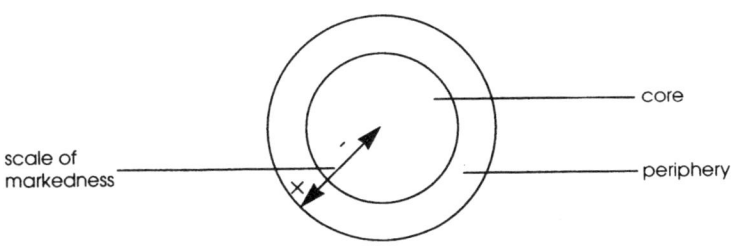

〈도표 8.1〉 핵심문법과 부수적 문법

요약하자면, 보편문법은 아이가 모국어를 배울 때 선택해야만 하는 것으로부터 선별하여 골라내야 하는 부수적인 문법의 한 쎄트로 구성되어 있다. 보편문법의 상관관계는 '자극의 빈곤'으로 알려진 것 속에 놓여 있다. 즉 아이는 단순히 투입 데이터에 의존해서는 목표어의 문법에 도달할 수 없다는 것이다. 보편문법은 형식적 보편성 및 실(명)사의 보편성 등 두 가지로 구성되어 있다. 이들이 바로 아이가 무표규칙으로 형성된 핵심문법을 구축하는데 도움을 주는 것이다. 그러나 보편문법이 결정하지 못하는 다른 규칙들도 있다. 이들이 부수적 규칙을 형성하고, 여러 가지 다양한 수준에서 유표화 된다.

유형학적 보편성

유형학적 보편성은 표본이 하나의 언어 혹은 어족에 집중된 결과일지도 모르는 편견으로부터 자유롭다는 점을 보장할 수 있는 자연언어의 대표적인 표본을 검토함으로써 식별해 낼 수 있다.

보편성에는 실(명)사 보편성, 형식적 보편성, 암시적 보편성 등 3가지가 있음을 이미 설명했다. 전자 두 개는 보편문법의 보편성에 관한 것이고, 이미 고찰한 바 있다. 암시적 보편성은 하나의 언어적 자질의 존재가 몇 가지다른 자질 혹은 여러 개의 자질들의 존재와 연결된다. 즉 만약 주어진 언어에 자질 x가 있다면 그 언어에는 자질 y, z ...n의 다른 자질들도 있다고 볼 수 있다. 관련 자질들이 떼지어 다발로 산재하거나 위계구조를 이루고 있느냐 여부에 따라 두 개 이상의 암시적 보편성이 나타나게 된다. 떼지어 다발로 나타난 경우 자질들은 그중의 아무거나 한 개가 다른 자질의 존재를 암시하는 그런 방식으로 상호관련성을 갖고 있다. 하나의 좋은 예가 바로 동사-주어-목적어의 어순 및 형용사 다음에 명사가 오는 그런 구도의 다발들이다. 한 언어가 이들중 어느 하나의 자질을 갖고 있다면 이는 또 다른 자질도 갖고 있을 수 있음을 암시한다. 위계구조에서 보면 관련된 자질들을 보면 하나의 자질이 존재한다면 그 위에 상위 자질들이 위계구조를 이루면서 존재함을 유추할 수 있다. 위계구조의 한 예는 관계절의 접근성 위계구조 (Comrie와 Keenan 1979 참조)가 있다. 이것은 관계대명사의 문법적 기능에 따라 관계절의 어순이 결정된다.

주어 〉 직접목적 〉 간접목적 〉 사격(斜格) 〉 속격(소유격) 〉 비교급의 목적(어)
SU   DO   IO   OBL   GEN   O COMP

아래 <표 8.1>은 위에 제시한 기호의 풀이이고, 대명사가 여러 가지 기능을 하는 관계절의 한 예가 된다. 이 위계구조는 만약 한 언어가 주어진 문법기능을(예: DO) 갖는 관계대명사를 허용한다면 위계구조상 상위의 모든 대명사 기능을 갖는 관계대명사도 허용하게 될 것이다(예: SU). 이 세상의 언어들은 관계화가 이루어지는 최저 위치에 따라 각각 다르게 된다.

기 호	관계대명사의 기능	예 문
SU	Subject(주어)	The man that kicked the dog...
DO	Direct Object(직접목적어)	The tree that the man cut down...
IO	Indirect Object(간접목적어)	The man that she cooked the cake for..
OBL	Oblique(사격, 영어의 경우 전치사의 목적어)	The house that she lives in ...
GEN	Genitive(속격/소유격)	The dog whose owner has died..
O COMP	Object of Comparative (비교급의 목적어)	The man that I am richer than..

〈표 8.1〉 관계절의 유형

보편성은 그것이 절대적이냐 아니면 선택적이냐에 따라 구별된다. 이들 두 범주는 실(명)사 보편성, 형식적 보편성, 암시적 보편성 등 3가지 타입에 적용된다. 절대적 보편성은 예외가 없다. 예를 들면 동사-주어-목적어의 어순을 갖는 언어는 모두 전치사를 갖고 있다. 언어적 보편성의 통계적 확율이 발견되는 경우에 선택적(취향적) 보편성이 나타나게 된다. 그러나 예외도 있다. 예를 들면 주어-목적어-동사의 기본 어순을 갖는 대부분의 언어는 동사가 문장의 뒤에 오지만 페르시아어는 예외이다. 물론 하나의 보편적 취향성은 그 강도가 다양할 수 있다.

촘스키는 언어 보편성이 천부적인 것이라고 주장했지만 유형적 보편성을 연구하는 언어학자들은 유형론으로 언어를 설명할 수 있는 가능성을 수없이 준비하고 있다. Comrie(1981)는 다음과 같이 쓰고 있다:

... 많은 예에서 보면, 잘 구성된 보편성을 입증할 수 있는 설명은 없는 것 같고, 또 다른 예를 보면 보편성이란 개념이 또 다르게 나타나기 때문에 언어 만큼 인간의 인지 및 행동 등의 언어 외적인 요인과 밀접한 상호작용을 일으키는 현상도 그다지 흔치 않을 것이다.

Comrie는 끊임없이 이 문제에 대한 해석을 고안해내고 있다. 언어 보편성은 천부적일지도 모르고(촘스키의 견해), 어떤 보편성은 의사소통적 사용으로부터 유래되는 것일지도 모른다는 등 세계 모든 언어에 유전적인 어떤 공통 기원(일원발생설, 一元發生說)이 하나 있을지도 모른다.

요약하자면 언어 및 어족에 대한 폭 넓은 연구로부터 유형론적 보편성(typological universals)은 유래된다. 그 동안 연구 끝에 실(명)사 보편성, 형식적 보편성, 암시적 보편성 등이 확인되었다. 마지막으로 언급하고 싶은 것은 언어적 자질이 cluster(떼지어 다발로 나타나는 현상)나 위계구조를 형성하는 방식을 - 하나의 자질이 나머지 자질에 대하여 암시를 주거나 단순히 상하관계로 서로 얽혀있는 것 - 조사해 보는 것이 있다. 언어적 보편성은 절대적일 수도 있고, 확율의 정도가 다양한 단순히 어떤 경향성만 갖는 경우도 있다. 유형론적 보편성의 존재에 대한 수 없이 다양한 설명은 아직 흥미로운 단계에 있다고 볼 수 있다.

언어적 보편성과 L1 습득

언어적 보편성과 L1습득간의 관계는 그 동안 보편문법이란 용어로 아주 철저히 탐구되어 왔다. 보편문법은 아이가 모국어를 어떻게 배우는가를 설명할 수 있는 유일한 방법을 제공하는 것이라고 촘스키가 정당화시킨 것 처럼, 보편문법과 Li 습득간의 관계는 필수적인 것이다.

그렇다면 보편문법은 '언어습득의 논리적인 문제' 라는 것을 풀 수 있는 해결책인 셈이다. 아이들은 부정확한 가설형성으로부터 해방될 필요가 있다. 이와 같은 해방은 투입정보로부터 제공되지는 못하기 때문에 이런 속박의 핵심은 아이의 태생부터 생물학적으로 부여받은 천성의 일부이어야 할 것이다. White(1981)는 다음과 같이 말하고 있다:

> 아이의 문법구축은 보편문법에 의하여 제약을 받기 때문에 논리적으로 가능성이 있는 완전한 문법이라고 평가될 수 없으며 그 문법은 귀납적 원리 하나만으로 작동하는 것이라고 보는 것이 논리에 맞는다.

보편문법없이 아이가 언어를 성공적으로 습득할 수 있다고 보는 것은 가능성이 없는 이야기이다.

이와 같은 맥락에서 볼 때 L1습득을 가설검증과정으로 본 초기의 입장은(제3장 참조) 재고할 필요가 있다. Cook(1985)는 가설검증에 대한 두 가지 해석을 제시하고 있다. 첫째, 아이는 귀납적 절차를 통하여 가설을 설정하고 주변 환경으로부터 들어오는 환류에 따라 그 가설을 수정한다. Cook는 가설검증에 대한 이와 같은 견해는 아이가 받는 환류는 긍정적인 것도 있고, 부정적인 것도 있기 때문에, 이러한 일이 실제로는 일어나지 않게 되므로 바람직하지 않다고 보고 있다. 두 번째 해석은 가설의 가능성 범위가 보편문법에 의하여 정해진다는 점이다. 아이의 임무는 자기에게 가용한 선

택을 하고, 환경으로부터 들어 온 환류중 긍정적 증거에 반응을 보이는 것
만 선택하게 되는 것이다. 이에 대하여 Cook는 다음과 같이 결론을 내리고
있다:

가설검증은 아이의 가설이 수적 제한을 받고, 환경적 요인이 부정적
증거보다는 오히려 촉진제 역할을 할 경우라는 조건하에서만 언어습
득을 설명할 수 있는 것이다.

그러나 Cook는 계속해서 말하길 이와 같은 견해는 환경의 역할을 무의
미한 것이 아니라고 보는 견화와 마찬가지로 학습자의 임무는 적절한 순간
에 적절한 증거의 제시로 탐색되어야 할 것이라고 했다.
습득의 논리적 문제 뿐만 아니라 언어발달의 문제도 있다. Felix(1984)
는 이런 문제와 관련된 다음과 같은 두 가지 질문을 하고 있다. (1) SLA의
특성이 되는 그 독특한 구축은 어디로부터 유래되는가? (2) 언어발달 단계
상 어째서 아이가 한 단계로부터 다음 단계로 이동해 가는가? 이런 의문에
답을 생각하기 위해서는 우선 촘스키가 습득과 발달을 구분했는데 바로 그
습득과 발달의 차이점부터 조사해 보아야 할 것이다.
'발달'은 언어의 실제학습이다. 발달은 보편문법 뿐만 아니라 암기력
및 일반 인지능력(이들 둘이 함께 channel capacity를 형성함) 등 언어외적 요
인에도 영향을 받는다. 그런데 '습득'이란 성숙도에 영향을 받지 않는 언
어학습이며, 전적으로 학습자 언어능력에 달린 문제이다. 다른 방식으로
말하자면 아이가 암기 및 가공절차상의 한계에 의하여, 그리고 개념적 미숙
에 의하여 제한받지 않는다면 그 아이가 소화시키는 언어는 순수 습득이라
고 할 수 있다. 그러나 아이가 소화시킨 언어는 결국 이들 제약조건들의 적
용을 받기 때문에 말하자면 모순이 발생하는 것이다. '습득'과 '발달'이란
용어는 이 보다 더 널리 알려진 '언어능력'과 '언어수행'에 상응하는 한 쌍
을 이루고 있다. 습득은 아이의 진화과정에 있는 언어능력을 말한다. 그리
고 발달이란 아이의 인지능력이 발달함에 따라 언어능력을 수행할 수 있는
아이의 능력이 발달하는 것 등 등의 성숙도에 따른 생산이다. 그러므로 습

득에 관한 촘스키의 입장은 하나의 이상적인 견해이다. 그는 언어란 하나의 독자적인 정신기관이지만 동시에 그 동안 L1 습득을 연구한 학자들이 기술했던 발달순서를 함께 결정하는 기타 다른 정신기관들과도 관련이 있다고 주장한다. 그러나 그는 이와 같은 발달경로의 연구는 '습득'에 관해서는 그다지 빛을 발하지 못했다고 말한다. 그러므로 촘스키의 경우 발달문제에 관한한 적어도 언어능력에 속하지 않는 자질연구에 집중된 연구는 발달에 관한 연구라기 보다는 오히려 논리의 문제일 뿐이라는 것이다.

발달문제에 관한 White(1981)의 해법은 촘스키의 견해와 일치했다. 그녀는 보편문법의 전부는 아이에게 처음부터 가용한 것이지만 보편적 원리와 발달의 각기 다른 관점과 관련이 있는 어떤 특정의 원리들과 같은 아이의 발달인지능력과의 사이에 하나의 상호작용이 있다고 주장했다. 아이의 인지는 자기가 주목할 수 있는 투입 데이터의 자질이란 것을 통제할 수 있다. 아이들은 투입되는 신호를 감지하기 위하여 자기의 능력변화에 일치하는 발달단계에 맞는 데이터를 준비한다. 바로 이와 같이 내보낸 데이터들이 보편문법에 다른 매개변수(파라메터)를 설정할 수 있게 해 주는 것이다. 아이가 구축하는 중간적/잠정적 문법은 그가 감지할 수 있는 데이터로부터 구축할 수 있는 최선의 문법이라고 볼 수 있는 최적문법이 되는 것이다.

Felix(1984)는 발달문제에 대하여 이와는 다른 해법을 제시한다. 그는 White의 설명은 습득의 단계별 이동현상을 인지발달의 영역내에 둠으로써 이를 문법이론 영역에서 분리시켰다고 분석했다. 그는 만약 White의 기본전제가 부정된다면(즉 보편문법의 전부가 아이에게 당장 필요한 것이라는 말), 발달은 언어적 능력이란 말로 설명될 수 있다고 주장했다. Felix는 '보편문법의 원리전체가 천부적으로 구체화된 발달과정에 따라 변화될 수 있다'고 제안하고 있다. 즉 보편문법의 원리는 서서히 이(齒)가 자라는 것 처럼 시간이 경과함에 따라 펼쳐져 나온다는 것이다. 개개의 원리들은 해당 원리가 활동 시점이 되는 순간까지 계속해서 배워야 할 것들이다. 아이가 구축한 문법을 재구성하게 만드는 것은 기존의 문법을 몇 가지 방식으로 깨뜨리거나 어기게 되는 새로운 원리의 탄생이다.

White의 입장은 언어능력을 시각, 청각, 작동체계 등에 상응하는 하나의 정신조직의 아나로그로 보았던 촘스키의 입장과 가까운 것 같다. 언어는 '성장' 만큼 그렇게 '발달' 하는 것은 아니다. 그러므로 그것이 처음부터 나타난다고는 하지만 보편문법의 전체가 즉각적으로 구체화되지는 못한다. 비언어적 요인들이 특정의 문장 타입을 감지하고 생산해 낼 수 있는 아이의 능력을 제한하고 있다. 예를 들면 처음부터 아이는 이 단계에서 복잡한 문장을 생산할 수 있는 채널 수용능력(channel capacity)을 갖고 있지 못하기 때문에 언어학자들이 식별해낸 수 많은 원리들을 적용하지 못한다. Felix의 입장은 언어능력이 처음부터 완벽한 것이 아니고 다른 인지능력과 함께 발달한다는 촘스키의 견해와는 다르다.

그러나 촘스키적 전통을 갖는 이런 작업이 습득의 단계별 자질을 전적으로 channel-capacity의 산물로 본다고 주장한다면 그것은 잘못일 것이다. 그들은 부분적으로는 언어능력 그 자체에 의하여 결정된다고 주장한다. 예를 들면 White(1981)는 유표가 비교적 적은 문법이 정교한 시발경험이 덜 필요하기 때문에 유표가 많은 문법보다 습득하기 훨씬 쉬운 것이라고 주장한다. 바꾸어 말하자면 아이가 부수적인 특성을 형성하는 유표규칙 보다는 모국어의 핵심문법과 맞는 무표규칙을 습득하기 쉽다는 점을 알게 된다. 이것은 무표규칙은 아이에게 즉석에서 써 먹을 수 있는 가용한 것으로 여겨지고, 유표규칙은 투입정보로부터 더 많고 다양한 긍정적 증거를 요하게 되기 때문이다. Cook(1985)는 다음과 같은 방식으로 유표이론을 습득과 연관시킨다:

...아이는그것과 적합하지 않은 유표규칙 보다는 보편문법에 부합하는 무표규칙을 배우기를 더 선호한다. ...핵심적문법과 부수적문법은 아이의 마음속에 그 비중을 달리한다.

이어서 Cook는 아마도 핵심학습과 부수적 학습 등 두 가지 타입의 학습이 있지 않겠느냐고 제안하고 있다. 전자는 보편문법의 원리와 일치할 때 일어난다. 후자는 다른 정신능력과 관련이 있고, 보편문법원리가 느슨하게 쉬고 있을 때 발생한다.

성숙과정이 '발달'간섭과 관련되기 때문에 비록 학습결과가 전적으로
유표라는 척도(자)를 따르지 않는다 해도, 적어도 몇 가지 잠정적 자질들은
유표이론으로 설명될 수 있다고 기대해 볼 수 있다. White(1981)는 유표의
정도를 인식함으로써 습득순서에 대해서 예측을 할 수 있다고 지적한다.
그 보기로서 그녀는 아래와 같이 촘스키(1969)가 조사한 문장들을 고려하
고 있다.

> 5. John told Bill to leave.
> 6. John promised Bill to leave.
> 7. John asked Bill to leave.
> 8. John asked Bill what to do.

이들 문장들은 최소거리원리(minimal Distance Principle)로 논의된다. 이
것은 부정사 보문의 주어가 부정사의 바로 왼쪽에 명사구를 위치시킨다는
것이다. 이 원리와 부합하는 것으로 예문 (5)-(8)까지의 문장에서 부정사의
주어가 각각 'Bill'이 되어야 한다. 그런데 실은 이 원리가 적용되는 것은 예
문 (5)와 (7)뿐이다. 예문 (6)과 (8)에서 부정사의 주어는 명사구인 'John'이
다. 유표이론은 예문 (5)와 (7)이 보편문법의 원리와 맞기 때문에 예문 (6)과
(8)보다 먼저 습득될 것으로 예측한다. 촘스키의 연구는 이것이 바로 그런
경우임을 잘 보여준다.

유표 측정과 관련된 것은 또 다른 흥미로운 가능성을 제시해 주는 것이
다. 하나의 보편문법규칙의 습득은 그 규칙에 내포된 또 다른 규칙을 자동
적으로 습득할 수 있는 자동습득의 '기폭제' 역할을 할 것이다. 예를 들면
만약 아이가 목표어의 어순이 동사-주어-목적어라는 사실을 발견하면 그
언어가 전치사를 가질 것이라는 사실도 '알게' 될 것임을 상상해 볼 수 있
다. Zoble(1983c, 1984)은 '언어습득장치' 속에 이와 같은 기폭제 효과가 있
다는 생각에 전적으로 동의했다. 그는 이것이 두 가지 구성요소로 이루어
졌다고 주장했다. 즉 첫째, 자연언어라면 어느 언어든지 생물학적으로 이
와 같은 구속력을 같고 있다(보편문법). 둘째, 일단 하나의 클러스터나 위

계구조상에 암시적인 규칙을 활성화시키는 기폭제 역할을 습득하고 나면 다른 것은 잘 받아들이지 않는 투사기재(projection device)가 있다.

Zoble이 말하는 투사기재의 일부분도 투입에 근거하여 새로운 규칙을 계산해 내는 능력이라고 볼 수 있다. 이것은 비록 투입이 의문시되는 규칙에 아무런 본보기나 예를 제공하지 못하고, 새로운 규칙은 또 다른 것에 의하여 실제적으로 암시되지 않는다 할지라도 말이다. Zoble은 전반적인 학습과정이 모든 목표어 규칙에 원재료로서 투입에만 의존한다면 시간이 너무 오래 걸리기 때문에 아이는 스스로 투사능력을 갖고 있다는 것이다. Zoble의 무표규칙에 관한 정의는 그것이 투입에 직접적으로 상징처럼 나타나지 않고 습득능력으로 유도될 수 있는 규칙들이라는 것이다. 반대로 유표규칙은 어린이 문법에 고정되기 이전에 데이터를 요하는 것이라는 것이다.

Zoble은 주로 SLA에 관심을 가졌지만 L1습득을 그의 연구의 출발점으로 삼았던 것이 매우 중요하다고 생각했다. L1습득에서 언어보편성에 대한 수 많은 주장들은 습득타입 전반에 걸쳐서 사실로 들어 날 것이다. 그러므로 SLA에서 보편성의 역할을 고려해 보는 유익한 출발점은 L1습득에 관하여 연구하면서 야기되었던 다양한 관점들을 아래와 같이 목록으로 제시해 보는 일일 것이다:

1. 문법구축은 아이가 선택해야만 하는 선택 즉 천부적 원리에 구속되는 가설형성을 통제하는 보편문법의 작동에 의하여 제한을 받는다.
2. 발달순서에 규칙성은 보편문법 및 channel capacity 등 두 가지로 설명될 수 있다. 다만 '발달'(실제 진척사항)과 '습득'(보편문법의 결과로 나온 이상화된 학습)간에 구분은 있을 수 있다.
3. 보편문법은 Felix(1984)가 제안한 바와 같이 성숙 계획에 따라 전개되거나 또는 White(1981)가 제안한 바와 같이 아이가 각기 다른 발달단계에서 인지할 수 있는 데이터에 따라 조각이 하나씩 활성화될 수 있다.
4. 아이들이 유표규칙에 앞서서 우선 먼저 무표규칙을 배울 수 있을

것이다. 즉 부수적인 문법보다는 먼저 핵심문법을 배우게 될 것이다.

5. 아이는 투사적 능력을 갖고 있다. 이는 하나의 규칙이 암암리에 연결된 또 다른 규칙과 연결 혹은 분리시킬 수 있으며 또한 투입에 의하여 그에 대한 아무런 직접적인 증거가 공급되지 않을 때도 규칙을 습득할 수 있게 되는 것이다.

언어적 보편성과 SLA

촘스키는 거의 모든 것을 어린이의 관점에서 습득의 논리적 문제를 논의했다. 그러나 언어습득장치가 연령과 함께 수축된다고 볼 아무런 이유가 없다. 보편문법이 몇 가지 면에서 L1습득과정상 '고갈된다'는 사실을 믿을 만 하게 보여줄 수 있다면 우리는 보편가설을 어린이에게로 국한시킬 수 있을 것이다. 그런데 지금까지 나타난 증거들로 볼 때 언어습득에 관한 중요 시기 가설은 바람직하다고 볼 수 없음을 알 수 있다(제5장 참조). 아이들 만큼은 안된다 치더라도 어른의 경우도 습득이 잘 이루어지고 있는 것 같으며, 더욱 중요한 것은 성인들도 SLA에서 아이들과 비슷한 발달경로를 보여주고 있다는 점이다. 그러므로 보편문법의 원리는 성인에게도 여전히 효용성이 있고, SLA와도 밀접한 관계가 있다. 그래서 Wode(1984)는 학습능력이란 말도 개념을 새로 정리하여 연령, 습득유형 및 습득상황에 구애받지 않도록 해야 한다고 주장했다. '언어학습에는 단 한 개의 매카니즘'이 있다고 보아야 할 것이다.

SLA에서 언어적 보편성의 역할은 L1에서 보다 훨씬 더 복잡하다. 이것은 SLA에 목표어와 학습자의 모국어 등 두 가지 언어가 내포되어 있기 때문이다. 그러므로 L2학습자들은 SLA의 과업을 위하여 두 타입의 언어지식 즉 언어적 보편성과 L1의 구체적인 문법 등을 필요로 한다. 뿐만 아니라 자기 L1의 어떤 규칙이 핵심문법에 속하고, 어떤 문법이 부수적인 문법에 속하는지 알아야 할 것이다. 그러므로 상호관련이 있는 두 가지 질문을 해 볼 수 있는 가능성이 있다. 즉 첫째, L2학습자가 언어보편성에 관한 지식을 무

엇에 써 먹을 수 있나? 둘째, L2학습자가 L1지식을 사용할 때 핵심문법과
부수적 문법의 구분이 무슨 소용이 있는가? 이들 두 질문은 각각 별개로 분
류하여 고찰해 보기로 한다.

중간어 발달에서의 언어적 보편성

이 장의 목적은 언어적 보편성이 중간어 발달에 어떻게 그리고 어느 정
도로 기여하는가를 고찰하는 것이다. 그러기 위하여 우선 많은 이론적 문
제점을 고찰하고, 이어서 많은 실험연구들을 검토하기로 한다. 첫번째 이
론적 문제점은 SLA에서의 언어적 보편성과 channel capacity간의 관계에 관
한 것이다. 촘스키가 보편문법은 L1습득에 channel capacity에 상응하는 기
타 많은 능력들과 상호작용을 한다고 주장했던 점을 상기해 보자. 그러나
SLA에서는 학습자가 아이의 경우와 마찬가지로 성숙도에 따라 이것이 변
화하는 것인지 분명치 않다. Gass와 Ard(1980)는 인지발달과 감성발달이
아이의 언어능력에 영향을 미치지만, 성인의 L2학습에도 똑같이 적용되는
것은 아니다라고 다음과 같이 주장했다:

...모국어 습득시 부모는 L2 언어습득의 경우 보다 언어 외적인 요인들
로 훨씬 더 교정 및 교육(?)을 시킬 수 있다(1980).

그러므로 SLA는 순수형태에서 보편문법을 반영하는 범위내에서 '습득
빼기 성숙도'라고 그 특성을 규명해 볼 수 있다(Cook 1985). SLA의 자연스
런 순서는 L1습득의 자연스런 순서보다 진정한 '습득'순서에 더 근접할지
도 모른다. 두 순서간에 의미있는 상관관계의 결여는 L1 습득의 성숙 요인
의 방해효과의 결과로 설명될 수 있다.

그러나 인지과정이 SLA에 포함되지 않는다는 가정은 정당화될 수 없을
것이다. channel capacity(주파수대 용량)은 여전히 SLA의 일정한 범위내에
서 일부분으로 그 기능을 발휘하는 것 같다. 예를 들면 비록 L2학습자들이
SLA의 초기부터 상당히 긴 발화를 옳게 생산할 능력이 있음을 보여준다고

해도, 그들은 의미적 간소화(Ellis 1982a, 제7장 참조) 특히 자연스러운 대화에서 의미적 간소화를 택하는 수가 많은 것 같다. 두 타입의 학습자 발화는 명제적 삭감 및 서법동사의 삭감 등 등의 결과로서 마치 電報文 처럼 되는 것이다. Cook(1975)는 스피치 처리 메모리는 L1습득시 관계절에서 처럼 SLA에서도 작용하는데, 일반언어원리들은 학습자가 일정한 발달시점에 도달했을 때만 적용된다. Cook(1985)는 이점에 관하여 다음과 같이 지적하고 있다:

> 방법론적 문제는 어느 인지과정이 L2언어로 재편될 필요가 있으며 또한 전이되었는지를 발견하고 있다.

이 문제를 어떻게 불 수 있는지 현재로선 분명치 않다.

두 번째 이론적 문제는 가설검증과 관련이 있다. 제3장과 7장에서 가설검증은 중간어 발달의 중심과정중의 하나로 보았다. 그러나 Cook(1985)가 지적한 바와 같이 이런 관점은 보편가설에 의하여 도전을 받고 있다. SLA의 가설검증에 반대하는 논리는 L1습득에서와 꼭 같다. 자연스런 환경에서 학습자는 부정적 환류를 만나지 않는 것 같기 때문에 가용한 데이터로부터 유도해낼 수도 있는 어떤 가설들과 불일치될 수는 없을 것이다. 학교 교실 환경에서 만큼은 부정적 환류가 충분히 일어나고 있기 때문에 이런 경우 그 것이 오류가 되거나 일관성이 없을 수 있다(Allwright 1975, Long 1977 참조).

그러나 비록 부정적 환류가 있다해도 습득에 영향을 주지 않는다고 주장한다면 SLA 경로는 교실환경에서나 자연스런 환경에서나 동일하게 나타날 수 있다(제9장 참조). Cook의 결론은 SLA에서 가설검증은 학습자가 보편문법에 의하여 설정된 매개변수를 고정시킬 수 있는 긍정적 증거를 사용한다는 의미에서만 받아들일 수 있다는 것이다.

실험적 연구들은 중간어 발달에 보편성의 효과와 관련된 3가지 가설을 검증해 왔다. 이들 3가지는 다음과 같이 요약할 수 있다:

1. 기타 다른 자연언어와 마찬가지로 중간어는 언어적 보편성에 의하

여 야기된 조건에 따라 변할 수 있다.

2. 암시적 보편성은 L2 자질이 중간어에 나타날 때 그 순서를 예측하
기 위하여 이용될 수 있 다.

3. L2학습자들은 목표어를 배울 때 유표자질보다 무표자질을 먼저
배운다.

　　그러나 언어적 보편성이 중간어에 어떻게 영향을 미치는가에 대한 연구
가 그 동안 매우 적었다는 점에 우선 주목할 필요가 있다. 그러므로 연구결
과를 신중하게 다루어야 한다.

　　Schmidt(1980)는 중간어가 언어보편성에 구속을 받는지 여부에 대하여
연구를 시작했다. 그녀는 모국어 배경이 다른 5명의 학습자를 선발하여 영
어에 있는 등위적 요소를 삭제했다. 영어에서 삭제의 기본타입 두가지는
아래 <표 8.2>에 나타난 바와 같다. 데이터 수집은 4가지 각기 다른 과제방
식을 택했다. 학습자의 어떤 발화도 부자연스런 생략패턴을 보인 것은 없
었다(즉 이 지구상의 언어에서 발견되지 않는 것). 그중에서 가장 어려운
생략형은 아래 도표 (3)이었다. Schmidt는 이것은 목적어 생략이 주어생략
이나 동사생략 보다 유표가 더 많았기 때문이라는 주장이다. 자연언어가
주절에서 주어나 동사생략을 허용하지 않지만, 자연언어는 종속절의 목적
어 생략을 하는 다른 언어(예: 중국어)에서와 마찬가지로 영어의 경우는 주
절의 목적어 생략을 허용한다. 그러므로 학습자는 목표어에서 어떤 유형의
목적어 생략이 나타나는지 알아내야만 한다. 그리고 학습자가 그런 것을
알아낼 때까지는 더 많은 오류를 범할 수 도 있음을 예상해야 한다. Schmidt
의 연구는 위에 언급한 제1, 제3의 가설에 맞는 증거를 제시해 주고 있다.
즉 중간어는 보편성에 구속을 받으며 유표가 더 많은 패턴이 그렇지 않은
것 보다 배우기가 더 어렵다는 사실을 알 수 있다.

생략/삭제의 유형	예 문
1. 등위절에서 주어생략	John sang a song and played a guitar.
2. 등위절에서 동사생략	John plays the piano and Mary the violin.
3. 주절에서 목적어생략	John typed and Mary mailed the letter.

〈표 8.2〉 영어 등위절에서의 생략의 유형

Gass(1979)는 성인 L2학습자로서 영어를 배우는 사람들의 관계절 습득을 조사했다. 그녀는 관계대명사의 정확한 어순을 Comrie와 Keenan(1979)의 접근성 위계구조와 비교해 보고, 이들간에 밀접한 상관관계가 있음을 발견했다. 즉 관계화에서 가장 접근이 용이한 것은 주어이고, 그 다음이 목적어 등의 순서이었다. 단 한 가지 예외는 계층구조상 그 위치에 의하여 예측이 보다 쉽다는 사실이 증명된 여격(소유격)이었다. Gass는 이것은 'whose'가 가장 눈에 띄는 대명사이기 때문이거나 'whose + 명사'가 감지되어 하나의 덩어리로 사용되기 때문일 것이라고 주장한다. Gass의 연구는 두 번째 가설을 지지하고 있다. 규칙의 암시적 순서는 관계대명사 기능의 정확한 순서(그리고 아마도 습득순서까지도)를 예측한다.

계층구조상 아래로 내려가는 하나의 자질의 습득이 다른 자질의 습득으로 상승하는 기폭제가 될 수 있는지를 알아보는 것은 참으로 흥미로운 일일 것이다. Gass의 연구는 이 문제에 관하여 아무런 언급을 하지 않고 있다. 그러나 Gass(1982)는 이 가능성을 알아보기 위한 실험적 연구를 실시했다. 그래서 학생들에게 그는 관계대명사 계층구조상 비교적 어려운 것을 가르치고 학생들이 어려운 것을 배우고 그 지식을 더 쉬운 것에도 일반화시킬 수 있는지 시험해 보았다. 시험결과는 "그렇다"라고 나왔다. 그러나 또 다른 실험집단에서는 그렇지가 못했다. Gass의 연구는 비록 난이도의 변경이 가능하지 않다고 해도, 그 정도는 '참아낼' 수 있을 것이라고 주장한다. 그러나 이와 같은 가설이 인정받기까지는 아직 더 많은 연구를 필요로 한다. 이런 연구들은 암시적 계층구조와 습득간의 관계 뿐만 아니라 암시적 클러

스터와 습득간의 관계도 조사해 보아야 한다. 이상적으로는 이러한 연구들
은 정확도/난이도 순서가 습득순서와 동일한지 여부의 문제를 배제하기 위
하여 종적연구도 포함시켜야 좋다. 유표척도가 SLA의 발달순서를 예측할
수 있는지 여부를 조사했던 몇몇 연구가 있었다. Rutherford(1982)와
Gass(1984)는 이런 점들을 수 없이 검토했다. 저자는 그 동안 진행된 이런
류의 연구와 이들 연구가 주장하는 바를 몇 개 골라서 소개하고자 한다.

  Wode(1984)는 다음과 같은 그의 주장을 정당화하고자 L2 부정문의 습
득을 인용하고 있다:

  발달연쇄는 구조의 내적 복잡성 혹은 배워야 할 구조적 체계 그리고
  더 나아가서 유표의 정도 등을 반영하는 것 같다. 무표 품사 혹은 유
  표가 비교적 낮은 품사는 비교적 초기에 배워지고 유표품사는 나중에
  배워지는 것 같다.

  Wode는 주어 + 부정어 + 동사구(즉 부정어가 동사 앞에 위치함) 패턴이
무표부정어 유형 혹은 유표의 정도가 매우 낮은 것들이라고 주장한다. 이
와 같은 주장의 주요 배경은 동사앞에 부정어가 위치하는 유형은 가장 빈도
수가 높고 지역적으로도 가장 광범하게 펼쳐져있다(부정어의 보편적 자질
을 설명하고 있는 Dahl 1979를 참고할 것). Wode는 부정어가 동사앞에 위
치하는 것은 L2가 영어이고 L1이 독어인 예와 같이 그것이 목표어에서든
모국어에서이든 현재 나타나 있지 않았다 하더라도 발달순서에 나타난다
는 것이다. 그러므로 주어 + 부정어 + 동사구와 같은 강한 유형적 보편성은
언어의 형식적 특성과는 상관없이 SLA에 나타날 수도 있다.

  Rutherford(1982)는 유표 요인들이 SLA에 어떻게 영향을 미치는가에 대
한 재미있는 실례를 들고 있다. 그는 다음과 같이 Burt와 Dulay(1980)가 보
고한 WH-의문문의 습득순서가 유표이론으로 설명될 수 있음을 보여주고
있다:

9. What's that?

10. What are those?

11. I don't know what those are.

12. I don't know what this is.

즉 단순 질문인 (9)와 (10)은 내포문인 (11), (12)와 비교할 경우 무표문장으로 볼 수 있고, 따라서 먼저 습득된다. 단수인 (9)가 복수인 (10)과 비교할 때 무표이고, 따라서 먼저 습득된다. 그러나 (12)와 같은 복수 내포문은 (13)과 같은 단수 내포문 보다 먼저 습득되는데 그 이유는 단순 의문문의 어순 도치규칙을 '배우지 못함'이 존재해서 그런 것인데 이는 맨 나중에 배워야 할 의문문 타입이 맨 먼저 나왔기 때문일 것이다.

L2의미론의 습득에서 유표의 효과를 보여주는 몇 가지 흥미로운 연구도 있다. 그중 가장 잘 알려진 것은 Kellerman(1979)이다. 이 연구는 문장내에서 핵심적 의미의 내용범위가 어디까지인지 다음과 같이 조사하고 있다:

13. I broke the glass.

14. The bookcase broke by falling.

Kellerman은 L1 배경이 각기 다른 학습자들이 (13)이 (14)보다 더 쉽게 받아들일 만한 것으로 판단했음을 발견했다. 그는 (13)이 'break'의 핵심의미를 반영하고 있기 때문에 비교적 기본형이라고 볼 수 있다고 주장한다. Gass와 Ard(1984)도 다음과 같은 예문으로 연구한 결과 이와 유사한 결론에 도달했다:

15. I am driving a car now.

16. I am flying to New York tomorrow.

여기서 (15)는 진행형의 핵심기능을 보여주고 있으며, (16)은 훨씬 더 부수적인 기능을 보여주는 예이다. 학습자들은 다시 한 번 (15)와 같은 문장을 (16)문장보다 더 쉽게 받아들일 수 있는 것으로 판단했다. 이들 모든 연구들은 언어 보편성이 L2 문법형성 방법에 영향을 받음을 보여준다. 보편성이 중간어에 구속력을 발휘한다는 증거가 있는데, 이는 습득이 자질의 계층구조적 순서를 따르고, 무표 혹은 덜 유표적인 자질들이 유표 혹은 더 유표적인 자질들 보다 먼저 습득됨을 증명해주는 것이다. 그러나 아직은 쓸만한 연구가 부족하고 또한 이론적으로도 문제가 많기 때문에 이 정도로 최종 결론을 내리기에는 아직 시기상조라고 볼 수 있다(이 문제에 관해서는 본 장의 끝에서 논하기로 한다). 뿐만 아니라 이것은 너무나 단순해서 언어적 보편성과 SLA간에 상관관계가 있다고 곧바로 단언할 수가 없다. Gass(1984)가 지적한 바와 같이 우리는 언어적 보편성의 효과가 획일적이라고 간주해서도 않될 것이다. 그녀는 다음과 같이 언급하고 있다:

...절대적구속과 전반적 모양형성 요인을 구분할 필요가 있을 것이다.

그러나 그와 같은 구분이 어떻게 이끌려 나오는 것인지는 아직 명확하지 않다.

언어적 보편성과 L1 전이

유표이론은 대조분석가설(제2장 참조)의 몇 가지 문제점을 해결할 수 있는 기반을 제공한다. 다른 차이는 그렇지 않은데 왜 모국어와 목표어간에 차이는 언어학습의 어려움을 낳게 하는지 그 이유를 설명하는데 도움이 될 수 있다.

<표 8.3>은 유표이론과 L1 전이간의 관계에 관하여 일반적으로 행해져 왔던 다양한 주장들을 요약하고 있다(Hyltenstam 1982b). 기본 가정은 비록 L2가 유표쎄팅의 증거를 제공(아래 도표 4번의 경우)한다 할지라도, 매개변수의 무표쎄팅은 유표쎄팅보다 앞서서 중간어에 나타날 것이라는 것이다. 그러므로 L1이 유표쎄팅(즉 아래 도표 3번과 4번)일 경우, 모국어에서 목표어로 아무런 전이도 일어나지 않을 것이라고 예측해 볼 수 있다. 가장 전이

가 분명한 경우는 아래 도표의 2번이다. 여기서는 모국어가 무표쎄팅이고 목표어는 유표쎄팅이다. 그러나 초기 중간어에 무표쎄팅의 존재는 아래 표 4개 항 모두에서 무표쎄팅이 일어날 수 있음이 예측되는 것과 같은 전이의 결과는 있을 필요가 없다. 바꾸어 말하자면 무표쎄팅은 만약 학습자가 보편문법을 따르고 있다면 일어날 수 있는 것으로 기대할 수 있다. 그러나 아래에서 주장하는 바와 같이 적어도 전이효과가 2번에서 나타날 수 있는 경우가 있다.

	모국어(L1)	목표어(L2)	중간어
1	무표	무표	무표
2	무표	유표	무표
3	유표	무표	무표
4	유표	유표	무표

〈도표 8.3〉 유표이론과 L1전이

다음 항은 (1) 무표 L1유형이 중간어에 전이된다, (2) 유표 L1유형이 중간어에 전이되지 않는다 등 두 가지 주장에 대하여 상세히 고찰해 보고자 한다.

무표 L1유형의 전이

Zobl(1983c, 1984)은 전이가 단지 하나의 '보조적 평가수단'으로 전이된다고 주장한다. 즉 투사기재가(이것이 제1차평가 수단을 형성할 경우) 문법의 특수한 매개변수를 쎄트할 수 없거나 어려움을 발견하게 될 때, 이것이 대신 들어서게 된다. 다른 방식으로 표현하자면 학습자는 L2규칙이 애매할 경우, 자신의 L1지식으로 물러서게 된다는 말이다. Zobl은 애매성이 일어나는 데는 두 가지 방법이 있다고 기술하고 있다. 첫째는 L2가 유형상 일정치 않을 경우이다. 이런 경우 규칙간의 정상적(즉 보편성) 암시관계는 학습자가 '보편적' 암시패턴이 L2 데이터에 의하여 잘못이 지적될 것이라는 기대를 하게 되는 투사의 결과 때문에 L2에 명시되지 않는다. 학습자는 이런 문제를 자기의 L1 특히 이에 상응하는 L1규칙이 무표일 경우 즉각 L1으로 돌아가 문제를 해결한다. Zobl이 설명하는 애매성의 두 번째 이유는 유형적 미결정성이다. 이것은 특정 매개변수의 쎄팅이 이질적일 때 나타난다. 매개변수 쎄팅은 언어에 따라 매우 다양하므로 쎄팅의 가능성은 상당히 많다. 한가지 예로는 언어에 따라 그 위치가 매우 다양한 부사의 위치를 들 수 있다. 다시 학습자는 학습 가능성의 문제를 해결하기 위하여 자신의 L1자료를 다시 골라낼 것이다. Zobl 의 경우 L1의 영향은 보편성이 없거나 경향성이 매우 낮은 경우의 부수적 규칙으로 밖에 볼 수 없게 된다.

　　L1을 보조적 평가수단으로 보는 것은 SLA에 전이되는 역할을 매우 협소하게 보는 입장이다. 전이는 L1구조가 무표일 때 나타날 수 있지만 Zobl의 이론도 유표형 전이를 허용한다. 즉 어떤 특정의 L2규칙이 애매하다면 (즉 유표), 학습자의 투사기재를 수단으로 쉽게 유도되어 나올 수 없고, 학습자는 자신의 L1으로 회귀하며, 학습자 자신의 학습 가능성 문제를 해결하기 위하여 유표규칙이라도 어기고 전이 준비를 한다. 전이가 발생할 전제조건은 L1이 아니고 L2가 유표구조를 갖느냐 유무인 것이다.

　　그러나 Eckman(1977)은 전이효과가 L1쎄팅이 무표이고 L2쎄팅이 유표 (즉 도표 8.3의 2번)일 때 가장 많이 나타난다는 증거를 찾을 수 있다고 주장한다. 그는 소위 말하는 유표차이가설(Markedness Differential Hypothesis)을 개발해냈다. 이것은 목표어의 상당히 어려울 것 같은 부분들은 L1과 그리고 L1보다 유표의 정도가 상대적으로 높은 것과 다른 분야들이다. 그는 이것을 영어와 독어의 /t/와 /d/ 등 대조적인 음의 쌍들의 분포를 예로 들고 있다. 영어의 경우 이들 대조는 첫음(예: 'tin'-'din'), 중간음(예: 'betting'-'bedding'), 끝음(예: 'bet'-'bed') 등에서 관찰될 수 있다. 독일어의 경우 이런 현상이 첫음과 중간음에서만 나타나지 끝음에선 찾아 볼 수 없다. 전통적인 대조분석은 이 대조에 관한한 독일의 영어화자가 미국의 독어화자보다 어려움이 클 것이라고 예측하게 된다. 그러나 Eckman은 실제로는 이와 반대라는 사실을 보여주었다. 이것은 음대조가 끝자리에서 유표되는 것으로 간주된다면 설명이 될 수 있다. 독일의 영어화자는(표 8.3의 3번) 끝음에서 무표형을 완벽하게 이해하는데 아무런 어려움이 없겠지만 미국의 독어화자(표 8.3의 2번)는 목표어의 유표적 대조를 이해하는데 곤란을 겪을 것이다.

무표 L1 유형의 추정적 전이에 관하여 고려해 볼 수 있는 또 다른 가능성이 있다.

Kellerman(1984)은 L1패턴이 SLA의 보편적 발달단계와 일치할 경우, 학습자는 L1에 그와 같은 패턴이 없는 학습자보다 그 단계를 훨씬 빨리 통과할 수 있다고 제안했다. 그는 L2로 영어를 배우는 스웨덴 사람은 스웨덴어에 이와 같은 패턴이 없기 때문에 동사앞에 부정어를 두는 단계를 이해하지 못하고 지나칠 수 있다고 주장한 Hammarberg(1979)의 말을 인용하고 있다. 그러므로 Kellerman이 주장하는 바와 같이 학습자는 자신의 모국어의 도움을 받아서 언어발달의 사다리를 올라가는 것으로 볼 수 있다. 그 반대도 가능성이 있다. 만약 L1이 초기 발달유형에 상응하는 자연스럽지 못한 패턴을 갖고 있다면, 진보는 그 속도가 매우 늦을 것이다. 그와 같은 경우가 영어를 배우는 스페인인이 될텐데, 스페인어에는 동사앞에 부정어를 놓는 구조이므로 여기서 더 이상 앞으로 발전하지 못하고 있다.

L1유표형식의 비전이

비록 L1유표형식의 비전이가 결정적인 것은 아니지만 L1유표형식의 비전이를 주장하고 맞다고 증거를 제시하는 경우가 있다. Kellerman(1979)은 학습자가 비록 결과적으로 오류가 나올 수 있다해도 의미가 원형질과 멀다고 생각될 때 L1과 L2간에 1대1 대응을 회피하려는 경향이 있다고 주장한다. 앞에서 보았던 동사 'break'의 의미론에 관한 그의 작업은 좋은 예를 제공한다. 네델란드어와 영어는 동사 'break'의 타동사와 자동사적 사용을 모두 공유하고 있다. L2로서 영어를 배우는 네델란드인은 언어발달 초기단계에서 이 동사의 자동사 및 타동사적 용법을 모두 받아들이고 있다. 이것은 네델란드어로부터 전이되었거나 L2데이터에 이런 류의 사용증거에 부합하기 때문일 것이다. 그러나 나중에 그들은 동사 'break'의 유표, 무표적 사용 둘 다를 또 다시 받아들이게 된다. 이것은 언어발달이 진행되면서 低-高-低로 오류확률이 변화해가는 현상을 보이는데, 이를 Kellerman은 'U형 행동'이라고 명명했다. 이 연구는 학습자들이 처음부터 유표, 무표자질 둘 다를 전이시킬 수 있음을 보여준다. 한편 고급단계의 중간어에서는 그들이 유표자질의 전이는 거부한다. 그러므로 L1의 부수적 자질의 수용 또는 거부는 발달요인에 따라 그 양상이 달라진다고 볼 수 있다.

L1전이면에서 유표형식의 회피를 볼 수 있는 비교적 애매성이 적은 증거는 Zobl(1984)에 의하여 제시되고 있다. 그는 L2로서 영어를 배우는 불란서인이 'How many ...' 구문의 사용을 조사했다. 불어는 'combien'에 의하여 수식되는 명사구의 추출을 다음과 같이 허용한다:

> Combien voulez-vous d'oranges?
> Combien d'oranges voulez-vous?

그런데 영어의 경우는 그렇지 않다.

> *How many do you want oranges?
> How many oranges do you want?

Zobl은 추출이 없는 형이 무표이고, 추출이 있는 것이 유표라고 주장한다. 영어를 배우는 초급단계의 불란서 학습자 집단은 추출이 없는 형식의 영어를 강하게 선호하고 있음을 보여 주었다. 바꾸어 말하자면 그들은 유표의 L1규칙을 전이시킬 가능성에 대하여 강하게 저항했던 것이다.

그러나 이에 못지 않게 여기에 반하는 증거도 있다. Liceras(1983)는 L2로 스페인어를 배우는 영국 학습자들이 발하는 전치사 좌초(예: Who did John give the book to?)에 관하여 연구했다. 비록 영어에서도 전치사 좌초가 있을 수 있기는 하지만, 이것이 스페인어에는 없는 것이다. Liceras는 영어를 말하는 실험대상의 43%가 초급단계에서 스페인어에 좌초현상을 받아들였다(즉 L1의 유표형식을 전이시킬 준비가 되어 있었다). 그러다가 중급, 고급단계가 되면 서서히 유표구조의 문장은 거부되었다. 유표형의 비전이 증거는 뒤섞여 있다. White(1984)는 학습자가 L2를 배울 때, L1에 있는 유표 매개변수를 '설치하지 않아야 한다'는 난관에 봉착하게 될 것이라고 힘주어 주장했다. 그녀는 학습자가 L1으로부터 L2로 유표구조를 이끌어 온다고 주장했다. 그뿐만 아니라 중간어에 일단 L1형식이 형성된 다음엔 화석화현상 때문에 이를 떼어내기가 어렵다는 것이다.

L1내에 동일한 매개변수의 무표쎄팅과 유표쎄팅 둘 다가 있는 경우가 종종 있다. 불어에 있는 'Combien' 추출이 바로 그것이다. Kellerman(1979)은 이와 같은 경우가 바로 가장 명확한 L1구조가 될 것이며 따라서 전이될 최소 유표일 것이라고 제안하고 있다. Zobl의 연구는 바로 이것을 해석한 예라고 볼 수 있다. 한편 Kellerman은 아래와 같이 좀 다른 예를 들고 있다:

17. He claims that he knows it.
18. He claims to know it.

(17)번은 주어가 있고 동사에 시제표시가 나타나서 (18)번 보다는 더 많은 문법정보를 보유하고 있기 때문에 훨씬 더 명시적이다. 영어가 L1인 L2 학습자는 (17)과 (18)중에선 (17)을 더 전이시키는 경향이 있다. 이것은 L2가 유표구조만 갖고 있을 경우에도 나타날 수 있다.

결론적으로 말해서 유표이론은 SLA에서의 전이의 역할에 관하여 흥미롭고 환영할 만한 가설을 많이 제시하고 있지만, 현재로선 언어학적 관점에서 본다면 L1과 L2자질간의 상호작용의 정확한 특성이 무엇인지 학자간 의견일치가 없는 상태이다. 다음에 열거하는 바와 같이 이 분야에 관해서 견해가 분분하지만 몇몇 증거가 발견될 수 있다면 하나의 대안이 될 수 있는 정도일 뿐이다.

1. L1에 상응하는 L2형식이 보다 많은 유표가 있을 때 학습자들은 무

표의 L1형식을 전이한다.

2. L1의 효과는 L2의 부수적 규칙이 관련되어 있을 경우 더 강하게 관찰될 것이다.

3. 일반적으로 유표형식은 중간어에 전이되지 않는다, 특히 L1이 무표형식 및 유표형식 등 두 가지를 다 보유하고 있을 경우 그렇다.

4. 유표형식은 SLA의 초기단계에서 전이될 수 있다.

5. 중간어 보편성에 맞는 L1의 패턴은 상응정도가 초기에 발생하느냐 혹은 후기에 발생하는 발달 유형이냐에 따라 SLA를 가속시킬 수도 있고 지연시킬 수도 있다.

보편성 가설의 몇 가지문제점

SLA는 L1, L2와 관련된 순수 언어학적 요인에 의하여 - 적어도 부분적으로는 - 결정된다는 것은 육감적으로 보아도 맞는 것 같다. 보편성 가설은 이런 요인들이 중간어에서 어떻게 작동되는지를 설명하려는 시도라고 볼 수 있다. 언어 보편성(보편문법적 관점에서 혹은 유형적 보편성 관점에서 보여진)과 보편성이 있거나 보편적 성향이 강하게 보이는 자질들이 배우기 쉽고, 또한 조기에 배울 수 있다는 SLA 사이에 어떤 관계가 있다는 것은 우선 전제된다.

그러나 지금까지 SLA에 언어적 보편성의 적용은 그다지 많지 않았다. 그러므로 보편성 가설을 입증된 것으로 이해해서는 안된다. 아직 이 점을 입증하려는 주장과 실험적 연구가 계속 진행되고 있는 것이 현실이다. 이제 저자의 주장과 견해로 지금까지 전개했던 내용들을 정리하면 다음과 같은 문제점들이 있다고 요약할 수 있다.

1. 언어적 보편성은 그것이 SLA의 결정인자로서 관련이 있다면 심리언어학적 타당성을 가진것으로 볼 수 있다. 즉 언어 보편성은 인간의 마음이 작용하기 때문에 존재한다고 보아야 한다는 말이다. 이것은 마음 속에 천부적으로 인간이 갖고 있는 재능이라고 본 보편문법

에 대한 촘스키의 개념을 배경으로 깔고 있는 것이다. 언어 보편성을 천부성으로 설명하는데 문제점은 타당성 면에서 이와 동일한 수준에 있을 수 있는 기타 다른 이론적 설명을 모두 배타적으로 취급한다는 데 있다. 특히 Halliday(1978)에 의하여 제안된 매우 실용성이 높은 설명마저도 배제한다. 대부분 언어발달(Halliday는 언어습득이란 용어보다 이 말을 더 좋아 한다)은 사람과 사람간에 얼굴을 맞대고 의사소통하는 방법학습의 산물이라고 주장을 하는데 반해서, Halliday는 언어적 보편성을 언어 사용 유형의 한 가지 표시라고 보고 있다. 그렇다면 언어적 보편성을 이와 같이 보는 입장에서는 보편성을 천부적인 것으로 볼 필요가 없어지게 된다. 무엇이든 천부적인 것이라면 그것은 의사소통의 잠재력인것이다.

보편문법은 의사소통 수단으로서 그 주기능이 언어와 분리되게 된다. Cook(1985)가 말한바와 같이 Chomsky의 천부성 이론은 실질적인 세상의 현상과는 반대되는 장애물을 설치하고 있는 것이다.:

언어능력은 언어수행으로부터 분리되고, 문법적 능력은 화용적 능력과 분리되고, 습득은 발달과 분리되고, 핵심은 부수적인 것과 분리되고, 개개의 추상적인 것은 언어사용과 분리된다.

수 많은 SLA연구학자들로부터 이 '언어사용과 분리된 추상적인 것'이 받아들여지지 않는다.

2. 상기 (1)과 관련된 한 가지 문제는 '습득'과 '발달'의 구분문제이다. 이 문제는 다음과 같이 두 가지 점을 짚고 넘어가야 한다. 첫째, 언어학습의 어느 측면이 언어능력에 예속되는 것인지, 어떤 측면들이 인지능력에 예속되는 것인지를 결정할 신뢰할 만한 수단이 없기 때문에 이들 둘을 어떻게 분리할 수 있는 것인지 분명치 않다. 둘째, 적어도 현재까지는 발달심리학자들의 연구로 볼 때 '발달'보다는 '습득'으로 보려는 것에 분명한 이유가 없는 것 같다. 만약 목적인 SLA를 기술하고 설명하려는 것이라면 종합적인 그림을 그려 보기 위해서도 결

정인자를 모두 고려해 보는 것은 중요하다. 언어적 보편성을 조사하는데 제한을 두어야 할 것은 전체를 조망하는데 단 한 부분이라도 학자간에 의견의 일치를 볼 수 있는 이론을 제시해야 할 것이다.

3. 촘스키의 보편문법이론은 '자극-반응' 이론의 궁색함에 그 토대를 두고 있다. 처음부터 촘스키는 투입을 분리된 것으로 보고 따라서 한 언어의 매개변수 쎄팅에 적절한 데이터 베이스를 제공할 수 없는 것이라고 주장하고 있다. 이 주장은 실험을 통하여 입증된 것은 아니다(제6장 참조). 그러므로 최근에 촘스키는 부정적 환류의 부재 때문에 자료 위주의 가설은 언어습득을 설명할 수 없다고 주장한다. 학습자는 자신이 잘못된 가설을 형성했음을 발견할 방법이 없다. 그러므로 촘스키는 학습자가 부정적 환류를 요하는 가설형성을 예방하기 위하여 어떤 가설이 형성될 수 있느냐에 대한 제약이 있어야 한다고 주장한다. 이와 같은 논리의 문제점은 학습자가 다음 예문과 같은 종류의 오류를 범하지 않는다는 가정이다:

*We explained the girl the answer.

이것은 실험적인 문제이지만 적어도 L2학습자가 이런 오류를 생산할 개연성은 있다고 본다. 학습자가 확률적으로 작동하는 기재를 갖고 있기 때문에 - 즉 학습자가 지원받을 데이터 부재가 곧 그런 것들은 출현할 확률이 거의 없음을 알려주는 시점이 지나고 난 다음 가설을 포기할 준비가 된다면 - 단지 긍정적 증거에만 의존하는 부정확한 가설을 확인해 주지 않을 가능성도 충분히 있다. 이 논리가 수용된다면 투입을 그렇게 무용지물로 처리할 필요는 없게 된다.

4. Kellerman(1984)은 '유표에 대한 기사적 태도'를 지적하고 있다. 핵심대 주변, 유표적 빈도, 복잡성, 단순성, 명시성 등 유표를 설명하기 위하여 여러 가지 기준들이 이용되었다. 동일한 현상들이 한 학자에 의하여 무표로, 그리고 또 다른 학자에 의해서는 유표로 분류되기도 하는 것은 아마도 크게 놀랄 만한 일은 아닐 것이다. 예를 들면

White(1984)는 Pro-drop 한 문장내에서 주어로 쓰이는 대명사의 생략)을 유표형식으로 보는데, Hyams(1983)는 무표형식으로 보고 있다. 여기엔 순환논리의 위험성도 있다. 즉 하나의 무표 매개변수는 초기에 정착된 것이며, 초기에 정착된 매개변수는 무표라는 식의 순환논리에 빠지게 된다. 신뢰할만 하고 일반적으로 수용된 수단은 두 개 이상의 형식이 무표와 유표로 혹은 다소간 유표를 가진 것으로 구축되어 가고 있음을 발견하게 될 때까지 유표성의 전체 구조는 여전히 더 많은 실험을 통하여 확인해 보아야 할 의문성을 갖고 있다고 보아야 할 것이다.

5. 끝으로 언급하지 않을 수 없는 문제는 방법론상의 문제이다. 촘스키는 언어능력을 기술, 설명하고 있다. SLA연구 학자들은 이따금씩 언어수행이 포함된 실험연구를 해 오고 있다(제1장 참조). 어떤 유형의 언어수행이 언어능력을 들여다 볼 수 있는 최고의 창문을 제공하는 것인지 의문이 생긴다. 앞에서 언급한 대부분의 연구는 문법성 판단에 기초를 두고 있다. 그러나 제4장에서 분명히 한 바와 같이 이와 같은 경우의 오류 타입은 자연스런 발화시의 오류 타입과 분명히 다르게 나타났다. 따라서 결과는 언어 수행 스타일의 차이 때문에 매우 혼란스럽고 일관성이 없는 것으로 나왔다. 그런데 언어능력 자체가 Tarone(1983)이 주장하는 바와 같이 이질적인 것이라면 이것이 문제가 되지는 않지만, 촘스키가 제안한 바와 같이 언어능력이 동질적인 것이라면 여기엔 심각한 방법론상의 문제점이 있다. 어떤 종류의 언어수행이 동질적인 언어능력을 가장 잘 반영하는 것인지가 분명치 않다.

이와 같이 수 많은 비판들이 보편성 가설을 무력화시키지는 않는다. 이들 비판들은 현재 설명력이 매우 제한적이고, 실험적으로 증빙자료를 제시하기엔 방법론상 어려움이 많음을 그들도 지적하고 있다고 말한다.

요약 및 결론

보편성 가설은 다음과 같이 SLA과정을 결정하는 언어적 보편성이 있다고 언급한다:

1. 언어적 보편성은 중간어가 취하는 형식적 제약 위에 노출된다.
2. 학습자들은 언어적 보편성에 부합하는 패턴이 그렇지 않은 것보다 쉽게 습득된다는 사실을 알게 된다.
3. L1이 언어적 보편성을 명백히 할 경우, 이것은 전이를 통한 중간어 발달을 지원하는 경향이 있다.

언어적 보편성은 한 개의 언어를 놓고 심도있는 연구를 해 왔다. 이와 같이 전통적인 연구는 학습자가 형성할 수 있는 그런 류의 가설을 규제하는, 그리고 천부적인 보편문법이 있다고 주장한다. 언어적 보편성을 조사하는 또 다른 연구방법은 유형적 보편성을 발견하기 위하여 어족이 다른 언어에 속하는 많은 언어를 연구해 보는 방법이 있다. 보편성에 대한 이론적 설명의 수 많은 가능성은 화용적 설명을 포함해서 이런 전통적인 작업에 의하여 이루어지고 있다.

L1과 L2 습득 둘 다 언어적 보편성의 효과는 그 동안 주로 유표이론으로 연구되어 왔다. 이것은 일부 규칙들이 무표로 되거나 유표가 매우 약하고 다른 것들은 유표이거나 비교적 강하게 유표된다는 말이다. 여러 가지 다양한 기준들은 하나의 규칙의 유표성을 결정하기 위하여 제안되어 왔다. 촘스키는 무표규칙은 환경으로부터 '방아쇠 역할(기폭제)'이 없거나 최소화를 요하는 것이라고 주장한다. 유형적 보편성 혹은 강한 보편성향은 무표로 볼 수 있다. 언어습득은 보다 어려운 유표자질보다는 보다 쉬운 무표자질을 먼저 습득하면서 앞으로 발전해 나간다고 주장할 만한 몇 가지 증거가 있다. SLA의 경우 L2규칙들이 유표일 때 학습자는 자기의 L1으로 특히 자기 L1에 이와 유사한 무표규칙이 있을 경우에 L1으로 회귀한다고 주장할 만한 몇 가지 증거도 있다.

지금까지 보편가설을 지지할 만한 증거들은 그렇게 결정적인 것들이 못된다. 여전히 이론적, 방법론적 문제점이 남아 있는 것이다. 특히 가설은 화용적 설명을 깎아 내리는 경향이 있고 중간어의 타당성을 무시하는 경향도 있다.

주해

1. 절대적 보편성과 경향성의 구분은 촘스키에 의하여 인정되고 있다. 그러므로 이제는 보편 성에 대한 Greenberg식 접근법과 촘스키식 접근법을 구분하지 않는다.

2. 최소간격원리(Minimal Distance Principle)의 효과도 촘스키의 연구에서와 같은 문장을 이용해서 SLA에서도 조사되어 왔다. Cook(1973)와 d'Anglejan 그리고 Tucker(1975)는 성인 L2 학습자들도 일치하는 문장 다음에 그 원리를 어기는 문장들을 습득할 수 있음을 발견했다.

3. Kellerman(1984)은 관계절의 다양한 현상들을 조사연구했던 Gass의 연구를 포함해서 수 많 은 연구에 대하여 훌륭한 검토를 했다. 그래서 그는 접근성 위계구조가 SLA의 관계대명사 기능의 빈도를 예측할 수 있는 좋은 가늠자라고 결론을 내렸다.

4. 'no + 동사'단계도 다른 방식으로 예를 들면 수직구조로 설명될 수 있다. 동일한 중간어 현상에 대하여 경쟁적으로 설명하는 문제점은 결론 부분에서 다루어 질 것이다.

5. 어휘적 혹은 문법적 의미는 유형론적으로 결정되는 방법을 알아 보기가 매우 어렵기 때문에 이들의 유표관계를 알아 보기도 상당히 어렵다. Kellerman, Gass, Ard 등이 호소하는 '핵심'의 의미는 언어와 언어 사이에서 결정되는 것 같다. 즉 하나의 언어에서 두 가지의 미가 하나의 어휘와 연결될 때 하나는 '핵심'이고 또 다른 것은 '부수적'인 것이 된다. 그러나 어느 것이 '핵심'이고 어느 것이 '부수적'인 것인지 그 증거가 무엇이란 말인가? 만약 그 증거가 L2학습자의 언어행위라면 순환논리의 모순에 빠지게 된다. '핵

심' 이란 말의 의미는 첫 번째로 배워진 것을 말하지만, 유표의 개념
은 학습순서를 설명할 때 사용된다.

6. 유표이론과 L1전이와의 관계에 대한 Hyltenstam의 요약은 유표와
무표를 반대개념으로 본 이분법적 분류법에 기초를 두고 있음을 주
목해야 한다. 그러나 유표성이란 것이 하나의 연속선이라고 볼 때
유표, 무표의 이분법 보다는 유표의 정도가 '좀더 심하냐', '좀더
약하냐'로 구분하는 것이 더 정확할 것 같다.

7. 동질능력과 이질능력의 구분은 제4장에서 상세하게 다루었다.

8. 언어의 수평적 비교를 위해서 우리는 무엇이 보편성에 속하는지에
대하여 가설적 가정을 세워 볼 필요는 물론 있다.

참고 문헌들

SLA에서 보편가설에 관한 책은 비교적 출판된 것이 미흡한 편이다. 그
러므로 우선은 L1습득에 관한 것부터 보는 것이 좋은 출발일 것 같다. N.
Hornstein과 D. Lightfoot가 편집하고 1981년 Longman에서 출판한
Explanation in Linguistics란 책속에 L. White가 쓴 The responsibility of
grammatical theory to acquisitional data는 기본적으로 촘스키적 입장에서 비
교적 명료하게 논리를 전개하고 있다.

1981년에 Basil Blackwell에서 출판한 Language Universals and Linguistic
Typology에서 B. Comrie는 유형적 보편성에 관하여 설명하고 예를 잘 들어
주고 있다.

SLA에 관한 보편성 가설를 다루고 있는 개론적 성격의 논문으로는
Language Learning 32/1호에 실린 W. Rutherford의 글 'Markedness in second
language acquisition', 그리고 Applied Linguistics 6/1호에 실린 V. Cook의 글
'Universal Grammar and second language learning' 등두 편이 있다. 전자는 유
표성의 다양한 정의를 살펴보고 그중에서 중요한 몇 편을 소개하고 있다.
후자는 촘스키의 견해를 매우 훌륭하게 요약하고, SLA에서의 이용 가능성
을 논하고 있다.

제9장
SLA에서의 교실 교육의 역할

개요

본 장에서는 교실 현장에서의 SLA 습득문제를 살펴 보기로 한다. 공식적인 교육이 SLA에 차이를 가져오는지 여부를 살펴 보려고 한다. 이것은 SLA에서 환경적 요인에 의하여 야기되는 역할의 문제를 제기하기 때문에 매우 중요한 문제이다. 이것은 또한 문법은 가르쳐야 한다는 가정하에 전통적으로 언어교육이 실시되어 왔기 때문에 중요한 교육적 문제이기도 하다.

습득 쎄팅에 따라 SLA를 크게 보아 두 가지 유형 즉 (1) 자연스런 SLA, (2) 학급에서의 SLA 등 두 가지로 분류해 볼 수 있다. 제6장에서는 이들 두 쎄팅에 따른 투입 및 상호작용의 차이점을 검토한 바 있다. 자연스런 담화와 비교할 때 교실담화는 왜곡될 수도 있다고 지적된 바 있다. 그러므로 한 가지 중요 문제는 어떤 방식으로 왜곡이 나타나느냐 하는 점이다. 즉 대화하기 보다는 학급에서 가르쳐지는 것이 SLA의 경로와 속도에 영향을 미친다는 것이다. 공식적인 학급 교육이 SLA에 영향을 미친다는 점을 생각할 때 환경적 요인들의 역할의 문제가 거론될 것이라는 점은 생각해 볼 수 있다.

언어교육은 여러 가지 목적이 있다. 그중의 하나가 학습자들에게 L2의 형식적 체계 특히 전통적으로 문법을 - 비록 음운 및 어휘도 관심을 끌 수 있지만 - 가르쳐 왔다. 본 장은 L2 문법의 습득에서 교실교육의 역할만 집중적으로 다루겠다. 여기서 교육이란 학급에서 이루어지는 공식적인 교육을 의미한다.

많은 교수방법론중 언어적 형식에 초점을 맞추는 것이 문법지식 습득에 도움이 된다거나, 다른 관점에서 보면 목표어의 언어규칙의 특성에 관한 학습자의 의식이 학습자가 목표어를 내면화하는데 도움이 된다는 하나의 가정이 성립된다. 연역적 방법에서는 이것은 자가증거적 사례가 된다. 그러나 연습을 제공하겠다는 목적으로 시청각기법은 학습자가 다소 의식적으로 뇌속에 어떤 상징표시를 형성하도록 유도하는 구체적인 언어형식에 초점을 맞추는 '습관형성' 방법도 또한 사실이다. 물론 교육의 결과로 나타난 습득이 늘 곧바로 나타나는 것만은 아니다. 대부분의 교수법들이 '기술 습득'과 '기술 이용'을 구별하고 있다(Rivers와 Temperley 1978). 습득은 한 가지 또는 다른 종류의 기술 연습을 요한다.

공식교육의 또 다른 가정은 문법적 자질이 가르쳐지는 순서가 배워지는 순서를 지배할 것이라는 것이다. 언어교과 내용은 교수순서와 학습순서간에 상관관계를 제공하는 그런 방식으로 조직되어 있다. 그러나 자연스런 SLA에 대하여 알려진 것이 무엇이며, 학습자들이 L2로 의사소통하는 방식을 배운 학습의 결과로서 자연스런 습득경로를 따라 가면 어디가 되는 것인지에 초점을 두고 보면 이들 두 가정은 의문이 생길 수밖에 없다(제3장 참조). 그러나 비록 자연스런 SLA로부터 나온 증거가 전통적 언어교육의 가정에 의문점으로 대두된다 하더라도 그것은 잘못을 지적하지 못한다. 철저한 평가를 위하여 우리가 필요로 하는 것은 교실 SLA 자체에 관한 증거이다.

공식적 학급교육의 역할에 관한 연구는 다음과 같은 두 가지 방법으로 착수할 수 있다. 첫째, '공식적 학급 교육이 SLA에 도움이 되는가?' 란 질문에 대하여 답을 찾아보는 것이다. 둘째, '어떤 종류의 공식 교육이 SLA를 촉진시키는가?' 란 질문을 해 본다. 첫 번째 질문에서는 모든 종류의 교실 학습은 어떤 기본 전제를 공유하고 있고, 그러므로 '공식적 교육'에 관하여 일반적으로 말을 할 수 있는 가능성이 있다는 하나의 가정이 있다. 두 번째 질문에서는 일반적으로 공식적인 교육은 촉진적이라는 가정이 깔려 있고, 그렇기 때문에 중요한 문제는 가장 성공적인 것과 그렇지 못한 것을 구분하는 문제이다.

공식교육은 그 양상이 매우 다양하다는 것에 대해서는 의심의 여지가 별로 없다. Ellis(1984a)는 이들 다양한 변이의 몇 가지 중요 요점들에 관하여 논의했다. 의식-자극법은 하나의 규칙을 갖는 명시성의 정도와 내포된 정교성의 정도 등 이들 두 요인에 따라 매우 다양하게 나타난다(sharwood-Smith 1981). 문법구조의 연습은 연습의 강도와 사용하는 기법에 따라 매우 다양하다. 목표어 규칙의 성격도 잠재적 중요 요인이 - 가르치고 배우기가 어떤 쉬운 것이 있고 어려운 것이 있다 - 된다. 교육적 목표는 규칙 내면화 혹은 공식 암기가 될 수 있지만 공식 암기가 규칙 내면화보다는 훨씬 쉬운 것이다. 그러나 더욱 중요한 것은 학습자의 이해 즉 교사에 의한 문법규칙 연습의 시도로서 중요한 것은 아마도 학습자에게는 인지적 수수께끼로 보일지도 모른다. 그것은 마치 언어학습을 요하는 것이 아니고 올바른 답을 찾아내는 절차 정도로 밖에 보이지 않을 수 도 있다는 말이다(Hosenfeld 1976 참조).

학급교육에 존재하는 여러 가지 다양성으로 볼 때, 이것이 학습에 미치는 영향에 관한 연구는 몇 가지 방법중 어느 것이 가장 효과가 높은가를 알아 보려는 비교연구가 될 수밖에 없음도 그다지 놀라운 일이 아니다. 그러나 제6장에서 지적한 바와 같이 이들 비교연구는 이 방법이 저 방법 보다 더 효과적이라는 점을 보여 주는데 성공하지 못했다. 결과적으로 공식교육이 그 자체로서 SLA에 도움이 되는지 여부 즉 앞에서 언급한 두 가지 질문중 첫 번째 질문에 관심을 돌리게 되었다. 각기 다른 교수법이 공통적으로 갖는 것은 교사에 의한 형식적 오류에 관한 교정으로 환류를 제공한다는 점에 초점을 맞추고 있다(Krashen과 Seliger 1975). 그러므로 일반적으로 교육의 역할에 관하여 이야기 할 수 있을 뿐만 아니라 교수법의 차이가 결과에도 차이가 날 수 있는지 여부를 논하기에 앞서서 이 문제가 먼저 논의되는 것이 논리에 맞는다고 주장해 왔다. 비교연구는 일반적인 관점에서 볼 때 학급 SLA에서 공식 교육의 어떤 부분을 연구하는 것에 몰두하게 된다.

그렇다면 공식적인 학급교육의 기준이 되는 속성은 무엇인가? 저자는 두 가지를 제안하고자 한다(비록 저자의 주장이 맞지 않고 다른 것이 될지도 모르지만). 즉 (1) 구체적 문법자질들은 학습자의 관심을 끌기 위하여 엄선된다. (2) 이런 관심은 문법적 자질의 공식적 특성에 초점을 맞춤으로써 구체화된다. 이들 두 가지 속성으로 볼 때, 공식교육은 귀납적 방법(예: 인지부호화), 연역적 방법(예: 시청각 교육법), 그리고 여러 가지 스피치 활동혹은 의미-문법 범주 등을 깨닫게 하는 구체적이고도 언어적인 수단이 도입되어 연습하는 등 등의 교육이 포함되게 된다. 학습자가 보유하고 있는 언어적 원재료가 무엇이든 그것을 이용하는 자연적 의사소통에 종사할 수 있도록 격려와 자극을 받게 되는 교육은 이에 포함되지 않는다(예: Johnson 1982 - 방갈로 프로젝트에 나타난 바와 같이).

교육효과를 연구하기 위하여 SLA의 다른 측면들을 구분하는 것은 매우중요하다. SLA에서 교육의 역할은 교육이 언어발달 경로(즉 습득의 일반적인 순서나 구체적인 순서)에 미치는 영향, 그리고 발달 속도(즉 학습이 일어나는 속도)나 발달의 성공(즉 언어 유창성을 성취하는 것)에 미치는 효과때문에 별개로 분리하여 생각해야한다. 언어 발달의 경로와 발달속도 및성공에 대한 이와 같은 구분은 제5장에서 고찰한 바 있다. 공식적인 교육을생각한다면 교육이 발달 경로와 속도/성공 혹은 둘 중의 하나를 결정하는것이 가능하기 때문에 이와 같은 구분은 중요하다.

요약하자면 SLA에서 공식교육의 역할 연구는 SLA의 이론적 이해를 위해서도 그렇고 언어교육을 위해서도 그렇고 이들 두 가지 이유로 중요하다. 전자의 경우 환경 여건의 어느 정도의 차이가 SLA에 영향을 미치는지 조명해 볼 수 있다. 후자의 경우는 문법구조가 제시된 순서가 학습자들이 배우는 순서와 부합하는지 여부와 같은 기본 교육적 가정을 검증하는데 도움이될 수 있다. 교육은 형태가 여러 가지가 있을 수 있지만 본 장의 목적에 맞는 것은 어떤 형태의 교육이 더 효과가 있느냐라는 것이 아니고 공식 교육그 자체가 어떤 효과가 있느냐 여부를 논하게 될 것이다. 이와 같은 목적을위하여 교육은 몇 가지 형태의 의식-제고, 구체적 언어자질에 대한 목표설정 등이 있을 것으로 추정한다. 그 효과는 SLA의 경로 및 속도/성공여부에분명히 나타날 것이다.

본 장은 4개 부분으로 구성된다. 첫째는 SLA경로에 미치는 교육의 효과를 검증하는 것이다. 둘째는 SLA의 속도/성공여부에 미치는 효과를 검증하는 것이다. 세 번째는 첫째, 둘째에서 보고된 결과의 해석을 검토하는 일이다. 끝으로 SLA이론 및 언어교육 등 두 가지를 위한 함축적 의미를 간단하게 고찰하게 된다.

SLA경로에 미치는 공식 교육의 효과

제3장에서 SLA의 경로를 일반적인 발달 순서 및 구체적 문법자질의 습득 순서에 관하여 고찰한 바 있다. 습득순서에 관하여 보고된 보편성의 증거 및 순서상의 경미한 차이점 등은 (1) 형태소 연구, (2) 종적연구 등으로부터 얻어진 것들이다. 그러나 이런 연구들은 순수 자연스런 SLA이거나 혼합된 SLA에 관한 것(즉 자연적 노출과 교육 등 두 가지가 있는 경우)이다. 본 장에서는 이와 유사한 조건하에서의 교실 학급 SLA에 관하여 고찰하겠다. 그러나 이 분야에 연구실적이 너무나 미비한 상태이므로 이런 상황에서 도출할 수 있는 결론은 잠정적인 결론일 수밖에 없다. 형태소와 종적연구는 다시 분리하여 고찰하게 될 것이다.

교실 SLA의 형태소 연구

형태소 연구는 두 집단으로 나누어 볼 수 있다. 첫 번째 집단에는 SL학습자(second language learners)를 연구한 5개의 연구가 있다. 또 다른 집단에는 FL 학습자(foreign language learners)를 연구한 4개의 연구가 여기에 속한다.

외국어 학습자를 연구한 3개의 연구는 교실 학급에서의 SLA가 자연스런 쎄팅에서의 SLA에서의 형태소 순서와 동일하다는 사실을 발견했다. Fathman(1975)은 배경이 각기 다른 6세부터 15세 어린이 200명을 대상으로 이들의 문법지식을 평가하기 위하여 구두시험을 치렀다. 이들중 일부는 언어교육을 받았고, 나머지는 정상적인 교실에 배치되었을 뿐이다. Fathman은 이들 두 집단의 형태소 순서에 상당히 의미있는 상관관계를 찾아내어, 습득순서는 교육에 상관없이 일정하다는 결론을 내렸다. Perkins와 Larsen-Freeman(1975)은 12명의 베네즈웰라 대학생을 대상으로 연구했는데 이들 학생들은 미국에 도착하여 2개월간 영어교육을 받고난 다음 이들의 형태소 순서가 어떻게 되는지에 대하여 연구한 바 있다. 이들 학자들은 데이터를 수집하기 위하여 (1) 번역 테스트, (2) 대화가 나오지 않는 영화 필름에 대한 기술 등 두 가지 실험을 했다. 이와 같은 실험과 검사를 거친 다음 이들 학자들은 자연스런 스피치의 경우 공식 교육은 언어발달에 아무런 영향을 주지 못한다고 결론을 내렸다. Turner(1978)는 3명의 L2 학습자를 놓고 연구했는데 문법적 형태소에 대한 교육 순서는 학습자들의 습득순서와는 그다지 큰 상관관계가 없었음을 발견했다. 바꾸어 말하자면 교육순서와 습득순서는 달랐다는 것이다. 이들 연구를 함께 놓고 보면 학습자들이 언어를 사용하고 있으며 그 사용 목적이 주로 의미에 치중하고 있을 때 공식 교육이 문법적 형태소의 습득순서를 변경하지 못한다는 결론(입증된 바는 없음)에 도달하게 된다.

　이밖에 SL학습자에 관한 두 개의 연구들은 비록 그 효과가 비교적 미미하고 오래가지 않는 것이긴 하지만 교육이 형태소 순서에 하나의 효과를 줄 수 있음을 주장하고 있다. Lightbown et al.(1980)은 영어를 공부하는 175명의 불어권 학생들의 (1) 문법적 판단 테스트, (2) 사진 묘사를 포함한 의사소통 임무 등에 관하여 조사연구를 실시했다. 그들은 (1)항의 점수가 교육의 결과로 개선되었지만 나중에는 전반적으로 성적이 낮아졌음을(즉 문법자질 시험에 관련하여 더 이상 교육을 시키지 않았을 경우) 알게 되었다. (2)항의 경우 그들은 여러 가지 명사 및 동사 형태소의 순서가 '자연스런' 경로와는 다르다는 점을 알게 되었다. 이는 학생들이 진행형 형태소보다 복수를 잘 못했고, 아마도 학생들의 모국어의 영향(즉 불어에서 복수어미 -s가 발음에는 없고 철자로 쓸 경우에만 나타남) 때문일 가능성 때문일 것이다. 그러나 동사와 명사 형태소를 분리하여 생각할 때 그 순서는 자연스럽게 발생되는 경우와 일치했다. 그 이후의 연구에서 Lightbown(1983)은 처음 연구 시의 실험집단과 비슷한 집단으로 연구했는데 이번엔 진행형 -ing를 너무 잘 해냈다. Lightbown은 이것이 초기부터 아주 집중적으로 연습을 시킨 결과이고 고도로 집중된 연습, 훈련의 효과가 서서히 나타난 것이라고 주장했다. 그러나 학생들은 -ing형을 적절히 사용한 것이 아니고 3인칭 단수어미 -

s를 사용해야 할 경우에까지 과도하게 확대해석하고 있었다. 나중에는 -ing 사용 빈도가 형태소 -ing와 형태소 -s의 사용법을 구별할 수 있게 되면서 서서히 감소되어 갔다. 그러므로 자연스런 순서에의 분포는 단지 일시적인 것이었다는 점을 다시 한 번 확인해 준 셈이다.

SL학습자들의 전체 5개 학급의 형태소를 두고 실시한 이번 연구의 문제점중의 하나는 학습자들이 교실 이외의 장소에서 L2에 노출될 가능성이 있는 환경에서 교육을 받고 있었다는 점이다. 바꾸어 말하자면 이번 연구가 순수 교실학습의 효과를 정확히 측정해내지 못했다는 말이다. 그러나 Pica(1983)는 그와 같은 노출이 그다지 혼란스러운 변수가 못되는 것 같은 수 많은 연구논문들을 언급하고 있다. Fathman(1978)은 독일에서 FL로서 학급영어수업의 그녀가 명명한 "난이도 순서"를 미국에 있는 학교에서 SL로서 영어를 배우는 경우의 "난이도 순서"와 비교해 보았다. 전자의 경우 교육이 이미 앞에서 언급한 두 가지 즉 구조가 짜여져있고 형태에 초점을 맞출 것을 요하는 것 등등의 두 기준에 잘 맞는 것으로 제공되었다. 후자의 경우는 공식적인 교육이 별로 제공되지 않았다. 그럼에도 불구하고 Fathman은 양자간에 사소한 차이점이 있는 것들이 상당히 많았음을 식별하고도 그녀는 양 집단간에 상관관계가 + 로 나타난다고 보고하고 있다.

Pica가 검토했던 순수교실 학습의 두 번째 연구는 Makino(1979)에 의하여 실시되었다. Makino는 일본의 중학교에서 FL로서 영어를 공부하는 777명의 중학생을 대상으로 이들이 영어를 필기할 때 생산한 9개의 형태소를 조사연구했다. 그 결과는 Dulay와 Burt 그리고 기타 형태소 연구자들 (Hakuta 1974는 예외임)이 보고한 순서와 형태소 순서가 상당히 의미있는 상관관계를 보였다.

Pica가 검토한 세 번째 연구는 Sajavaara(1981a)이다. 그는 FL로서 영어를 공부하는 핀랜드 학습자들의 자발적인 발화 스피치를 수집하여 순서가 혼돈에 빠져 있음을 발견했다. 주요 차이점중의 하나는 관사의 서열위치였다. Pica는 핀랜드인과 일본인의 관사체계는 영어와 달랐지만 Sajavaara의 연구에 나타난 핀랜드인의 경우만은 자연스런 순서를 보여주었음을 지적하고 있다.

Pica는 형태소 순서에 관한 교육의 효과를 알아 보려고 연구를 계속했다. 그녀는 멕시코 씨티에서 FL로서 영어교육을 받고 있는 6명의 학습자를 필리핀의 자연적인 학습법에 의하여 영어를 배우는 집단과 혼합집단(즉 공식적인 학급교육과 자연스런 환경에 노출되는 등 두 가지 모두) 등 두 집단과 비교했다. Pica는 8개의 형태소를 검토하여 보고 3개 집단과 Krashen의 자연스런 순서간에 상당히 의미있는 상관관계를 발견했다.

9개의 형태소 연구의 결과에 대해서 다음 <표 9.1>로 요약했다. 여기서 어떤 결론이 도출될 수 있나? 일반적으로 공식적인 학급교육은 자연스런 SLA 및 혼합 SLA에 보고된 형태소 순서에 아무런 괄목할 만한 효과가 없는 것으로 나타났다. 데이터가 형태소 순서를 계산하는데 사용될 경우만 집중적으로 모니터해 보면 (예: Perkins와 Larsen-Freeman의 연구에서 처럼) 차이점이 나타난다. L2의 의사소통적 사용(예: Pica의 연구)을 반영하는 데이터가 수집될 때 형태소 순서는 자연스런 순서와 같거나 단지 단기적으로만 다르게 나타나고, 과잉으로 배워졌을지 모르는 한 두 개만 같게 나타난다. 이 일반적인 결론은 학습자가 어린이냐, 성인이냐와 상관없이, 그리고 더욱 흥미로운 사실은 학습자가 FL 환경이거나 SL 환경이거나 상관없이 진실을 담고 있다는 점이다. 여기에 하나의 예외는 Sajavaara의 연구뿐이다.

그렇다면 공식적인 교육은 자연스런 언어사용에 명시된 형태소 순서에 단지 무시해도 좋을 그런 효과를 갖는 것 같다. 그러나 제3장에서 언급한 바와 같이 형태소 순서는 습득보다는 정확성을 측정하는 것이다. L2발달에 관한 효과적인 교육이 무엇인지 보다 신뢰할 만한 그림을 얻어내기 위해서는 잠정적 구조에 대한 종적연구로 돌아갈 필요가 있다.

교실 SLA의 종적 연구

Allwright(1980)의 관찰은 다음과 같다:

이상하게도 L1, L2언어습득을 연구하는 학자들은 모두 사례연구란 연구 방법론에 집중적으로 매달려 왔는데 이 방법이 교실에서 언어를 배우는 학습자들을 대상으로 연구하는 의미있는 방법으로 적합한 것인지 아닌지 생각되어 본 적이 없다.

학급에서의 SLA에 관한 종적연구는 숫적으로 매우 적다. 여기서 이 범주에 넣고 논의할 연구로는 Felix(1981), Ellis(1984a), Schumann(1978b) 등 세 개가 될 것이다. 그러므로 가용한 종적연구의 증거들은 형태소 연구로부터 나온 증거들 보다 훨씬 적은 편이다.

Felix의 연구는 그의 연구대상들이 순수 학급 학습자들 즉 L2 투입정보를 전적으로 학급수업에만 의존하는 학생들이었기 때문에 특히 흥미를 끌었다. 실험대상들은 나이 10세부터 11세 사이의 독일 학생들로 학교에서 처음으로 영어를 배우는 34명의 학생들이었다. 일반적인 교수법으로는 전통적인 시청각 교수법을 채택했다. 이들은 1일 45분짜리 수업을 매일 실시하여 주당 5일씩 영어수업을 받게 했다. 이렇게하여 8개월간 수업을 계속했다.

Felix가 보고한 문법구조는 부정문, 의문문, 문장 유형, 발음 등에 관한 것이었다. 각각의 문장 구조를 보면 개인교수된 경우와 자연스런 SLA간에 나란히 발전하고 있음을 발견했다. 예를 들면 처음 몇 주 동안 매일 부정어 축약형 문장을(예: It isn't) 연습시켰음에도 불구하고 학생들은 'not'이나 'n't'를 이용한 정확한 문장을 생산해내지 못했고, 이 기간 동안 'no' 작동자(예: It's no my comb)를 포함하는 불과 몇 개의 자발적인 부정적 발화만 생산해냈다. 본동사 부정어가(예: don't/doesn't 사용) 소개되자 많은 학생들의 부정문 발화가 부정어 조동사가 문장의 앞으로 나가게 되었다(예: Doesn't she eat apples = She doesn't eat apples). 바꾸어 말하면 어린이들은 자연스런 학습자의 no 사용법과 동일한 방식으로 don't/doesn't를 연습하여 사용했던 것이다. 자연스런 SLA에서 관찰된 유사한 형태의 예들은 Felix의 다른 연구에 의하여 조사된 기타의 구조에도 있음이 보고된 바 있다.

Felix는 교육된 경우와 자연스런 SLA의 경우 둘 다 공히 동일한 학습과정이 있다고 결론을 내리면서 다음과 같이 언급했다.

...교실에서 학생들의 언어행위를 조작하고 통제할 가능성은 사실상 매우 제한되어 있다(Felix 1981).

교육이 매우 공식적으로 진행되는 학급에서 학습자들은 자신들이 이미 준비가 되지도 않은 문장구조를 생산하라는 압력을 끊임없이 받게 된다. Felix는 학생들이 이 경우 문제를 두가지 방법중에 하나로 해결한다고 주장했다. 즉 학생들은 자기 레파토리내에 존재하는 구조로부터 무작위 추출을 하거나 아니면 자연스런 언어습득의 초기단계를 특징짓는 것과 같은 규칙을 따르거나 둘 중의 한 방법을 택하게 된다.

Ellis는 나이 10에서 13세에 해당하는 3명의 L2 학습자들을 조사했다. 이들은 원어민 어린이들에게 전혀 노출되지 않은 완전 격리된 상태에서 교육을 받았다. 그러나 L2로서의 영어가 교사와 학생간에 그리고 학생들 상호간에 의사소통의 일반적인 수단으로 사용되었다는 점은 알아두어야 한다. 그러므로 학급과 학교의 분위기는 의사소통을 위하여 영어가 사용되는 그런 환경여건을 갖추고 있었다. 언어교육 자체는 획일적이지 않고 다양했지만 교수법 자체는 주로 시청각 교수법이 사용되었다. 교육은 9개월간 계속되었다. 출발점에서 보면 두 명의 어린이는 완전히 초급수준이었고, 또 한 명도 거의 비슷했다(즉 이 경우 단지 몇 개의 영어 단어를 알고 있는 정도였음).

Ellis는 부정문, 의문문, 그리고 수 많은 동사구 형태소를 검토했다. 이들 모든 구조는 9개월간의 수업에서 언제가 한 번은 - 어떤 경우는 몇 번씩 - 가르쳤다. 학급에서 학생들에 의한 의사소통적 스피치를 분석했을 때, 그 결과는 자연스런 SLA에서 관찰된 것과 어느 정도 일치하는 것을 알게 되었다. 이것은 조사된 모든 구조에서 예외없는 사실이었다. 예를 들면 어린이들의 첫 번째 부정 발화는 머리부분 생략형 부정(예: 단순히 'no' 자체만 혹은 'no' + 분리된 서술)으로 구성되었다.

구 분	학 자	교실형태	연구 대상	유창성 수준	데이터	결　　　과
형태소	Fathman (1975)	ESL(미국)	260명 연령:6-15세 L1: 혼합	초급 /중급	구두시험	교육받은 학생들의 형태소 순서와 교육 받지 않은 학생간 상관관계 높음.
″	Perkins, Larsen-Freeman (1975)	″	12명,대학생 스페인 학생, 도착 직후	중급 미국	1번역시험 2그림보고 자연스럽게 말하기	교육 전.후 형태소 에 관한 시험: 1 은 달랐지만, 2는 같았음.
″	Turner (1978)	″	3명, SL로서의 영어	초급	1자발적 스피치. 2(진단평가) 문법시험	1에서의 형태소 순서와 교육순서 다르나, 2에서는 동일함.
″	Lightbown et al. (1980)	ESL(카나다)	175명 6,7,8학년 L1 : 불어	혼합 주로 중급	1 문법판단 테스트 2 그림보고 자연스럽게 말하기	1번 관찰:단기 2번:자연스런 순 서와 다름, 동 사, 명사 형태 소 분리않음.
″	Lightbown (1983)	″	75명 6학년(이중 36명은 7,8 학년)	주로 중급 낮은 단계	그림보고 자연스럽 게 말하기	많은 형태소에서 자연스런 발화의 경우와 다름. 그 러나 혼란은 오 래가지 않음.
″	Fathman (1978)	EFL(독일)	청소년 문법 교육,연습	단계 혼합	구두시험	미국 ESL학습자 와 형태소 난이 순서 높은 상관 관계있음.
″	Makino (1979)	EFL(일본)	777명 공식학교 교 육을 받는 어린이/청소년	단계 혼합	단답형 필기 시험	Krashen(1977) 에 의한 자연스 런 순서와 이 실험대상의 형 태소 순서와 차 이가 없음.
″	Sajavaara (1981)	EFL(핀란드)	교실수업을 받는 청소년		자발적 축약 형 방식	특히 관사 등 형태소 순서에 혼선

"	Pica (1983)	EFL(멕시코)	6명 18-50세 스페인어권 성인 문법교육/회화 연습	단계 혼합	연구자와 한 시간씩 녹음테이프로 대화	형태서 순서 상관관계 순위 1. 자연스런 집단 2.혼합집단, 3. Krashen의 자연적 순서.
종적연구	Felix (1981)	EFL(독일)	34명 나이: 10-11 L1:독어	초급	교실 스피치 녹음	학습자들 1.아무거나 구조선정, 2. 자연스런 SLA규칙에 따라 발화.
"	Ellis (1984)	ESL(영국)	3명 어린이 나이 10-13 L1: 펀잡어 폴투칼어	초급	의사소통 중심의 교실 스피치	자연스런 SLA와 발달경로가 동일.
"	Schumann	ESL(미국)	1명 성인 L1: 스페인어	초기에 화석화됨	1.유도시험 2.자연스럽게 나오는 스피치	1에서:부정문 전반적으로 정확/개량. 2에서: 아님.

〈표 9.1〉 SLA경로상의 미치는 교육의 효과에 관한 실험연구

    그 다음에 부정어가 밖으로 나가는 형식이 나타났는데 처음엔 동사가 없다가 나중에 동사도 발화속에 출현한다.

    부정어가 밖으로 나가는 형식은 서서히 부정어가 문장 속으로 들어가는 형식으로 교체되어 갔다. 동시에 'not'는 주요 부정어로서 'no'로 대체되었다. Felix와 같이 Ellis도 교실 수업의 경우도 자연스런 SLA에서 발견된 것과 똑같은 절차들이 작동된다고 결론을 내렸다. 자연스런 SLA와 우리가 관찰할 수 있는 교실 SLA간에 유일한 차이점은 몇 개의 잠정적 패턴이 더 오랜 기간 동안 잔존했다는 점(예: 도치되지 않은 상태에서의 yes/no 의문문의 사용), 그리고 일부 문장구조는 출현이 다소 지체되었다는 점(예: 과거시제형) 뿐이었다. Ellis는 이것을 교실에서 발생하고 있는 의사소통에 왜곡된 패턴의 결과로 해석했다. 이런 현상을 설명하기 위한 또 다른 증거는 예

를 들면 학급에서의 투입정보의 특성은 현재 임기응변적 참고물이 지배적인 것임을 발견한 Long과 Sato(1983)로부터 나왔다.

　　Schumann의 연구에서는 성인 L2학습자 1명에게 부정문 만드는 방법을 가르치려는 신중한 시도가 보인다. 이 노력은 자연스런 SLA와 달리 종적 연구의 맥락에서 이루어졌다. 교육적 실험이 있기 이전에 학습자의 부정문은 주로 'no + 동사'의 형식으로 이루어져 있었다. 교육 실험은 7개월간 실시되었는데, 이 기간 동안 축약형 및 자연발생적 부정 발화 등이 교정되었다. 축약형 발화는 상당히 발전되었다(교육 이전의 22%에서 교육후 64%의 정확도를 보였음). 그러나 자연발생적 발화의 경우는 별로 교육적 효과가 없었다(교육 이전의 22%에서 교육후 20%의 정확도를 보였음). Schumann은 교육은 다만 시험을 보는 것 같은 상황에서만 학습자의 발화생산에 영향을 줄 뿐 정상적인 의사소통 상황엔 아무런 영향도 주지 못했다고 결론을 내렸다.

　　이상의 연구들을 종합해 보면 다음과 같은 가설들이 성립할 것 같다:

1. 교육은 자연스런 SLA에서의 부정문, 의문문과 같은 잠정적 구조에 현저한 발달과정과 절차를 뛰어 넘지 못한다.
2. 학급 학습자들에게 자신들의 언어능력을 벗어나는 문장구조를 요구할 때, 그 결과는 이상한 문장형식으로 나타난다.
3. 왜곡된 투입정보는 발달단계상 어떤 단계에 상당히 오랫 동안 잔존하여 어떤 문법적 자질의 출현을 지체시킨다.
4. 학급 학습자들은 문장형식에 초점을 맞출 때, 공식 교육을 통하여 얻은 지식의 사용이 가능해진다.

그러나 이런 가설을 구체화하려면 아직도 더 많은 연구가 필요하다.

요약
형태소 연구 및 SLA의 종적연구 등 이들 둘은 비록 공식적인 교육이 L2

지식을 개발할 수 있다 할지라도, 이런 지식들은 학습자가 형성하려고 노력을 기울일 때만 언어사용으로 구체화될 수 있음을 의미한다. 그러므로 이것은 의사소통적 스피치에 분명히 나타나는 자연스런 SLA의 경로에 영향을 미치는데 그 정도가 비교적 미미하다는 점을 간과해서는 않된다. 제3장에서 구분한 발달의 절차(sequence)와 순서(order)를 이용하려면 전반적인 발달절차는 공식 교육에 의한 영향을 받지 않고, 발달순서도 크게 방해받지 않는다고 말할 수 있다. 공식교육은 중간어의 문체적 연속선상의 일상어/사투리 지점엔 영향을 주지 못하고, 다만 주의를 요하는 지점에만 영향을 줄 뿐이다(제4장 참조). 그러나 이와 같은 결론은 교실에서의 SLA 특히 종적연구가 별로 없으므로 우선 잠정적인 결론일 수밖에 없다.

SLA의 속도/성공여부에 미치는 공식교육의 효과

SLA의 속도와 성공여부에 관한 공식 교육의 효과에 관한 연구는 비교적 많은 편이다. Long(1984b)은 관련 연구들을 철저히 검토하면서 11개의 연구를 목록으로 정리하였다. 그러나 이들 모든 연구물들이 교육의 '상대적 유용성'을 조사했던 것들이다. 즉 이들은 자연스런 쎄팅에서 L2에 단순 노출된 경우의 효과와 관련하여 L2 유창성에 미치는 교육의 전반적인 효과에 관한 것이었다. 그러므로 이들 연구중 어느 것도 공식 교육의 '절대적인 효과' 즉 교육이 특정 문법구조의 습득을 가속화시킬 수 있는지 여부를 조사한 것은 하나도 없었다. 또한 연구물들이 혼합된 L2학습자들을(즉 자연스런 환경에 노출도 되고 교육도 받은 경우) 조사하자, 연구결과는 공식 교육 그 자체가 자연스런 노출 그 자체 보다 더 나은지 여부에 대하여 말할 수 없었지만 다만 노출과 교육 둘 다를 합치면 노출이나 교육 어느 하나보다는 나은 편이라는 사실을 말할 수 있었다. 이것은 나중에 고찰하게 되겠지만 여러 가지 근거에서 만족할 만한 것이 못된다. 첫째 연구 자체가 만족스럽지 못하다. 이들 연구는 두 그룹으로 분류할 수 있다. 첫째 그룹은 Long에 의하여 고찰된 11개의 연구물들이다. 이들 연구물들은 위에서 언급한 바와 같이 상대적 유용성을 찾고 있다. 다음 그룹은 절대적 효과를 찾고 있는

Ellis(1984a) 연구중의 하나가 있다. 모든 연구들이 문법적 발달에 미치는 효과에만 매달려 있다.

공식교육의 상대적 유용성

이런 타입에 관한 연구는 (1) 교육의 긍정적인 효과를 보이는 연구, (2) 효과에 대하여 애매한 태도를 취하는 연구, (3) 교육의 효과가 전혀 없다고 보는 연구 등 3가지로 분류해 볼 수 있다.

Long(1983d)은 공식 교육의 긍정적 효과를 나타내는 6개의 연구를 논의 했다. 이들중 두 개는 교육과 동일한 분량의 노출을 받은 학생들에게 각기 분량을 달리한 교육의 효과를 비교하고 있다. 나머지 4개의 연구물은 교육 양, 노출, 학생의 유창성 수준 등등의 차이간에 관계를 조사연구했다. 이들 연구들은 모두 어린이와 성인, 유창성 단계의 범위, 각기 다른 목표어 등에 관하여 연구했다. 그리고 유창성 단계를 평가하기 위한 테스트들도 불연속 점(예 : 4지선다형) 방식 및 완성형 등이었다.

Krashen과 Seliger(1976) 그리고 Krashen, Seliger, Hartnett(1974)에 의하여 채택된 절차는 노출량은 같지만 공식 교육이 실시된 시기는 달리한(즉 교육 요인의 효과를 측정하기 위하여 노출 요인은 불변으로 고정시킨 경우) 학생 들의 쌍과 일치했다. 이들 두 연구는 교육을 더 많이 받은 학생들이 유창성 시험에서 덜 받은 학생들 보다 더 높은 점수를 얻었음을 발견했다. 그러나 Long이 지적한 바와 같이 효과의 원인이 교육 그 자체인지 아직 확신을 갖 기는 어렵다. 그러므로 얻어진 결과는 전체 접촉(즉 전체 교육 시간 + 전체 노출 시간)의 양으로 설명할 수 있다. 공식 교육이 효과가 있음을 주장하기 위해서는 학생들이 교육에 잘 따르고 있지만 노출 정도가 다르다는 점(즉 노출 요인을 조사하려면 교육 요인은 불변으로 두어야 한다)을 보여 줄 때, 노출로는 긍정적인 효과가 없음을 보여 주는 것이 필요하다. 두 연구의 경 우 교육에서 관찰된 긍정적 효과는 접촉시간이 더 많았기 때문이 아니라는 것을 주장하는 사례가 바로 이런 것일 것이다. 그러나 Martin(1980)의 한 연 구는 교육을 통제할 경우 노출에 긍정적 효과가 있음을 발견했다. 그러므로 결론적으로 말해서 Krashen과 Seliger(1976), 그리고 Krashen, Seliger, Hartnett(1974) 등의 연구는 교육이 도움을 주지만 그렇다는 증거는 아직 확실치 않다고 볼 수 있다.

교육의 긍정적 효과를 보여주었던 기타 4개의 연구들(Krashen et al. 1978; Brière 1978; Carroll 1967; Chihara와 Oller 1978)에 의하여 사용된 절차는 각기 다른 학생들에 의하여 경험한 교육과 노출의 양의 적정 정도 및 유창성 점수간에 적정 수준을 통계적으로 측정하고 있다. 이들 4개의 연구물들은 교육과 유창성간에 긍정적인 관계가 있지만 노출과 유창성간에도 이와 유사한 관계가 있음은 3개의 연구물에서만 나타났다. 교육과의 관계의 강도도 두 개의 연구물간에 더 강했고 1개만 좀 약하게 나타났다.

일반적으로 말해서 그렇다면, 유창성을 예측하는데 교육이 노출보다 더 나은 예측 척도가 될 수 있다. 그러나 다시 한 번 더 말하건대 이런 형태의 연구에서 노출의 효과와 교육의 효과를 분리하기가 매우 어렵다고 볼 수 있다.

Long은 결과가 매우 애매하게 나온 두 개의 연구물(Hale과 Budar 1970, Fathman 1976)에 관하여 논했다. 이들 두 연구물의 경우 연구 자체는 교육이 별로 도움이 되지 못한다는 결과를 낳았다. 예를 들면 Hale과 Budar는 다음과 같이 쓰고 있다:

TESOL 특별 학급에서 1일 6시간 수업중 2, 3시간을 공부한 학습자들은 도움이 되기 보다는 오히려 해를 입었던 것으로 나타났다(Hale과 Budar 1970).

그들은 가장 짧은 시간내에 최고의 유창성 단계에 달한 학생들은 영어 및 문화에 전신 침례의례에 가까울 만큼 몰입했던 학생들이었다고 주장한다. 그러나 Long은 그것이 Hale과 Budar의 연구 설계, 교육, 사회-경제적 배경, 노출의 정도 등 등과 같은 변수들 때문이라고 옳게 지적했고, 부모의 태도는 아이들과 융합되었기 때문에 관찰된 유창성 수준의 차이에 대하여 신뢰할 만한 결정을 내리기가 가능치 않다. Long은 또한 Fathman의 연구결과에 방법론상의 문제가 있음을 의심하고 있다.

세 개의 연구들은(Upshur 1968; Mason 1971; Fathman 1975) 교육에 잇점이 없음을 보여주고 있다. 각각의 경우 교육 프러스 노출과 노출 하나의 경우를 놓고 비교하고 있다. 물론 이 경우 양자 모두 동일한 시간을 부여했다. Long은 부정적 결과에도 불구하고, 통계적 의미를 찾기엔 불충분 하지만 교육이 도움이 된다는 몇 가지 시사점을 찾아냈다.

이들 모든 연구물들을 모두 함께 놓고 보면서(표 9.2에 모두 요약했음), Long은 'SL교육이 다르게 될 수 있음을 시사하는 몇 가지 증거가 있다'고 주장했다. 그는 그 효과는 (1)성인 만큼이나 어린이에게도 있다, (2) 초급단계의 학습자 뿐만 아니라 중급, 고급단계의 학습자에게도 있다, (3) 완성형 문제 뿐만 아니라 통합시험에도 있다, (4) 습득 빈약환경 뿐만 아니라 습득 풍요환경에도 있다는 것이다. (3)은 의미가 있다. 왜냐하면 교육은 통합시험이 측정하려고 하는 것 뿐만 아니라 완성형 시험에서 관찰된 언어수행도 모니터하는 의사소통적 언어수행을 도와주기 때문이다. (4)는 Krashen에 의하여 발전된 가설에 모순된다. Krashen은 습득 빈약환경에서는 학습자가 노출에 의하여 적절한 투입정보를 얻지 못하지만 습득 풍요환경에서는 종합적이고, 이해할 만한 투입 정보를 많이 얻기 때문에 효과가 있다는 것이다. 쓸만한 연구라고 Long이 평가하는 경우를 보면 공식적인 교육의 효과는 종합적이다.

공식교육의 절대적 효과

위에 보고한 종류의 연구물들은 공식적인 교육이 실시될 때 실제로 무엇이 일어나는지에 대해서 아무 것도 빛을 밝히지 못한다. 만약 SLA에 정말로 도움이 된다면 어떻게 도움이 된단 말인가? Ellis(1984e)는 이 문제 파악에 착수했다. 그는 나이 10세부터 15세 사이의 L2학습자 초급단계에 있는 어린이 13명을 한 그룹으로 이들에게 WH-의문문의 형식과 내용을 3시간 동안 가르치고 그 효과를 측정해 보았다. 연구대상중 2명은 앞에서 언급한 종적연구시 연구대상으로 삼았던 학생들이다. 이들은 교육을 실시할 때, 이미 WH-의문문을 의사소통적 대화에 활용하고 있었다. 이들 두 어린이가 전체 학생들 보다 약간 수준이 떨어졌는데, 이는 WH-의문문이 실험대상들의 '기저발달 부위'(Vygotsky 1962) 범위내에 있었던 것이 아닌가 추측해 볼 수 있다. 즉 학습자는 발달적으로 WH-의문문을 위한 '준비' 되어 있지 않았나 싶다. 그러나 그 결과는 전체적으로 그 집단을 보면 교육의 결과 어린이들이 의미상으로 적절하고 문법적으로 잘 정돈된 WH-의문문을 사용할 능력면에서 의미있는 증가를 보이지 않고 있다. 일부 학생들은 개인적으로 괄목할 만한 발전을 보이고 있기도 하다. 이것이 그들이 받은 교육의 효과인지 여부를 확인하기 위하여 Ellis는 수업시간에 각각의 학생들이 교육적 의사교환에 참여하는 정도를 측정해 보았다. 그랬더니 이 수업의 목표였던 WH-의문문 사용 능력의 진보는 활발한 참여자 보다는 오히려 낮은 참여율을 보인 학생들이었음을 알게 되었다. 그러므로 공식적인 학급 수업에 적극적인 개입은 SLA를 촉진하는 것으로 나타나지 않는다.

이 연구는 공식 교육이 절대적인 효과 - 이와 같은 결론에 도달하려면 상당히 많은 확증적 연구들이 요구된다 - 있음을 보여줄 수 있다고 주장할 수는 없지만, 교육의 상대적 유용성은 학급 수업의 목표로 구성된 그런 구조의 습득의 결과가 아닐 수도 있다. 이 점에 관해서는 나중에 다시 다루겠다.

논의

이 장에서 보고한 연구논문들은 문제가 많다. 즉 공식 교육의 긍정적인 효과를 다룬 Long의 낙관적인 결론엔 의문점이 많이 존재한다. 공식 교육이 도움이 된다는 점을 보고한 6개의 논문을 이미 보았는데, 관찰된 효과가 교육 자체의 결과인지 아니면 단순히 더 많은 접촉기회 때문인지 결정해야 하는 문제가 남아 있다. 학습자의 동기에도 여전히 문제가 남아 있다. 이것은 여러 가지 방면에서 결과에 영향을 줄 수 있다. 예를 들면 동기가 높아진 학습자는 그렇지 못한 학습자 보다 공식 교육을 찾는 정도가 훨씬 더 높아지는 수가 많다. 그러므로 동기의 효과는 교육의 효과와 혼동될 수 있다. 몇몇의 연구의 경우(예: Hale과 Budar 1970), 학습자들은 자기들이 교육을 받어야만 하는지 여부에 대하여 아무런 선택권도 없다고 한다. 그와 같은 예에서 그들은 교육으로부터 별로 득 볼 것이 없을 것 같다는 결과로 교육 자체에 분개할 수도 있다(Hale과 Budar는 바로 이 문제를 보고하고 있다). 끝으로 어떤 방식으로 공식 교육은 SLA를 돕는 것인지 분명치가 않다. Ellis의 연구의 예외를 빼고나면 교실속에서 진행되는 것이 무엇인지 설명할 길이 없다.

그러나 공식 교육이 학습자가 L2를 습득하는데 도움이 될 수 있다는 말을 부정하는 것은 육감에 어긋날 뿐만 아니라 수 많은 교사와 학생들의 개인적 경험에도 배치된다. 그러므로 넓은 의미에서 연구에 대한 Long의 입장은 단지 상식적 의미의 가정을 확인해 줄 뿐이다. 그러나 흥미로운 것은 공식교육이 SLA의 속도/성공여부를 촉진시키느냐 여부 뿐만 아니라 어떻게 촉진시키는지 그 방법도 마찬가지다. 이점에서 연구들은 별로 도움이 되지 않는다. 따라서 실험적 답을 찾기 보다는 이론적 답을 모색할 필요가 있다. 이하 다음 항목들의 목적은 바로 이것이다.

요약

공식교육의 상대적 효용성에 대한 연구는 결과가 혼란스럽게 나왔지만 일반적으로 보아서 교육이 SLA의 속도/성공여부에 도움이 된다는 가설을 어느 정도는 뒷받침해주고 있다고 볼 수 있다. 그러나 그것이 교육 자체인지 아니면 관찰된 두 가지 효과에 - 긍정적인 경우와 부정적인 경우 - 상응하는 동기와 같은 몇가지 관련 요인에 의한 것인지는 분명치 않다. 그리고 교육이 어떻게 급속한 발달 특히 공식교육이 절대적인 효과가 전혀 없는 것 같다고 주장할 만한 증거가 일부 있는 경우에 급속한 발달로 이어지는지 분명치 않다.

교육의 역할 설명

SLA에 미치는 공식 교육의 효과를 연구한 실험적 연구의 검토는 비록

공식교육이 발달 절차에 눈에 띄는 효과가 없고 발달순서에도 미미한 효과밖에 없다고 하더라도 SLA의 속도/성공여부에 관한한 상대적 효용성은 분명히 있다는 점을 시사하고 있다. SLA에 공식교육의 역할에 대한 설명은 어느 것이나 이런 결과를 설명해야만 할 것이다. 본 장에서는 이미 앞에서 보고한 실험연구에 초점을 맞추면 (1) 비상호작용적 입장, (2) 상호작용적 입장, (3) 변이적 입장 등 세 가지 설명적 가능성을 찾아 볼 수 있으므로 이에 대한 고찰을 하고자 한다.

구 분	학 자	교실형태	연구 대상	유창성 수준	데이터	결 과
상대적 효용성	Carroll (1967)	미국에서의 FL학습(해외 노출)	성인 L1 : 영어	모든 단계	통합시험	교육과 노출 둘 다 도움이 되지만 노출이 가장 도움이 됨.
"	Chihara, Oller (1978)	EFL(일본)	성인 L1 : 일본어	"	1 완성형 시험 2 통합시험	교육은 도움이 되지만 노출은 도움이 되지 않음.
"	Krashen, Seliger, Hartnett (1974)	ESL(미국)	성인 L1 : 혼합	"	완성형 시험	"
"	Brière (1978)	멕시코 L2 : 스페인어	어린이 L1 : 현지 인디안어	초급	완성형시험	교육/노출 둘 다 도움이 되지만 교육이 가장 도움이 많이 됨.
"	Krashen, Seliger (1976)	ESL(미국)	성인 L1 : 혼합	중급 고급	통합시험	교육 : 도움됨. 노출 : 않됨
"	Krashen et al. (1978)	"	성인 L1 : 혼합	모든 단계	1 완성형 2 통합시험	교육/노출 : 모두 도움이 도지만 특히 교육이 제일큰 도움이 됨.

"	Hale & Budar (1970)	"	청소년 L1 : 혼합	"	"	노출 : 도움됨 교육 : 안됨 결과 : 의심스러움.
"	Fathman (1976)	"	어린이 L1 : 혼합	"	통합시험	노출 : 도움됨. 교육 : 안됨. 결과 : 의심.
"	Upshur (1968)	"	성인 L1 : 혼합	중급 고급	완성형 시험	교육 : 안됨.
"	Mason (1971)	"	"	중급 고급	1 완성형 2 통합시험	교육 : 안됨
"	Fathman (1975)	"	어린이 L1 : 혼합	모든 단계	통합시험	교육 : 안됨.
절대적 효과	Ellis (1984e)	ESL(영국)	어린이 L1: 혼합	초급 중 다소 높음	그림보고 자유롭게 말하기	교육 : WH-의문문 생산에 효과 없음. 개인적 발달 : 교육과 무관.

〈표 9.2〉 교육의 효과가 SLA의 속도/성공여부에 미치는 영향, 실험적 연구

비상호작용적 입장

비상호작용적 입장은 Krashen(1982)에 의하여 가장 큰 진보를 보였다. Krashen은 SLA에 '습득'과 '학습' 등 두 타입의 언어적 지식이 있음을 규명했음은 이미 이 책의 앞부분에서 소개한 바 있다. '습득'은 학습자가 의미에 초점을 맞추고, 종합적이고 이해할 만한 투입이 있을 경우 자연스런 의사소통에 집착하게 되면 자동적으로 일어난다. '학습'은 학습자가 L2의 형식적 자질에 초점을 맞출 때 공식적 공부의 결과로 나타난 것이다. '습득된' 지식은 학습자가 자동적으로 기억해 낼 수 있는 무의식적인 L2규칙들

로 구성되어 있다. 즉 '배워진' 지식은 '습득된' 지식이란 수단을 통하여 생성된 산출결과를 모니터하는데만 사용될 수 있는 메타 언어적 지식을 형성한다. Krashen은 이들 두 가지 지식의 타입은 완전히 별개로 분리되어 있어서 상호 아무런 관련이 없다는 주장을 한다. 특히 그는 '배워진' 지식은 '습득된' 지식으로 환원될 수 있다는 것이다. 그는 다음과 같이 주장한다:

여기서 언급해야만 할 매우 중요한 점은 학습이 습득으로 '전환'되지 않는다는 점이다. 우리가 새로운 규칙을 처음 배우고, 실제로 연습을 통하여 그것을 습득한다는 생각은 널리 퍼져있는 생각이며, 일부 사람들은 육감적으로 그것이 분명한 것 처럼 알고 있지만... 언어습득은...단 한 가지 방법 즉 습득자가 배워야 할 하나의 구조 - 습득자의 'i + 1'에 해당하는 구조 - 를 포함하는 투입 정보를 이해할 때만 가능한 것이다.

이것이 바로 비상호작용적 입장인 것이다.

Krashen은 '습득된' 지식과 '배워진' 지식의 분리 이유를 상당히 많이 들고 있다. 그 예의 일부는 다음과 같다:

1. '학습'이 일어나지 않는 곳에도 '습득' 사례는 얼마든지 있다. 이런 것은 자연스런 SLA연구에서 폭넓게 보고되고 있다.
2. '학습'은 일어나지만 그것이 '습득'으로 이어지는 데는 실패하는 사례들도 있다. Krashen은 3인칭 단수어미 -s와 같은 '배워진' 규칙은 있지만, 아직 '습득'된 것이 아니므로 일상적인 대화에서 이것을 사용할 수 없는 'P' 사례(Krashen과 Pon 1975)를 들고 있다.
3. 최선의 '학습자'라 할지라도 L2의 문법규칙의 극히 일부 쎄트만을 마스터할 수 있다. 이것은 대부분의 규칙들이 보통의 학습자들에게는 너무나 어려워서 아갈 수 없기 때문이다. Krashen은 쉽게 '습득'할 수 있는 언어규칙을 성공적으로 기술하려면 언어학자라도 수년이 걸린다는 사실을 지적하고 있다.

Krashen은 때로는 하나의 규칙이 '습득'되기 이전에 '배워질' 수 있음을 인정한다. 그러나 그는 이것이 '학습'이 '습득'의 전제조건이라는 말은 아니라고 주장한다. Krashen의 입장에서는 하나의 규칙을 '학습'한다는 것이 나중에 그것을 '습득'함을 방해하는 것은 아니라는 것이다.

　　증거들을 보면 학습자들은 형식적인 문법규칙을 분명히 말할 수는 있지만 비면전적 입장의 지원을 빌어서 자발적인 의사소통에 정확히 사용할 수는 없음을 보여준다. Seliger(1979)는 이것이 정말로 그런 사례인지 여부를 조사하기 위하여 매우 흥미로운 연구를 했다. 그는 많은 학급 학생들에게 그림을 주고 말로 묘사하고, 학생들이 묘사하는 말속에 있는 부정관사 'a/an'의 용법을 분석했다. 그는 또한 학생들에게 관련된 규칙을 말해 보라고 했다. 그 결과는 실제 언어수행과 언어규칙에 대한 의식적인 지식과는 아무런 상관이 없음을 분명히 보여주었다. 많은 학습자들이 규칙에 관한 그들의 지식이 그들의 언어수행을 안내해주는 역할을 했음을 믿었다는 사실에도 불구하고 이것은 그런 사례에 해당한다. Seliger의 연구에 대한 한 가지 해석은 '학습'과 '습득'은 별개라는 것이다. 비록 다른 해석도 가능하지만 말이다. 이 점에 관해서는 나중에 보다 명료하게 논하기로 한다.

　　비면전 입장은 어떻게 실험적 연구결과를 설명할 수 있나? 그것은 공식 교육이 SLA의 경로에 어떤 근본적인 효과를 주는데 실패하는 이유를 명확하게 설명해 주고 있다. 이 경로는 '습득'의 반영이며, 자발적인 스피치로부터 취한 데이터에만 분명하게 나타날 것이다. 공식 교육은 의식-부양쪽으로 방향을 잡기 때문에 아마도 '학습'에만 영향을 주는 것인지도 모른다. 그러므로 비록 교실 학습자가 규칙을 '학습'할지도 모르지만 그들이 그것을 '습득'할 때까지는 그런 것들이 자연스런 대화속에 명시되지는 못할 것이다. '습득'과 '학습'을 완전히 별개로 분리해 놓으므로써 Krashen은 공식 교육이 발달의 자연스런 순서를 파괴하는데 무기력한 이유를 설명할 수 있다. 교사의 교수 요목은 '학습'용 교수 요목인 것이다. 즉 학습자들 내부에 보유한 요목은 '습득' 요목인 것이다.

　　그러나 비면전 입장이 공식교육이 SLA의 속도/성공여부에 미치는 긍정적인 효과를 설명할 수 있는 방법은 당장 그렇게 분명하지는 않다. 교실 환경이 SLA를 가속화시키기 보다는 오히려 감속시킨다고 예상해 볼 수 있을 것이다 - 공식 교육이 '학습'에만 도움이 된다는 점을 놓고 볼 때. 그러나 Krashen은 이와 같은 논박으로부터 자기 이론을 보호하기 위하여 논리적 주장을 폈다.

　　Krashen(1982)은 사실 학급은 실험적 연구에서 보여준 바와 같이 비공식적 환경보다는 좋은 편이라고 주장한다. 그는 이것이 특히 초급단계에 속하는 성인 학습자인 경우에 그렇다. 초급자들은 자연스런 쎄팅에서 이해할 수 있는 투입 정보를 얻는데는 어렵지만, 교실 쎄팅에서는 훨씬 쉬운 경우가 많음을 경험하는 수가 많다. 그러므로 외부 세상이 학습자에게 더 많은 투입정보를 제공해 줄 수 있다고 해도, '습득'에 필요한 질적으로 우수한 투입정보가 가용함을 확인하기에 교실이 훨씬 더 좋은 환경이다. 이와 같은 주장은 Krashen(1976)이 발전시킨 것인데, 그는 환경을 '노출 타입'과 '흡수 타입'으로 구분했다. 많은 성인들이 자연스런 쎄팅에서 대개 '노출 타입'만 경험하는 수가 많고 따라서 이해를 확실하게 조정할 수 있는 필요한 투입정보를 얻지 못하는 것이다. 반대로 교실은 '흡수 타입' 환경을 제공하는 수가 더 많고, 따라서 '습득'이 일어날 수 있는 조건과 잘 맞아 떨어진다. 그러나 교실 쎄팅의 기여도는 성공적인 의사소통이 일어난 결과로서 이해 가능한 투입정보의 제공의 산물 만큼 공식 교육의 산물이 그렇게 크지는 못하다. Krashen(1982)은 자기 견해를 교실에서의 역할에 관하여 다음과 같이 요약하고 있다:

　　L2학급의 가치는 문법교육 뿐만 아니라 이해할 만한 투입 정보로서 '교사의 말'에도 있다. 학급의 초점이 습득을 위한 투입 정보를 제공하는 것에 중점을 두고 있는 한 교실/학급은 적어도 중급까지는 신속히 발전할 수 있는 효과적인 장소라고 할 수 있다.

　　학급에서 '습득'이 일어날 수 있다는 증거는 무엇인가? Terrell et al.(1980)은 교수요목에 명시되지 않은 구조를 교실 학습자가 '끄집어 낼 수' 있는지 여부를 조사하기 위하여 한 연구를 진행시켰다. 그들은 L2로서 스페인어를 배우는 중학교 학생들이 직접적인 교육없이 의문문 형태를 성공적으로 습득한다는 사실을 발견했다. Terrel et al.은 이 결과는 다른 구조들을 연습시키는데 사용되는 선생님의 수 많은 질문에 대답을 한 결과로서 스페인어 질문의 통사를 내면화한 학생들에 의해서만 설명될 수 있다고 지적했다. 바꾸어 말하면 Terrell et al.의 연구는 하나의 언어규칙의 '습득'은 교육이 다른 언어규칙을 '학습'할 것을 지시할 경우에 발생할 수 있음을 보여준다. 이들의 연구는 왜 공식적인 교육이 상대적 효과만(절대적 효과는 아님) 가질 수 있는지 그 한 가지 이유를 제시한다. Krashen은 교육이 공식적이지 않을 경우(즉 의사소통용일 경우), '습득'은 교실 수업에서 더 잘 되는 경향이 있다고 주장한다.

요약하면 비상호작용적 입장은 전혀 상관이 없는 언어 지식에 두 가지 타입이 있다고하여 SLA에 미치는 공식교육의 효과를 연구한 실험적 연구의 결과를 설명하고 있다. 공식 교육은 그것이 낳는 '학습'이 '습득'을 통하여 발생하는 발달순서를 변경할 수 없기 때문에 공식 교육은 발달경로에 영향을 미치지 못한다. 그러나 교실은 '흡수적 환경'을 구성하여 많은 학습자들 특히 '노출환경'에만 허용되는 자연스런 쎄팅하에서의 성인들 때문에 교실은 더 빠른 발달을 지지해 주며, 그렇기 때문에 교실은 '습득'이 발생할 수 없는 것이다. 그러나 발달을 신장시키는 것이 공식적인 교육 그 자체는 아니다.

외관상 Krashen의 비상호작용적 입장은 실험적 연구결과를 설명해 주는 것 같이 보인다. 그러나 문제점도 상당히 많다. 문제점들을 열거하면 다음과 같다:

1. 첫 번째 문제는 앞 장에서 논의한 실험연구가 교육 자체가 의사소통적인 것 보다는 공식적인 학급의 효과를 조사하려고 했다는 사실과 관련이 있다. 그렇기 때문에 Krashen은 SLA의 속도/성공여부에 미치는 긍정적 효과가 공식적 교육 그 자체와는 아무런 관계가 없지만 Terrell et al.의 연구에서 예시한 바와 같이 교육을 받는 과정중에 나타난 교실 투입 정보로 부터 구조를 '선택한' 단순히 우발적 결과라는

것이다. Krashen은 공식 교육보다 의사소통적 교육이 더 빠른 발전으로 유도될 것이라고 주장한다. 그러나 이것은 단지 비교연구 및 방법론적 연구에 의해서만 가시적으로 나타날 수 있다. Krashen은 그것들이 어느 정도까지 이해할 만한 투입정보를 제공할 수 있는지를 결정하려고 수 많은 다른 방법들을 검토하고 그것은 발달에 도움이 되는 공식교육 보다는 이해할 만한 투입정보라고 볼 수 있다는 주장을 하기 위하여 각기 다른 교수방법의(시청각 교수법, 인지 부호화법, 전신반응법, 자연스런교수법 등) 효과의 차이를 비교해 보는 실험적 연구의 결과를 사용하고 있다. 그러나 Krashen은 직접적으로 비교하는 공식적인 문법교육에 기초를 둔 것 그리고 의사소통을 제공하는 것에 기초를 둔 어떤 연구도 언급하지 않았다. 사실 Krashen(1981a), Palmer(1978)등의 연구 논문의 각주에서 언급한 그런 연구들은 Krashen의 주장을 지지하지 않는 결과를 낳았다. 그런 연구들은 앞으로 깊이있게 더 진행되어야만 Krashen의 주장도 깊이 있게 다루어 질 것이다. 많은 학자들과 교사들에게는 긍정적 효과에 대한 더 육감적이고도 만족할 만한 설명이 공식교육일 것이고, 공식교육은 '흡수적 환경' 보다는 형식에 더 초점을 맞추는 것이 될 것이다.

2. Long(1983d)은 어린이들은 '학습' 하게 되어 있는 것이 아니고 단지 '습득' 하게 되어 있기 때문에 성인보다 공식교육으로 얻는 이득이 적을 것이라고 지적하고 있다. 그러나 연구결과는 공식교육으로 어린이들도 성인과 꼭같은 이득을 본다는 사실을 시사하고 있다. 다시 한번 말하지만 이것은 (Krashen이 그랬던 것 처럼) 학급 환경의 유리한 점은 '학습' 보다는 '습득' 의 기회를 제공한다고 주장하여 비면전 입장을 '면제' 시킬 가능성이 있다. 그러나 교실 밖에서 이해할 만한 투입정보를 얻을 경우 아이들이 어른 보다 문제가 훨씬 적다고 본다면 어린이들은 언어 '습득' 에 교실 의존도가 낮아야만 하고, 따라서 연구 결과는 언어교육의 효과가 어린이의 경우 보다는 성인의 경우에 더 높게 나타남을 보여 주어야 한다. 그러나 이런 예측이 연구결과에

나타나지 않는다. 그러므로 Krashen은 교실 교육은 성인과 어린이 에게 다른 효과를 가져 올 것이라고 예측했지만 실제로는 그의 예측 이 들어 맞지 않았다.

3. 교육은 Krashen이 쉬운 문법규칙만 '학습'할 수 있는 것이라고 주 장하는 바와 같이 Long(1983d) 역시 교육은 고급단계 학습자 보다는 초급단계 학습자에게 더 큰 효과가 있음을 보여주어야 한다고 지적했 다. 그러나 연구결과가 이와 같은 주장을 뒷받침해주고 있지 않다. 즉 고급단계 학습자들도 학급교육으로부터 많은 득을 보는 것으로 나 타났기 때문이다. '습득'에 관한한 Krashen도 학급은 고급단계 학습 자 보다는 초급단계 학습자에게 더 많은 도움이 된다고 주장한다. 그 런데 고급단계 학습자들이 교실 밖에서 이해할 만한 투입정보를 더 잘 얻어낸다. 그러나 습득 풍요환경 자연스런 쎄팅에서 가능하고 고 급단계 학습자들도 교육으로부터 이득을 얻고 있음을 발견하게 되면 결국 Krashen의 예측과 현실은 모순되게 된다.

4. Long이 제기한 또 다른 요점은 교실 '학습'의 효과가 완성형 시험 에서만 관찰되어야 하지만, 연구결과는 Krashen이 '습득'된 지식 추 출이란 용어로 설명한 통합시험의 성적도 개선되는 것으로 나타났다.

비상호작용적 입장은 이와 같이 심각한 비판을 받고 있다. 이는 Long이 주장하는 바와 같이, 만약 '쉬운' 규칙의 지식 보다 더 많은 내용을 포함시 켜 개념을 재정의하여 '학습'에 무게중심을 두고, 학습이 완성형 시험 뿐만 아니라 통합시험에도 도움이 될 수 있다는 사실을 받아 들이기만 한다면 이 런 문제점은 해결될 수 있을 것이다. 그리고 또 다른 해결책은 '학습'과 '습득'의 분리란 개념을 포기하고 상호작용적 입장을 수용하는 것이다.

상호작용적 입장

상호작용적 입장은 학습자가 각기 다른 L2 지식을 갖고 있다고 해도, 다른 것이 발생할 때 하나의 지식으로부터 '쪽보기'한 결과를 갖기 때문에 두 개가 완전히 별개로 분리된 것이 아니라고 한다. 상호작용적 입장은 다소 약하냐 아니면 다소 강하냐 하는 식으로 구분은 가능하다.

약상호작용적 입장은 Selinger(1979)에 의하여 제안되어 왔다. Seliger는 공식 교육의 결과로 학습자가 '학습'한 의식적인 규칙들은 - 학습자들이 배워진 규칙의 상징이 학생마다 다르기 때문에 - 결국은 애매할 수밖에 없다는 것이다. '배워진' 규칙들은 자연스런 의사소통에 나타나는 내면적 지식을 기술하지 못한다. 그렇기 때문에 실제 언어행위에 부응하지 못하는 것도 놀라운 일이 아니다. 그러나 교육 원칙들은 하나의 목적에 기여한다. 이들은 '유도될 수 있는 실제 언어적 개념의 중요한 속성'에 학습자들이 주의를 집중한다는 점을 볼 때 '습득' 촉진제로서 작용을 한다(Seliger 1979). 그러므로 이들은 귀납적 가설검증 과정을 더욱 효과적으로 도와준다. Seliger는 또한 교육원칙이 학습자들에 의하여 별로 사용되지 않는 내부규칙의 회귀 자질들에 대한 기억술로서 작용을 할 수 있다는 주장을 한다. 바꾸어 말하자면 Seliger는 규칙의 내면화는 교육원칙을 배우는 것에 포함된 것과는 과정이 다르지만 교육원칙의 지식은 (1) 학습자가 이것에 착수할 준비가 되어 있을 경우 규칙의 내면화가 보다 쉽게 이루어진다, (2) 비록 '습득'일지라도 아직 '얕은' 수준에 있는 자질 사용을 촉진시킨다고 보는 것이다. 그러나 Seliger는 '배워진' 지식(혹은 교육원칙)이 '습득'(혹은 내면화 된) 지식으로 환원된다고는 보지 않고 있다.

이와는 대조적으로 Stevick(1980)은 '학습'에서 '습득'으로 그리고 그 역도 가능한 지식의 흐름을 허용하는 SLA에 관한 모델(그는 이것을 Levertov Machine이라 칭했음)을 개발했다. 그는 '학습'을 2차기억(이것은 사물의 기억능력이 2분 정도되지만 계속적인 사용이 없으면 서서히 사라지는 기억 능력)으로 보고, '습득'을 3차기억(이것은 사용하지 않아도 소멸되지 않는 기억을 말함)으로 명명했다. Krashen과 마찬가지로 Stevick는 '습득'을 의사소통적 경험의 산물로 보지만 이것은 최근에 기억된 사물의 사용을 가능케하고, 2차기억에 해당한다고 주장한다. 이런 일이 일어날 때, 사물이 3차기억으로 이전되어 갈 가능성이 있다. 즉 '학습'이 '습득'으로 변하는 것이다.

　Bialystok(Bialystok과 Fröhlich 1977; Bialysok 1979, 1981 참조)은 또한 상호작용을 하는 두 타입의 지식에 기초를 둔 SLA모델을 개발했다. 그녀는 이들 지식타입을 '암시적'인 것과 '명시적'인 것으로 명명했지만, 이들 두 개념이 Krashen의 '습득'과 '학습' 개념과 일맥상통하는 것으로 묘사하고 있다. Bialystok은 연습이 하나의 매카니즘 즉 명시적 지식이 암시적 지식으로 변화하도록 해주는 매카니즘으로 보고 있다. 그러므로 암시적 지식은 (1) 일차적인 의미는 '무의식적 습득'이며, (2) 이차적인 의미는 연습에 의하여 명시적 지식의 자동화를 낳게 한다는 등의 두 가지 방식으로 조립될 수 있는 것이다.

　그렇다면 '습득'과 '학습'이 연결될 수 있는 한 가지 방법은 자동화라는 개념으로 설명이 가능할 것이다. 이것은 Krashen의 비상호작용적 입장을 공격하면서 이론적 틀을 마련한 McLaughlin(1978b)에 의하여 정립된 견해이다. McLaughlin은 '통제된 과정'과 '자동화된 과정'을 구분한 Schneider와 Shriffin(1977)의 구분법에 관하여 언급하고 있다. '통제된 과정'은 적극적인 주의집중을 요하기 때문에 간섭이 발생하지 않는한 동일 시간내에 극소수의 제한된 자질만 통제될 수밖에 없다. '자동화 과정'은 적극적인 통제나 계속적인 주의집중없이도 가능하다. 중요한 요점은 '자동화 과정은 통제된 과정을 먼저 이용하고 난 다음에 나타난다는 점'이다 (McLaughlin 1978b). 그러므로 SLA는 통제된 과정에서 자동화 과정으로 작동되어 나간다. 따라서 '습득'과 '학습'의 구분과 같이 상호 연결되지 않은 지식의 타입을 예상할 필요성은 없게 된다.

　Sharwood-Smith(1981)는 Bialystok과 McLaughlin의 연구를 발전시켜서 SLA에서 공식교육의 역할을 설명할 수 있는 완벽한 상호작용적 모델로 발전시켰다. 그는 그와 같은 교육이 의식-고양이 일어날 수 있는 수단이 되며 명시적 지식은 자동화될 때까지 계속되는 결과를 가져온다고 주장하고 있다.

그는 이에 대하여 다음과 같이 말한다:

SL학습에 내재된 과정을 보는 입장이 무엇이든간에 ...대부분의 자연
발생적 언어수행은 훈련과 연습에 의하여 이루어질 수 있음은 아주
자명하며 이론의 여지가 없다. 목표어로 실제 언어수행을 하는 과정
에서 학습자는 주저하지 않고 즉각 사용할 수 있는 그런 언어구조에
필요한 통제력을 얻게 된다.

    <도표 9.1>은 Sharwood-Smith의 모델을 재구성한 것이다. 학습자는 (1)
단지 암시적 지식을 이용하여, (2) 명시적 지식만을 이용하여, (3) 암시적, 명
시적 지식 둘 다를 이용하여 L2 산출을 생산해 내는 등 3가지 방법을 이용할
수 있다. 학습자가 보유하고 있는 발화는 학습자의 언어학습 매카니즘에
투입의 일부분으로 구성되어 있다. 투입의 나머지 다른 부분은 타인의 발
화에 의하여 보충된다. 전체 투입은 학습자가 자신의 암시적 지식이나 명
시적 지식 혹은 둘 다의 문장을 변경시킬 수 있는 정보를 제공한다. 자동화
가 결여된 명시적 지식에 기초를 두고, 전적으로 혹은 부분적으로 계획된
언어수행은 암시적 지식에 환류를 제공할 수 있다는 주장은 이 이론으로부
터 나온 것이다. 만약 이런 현상이 자주 발생한다면(즉 연습을 통하여) 명
시적 지식은 암시적 지식의 일부분으로써 완전히 자동화될 수 있다.

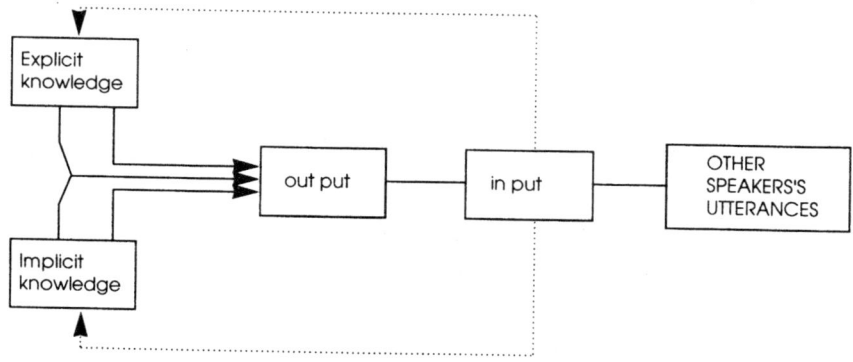

〈도표 9.1〉 언어적 투입과 산출: 환류의 3가지 기본 출처
(Sharwood-Smith 1981)

상호작용적 입장의 약,강 입장 등이 실험적 연구의 결과를 공식교육의 효과로 얼마나 잘 설명하는가? 약상호작용적 입장은 SLA경로상에 어떤 긍정적 효과를 미치는지 찾아내는데 실패했고 공식교육이 발달의 속도와 성공여부에 미치는 영향을 찾아내는데도 실패했음을 설명할 수 있을 것이다. 강상호작용적 입장은 속도와 성공여부에 영향을 미치지만, 경로발견에는 별로 편안치 않았다.

Seliger에 의하여 발전된 약상호작용적 입장은 교육원칙들은 L2 규칙들이 자연스럽게 '습득'되는 순서를 변경하지 못한다는 것을 인정한다. 그러나 교육 원칙은 이것들이 '습득' 과정을 단축시키기 때문에 발달의 속도를 확대시켜 줄 것이다. 학습자는 자신의 교육 원칙에 대한 지식에 의하여 '시동'이 걸리기 때문에 규칙의 현격한 자질들을 인지하고 내면화시키는데 시간이 덜 걸리게 된다.

Stevock, Bialystok, McLaughlin, Sharwood-Smith 등에 의하여 옹호되는 강상호작용 입장은 교실 학습자들이 자연스런 학습자들을 - 심지어는 유창성 측정이 '습득'(즉 통합시험의 경우)에 유리할 것 같은 때마저도 - 능가하는 이유에 대하여 신뢰할 만한 설명을 제공한다. 교실 학습자들은 다음 두가지 방식으로 자기가 갖고 있는 암시적 혹은 '습득된' 지식을 증대시킬수 있는 잇점을 갖고 있다: (1) 학급이 제공하는 '흡수적 환경'을 매개로하여 직접, 그리고 (2) 연습을 통한 명시적 지식에 의하여 간접적 방식 등 두 가지가 있다. 반대로 자연스런 학습자들은 거의 전적으로 (1)에 의존하게 될 것이다. 그러나 강상호작용적 입장은 SLA 경로상에 교육으로 인한 어떤 주목할 만한 효과가 없음을 어떻게 설명할 것인지에 대하여 그다지 분명치가 않다. 만약 주장대로 명시적 지식이 자동화 될 때 암시적 지식으로 환원될 수 있다면, 구체적 언어유형을 연습하는 공식 교육을 받은 학습자들이 습득순서면에서 이런 점들을 구체화시켜야 한다. 즉 마치 이런 것들은 이 시점이 아니라 시간이 좀 지난 시기까지 '자연스럽게' 일어나지 않는 것 처럼 말이다. 다시 말하면 문법교육은 자연스런 습득순서를 전복시켜야 한다. 이것은 실제로 ('과도하게' 배워진 형식이 자연스런 순서에 끼어 들 수 있음을 Lightbown(1983)의 관찰을 회고해 볼 것)발생하는 것이라고 주장할 만한 증거가 좀 있지만, Sharwood-Smith의 모델이 예측할 수 있는 것과는 달리 이 경우는 단지 아주 협소한 범위에서만 그렇다고 볼 수 있다. 명시적인 것으로부터 암시적인 것으로 이어지는 경로는 아주 제한된 경로이다.

상호작용적 입장의 문제점중의 하나는 L2지식을 여전히 '습득', '학습' 또는 암시적/명시적 등으로 이분법적 분류로 보고 있다는 점이다. 이 입장은 '습득'된 지식은 몇 가지 면에서 일차적 지식이고, '학습'된 지식은 이차적 지식이라고 보는 Krashen의 견해도 수용하고 있다. 대안적인 입장은 학습자의 지식을 변수로 처리하고 있다. 학습자가 내면화하는 그런 지식은 상호작용적 상황의 성격에 의존한다. L2 언어수행도 변수이다. 학습자가 채택한 그런 종류의 지식은 과업의 성격에 의존한다. 이와 같은 견해가 상호작용적 입장의 일부분으로 보는데 논란이 있지만, 그럴 가능성이 그다지 큰 것도 아니다. 이와 같은 이유로 인하여 비상호작용적 입장과 상호작용적 입장의 대안으로서 제3의 견해 즉 변수적 입장을 고려해 볼 필요가 있다.

변수적 입장

변수적 입장에 대해서는 이미 제4장에서 거론한 바 있다. 다시 간단히 살펴보면, 학습자의 중간어는 비체계적 변수와 체계적 변수 둘 다를 갖고 있다. 체계적 변수는 언어적 문맥과 상황적 문맥의 산물이다. 학습자는 말의 스타일(문체)면에서 조심스런 스타일에서부터 일상 스타일에 이르기까지 상당히 많은 스타일을 갖고 있는 것으로 믿고 있다. 학습자가 어떤 스타일을 사용하느냐하는 문제는 학습자 자신이 자신의 스피치에 어느 정도 주의를 집중시키느냐 하는 주의 집중 정도에 관한 문제이다(Tarone 1983).

변수적 입장은 언어 사용과 습득 사이의 상호관계를 강조한다. 이런 종류의 언어는 학습자가 요구하는 지식의 종류를 결정하는데 사용된다. 마찬가지로 종류가 다른 지식은 언어 수행도 다른 것에 사용된다. 그러므로 한 종류의 행동을 수행하기 위한 필요 언어지식의 습득은 다른 종류의 행동을 수행할 능력을 보장하지 못한다. 예를 들면 연습의 효과는 현재 연습중인 행동에 구체화 될 수 있을 뿐이다.

Bialystok(1982, 1984)은 학습자의 L2 체계의 변수통제를 여러 가지 다양한 언어상황에 나타난 억압요인들을 조사하여 원인을 찾아 보려고 했다. 그렇게 해서, 그녀는 분석된 요인과 통제요인을 갖고 있는 두 가지 연속체를 구분해 냈다. 분석된 요인은 학습자가 내용과 함께 그 지식의 구조를 미리 나타내 볼 수 있는 능력을 말한다(Bialystok 1984). 분석된 지식을 얻은 학습자는 그것을 문제해결을 위하여 변형시키고, 비교하며, 사용함으로써 작동시킬 수 있다. 대체로 보아서 분석된 요인은 앞에서 언급한 암시적/명시적 구분과 유사한 것이다. 통제요인은 학습자가 언어지식의 다른 품목 즉 이것은 자동화와 관련이 있는 그런 것에 비교적 쉽게 접근할 수 있는 것을 말한다. Bialystok은 이들 요인들이 이분법적인 것이 아니고 자동성과 분석성이 상당히 있는 하나의 연속체라고 강조하고 있다. 그러나 아래 <도표 9.2>에 예시한 바와 같이 지식에는 4가지 타입이 있다고 규명해보면 참으로 편리하다. 이 분석틀을 통하여 Bialystok은 다음과 같이 두 가지 기본 요점 정리를 했다. 즉 (1) 과업이 달라지면 요구되는 지식의 타입도 달라진다. 가장 어려운 과제는 <도표 9.2>의 C에 나타난 바와 같이 두 가지 요인들이 모두 유표인 것들이고, 난이도가 가장 낮은 것은 도표상의 B에 나타난 바와 같이 두 요인 모두 무표로 된다. 도표상의 A, D는 둘중의 어느 하나만 유표이고 나머지 하나는 무표인데 이런 것들은 난이도가 중간 정도된다. (2) 학습자마다 각자가 갖고 있는 지식의 종류가 A, B, C, D중 어느 것인지 식별할 수 있다. 예를 들면 어린이 학습자와 성인 비공식 학습자는 초기 단계에서 전형적으로 도표상의 B에 속하고, 나중엔 A타입으로 된다. 공식적인 L2학습자는 전형적으로 처음엔 D타입이지만 나중엔 C타입이 된다. Bialystok은 '질적 차이가 가치 판단을 지칭하는 것은 아니다' (Bialystok 1982)라고 조심스럽게 언급했다.

Bialystok(1982) 혹은 Tarone(1983)에 의한 변이적 입장은 실험적 연구의 결과가 공식교육의 효과에 어떻게 영향을 미친다고 설명하고 있는가? 발달의 자연스런 순서는 언어사용의 한 가지 특수한 타입 - 자연발생적 의사소통 - 의 반영이기 때문에 이것은 변하지 않을 것이다. Tarone의 모델에서는 소위 말하는 자연스런 경로가 학습자의 일상 언어스타일의 산물이다.

그런데 Bialystok의 모델에서는 A타입 지식의 산물이라고 본다. 학습자가 다른 지식을 요하는 과업에 처하게 되면 이에 필요한 지식의 타입도 달라진 다. 그러므로 학습자의 조심스런 스타일을(또는 <도표 9.2>의 C타입)을 발 전시키는 공식적인 교육은 일상적인 스타일을 불러내는 임무를 이용하여 측정되는 한 SLA경로에 미치는 영향이 매우 미미할 것이다. 공식 교육이 성취할 수 있는 것은 학습자가 배운 분석적 지식을 놓고 학습자의 통제력을 증가시켜주는 일이다. 즉 연습을 통하여 이것을 자동화시켜 준다는 말이 다. 변이적 입장에서 본다면, 발달의 순서를 연구하여 대안을 제시하는 경 우의 문제점은 소위 말하는 '습득적' 순서가 언어수행의 특수 타입의 반영 일 뿐이라고 말하는 것과 같은 그런 문제점은 별로 야기되지 않는다.

변이적 입장은 학급 학습자들이 완성형 시험에서 왜 자연스런 학습자들 보다 성적이 더 우수한지 그 이유를 설명할 수 있다. 공식 교육은 이 시험에 서 노출되는 그런 종류의 과업을 해결하는데 도움이 되는 그런 종류의 지식 (Bialystok의 도표상의 C타입)을 발전시켜 주는 것 같다. 자연스런 쎄팅은 아마도 이런 종류의 지식을 개발해내지 못하는 것 같다. 교실 학습자들이 통합시험에서 자연스런 학습자들 보다 성적이 우수한 이유를 변이적 입장 이 어떻게 설명하는 것인지는 분명치 않다. 설명 가능성은 수 없이 많다. 첫째, 통합적 시험은 비분석적 지식 보다는 분석적 지식을 요할 것이다. 다 시 말하면 통합적 시험은 자동적 요인과는 달리 완성형 시험과 마찬가지로 다소 동일한 타입의 지식을 요한다. 둘째, Tarone(1983)이 주장한 바와 같이 시간이 경과함에 따라 스타일의 연속선을 따라 언어지식이 이동해 갈 가능 성이 있다. Dickerson(Tarone 1982에서 인용한)은 공식적인 스타일에서 계 속적인 발전은 일상적인 스타일에 '100% 효과'를 발휘할 수도 있다고 주장 한다. 이와 같은 설명의 한 가지 문제점은 만약 이것이 그런 경우라면 '100% 효과'가 이미 나타나게 되어 있는 학습자의 일상적인 언어 형식을 민감하게 만들어 주는 것으로 보이지 않는한 각기 다른 자연스런 순서가 공 식 교육으로부터 나와야 한다(Seliger 1979에서 주장한 바와 같이). 셋째, 공 식교육은 조심스런 스타일에서 사용되는 분석적 지식을 발전시키는 이상 의 일을 한다. 이것은 또한 비분석적 지식을 일상 스타일에서 사용될 수 있도록 내면화도 시킬 수 있다. 이 점은 주의 깊은 논리적 분석을 요한다.

공식교육이 단지 학습자의 주의를 요하는 스타일에만 기여하는 것으로만 볼 수는 없다. 공식 교육의 모체를 형성하는 학급 상호작용도 학습자의 일상적인 스타일에 투입으로 작용하는 것 같다. 이에 대한 증거는 이미 Terrell et al.(1980)에 의하여 연구에 인용된 바 있다.

분 석 적 +	- 분석적 + 자동적 A + 분석적 + 자동적 C	- 분석적 - 자동적 B + 분석적 - 자동적 D

〈도표 9.2〉 변이적 L2체계에서의 지식의 타입들(출처 : Bialystok 1982)

제6장에서 공식적인 교실마저도 Bialystok(1981)에 의하여 힘주어 제시한 여러 종류의 상호작용의 다양성을 포함할 수 있다. 그 가능성은 다음 인용문과 같다:

...공식적 학습상황은 무관한 대화, 학급 수업이 진행되는 사회상황 등등과 같은 수업목표로서명시적으로 할당된 것 보다 더 많은 자질들을 망라한다. 그리고 이들 많은 자질들은 암시적인 언어지식 속에도 동시에 동화될 수도 있다.

이미 앞에서 언급한 바 있는 Ellis(1984e)도 의사소통적 상호작용을 위한 기회가 공식 교육상황에서도 발생할 수 있다고 주장한다. Ellis는 다른 학생들은 그렇지 않은 상황에서 일부 학생들은 WH-의문문 사용에 교육으로부터 상당한 이득을 얻는 이유를 학습자들이 상호 교육적 교류에 참여하는 빈도로 설명할 수 없었음을 기억할 것이다. 그러나 그는 학습이 진행, 발전해 가는 학생들은 교실내에서 혹은 수업을 위한 자료가 수집되는 유도, 추출

기에서 의미의 몇 가지 타협이 발생할 수 있다는 점을 제안할 수 있는 질적
인 증거를 제안하고 있다. 그러나 학습자의 일상 스타일을 도와주는 것이
반드시 의사소통적 상호작용만은 아니다. 비록 교사들이 상상하는 방법은
아니지만, 초점이 형식에 맞추어져 있는 상호작용도 도움이 될 수 있다는
주장도 있을 수 있다. 예를 들면 학생들에게 복수 유표를 연습시키기 위하
여, 'This is a pencil', These are pencils'와 같은 문장을 만들어 보라는 수업이
있다고 생각해 보자. 이와 같은 문장들이 수업의 목표인 문법적 정보의 모
델임은 사실이지만, 의식적인 관심만으로는 유표가 되지 않는 기타 다른 문
법적 정보들도 많이 포함되어 있는 것이다. 그와 같은 문장들을 학생들이
만들고 듣는 것은 복수 유표에 초점을 맞춘 것일 수도 있지만, 동시에 이들
문장들은 연계사의 사용법도 노출되고 있는 것이다. 그와 같은 문장 생산
연습은 복수 유표와 관련이 있는 분석된 지식 발달을 촉진시킬 수 있을 수
있지만, 동시에 연계사 사용법에 관한 분석되지 않은 지식의 발달을 촉진시
킬 수도 있다(예: 이것은 학습자가 'This is a ...' 문장 공식을 내면화시키는
데 도움이 될 수도 있다). 그러므로 비록 공식 교육이 구체적인 L2 형식의
마스터를 지시해 준다 할지라도, 그것은 이미 위에서 전개한 이유 때문에,
그것은 학급 교육의 목표로 교사의 주안점에 설계된 것이 아닌 또 다른 L2
형식을 마스터하는 결과가 될 수도 있다.

그러나 공식적인 교육이 다양한 분석성을 갖는 L2지식을 지원하여 여러
가지 중간어 스타일에 투입정보로 작용함을 인정한다 하더라도, 왜 이 투입
정보가 학급 학습자들이 자연스런 학습자들 보다 더 빠르게 발달할 수 있는
것인지 그 이유를 설명해야 한다는 과제가 남게 된다. 자연스런 투입정보
가 비분석적 지식에만 자극을 주는데 반하여 학급 정보는 여러 가지 다양한
타입의 지식의 성장에 자극을 준다는 의미에서 보면 학급 정보가 더 풍부하
다고 볼 수 있는 강한 가능성이 하나 있다. 다양한 스타일에 접근할 수 있는
학습자는 유창성 측정의 수단이 되는 완성형 시험 및 통합형 시험 둘 다에
성공적으로 더 좋은 성적을 낼 수 있다. 대부분의 경우 학습자는 비분석적
지식과 분석적 지식 둘 다에 접근하여 득을 볼 수 있는데 그 이유는 이것이
임무가 다른 여러 영역에 학습자들의 언어수행을 가능케 해 줄 수 있기 때

문이다.

요약

본 장에서는 공식 교육이 SLA의 자연스런 습득순서에는 영향을 미치지 못하고 보다 빠른 발달에 촉진제 역할을 하는지 그 이유에 대한 설명을 제공하는 3가지 이론적 입장을 고찰해 보았다. Krashen에 의하여 주장된 비상호작용적 입장은 '습득'과 '학습'은 별개로 분리되어 있다고 한다. '습득'은 자연스런 순서에 관한 것이기 때문에 공식 교육으로부터 나온 결과인 '학습'은 이것에 영향을 미칠 수 없다. 그러나 이해 가능한 투입 정보 제공 기회가 주어지는 교실은 '습득'을 가속화시킬 수 있다. 상호작용적 입장도 두 타입의 L2지식을 가정하지만, 둘간에 관련이 있고, 그렇기 때문에 '학습'(또는 명시적 지식)은 충분히 연습만 되면 '습득'(또는 암시적 지식)도 될 수 있다고 주장한다. 그러나 이쪽 견해중 미온적인 입장은 학습자가 '준비'되어 있을 때 '학습'은 그렇게 쉽게 '습득'쪽으로 전환되지는 않는다는 것이다. 변이적 입장은 이상의 두 가지 입장과는 달리 '스타일'의 다양성을 인정하고 분석성과 자동성이란 용어를 도입하여 스타일을 설명하고 있다. 임무가 달라지면 그에 상응하는 지식도 달라진다. 공식 교육은 직,간접적으로 이들 다른 지식 타입의 내면화에 기여하고 그렇게 함으로써 학급 학습자들은 자연스런 학습자들보다 더 폭 넓은 언어적 임무를 수행할 수 있게 된다.

이상 언급한 세 가지 입장 모두 공식 교육의 효과 속으로 실험적 연구결과를 끌어 들여 설득력을 얻으려고 논리 주장을 하고 있다. 이런 문제들에 대해서는 다소 상세하게 다루었다. 현재로선 이들 세 가지 입장중 어느 것이 최선인지 선택할 수 있는 증거가 부족하다. 그와 같은 증거들은 공식 교육으로부터 나오는 학급 담화 및 그와 같은 담화가 유도되는 언어적 발달 등의 보다 질 높은 연구물이 나올 때까지 앞으로 계속 추구해야 할 것 같지는 않다.

결론: 몇 가지 암시들

본 장은 SLA교육에 의하여 연출된 역할의 연구는 SLA이론 및 언어교육을 위하여 중요한 의미가 있다고 주장하는 것에서부터 출발했다. 본 장의 결론에서 몇 가지 암시점들에 대하여 간략하게 살펴 보고자 한다.

SLA 이론

학급수업의 역할에 관한 연구는 SLA에 미치는 환경적 요인에 관심을 갖을 수 있다. 교실 환경은 자연적 쎄팅과는 다른 종류의 투입정보를 제공할 수 있다. 환경적 요인이 SLA에 중요하다면, (1) 두 쎄팅의 습득 경로가 다를 것이다, (2) 두 쎄팅의 SLA의 속도/성공여부 등도 다를 것이다 라고 예측해 볼 수 있다. 앞에서 이런 점에 관한 연구를 검토하면서 (2)는 맞는 것 같고, (1)은 맞지 않는 것 같다는 정도의 현상을 파악할 수 있었다. SLA에 영향을 끼치는데 교실 쎄팅은 실패하고 있다는 다음과 같이 두 가지로 설명할 수 있다. 첫째, SLA의 진짜 결정 인자는 환경적 요인 보다는 학습자 자신의 내면적 요인임을 입증하면 될 것이다. 즉 투입 정보가 다름에도 불구하고, L2학습자는 그렇게 하기로 프로그램화되어 있기 때문에 동일한 경로를 밟을 것이다. 두 번째 설명은 투입/상호작용이 유지되기 위하여 더욱 중심적 역할을 허용하게 된다. 교실 SLA와 자연스런 SLA는 동일한 발달경로를 따를 것이다. 그 이유는 비록 두 쎄팅의 각각의 경우에 발견되는 투입 정보의 타입이 다른 것도 있지만, 유사하거나 동일한 것도 있기 때문이다. 자연스런 순서는 언어사용의 한 가지 타입의 산물 - 자발적 의사소통 - 즉 이것은 비록 교실이라고 하는 장소적 제약이 있지만 이런 일이 벌어질 수 있는 것이다. 첫번째 설명은 SLA의 원어민주의 입장을 따른 것이고, 두 번째 설명은 상호작용주의적 입장을(제6장 참조) 따른 것이다. 분명한 것은 어느 쪽 해석을 채택하든간에 교실이냐, SLA는 자연적 쎄팅이냐하는 환경적 차이에 영향을 받지 않는 어떤 구조적 자질을 보유하고 있다는 사실이다. 환경적 요인의 효과는 학습자가 얼마나 빨리 얼마 만큼 L2를 습득하느냐에 한정시켜서 생각해 볼 일이다.

언어 교육학

학급 교육을 교사 보다는 학생의 관점에서 한 번 볼 필요가 있다. 만약 교육이 건실한 교수요목에 기초를 두고 있고 동기유발 기술을 보유하고 있다면, 그 결과 습득은 이루어진다고 보는 견해가 널리 퍼져있다. SLA의 구조적 자질이 고려되지 않는다면 성공은 있을 수 없다.

그러나 SLA연구 결과에 근거를 둔 확실한 말은 하기가 그리 쉽지 않다. Hughes(1983)는 이 점에 관하여 다음과 같이 쓰고 있다:

현재로선 SL학습 연구로부터 끌어 낼 수 있는 언어교육에 관한 명쾌한 암시적 정보가 확실한 것은 전혀 없다고 말들을 한다.

따라서 이 점에 관하여 묵묵히 말하지 않는 과묵이 다음과 같은 이유로 자연스럽다고 말할 수 있다. 첫째, 가르친다는 것과 학습한다는 것이 동일한 개념이 아님을 인식해야 한다. 가르치는 프로그램을 나누어 보면 학습자들이 어떻게 배울 것인가를 염두에 두는 것이 바람직하지만, 여기엔 학습자 이외의 요인들도 고려해야 할 필요성도 있는 것이다. 예를 들면 Brumfit(1984)는 학습자들이 고정된 경로를 따른다고 해도, 교사는 논리적으로 수용될 수 있다고 본 잘 짜여진 교수요목을 기준으로 가르치는 것이 더욱 중요하기 때문에 교사의 기르침도 학습자들의 고정된 경로를 따라야 한다는 점을 교사가 의무감을 가지고 꼭 그렇게 해야 한다는 보장은 없다. Brumfit는 언어교육은 교사가 해야 할 일을 명시하고 프로그램화한 잘 짜여진 계획을 이행할 때 가장 성공적이라고 주장한다. 침착하게 과묵해야 할 두 번째 이유는 SLA에 관하여 학자들간에 상당한 정도의 견해의 일치가 있다 해도, 왜 SLA가 그렇게 되느냐 하는 현상에 대한 분석에는 그다지 일치된 견해가 많지 않다는 점이다. 그렇기 때문에 공식 학급 교육에 관한 연구 결과가 각자 학자마다 다른 견해를 낳게 되었으며, 이를 크게 분류하다 보니 이미 언급한 바와 같이 세 부류로 구분할 수 있었던 것이다. 따라서 이 분야의 여러 명의 학자들의 연구결과를 전체적으로 비교, 분석하지 않고 어떤 단정적인 결론을 내리려 하거나 편협된 주장을 하려고 하면 매우 경솔한 행동이 될 것이다. Corder(1980)는 "우리는 늘 현재 여기서 입수할 수 있는 최선의 지식에 비추어서 실용적인 질문에 대답을 찾으려는 하나의 의무감 같은 것을 갖고 있다" 라고 지적했다.

여기서 고려해 볼 만한 문제는 단 하나 - Stern(1983)이 언어교육에 부호-의사소통의 딜레마라고 언급한 것 뿐이다. 이에 주요 의문점은 그들에게 자연스런 의사소통을 할 수 있는 기회를 제공하는 것에 반대되는 것으로서 L2의 공식 자질들에 대하여 교육이 학습자의 의식을 불러 일으키는 범위가 어디까지이냐? 하는 점이다. 이것은 논쟁이 심한 문제이다.

한편 Widdowson(1984)이 '순수 교육이라 부른 것... 그리고 이와 관련이 있는 비간섭의 임의적 교육' 이라 칭하는 것을 옹호하는 쪽도 있다. 또 한편에서는 분석적으로 되는 학생들을 가르치는 것이 발달에 기여한다는 주장을 하는 이들도 있다. 저자는 앞 장에서 이미 언급한 바 있는 세가지 입장 각각의 주창자들이 부호화-의사소통의 딜레마에 어떤 태도를 취하고 있는지에 대하여 간단하게 윤곽만 살펴 보기로 한다.

1. 비상호작용적 입장

Krashen(1982)은 교실 SLA에서 프로그램 교육의 역할을 면밀히 관심을 갖고 관찰했다. 그 일을 위하여 그는 다음과 같은 두 가지 방법을 사용했다. 첫째, '학습' 을 제공하는 기능은 모니터가 가능하다. 그러나 모니터 요원의 사용은 학습자가 '이미 배운' 지식에 접근할 시간적 여유가 있을 때만 가능하며, L2의 전체 규칙중 아주 작은 부분만 '배울 수 있는' 것일 때만 가능하다. 문법 교육의 두 번째 사용은 Krashen이 명명한 '문법감지'에 해당하는 L2의 문법체계 성격에 대한 학습자의 호기심을 채워주는데 있다. Krashen은 다음과 같이 결론을 제시하고 있다:

의식적 문법의 사용은 제한적이다. 모든 사람이 다 모니터가 되는 것도 아니다. 단지 시간상 일부만 모니터하고 문법의 써브 파트의 일부만 모니터되어서... 정확도면에서 볼 때 자체 모니터의 효과란 그저 그런 정도이다. SL언어 수행은 형식에 초점을 맞출 경우... 그리고 문법의 아주 쉬운 측면만을 고려할 때 자체 교정이 가능한 것이 전형적이다.

그러므로 Krashen은 교육의 역할은 L2 부호에 관심을 갖기 보다는 오히려 의사소통을 위한 기회를 주는 것이라고 믿고 있다. Krashen(1981b)은 자기가 매우 효율적이라고 생각한 교육 프로그램의 특성을 다음과 같이 4가지로 정리했다. (1) 교실 투입은 이해할 수 있어야 한다. (2) 프로그램은 의사소통적 활동으로 구성되어야 한다. 이런 것들이 단지 투입은 흥미를 끌어야 하고 관련성이 있는 것들이어야 한다. (3) 문법적으로 순서가 정해진 프로그램을 추종하려고 해서는 않된다. (4) 투입은 충분한 양을 갖추어야 한다(지금까지 독서량의 중요성을 따져왔다). Krashen과 Terrell(1983)은 '자연스런 접근방법'이라 칭하는 이들 원리에 부합하는 프로그램을 간략하게 정리했다.

2. 상호작용적 입장

비상호작용적 입장은 의사소통의 중요성을 강조하고 부호의 중요성을 최소화하는데, 반면 상호작용적 입장은 부호의 기여도를 강조한다. Sherwood-Smith(1981)는 문법교육을 의사소통 능력의 지름길로 보고 있다. 즉 부호의 자질에 관심을 갖는 성인 학습자는 자신이 유창한 의사소통 스피치를 발휘할 수 있게 될 때까지 교실 안에서나 밖에서나 연습을 할 수 있다는 것이다. Sherwood-Smith는 문법교육은(또는 그가 말하는 '의식-고양') 한 가지 형태가 아니고 여러 가지 형태로 이루어 질 수 있는 것이라고 강조한다. 그는 기본적으로 문법교육을 다음과 같이 두 가지로 분류한다. 즉 정교함(즉 교육이 간단한 기술만 제공하는지 아니면 고도로 짜임새있는 기술을 제공하는지)과 명시성(즉 간접적 힌트를 주느냐 아니면 표준교육 규칙을 제시하느냐 여부) 등 두 가지를 들고 있다. 그러므로 의식-고양은 학습자가 배운 규칙을 언어로 나타낼 수 있을 것을 요구하지 않는다. Sherwood-Smith에게 중요한 문제는 부호가 가르쳐져야 할것인지 여부가 아니고, 그것을 어떤 방식으로 가르칠 것인가하는 것이다.

3. 변이적 입장

변이적 입장은 학습과정을 교육의 타입과 일치시키는 것의 중요성을 강조한다. Bialystok(1982)은 다음과 같이 말한다:

> ...교육은 학습자의 구체적인 목표를 생각하여 그 목표를 달성하는데 적절한 지식의 형태를 제공하려고 노력해야 한다.

'목표'란 학습자가 필요로 하거나 원하는 그런 언어 타입의 사용을 말한다. 목표가 자연스런 대화라면, 학습자는 자동적이지만 비분석적인 L2지식을 습득하여 일상적인 스타일의 발전을 필요로 할 것이다. 이것은 교실에서의 의사소통을 강조하는 교육을 통하여 직접적으로 성취될 수 있을 것이다. 이것은 또한 만약 조심스런 스타일로부터 일상적인 스타일로 지식을 이동시킬 기회를 충분히 연습만 된다면 부호에 초점을 맞추는 간접적인 교육을 통해서도 성취될 수 있을 수 있다. 만약 학습자의 목표가 조심스럽고 의식적인 계획을 요하는 담화에 참가하는 것이라면, 자동적이고 분석적인 L2지식을 습득하여 조심스런 스타일의 개발을 필요로 할 것이다. 이것은 L2부호에 초점을 맞추는 공식 교육에 의하여 가장 잘 성취될 수 있다.

교실 SLA의 실험적 연구결과가 어느 것이 가장 잘 설명하고 있는지 선택하기가 어려운 것과 마찬가지로, 언어교육의 부호-의사소통의 딜레마의 해법을 찾기도 아직은 시기상조인 것 같다. 그러나 SLA연구의 일반적 효과중의 하나는 부호의 교육은 과거에 생각했던 것 보다 훨씬 작은 부분에 지나지 않는 것 같다는 주장일 것이다. Corder(1980)가 지적한 바와 같이 이 주장은 최근의 교육지침이나 방향과 일치하는 것 같다. 그러므로 SLA연구는 급진적인 새로운 연구방법을 놓고 왈가왈부하기 보다는 기존의 연구방법이나 경향을 보강해 주는 것 같다.

요약

SLA에서 교육의 역할을 연구하기 위하여, 공식 교육이 SLA경로에 미치는 효과와 SLA의 속도/성공여부에 미치는 영향을 구분할 필요가 있다. 경로에 관한한, 공식교육은 주요 효과를 미치는 변수가 아닌 것 같다. 구체적인 문법자질의 습득면에서 단지 경미한 몇 가지 경미한 차이와 일시적인 차이만 발견되었지만, 자연스럼 의사소통 언어사용과 연관된 발달의 전반적인 절차와 순서는 변하지 않는다. 그러므로 학급 SLA는 자연스런 SLA와 동일한 절차적 전략을 보유하고 있는 것 같다. 속도/성공여부에 관해서는 절대적 효과 때문이 아니고, 단지 상대적 효용성 때문에 교육이 촉진제 역할을 한다. 이와 같은 결과는 아직 실험연구가 부족하기 때문에 잠정적으로 우선 받아들일 정도의 수준을 넘지 못한다.

학급 SLA를 설명하려고 지금까지 세 가지 각기 다른 입장과 견해를 다루어 보았다. Krashen(1982)과 관련이 있는 비상호작용적 입장은 '습득'된 지식과 '학습'된 지식을 구분하고 이들 두 지식은 각각 분리되어 있다고 주장한다. 이 입장은 이것이 '습득'을 반영하는 것으로서 공식 교육이 SLA의 자연스런 경로에 영향을 미치는데 실패하는 이유를 자신을 갖고 설명한다. 그 설명은 어째서 공식 교육이 SLA의 속도/성공여부 도움이 된다는 점이 분명치 않은지에 대한 이유를 제공하고 있다. Stevick(1980)과 Sharwood-Smith(1981) 등등과 관련이 있는 상호작용적 입장은 충분히 연습만 된다면 '학습된' 혹은 명시적 지식은 '습득된' 또는 암시적 지식으로 변환될 수 있다고 주장한다. 이 입장은 속도/성공여부 발견에 관한 한 가지 설명을 제공하지만 경로발견에 관해서는 신뢰성이 떨어진다. Tarone(1983)과 Bialystok (1982) 등과 관련이 있는 변이적 입장은 언어습득과 언어사용을 매우 밀접하게 연관된 것으로 본다. 이들 둘은 타입이 다른 지식이 각기 발발하고, 각기 다른 언어 임무의 수행을 요하는 것으로 본다. 이 입장은 경로발견을 편안하게 다루고 있고, 속도/성공여부 발견을 설명하고 있다. 이 경우 조건은 만약 각기 다른 다양한 지식 타입을 접할 수 있는 학습자가 한 가지 종류의 지식에 의존하는 학습자 보다 훨씬 언어수행을 잘 할 경우라는 것이다. 그러나 이들 세 입장으로부터 어느 하나만을 선택하기가 아직은 성급한 판단이라고 볼 수 있다.

SLA에서 교육의 역할 연구는 SLA이론과 언어교육 둘다로부터 암시적 힌트를 얻을 수 있다. 전자의 경우 환경적 차이에 별로 영향을 받지 않는 SLA의 구조적 자질을 인정해야하는 중요성을 강조하고 있다. 언어교육에 관한한 비록 공식 문법교육의 효과에 관해서 결론을 내리기가 아직은 이르다고 할 수 있지만, 언어교육은 부호-의사소통 딜레마에 연구의 초점을 맞추고 있는 실정이다.

노트

1. 문법교육은 직접적이고 공식적인 자질(시청각 교수법상의 연습에서와 같이)과 관련이 있거나 간접적이고 언어기능(상황적 연습이나 개념적/기능적 교수요목에서와 같에)과 관련이 있다.

2. Krashen(1982)은 3인칭 단수 어미 '-s'와 같은 '쉬운' 규칙과 WH-의문문에서 주어-동사 도치와 같은 '어려운' 규칙 즉 쉬운 규칙과 어려운 규칙간에 차이가 상당히 크다고 보고 있다. 그는 단지 '쉬운' 규칙만 배울 수 있다 즉 학습할 수 있다고 주장한다.

3. Hosenfeld(1976)는 표준적인 언어교육에 연습을 완성하기 위하여 학습자들이 사용하는 전략들을 연구했다. 그의 결론은 그와 같은 연습이 연습하도록 설계된 목표 구조라기 보다는 오히려 정확한 대답을 얻는데 필요한 전략을 개발하는데 도움이 될 수 있다는 것이다.

4. 방갈로 프로젝트는 언어적으로 조직된 교수요목을 따르려 하지 않는 교육 프로그램으로 구성되어 있다. 오히려 교실에서 실시할 등급별로 나누어 놓은 활동(예: 지도 그리기)이 수없이 많다. 교사는 각각의 활동을 착수하는데 필요로 하는 언어만을 가르친다.

5. Lightbown(1983)의 발견은 급격히 다른 문법자질의 습득을 비교한다는 것은 의미가 없다는 제3장에서 언급한 형태소 연구의 비판을 지지하고 있다.

6. Ellis(1984a)의 연구에 나오는 3명의 학습자는 교실 밖에서 영어에 노출되었을 수도 있다. 비록 실험에서 이들중 두 명은 그렇지가 않았다고 말할 수 있다고는 하지만 그래도 이들이 교실 밖에서 영어에 노

출되었을지도 모른다. 이들은 편잡말만 하는 지역사회에 살았고 영
어 원어민과 전혀 접촉한 사실이 없다. 이들은 비디오 테이프도 편잡
테이프만을 보았던 것이다!

7. 이들 세 명의 실험대상 학생들은 Ellis의 연구기간 내내 수 많은 도
치되지 않은 의문문 억양을 발했다. 그러므로 발달순서상 초기에 해
당하는 이런 의문문 형식은 근본적으로 바뀌지 않았다. 이에 대한 한
가지 설명은 교실 환경에서 전형적으로 억양 강세로 의문문임을 알게
되는 절차적 의문문(즉 확인과 선언을 요하는 의문문)은 아주 빈번하
다. 그 이유는 학습자들이 착수해야 하는 임무를 시행하기 위한 필요
성 때문이다. 마찬가지로 학습자 발화에서 나오는 과거형의 부재는
그 이유가 교실 환경에서의 의사소통적 스피치에선 별로 과거시제 지
시물이 없다는 사실로 설명될 수 있다.

8. Long(1983d)은 Martin의 연구결과와 기타 다른 연구결과간의 차이
를 다음과 같이 설명하고 있다. 즉 노출은 SLA의 초기단계에서는 중
요할(Martin의 실험대상들은 초급단계의 학습자들이었다) 것이지만,
초급단계가 아닌 중, 고급 단계에서는 더 이상 중요한 것이 아니다 라
고 주장한다.

9. 부호-의사소통 대비는 여러 가지 다양한 방식으로 나타났다. 예를
들면 Brumfit(1979)는 전통적 교육훈련의 차이점 때문에 초점을 맞추
고 비중을 둔 것이 이것 혹은 저것이라는 식이었다고 주장하면서 '정
확성'과 '유창성'을 구별했다.

참고 문헌들

교실 SLA는 그간 별로 주목받지 못해 왔다. 따라서 연구물이 그렇게 많
지 않다. TESOL Quarterly 17/3에 기고한 M. Long의 논문 'Does second
language instruction make a difference?', 그리고 Pergamon 출판사에서 1984년
도에 출판한 R. Ellis의 책 Classroom Second Language Development 등 두 편
에 가장 많은 연구 자료와 결과들이 실려 있다.

Pergamon 출판사에서 1982년도에 출판한 S. D. Krashen의 Principles and Practice in Second Language Acquisition은 저자의 일반적인 습득론에 따른 교실 SLA를 엿볼 수 있는데 저자는 또한 문법의 역할에 관하여 상세하게 다루고 있다. 본 장에서 간단하게 다룬 비교방법론은 그의 책 제5장에 잘 나와 있다.

Applied Linguistics II/2, pp.159~168에 실린 M. Sharwood-Smith의 논문 'Consciousness-raising and the second language learner'는 Krashen의 견해에 상충되는 또 다른 대안이 될 수도 있으므로 꼭 읽어 볼 필요성이 있다. S. P. Corder(BAAL Newsletter 10)의 논문 'Second language acquisition research and the teaching of grammar'는 교육을 위한 SLA연구에 좋은 참고가 될 것으로 판단된다.

제10장
SLA 이론

개요

그 동안 SLA에 관한 이론화에도 부족함은 없었다. 이 분야의 이론으로는 연구방법론, 순수 이론, 모델링, 규칙, 원리 등 등의 이름 아래 수 많은 이론이 출현했다. 그 동안 이론화가 너무 난무했다는 평을 받을 만도 하다. 예를 들면 Schouten(1979)은 다음과 같이 주장한다:

...SL학습을 보면 모델링이 너무 많았고, 모델링이 발표되면 머지 않아 인정받다 보니 관련된 연구들을 질식시키고 만 셈이다.

그는 이론화는 폭넓고 엄격한 실험연구 절차를 준수해야만 한다고 믿고 있다. 그러나 이론화는 앞서 나가서 검증해야 하는 구체적 가설을 유도해내어 실험연구에 정보를 제공해야 한다고 주장할 수도 있다. 이런 방법론적인 문제와 상관없이 SLA연구는 이미 저 만큼 앞서 나아가 이론의 홍수를 이루었다.

본 장의 주 목적은 수 많은 SLA이론들을 고찰하는 것이다. 논의를 위하여 선별한 것들은 SLA연구에 중심 부위에 위치한 토픽들이다. 이들은 SLA연구에서 다양한 관점을 반영하고 있다. 이들을 요약, 정리하면 다음과 같다:

1. **문화동화 모델: 문화변형이 SL학습을 조정하고 도와 준다.**
2. **적응이론 : 한 지역 안에 여러 언어권(예: 캐나다)이 있을 때 동기에 따라 언어를 선택한다.**

3. 담화이론: 담화에 참여하여 언어구조를 인식해 나간다(예: 어린이)

4. 모니터 모델 : Krashen의 이론으로 습득한 언어를 활용보다는 오류발생을 감시(모니터) 하게 되는데 지나치면 오류를 염려하여 말을 못한다.

5. 변이능력모델 :

6. 보편성 가설 : 언어 보편성이론으로 SL에도 적용된다고 본다 (파라메타가 유사한 경우).

7. 신경기능이론 : 좌뇌가 언어를 담당하고, 우뇌가 감성을 담당한다고 본다. 그러나 반드시 그렇지는 않다. 조건에 따라 달라지는 것으로 볼 수 있다.

이상의 이론들은 각각 주요 전제를 설명하는 형식을 따르게 되며 이론이 발표되면 이어서 신랄한 평가를 받게 된다. 앞으로 이들 이론을 고찰하게 되는데 이론을 다루는 과정에서 이미 앞에서 거론한 내용들은 피하려고 노력했지만, 그래도 다소 중복되는 부분들도 있을 것임을 미리 말해 둔다.

SLA연구에서 이론의 역할

SLA연구에서 이론의 역할은 무엇인가? Hakuta(1981)는 SLA연구의 주요 목표를 다음과 같이 보고 있다:

언어습득연구의 속셈은 규칙에 대한 학습자의 체계를 어느 수준에서 기술할 것인가라는 적절한 단계를 찾는 것이라고 설명할 수 있다.

바꾸어 말하면 SLA 이론의 주요 목표는 발달의 어느 단계에서 학습자의 중간어를 구성하고 있는 언어범주의 성격의 특성을 기술(記述)하는 데 있다. 그러나 대부분의 학자들은 단순한 기술이 아니라 그 이상에 연구의 목적을 두고 있다. 이들 학자들은 학습자가 특정의 언어 범주를 발달시키

는 이유를 발견하려고 노력했다. 이에 대하여 Rutherford(1982)는 다음과 같이 지적하고 있다:

우리는 습득되는 것이 무엇이며, 언제, 어떻게 습득되는지 알고 싶다. 그러나 우리가 이러한 의문에 답을 가지고 있다면 아마도 여전히 왜 그런 것인지 이유를 알고 싶어할 것이다.

바꾸어 말하면 이론의 구축은 기술 뿐만 아니라 설명에도 관련이 있다. 그러나 '설명'이란 용어는 상당히 애매하다. 첫째, 그것은 학습자가 투입정보의 견본을 놓고 작업해가는 방법과 관련이 있다. 즉 투입정보를 섭취/흡수로 전환하여 자기 지식을 산출에 이용하는 것이다. 이러한 의미에서의 설명은 습득절차, 순서 및 이에 상응하는 진행과정 등을 모두 포함하는 개념이다. 둘째, '설명'이란 용어는 무엇이 학습자들이 배우도록 동기를 주는지 그리고 무엇 때문에 학습을 중단(화석화)하게 되는 것인지 등과 관련이 있다. Schumann(1976)은 이 두 타입의 설명을 SLA가 발생하는 방법에 관한 '인지절차', 그리고 SLA가 일어나게 되는 이유인 '초기화 요인' 등 두 가지로 구분했다. Ellis(1984a)는 이들 두 타입을 '조립 매카니즘'과 '파워 매카니즘' 등 두 가지로 명명했다. SLA이론에 관한한 몇몇 이론들은 그 방법에, 그리고 기타 다른 이론들은 그 이유에 초점을 맞추기 때문에 분류 자체가 매우 중요하다고 볼 수 있다. 그러므로 학자들이 제안하는 설명은 각기 다른 순서를 보일 수 있다. SLA의 종합적인 이론은 조립 매카니즘과 파워 매카니즘 둘 다를 설명할 필요가 있다.

학자들은 SLA가 어떻게 그리고 왜 발생하는 것인지에 관한 이론을 어떻게 만들어 갈까? Reynolds(1971)의 연구결과에서 일부를 따온 Long(1983e)은 이론 형성에 '선이론 후연구', '선연구 후이론' 등 두 가지 연구방법이 있다고 주장한다. 이에 대해서는 간략하게 논의될 것이다.

'선이론 후연구' 방법론은 다음과 같은 5단계가 필요하다:

1. 명확한 이론의 개발

2. 이론으로부터 검증해야 할 예측의 추출
3. 예측을 검증하기 위한 실험실시
4. 실험결과 예측이 맞지 않을 경우 이론의 수정(또는 포기)
5. 첫 번째 예측이 맞는 경우 새로운 예측에 대한 검증

이 연구방법론의 출발점은 육감을 사용하여 이론을 발명하고 이에 상응하는 실험을 실시하는 것이다. 이론은 Popper(1976)가 '독단적 사고'라고 명명한 것으로 구성되어 있다. 이론은 결과가 '참'이 아니고 '거짓'이 될 수도 있는 그런 것으로 나타내어지는 것이 중요하다. 즉 연구자는 무엇이든 감지할 수 있는 사건/물들을 모두 이론적 타당성으로 해석할 수는 없고, 혹은 Popper가 말한 것 처럼 일부 '면역'을 배제한 것으로 해석할 수도 없는 것이다. 이론의 힘은 조사연구하여 지금까지 알려진 현상이 무엇인지 '알아낼 수 있는' 능력, 그리고 앞으로 어떤 것이 관찰될 것인지 예측할 수 있는 능력 등 두 가지 능력인 것이다. 예측은 이론 검증의 한 가지 방법인 것이다. 이론의 검증 및 수정 절차는 Popper의 견해처럼 그렇게 무한히 끝없이 진행되는 계속성이란 특징을 갖는다. 그러므로 모든 가용한 사실을 설명할 수 있는 하나의 포괄적 이론을 기대하는 것이 가능성은 있지만, 항상 수정을 요하는 이론이라면 진정한 의미에서 이론이라고 보기 어렵다.
'선연구 후이론' 접근방법은 다음과 같은 4단계가 필요하다 "

1. 조사연구를 위한 현상의 선정.
2. 그 현상의 특성 측정.
3. 데이터의 수집 및 수집된 데이터에서 체계적 유형의 발견.
4. 현상을 기술할 수 있는 규칙으로 의미있는 유형의 공식화.

이 연구방법론의 출발점은 이론이 아니라 '연구 의문' - 연구자가 알고 싶어하는 관심분야 - 인 것이다. 관심분야는 육감의 결과 또는 유관 연구물 독서의 결과로서 결정되는 수가 많지만 연구 의문점은 실험해 볼 수 있는 하나의 예측을 제공하는 그런 방식으로 공식이 만들어지지는 않는다. 이

연구방법론은 하나의 종합적인 이론을 만들어 내고자 할 필요는 없고, 무엇이 그와 같은 행동을 낳게하는가라는 일련의 성찰 즉 SLA에 관한 하나의 '작은 일부분'을 생산할 수 있는 것이다.

SLA연구는 위에서 언급한 두 가지 방법론 모두 포함하게 된다. 캐나다 학자들이(예: Gardner와 Lambert 1972) 연구에 착수한 동기와 태도의 효과에 관한 실험적 연구는 '선이론 후연구'의 대표적인 예이다. 앞 장에서 논한 보편가설에 관한 실험적 연구도 본 연구방법론의 한 예라고 볼 수 있다. 반면에 제3장과 9장에서 본 특정의 L2학습자에 관한 종적연구는 '선연구 후이론'의 방법론의 예가 된다. 이 경우의 목적은 SLA의 상세하고도 구체적인 측면들을 검토하는 그런 종합적인 이론을 형성하자는 것이 아니다.

Long이 지적한 바와 같이, 이들 두 연구방법론은 각각 그 나름대로 장점과 단점이 있다. '선이론 후 연구'법은 하나의 개략적인 답과 전반적인 이론의 체계적인 검증을 위한 하나의 기초를 제공한다. 그러나 연구자들은 근본적으로 모순과 불일치의 증거에 직면한 하나의 이론을 버릴 준비가 항상 되어 있는 것이 아니다. '선연구 후이론' 방법은 연구자가 언제든지 '잘 못될' 가능성이 비교적 적고, 조사연구된 전과정에서 연구자가 뽑아낸 측면에 값진 성찰을 제공할 수 있다. 그러나 이 연구방법론으로부터 나온 주장은 제한시킬 필요가 있고, 하나의 주장이 다른 주장과 어떤 관계가 있는지 항상 명백한 것만은 아니다.

Long은 '선이론 후연구' 방법론이 다음과 같은 이유로 보다 더 효과적인 연구가 될 수 있다고 주장한다:

...언제든지 실험연구를 지배하는 이론은 연구자에게 관련 데이터가 무엇이며, 실시해야 할 중요한 실험이 어느 것인지를 말해 준다 (1983e).

그러나 SLA는 두 가지 방법을 다 필요로 한다. 첫째, 가설-검증연구를 해야 한다는 동기를 부여하는 맨 처음의 초도이론이 어느 것이었느냐에 대해서 아직까지 의견의 일치를 보지 못하고 있고, 가까운 장래에 이에 대한 의견의 일치가 있을지도 의문이다. '선연구 후실험'법에 의한 성찰들은 이론형성에 하나의 기초를 제공한다. Long이 주장하는 바와 같이 학자마다 다른 연구방법을 채택하는 것은 연구자 각자의 개성을 반영하는 것이지만, 그것은 또한 SLA분야가 다양한 연구 관점을 요하는 특성이 있음을 인식한 결과일 수도 있다.

  본 장은 상당히 많은 SLA이론을 차례차례 다루어 보고자 한다. 학자들마다 견해가 다른데 SLA가 나타나는 방법을 지배하는 '조립 매카니즘' 혹은 SLA가 나타나는 이유를 설명하는 '파워 매카니즘' 혹은 이들 둘 다를 설명할 수 있는 길을 모색하는 것이 학자들 마다 다르다. 학자들은 자기가 도달한 종착역에 어떻게 해서 도착했다는 방법론이 제각각이다. 일부는 '선이론 후연구'법으로 기타 학자들은 '선연구 후이론'법으로 결론에 도달하고 있다. SLA의 깔끔하고 철저한 설명(이론)을 찾는 독자는 실망하는 수가 많다. '보충적 대안'을 주장하는 Selinker와 Lamendella(1978b)의 이론은 '각각의 관점은 다른 관점이 갖지 못한 장점을 갖고 있지만 동시에 단점도 있는 법이다'라고 말하여 한 가지 현상에 대하여 유일한 연구방법만 적용될 수 없음을 경고하고 있다.

SLA에 관한 이론 7개

1 문화동화 모델

  문화동화는 Brown(1980a)에 의하여 '새로운 문화를 수용해 가는 과정'이라고 정의를 내리고 있다. 그것은 언어가 문화중 가장 관찰이 용이한 것 중의 하나이기 때문에 그리고 SL쎄팅에서 새로운 언어의 습득은 학습자의 지역사회 및 목표어 지역사회의 관점 때문에 SLA의 중요한 현상중의 하나로 보인다. SLA에 문화동화가 어떻게 영향을 미치는가에 대한 한 가지 관점은 이미 앞에서 기술한 바 있다(제5장). 이하에서 John Schumann(1978a;

1978b; 1978c)의 연구 업적에 근거를 두고 논하겠다. 뿐만 아니라 Schumann
의 모델인 Nativization Model(생득설 모델)의 정교한 부분을 Andersen(1980;
1981; 1983b)의 연구를 참고하면서 논의하겠다.

　문화동화 모델의 핵심적인 전제는 다음과 같다:

...SL습득은 문화변형의 단 한 가지 경우에 속하며, 학습자가 목표어에
동화되어가는 정도는 학습자가 SL를 습득하는 정도를 통제하게 될 것
이다(Schumann 1978c).

　문화동화와 SLA는 학습자와 목표어 문화간의 사회적 간격(social
distance) 및 심리적 간격(psychological distance)의 정도에 따라 결정된다. 사
회적 간격은 목표어 집단과 접촉할 때 사회집단의 구성원으로서 학습자에
게 미치는 수 많은 영향요인의 결과를 말한다. 심리적 간격은 한 개인으로
서 학습자와 관련된 다양한 영향요인의 결과를 말한다. 사회적 요인들은
제일 중요한 일차적인 것이다. 심리적 요인들은 사회적 요인이 비록 특정
한 사회상황과 관련된 학습의 서법동사의 수준을 수정할 수 있다(그들이)
할지라도 사회적 간격이 결정적이지 못할 때(즉 사회적 요인이 문화동화에
명백하게 긍정적이지도 않고, 부정적이지도 않을 경우) 나타나게 된다.

　Schumann(1978b)은 사회적 간격 및 심리적 간격을 결정짓는 다양한 요
인들을 리스트로 작성했다. 사회적 변수들은 전체적인 학습상황이 '선(좋
은 것)'인지 '악(나쁜 것)'인지 여부를 지배한다. '선(좋은)'한 학습상황의
한 예는 (1) 목표어 및 L2집단이 서로 사회적으로 동일하게 보일 경우, (2)
목표어 및 L2 집단 둘 다가 L2집단이 동화되는 것이 바람직할 경우, (3) 목
표어와 L2집단 둘 다가 L2집단이 목표어 집단과 사회 시설을 공유하기를
바랄 때(즉 상호 칸막이처럼 분리현상이 적을 경우), (4) L2집단이 규모가
작고 응집력이 별로 높지 않을 경우, (5) L2집단의 문화가 목표어 집단의 그
것과 조화를 이룰 때, (6) 두 집단이 상호 긍정적인 태도를 취할 때, (7) L2집
단이 상당한 기간 동안 목표어 지역(영역)에 머물게 될 경우 등등이 있다.
'악(나쁜 것)'에 해당하는 학습환경은 그 여건이 위에 언급한 것들과 반대

인 경우이다. 물론 사회적 거리의 정도의 차이는 여러 가지가 될 수 있다.

심리적인 요인들은 특성상 감정적인 것들이다. 여기엔 (1) 언어충격(즉 학습자가 L2를 사용할 때 의심과 혼란을 경험하게 된다), (2) 문화 충격(즉 학습자는 자기문화와 목표어 지역사회 문화간 차이로 인하여 방향감각을 잃거나, 스트레스, 두려움 등 등을 경험하게 되는 경우), (3) 동기, (4) ego 경계선(제5장 참조) 등등이 있다.

사회적 간격 및 심리적 간격은 학습자가 경험하는 목표어와의 접촉 량을 결정함에 의하여 SLA에 영향을 주고 또한 학습자가 가용한 투입에 개방되는 정도에도 영향을 준다. 그러므로 '악'의 학습여건에서 학습자는 매우 적은 양의 L2투입을 받게 될 것이다. 그리고 심리적 간격이 클 경우 학습자는 가용한 투입을 흡수(섭취)쪽으로 전환하는데 실패하게 될 것이다.

Schumann도 일어나고 있는 학습의 종류를 기술하고 있다. 그는 SLA의 초기단계는 피진어 형성에 사용하는 것과 동일한 절차라고 주장하고 있다. 사회적 간격 그리고/혹은 심리적 간격이 상당히 먼 경우 학습자는 자기 언어가 피진화된 결과를 가져온다면 초기단계 이상으로 발전하지 못하게 된다. Schumann은 SLA의 이와 같은 현상을 피진화 가설이라고 보고 있다. 그는 피진화를 미국에 있는 스페인계 성인 1명의 L2로서의 영어습득 과정을 상세히 연구하여 자신의 주장을 펴고 있다. 이 경우 실험대상이었던 알베르또는 사회적 간격은 상당히 높았지만 영어 학습에는 그다지 큰 진전을 보이지 못했다. 그의 영어는 'no + 동사'형 부정어, 주어, 동사가 도치되지 않은 의문문형, 소유격 어미 및 복수 굴절형의 부재, 제한된 동사 형태소 등등 피진어에서 볼 수 있는 형태들이 상당히 많이 나타났다. Schumann은 '피진화 현상은 SL습득의 모든 초기단계에서 특징적으로 나타나며...그것이 유지되는 사회적 간격 및 심리적 간격이라는 조건하에서는 늘 그런 특성을 갖는다'라고 주장한다. 피진화가 지속될 때 학습자는 화석화된다. 즉 학습자는 목표어의 방향에 맞도록 중간어 체계를 더 이상 수정하지 않는다는 말이다. 그러므로 초기의 화석화 및 피진화는 언어습득 과정상에 일정 기간 동안 나타나는 현상이라고 본다.

그러므로 계속적인 피진화는 사회적 간격 및 심리적 간격의 결과인 것이다. 문화변형의 정도는 다음과 같은 두 가지 면에서 피진어와 같은 언어로 진행되어 간다. 첫째, 위에서 주장한 바와 같이 그것은 학습자가 받아들이는 투입 정보의 수준을 통제한다. 둘째, 그것은 학습자가 L2를 사용하고 싶어하는 어떤 기능을 반영한다. Smith(1972)의 뒤를 이어서 Schumann은 언어의 기능을 다음과 같이 넓은 개념에서 3가지로 구분했다: (1) 순수 지시적이고 외연적인 정보와 관련된 의사소통적 기능, (2) 화자를 특정의 사회집단에 속한다는 점을 나타내기 위하여 언어를 사용하는 통합적 기능, (3) 언어적 전문성(예: 문학적 표현)을 나타내기 위하여 언어를 사용하는 표현적 기능 등이 있다는 것이다. 처음부터 L2학습자는 L2의 의사소통적 기능을 모색하게 될 것이다. 언어발달의 초기단계에서 화석화되는 피진어 및 중간어는 여전히 의사소통적 기능에 국한되어 더 이상 발전을 보지 못한다. 목표어의 원어민들은 습득 초기에 화석화되지 않는 L2학습자들과 마찬가지로 의사소통적 기능과 통합적 기능 둘 다를 사용하지만 상당수의 원어민과 L2학습자들은 언어의 표현적 기능을 마스터하지 못하고 있다.

생득화 모델

Andersen은 Schumann의 문화동화 모델 위에 특히 Schumann이 생각지 못한 하나의 인지차원을 제공함에 따라 앞선 학자들의 연구결과를 한층 더 발전시켰다. Schumann의 경우 SLA는 학습자가 사용하기를 원하는 투입 및 언어의 일반적 기능으로 단순한 설명을 할 수 있었다. 그는 학습자의 내면화 절차 매카니즘과는 아무런 관계가 없다. 그런데 Andersen의 경우 학습과정과 상당히 폭넓은 관련성이 있다.

Andersen은 SLA를 그가 명명한 생득화와 비생득화란 두 가지 일반적인 힘의 결과로 보고 있다. 생득화란 동화로 구성되어 있다. 즉 학습자는 투입 정보를 자신의 L2체계를 구성하고 있는 것으로 보는 내면적 주관에 맞는지 비교, 확인한다. 학습자 전략의 유형론에 관해서는 제7장에 언급한 바와 같이 학습자는 자신이 이미 보유하고 있는 지식에 근거하여 가설을 설정함으로써 학습 전술을 간소화시킨다(예: 자신의 모국어 지식; 이 세계에 대한 지식 등). 이러한 의미에서 학습자는 이제 '내면의 규범'에 대조작업을 하게 된다. 생득화 현상은 피진어 및 L1, L2습득 초기단계 등에 분명하게 나타난다. 비생득화는 Piaget의 개념으로 볼 때 적응(accommodation)을 포함하는 개념이다. 즉 학습자는 자신의 내면화된 체계를 투입에 맞도록 조정, 적응한다. 제7장에서 사용한 용어로 볼 때, 학습자는 외적인 규범에 부합하는 자신의 중간어 체계를 재구성할 수 있는 유추전략을 사용한다(즉 언어적 자질들이 투입된 언어에 나타내진다). 비생득화 현상은 비피진화(즉 외적 언어 자원으로부터 서서히 형태의 협력을 통하여 나타나는 피진어의 정교화) 그리고 L1, L2습득의 후기단계 등에 분명히 나타난다. <도표 10.1>은 Andersen의 생득화 모델을 간략하게 그려 본 것이다.

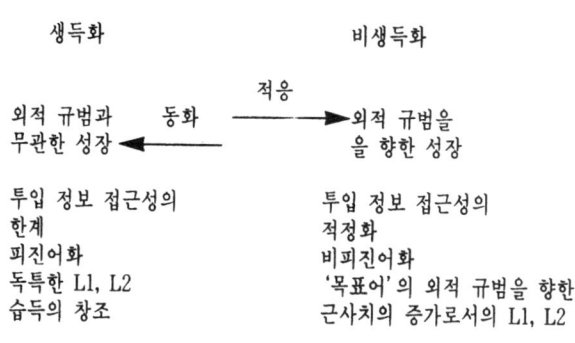

생득화   비생득화

적응
외적 규범과   동화 ——————————▶ 외적 규범을
무관한 성장 ◀——————————   을 향한 성장

투입 정보 접근성의   투입 정보 접근성의
한계   적정화
피진어화   비피진어화
독특한 L1, L2   '목표어'의 외적 규범을 향한
습득의 창조   근사치의 증가로서의 L1, L2

〈도표 10.1〉Andersen의 생득화 모델(출처: Andersen 1983b)

평가

문화동화 및 생득화 모델은 SLA의 파워 매카니즘에 초점을 맞추고 있다. 이들은 L1학습자와 달리 L2학습자들이 원어민 정도의 언어능력을 성취하는데 종종 실패하는 이유를 설명하고 있다. L2학습자는 사회적 간격의

결과로서 필요한 투입을 삭감 또는 차단 당하고, 심리적 간격으로 인하여 필요한 투입 정보에 관심을 갖는데 실패할지도 모른다. 또한 이들 이론 모델들은 SLA가 매우 일반적인 과정들을 내포하고 있다는 주장을 하고 있는데 일반적인 과정이란 피진어의 형성과 발달과정에서도 나타난다. '내적 규범'과 '외적 규범'이란 개념은 왜 초기 중간어와 후기 중간어가 그렇게도 다른 양상을 보이는지에 대한 설명을 제공할 수 있는 하나의 멋진 장치라고 볼 수 있다. SLA를 '내적 규범'으로부터 출발하여 서서히 '외적 규범'으로 관심이 이동해 가는 것으로 그 특징을 파악한 것은 그 동안 SLA에서 관찰된 발달순서와 절차를 설명할 수 있게 되었고(제3장 참조), 또한 학습자가 간소화에 의존하다가 유추전략에 의존하는 쪽으로 방향을 트는 것도 설명이 가능해졌다(제7장 참조).

  이들 두 이론 모델은 L2지식이 내면화되어 사용되게 되는 방법에 관해서는 전혀 초점을 맞추지 않고 있다. 바꾸어 말하자면 학습자의 조립 매카니즘의 구체화가 없다는 말이다. 이런 현상은 특히 문화동화 이론모델에서 분명한 특징이다. 물론 생득화 이론모델에서도 그렇다. 비록 생득화 이론모델이 내적 요인들(동화/적응의 형태로 구분한 것)을 고려한다고는 하지만, 이들 요인들이 어떻게 작용하는지에 대해서는 아무런 언급이 없다. 제1차 언어자료와 내적 처리절차간의 관계는 학습자 전략이 투입 정보에 어떻게 작용하여 산출을 생산하게 되는 것인지 상세한 설명을 요하는 매우 복잡한 관계이다. 그러므로 최종 분석에서 SLA가 투입과 학습자의 투입 정보를 흡수/섭취로의 변환능력 등에 의존한다는 말을 인정한다면, SLA의 하나의 종합적인 이론은 투입이 흡수로 변환되는 방법 및 투입이 존재하는 중간어 체계에 집약되는 이유 등에 관해서도 깊은 이해가 필요할 것이다. 특히 흡수/섭취가 투입 정보가 학습자와 기타 다른 화자를 포함하는 상호작용 형성과 같은 방법으로 통제되는 것인지 또는 내적 처리절차 매카니즘 - 환경과 '블랙 박스'의 또 다른 기여 -의 구조에 의하여 통제되는 것인지 생각해 볼 필요가 있다. Andersen의 '내적 규범'과 '외적 규범'을 보면, 내적 매카니즘은 매우 중요한 역할을 맡고 있지만, 이것이 세심하게 다듬어지지는 않는다고 주장한다. 그리고 Andersen이나 Schumann이나 Hatch와 Long(제6장 참조)의 연구에서 설명한 것 처럼 그렇게 투입/상호작용의 효과를 촉진시킬 수 있다는 점에 대하여 관심을 갖지 않았다. 간단히 말해서 이들 두 모델에서 빠뜨리고 있는 것은 상황과 학습자간의 상호작용의 역할 설명문제이다.

문화동화 모델과 생득화 모델은 L2학습자가 목표어 지역사회와 접촉하고 있는 자연스런 SLA에 대하여 논하고 있다. 그런데 L2지역사회에 접촉이 가능치 않은 교실 SLA(즉 FL교육시)에도 이런 모델들이 적용될 수 있는지 여부는 분명치가 않다. 비록 심리적 간격은 존재하고 있다할지라도, 사회적 간격에 관한 요인들은 외국어 교육(FL instruction)과는 별로 관계가 없는 것 같다.

2. 적응이론(Accommodation Theory)

적응이론은 Giles의 연구로부터 파생되어 나왔고 영국과 같이 다양한 언어가 통용되는 지역사회에서 집단간 언어사용과 관련이 있다. Giles는 캐나다에서 Lambert와 Gardner의 연구로부터 사회-심리학적 구조들을 차용한 다음 이를 이용하여 연구를 했다. 그의 주요 관심사는 집단간 언어 사용이 인종간 의사소통면에서 기본적인 사회적 태도와 심리적 태도를 어떻게 반영하고 있는지를 연구하는 것이었다. 이로부터 그는 SLA를 집단간 현상이란 입장에서도 고찰하게 되었으며(Giles와 Byrne 1982), 이런 관점에서 본 SLA이론은 적응이론으로 세상에 알려지게 되었다.

적응이론은 문화동화 이론과 몇 가지 전제를 공유하고 있지만 여러 가지 면에서 다른 점이 상당히 많다. Schumann과 마찬가지로 Giles도 성공적인 언어습득과 관련이 있다. 이들 두 학자는 학습자의 사회집단(ingroup-"內集團"-이란 용어를 사용함)과 목표어 언어집단(outgroup-"外集團"-이란 용어를 사용함) 사이의 관계에서 해답을 찾고 있다. 그러나 Schumann은 이 관계를 실제로 사회적 간격을 창조하는 변수로 설명하고 있지만, Giles는 인지된 사회적 간격으로 설명하고 있다. Giles는 그것은 SLA에 매우 중요한 외집단과의 관계에서 내집단의 정의를 내리는 것이라고 주장한다. 그리고

Schumann은 사회적 간격과 심리적 간격을 학습자와 원어민 화자간에 상호
작용의 수준을 결정하는 절대적 현상으로 보고 있는데, Giles는 집단간 관계
를 각각 상호작용 과정 동안 끊임없는 타협과 협상의 과정으로 보고 있다.
그러므로 Schumann의 사회적 간격과 심리적 간격은 정적인 것(또는 적어도
시간을 두고 천천히 변화하는 것)인데 반하여 Giles의 집단간 관계는 동적
이고 두 집단이 서로 마주 봄으로써 상대방을 보는 관점과 자신을 보는 관
점이 오락가락함에 따라 변화한다. 나중에 논의하겠지만 이것은 적응이론
이 언어학습자 언어속에 천부적으로 내재하는 변이성 및 원어민의 투입 등
을 설명할 수 있게 해준다.

　　Giles는 동기가 L2유창성의 주요 결정인자라는 Gardner(1979)의 견해에
동의한다. 그는 동기의 수준을 개인 학습자가 人種면에서 자신을 한정시키
는 방법의 반사의 한 가지가 될 수 있다고 생각한다. 이는 또한 다음과 같은
수 많은 변수에 의하여 지배를 받고 있다:

1. 개인 학습자가 자신의 인종적 내집단(ingroup)과 동일시: 학습자가
　　외집단(outgroup)과 분리시켜서 구체적 내집단(內集團)의 구성원으
　　로 자신을 생각하는 정도.
2. 인종간 비교:
　　학습자가 자신의 내집단과 외집단간의 비교를 호의적이냐 적대적
　　이냐의 여부. 이것은 자기가 속한 집단의 위치(status)에 관한 학습
　　자의 '인지적 대안'에 대한 인식에 의하여 영향을 받게 된다. 예를
　　들면 학습자 자신이 속한 내집단의 상황을 불공평한 것으로 인식할
　　경우가 될 것이다.
3. 인종-언어적 활력의 인식:
　　학습자가 자신이 속한 내집단을 스테이터스가 낮은 것 혹은 높은 것
　　으로 보느냐 여부, 그리고 사회적인 힘을 공유하는 것으로 보느냐
　　아니면 그로부터 배재되어 있는 것으로 보느냐 여부 등이 있다.
4. 내집단 경계선의 인식:

학습자가 자신의 내집단을 외집단과 문화적으로 언어적으로 분리된
것으로 보느냐 여부(강성 경계선) 혹은 문화적으로 언어적으로 연
계된 것으로 보느냐 여부(약성 경계선).
5. 다른 내집단 사회범주와 동일시:
  학습자가 극소수 또는 일부 몇 개의 다른 내집단 사회범주와 동일시
  (예: 직업적, 종교적, 성적으로)하느냐 여부, 그리고 결과적으로 학
  습자가 자신의 집단내에서 적절한 스테이터스를 갖게 되는지 유무.

  <표10.1>의 세로 칸 A는 개인 학습자가 L2학습에 높은 동기를 갖게 되
는 수가 많고, 따라서 높은 수준의 유창성을 얻게 됨을 나타낸다. 반대로 세
로 칸 B는 학습자가 별로 동기를 유발하지 못하고 결과적으로 유창성도 낮
게 나타남을 의미한다. 동기가 우호적인 사회-심리학적인 태도의 결과로서
높게 나타날 경우(<표 10.1>의 A칸), 학습자는 L2에 대한 공식적인 교육뿐
만 아니라 비공식적인 습득면에서도 자신을 매우 유용하게 활용하게 된다.
반대로 동기가 적대적인 사회-심리적인 태도로 말미암아 낮은 경우는(<표
10.1>의 B칸), 학습자가 공식적인 언어상황에서 성공 여부는 학습자 자신이
비공식적인 언어습득 상황으로부터 별로 유리한 잇점을 찾아낼 수 없기 때
문에 전적으로 지능과 적성에 의존하게 된다.

주 요 변 수	A 높은 동기/유창성	B 낮은 동기/유창성
1 내집단과 동일시	동일시 약함	동일시 강함
2 인종간 비교	우호적 혹은 비교하지 않음 즉 내집단을 열등하게 보지 않음.	부정적 비교 즉 내집단을 열등하다고 봄
3 인종-언어적 활력 인식	낮은 인지도	높은 인지도
4 내집단 경계선 인식	개방적/연성	폐쇄적/강성
5 다른 사회범주와 동일시	강한 동일시-내집단 지위에 만족	약한 동일시-적절치 못한 집단 지위

〈표 10.1〉 저음이론에 따른 하슴 서고 시패이 경정이깄

SLA면에서 성취한 전반적인 유창성 수준을 결정함에 있어서 적응이론도 학습자의 변이적 언어 산출에 대하여 설명을 하고 있다. Giles et al.(1977)은 다음과 같이 쓰고 있다:

.. 사람들은 상호작용적 상황에 대한 인식에 따라서 그들간의 언어, 사회적 차이를 줄이거나 강조하기 위하여 다른 사람들과의 말을 계속해서 수정한다.

Giles(1979)는 L2화자의 '인종적 스피치 표지' (즉 화자가 내집단 구성원임을 나타내는 언어적 자질들)를 사용할 때 나타나는 변화의 두 타입을 구분했다. 상승집중성은 내집단 스피치 표지의 감소를 포함한다 이것은 학습자가 적극적으로 외집단을 향하여 동기유발이 될 경우에 나타난다(즉 학습자의 사회-심리적 쎄트가 우호적일 경우). 하향 발산은 인종적 스피치 표지의 강조를 내포한다. 이것은 학습자가 외집단을 향하여 적극적으로 동기유발이 되지 않을 경우에 나타난다(즉 학습자의 사회-심리적인 쎄트가 우호적이지 못할 경우). 언어 사용면에서 상승 집중성 또는 하향 분산성은 L2화자가 자기 자신을 자신의 집단과 외집단 사회 등과 계속해서 비교 평가한 결과이기 때문에 항상 유동적일 수 있다. 그러므로 그것은 학습자가 자신의 사회-심리적 쎄트를 오가는 것과 일치하는 것을 선택할 수 있는 하나의 스타일상의 레파토리를 보유하고 있는 것, 그리고 어떠한 상황하에서 학습자가 자신이 속한 내집단의 표시로서 자신의 스피치에 특징적인 표시를 할 수 있도록 선택한 것과 일치하는 특색있는 언어적 형식의 채택을 허용한다. 비록 이것이 언어 사용면에서 늘 명백한 것은 아니지만, 언어습득에서 학습자의 전반적인 예측이 상향 집중성을 보일 때 언어 발달이 일어난다. 반대로 학습자의 전반적인 경향이 하향분산성으로 갈 때 화석화가 발생한다.

이에 대한 평가

문화동화 모델과 함께 적응이론은 조립 매카니즘을 설명하지 않는다.

이것은 발달순서를 설명하지 못한다. 이것은 이런 의미에서 또 하나의 '블랙 박스' 모델인 것이다. 적응이론의 힘은 하나의 이론적 틀 속에서 언어습득과 언어사용을 모두 설명할 수 있다는데 있다. 이것은 또한 L2습득에 새로운 방언 혹은 어투의 습득을 연결시키기도 한다. 즉 이 경우 새로운 방언과 어투가 학습자 자신의 사회집단, 목표어/방언 집단 등에 관한 인식을 반영한 것으로 볼 수 있다.

적응이론은 언어 학습자언어의 변이성에 대한 이론을 제공한다. 변이적 언어사용은 각기 다른 상황하에서 사회-심리적 태도가 모순 상충된 결과라고 볼 수 있다. 언어사용의 변이성은 동일한 요인들의 한 쎄트가 두 경우에 모두 적용된다는 의미에서 볼 때 습득과 관련이 있다. 변이성에 대한 이와 같은 설명은 제4장에서 간략하게 검토한 바 있는 Tarone의 이론과 양립할 수 있다. Tarone은 변이성은 언어형태에 대한 관심 정도의 차가 다양하기 때문일 것이라고 설명하고 있지만 그녀는 이런 관심의 차가 어떤 동기에서 나오는 것인지에 대해서는 전혀 언급하지 않고 있다. 언어형태에 관한 관심은 Giles가 고려했던 일련의 요인들에서도 볼 수가 있다. 즉 학습자가 목표어 지역사회속에서 자신을 보는 인식은 학습자가 언어형태에 관심을 가질 때 지배적으로 나타나는 현상이다. 상향집중성은 언어형식과 조심스런 스타일의 사용 등에 관심을 가질 때 나타난다는 특성이 있다. 하향분산성은 학습자가 자신이 속한 내집단 구성 요원임을 나타냄으로써 언어형태엔 관심이 없고, 일상적 스타일에 의존할 경우에 나타나는 특성이다. 그러므로 집단간 관계가 분명한 현안문제가 아닐 때, 적응이론이 FL학습에 적용될 수 있는 것인지는 의심스럽다. 이 말은 비록 인종적 특성이 SLA의 변이성에 하나의 중요한 현상이라 하더라도, 인종이란 것이 모든 변이성을 다 설명해 줄 수 있는 변수가 아니라는 주장을 할 수 있는 것이 된다.

3. 담화이론(Discourse Theory)

담화이론은 언어사용에 관한 한 이론으로부터 나오는데, 언어사용시 의

사소통은 언어적 지식의 모체로(Hymes의 의사소통능력에 관한 설명) 취급
되며, 언어발달은 학습자가 의사소통에 참여하여 언어의 의미적 잠재성을
찾아내는 방법이란 현상이 고려되어야만 한다. 이것이 바로 Halliday(1975)
가 L1습득을 보는 관점이다. 자기 아이가 언어를 습득해 가는 방법을 연구
하면서 Halliday는 기본적인 언어기능을 실현시키기 위한 형식적인 언어기
재의 발달은 개인대 개인간의 언어 사용으로부터 성장해 나온다는 사실을
보여주었다. 언어의 구조는 그 자체가 언어 기능을 반영한 것이기 때문에
의사소통방법을 배우므로써 언어를 학습할 수 있는 것이다. Cherry(1979)
는 이에 대하여 다음과 같이 말하고 있다:

> 타인과의 의사소통을 통하여 어린이는 이 세상 속에서 행동을 할 수
> 있고, 언어구조의 규칙과 사용법을 발전시킬 수 있다.

이것은 L2학습자가 L1과 L2 사이에 수학처럼 1대1로 대조될 수 있는
'행동의 성취'(적어도 비공식적인 SLA에서)가 가능하다고 동기유발이 되
기 때문이다. SLA에서 언어발달이 일어나는 것에 대한 이와 같은 견해는
담화이론으로 알려지게 되었다.

Hatch(1978c; 1978d)가 주창한 담화이론은 이미 제6장에서 다소 상세하
게 거론한 바 있다. 따라서 본 장에서는 담화이론의 주요 골자만 다음과 같
이 열거한다:

1. SLA는 통사발달면에서 '자연스런' 경로를 따른다.
2. 원어민들은 비원어민들과 의사소통시 말의 의미를 타협하기 위하
   여 자신들의 말을 상대에 따라 조정한다.
3. 의사소통적 전략은 말의 의미를 타협하는데 이용되었고, 그 결과가
   투입정보를 조정하여, 다음과 같은 여러 가지 방법으로 SLA의 속
   도/경로 등에 영향을 미친다:
   (a) 학습자는 투입 정보의 다양한 자질들의 빈도수 서열순과 동일한
   방법으로 L2 문법을 익힌다.

(b) 학습자는 일상적으로 나타나는 공식을 먼저 습득하고 나중에 이 것들을 자신이 보유하고 있는 언어의 구성부분들에 맞는지 여부를 분석한다.

(c) 학습자는 문장을 수직적으로 구축하는데 도움을 받는다; 수직구 조가 수평구조보다 앞서 는 선행구조이다.

4. 그러므로 '자연스런' 경로는 대화를 유지할 수 있는 방법을 배운 결과이다.

이에 대한 평가

Schumann과 Giles는 SLA의 속도, 성취한 유창성의 수준 등의 설명에 관심을 가졌고, Hatch는 SLA가 어떻게 일어나고 있는지에 관심을 가졌다. Hatch의 말을 인용하면 다음과 같다:

SL습득연구가 다루어야 할 기본적인 문제는 우리가 어떻게 하면 SL 습득과정을 설명할 수 있는가하는 바로 그 점이다(Hatch 1980).

Hatch는 이점에 관하여 L2학습자가 포함된 얼굴을 맞댄(face to face) 상호작용을 정성분석(qualitative analyses)을 통하여 답을 찾아내고자 했다. 발달경로는 이들 상호작용의 자질과 속성으로 설명이 된다. Hatch의 주장이 갖는 장점은 담화를 구성하는 과정이 중간어 구성과정에 기여하는 길이 있다고 보는 자기 주장을 상세하게 보여주고 있다는데 있다.

그러나 Hatch가 투입정보에 대한 타협이 SLA에 필수적이며 충분한 조건임을 정확히 입증하지 못하고 있음은 여전히 논란의 여지가 있다. Hatch 자신은 다음과 같이 말하고 있다:

우리는 아직 방법을 보여줄 수 없고 혹은 메시지를 보다 간소하게 혹은 더욱 투명하게 언어학습을 보여주거나 촉진시킬 수 있는 방법이 있는지 여부를 입증할 수가 없다(1980).

Hatch 그녀 자신도 '낮은 유추기술(low-inference description)'로부터 '높은 유추설명(high-inference explanation)'으로 너무나 큰 논리의 비약이 있었음을 잘 인식하고 있다. 그러므로 타협된 투입정보와 SLA와의 관계는 개연성은 있지만 그렇다고 이들이 아주 근본적인 것은 아니다. SLA연구는 이런 점에서 아직 더 많은 실험적 연구를 필요로 한다. 더구나 담화이론은 Larsen-Freeman(1983a)이 관찰했던 바와 같이 성공적인 SLA는 타협된 투입정보가 없는 경우(예: 자습 즉 self-study)에도 일어날 수 있다는 사실도 수용할 필요가 있다.

앞에서 설명한 두 종류의 이론과 마찬가지로 담화이론도 SLA에 상응하는 학습자 전략의 성격에 관해서 아무런 언급도 없다. Hatch가 절차(processes) - 그녀는 외적 절차를 말했다 - 를 논할 때 그것은 면전 상호작용이었지, 학습자가 언어수행하는 방법을 관찰하여 단지 유추로 알아낼 수 있는 내적 과정 혹은 절차는 아니었다. Hatch는 학습자(그리고 원어민)가 담화를 구성하는 방법 또는 담화를 통한 내면화에 데이터를 가용적으로 만드는 방법 등을 통제하는 인지적 과정과 절차를 간과하고 있다. 따라서 그녀의 주장엔 외적 처리과정과 내적 처리과정간의 어떤 구체적 상관관계가 보이지 않는다. 엄밀히 말해서 Hatch는 SLA의 인지적 측면을 고의적으로 누락시킬 의도는 전혀 없었다는 점을 알아야 한다. Hatch는 다음과 같이 쓰고 있다:

사회적 상호작용이 학습자에게 최선의 자료를 제공하는 것일지도 모르지만, 두뇌는 투입정보의 적절한 하나의 모델을 만들어내는 것으로 볼 수 있다(1983a).

그러나 담화이론은 이 모델이 구성하고 있는 것들과는 관련성이 별로 없다.

4. 모니터 이론(The Monitor Model)

Krashen의 모니터 모델은 SLA연구에서 매우 훌륭한 것으로 여겨져 왔다. 이 이론 모델은 지금까지 출현한 이론 모델중 가장 종합적인 것으로 보고 있는데 이는 틀린 말이 아니다. 그러나 필자가 나중에 이 책에서 언급하겠지만 이 이론은 많은 부분 특히 언어 학습자 변이성을 보면 상당한 결함이 있다.

모니터 모델은 5가지 가설로 구성되어 있다. 그리고 SLA에 영향을 주는 수 많은 기타 요인들을 참고하고 있으며, 또한 이들 요인들이 바로 핵심적인 가설을 구성하고 있는 것들이다. 각각의 가설을 아래와 같이 요약한다. SLA의 인과관계에 있는 변수들을 보는 Krashen의 입장들도 여기서 고찰해 볼 것이다. 모니터 모델에 대한 전반적인 해설과 설명은 Krashen(1981a; 1982), Krashen과 Terrel(1983) 등을 참고하기 바란다.

5개의 가설

1. 습득-학습 가설

'습득-학습'의 구분은 제9장에서 이미 고찰한 바 있다. 습득과 학습의 구분이 Krashen이론의 핵심이다. 이 이론은 새로운 L2지식의 내면화 과정, 지식의 저장, 실제 발화에의 사용 등 등의 면에 적용이 가능하다. '습득'은 의미에 초점을 맞추는 자연스런 의사소통에 참가한 결과로서 무의식적으로 발생하는 것이다. '학습'은 언어의 공식적인 자질을 의식적으로 공부한 결과로서 나타나는 것이다. 언어 저장면에서 보면 '습득'된 지식은 좌뇌의 언어 영역에 위치하고, 자동처리가 가능하게 된다. '학습된' 지식은 특성상 메타언어적이다. 이것도 좌뇌에 저장되지만 좌뇌중 반드시 언어영역에 위치하지는 않고, 통제된 절차로서만 가용하게 된다. 그러므로 '습득된' 지식과 '학습된' 지식은 좌뇌중 각기 다른 영역에 저장되어 있게 된다. 언어수행면에서 '습득된' 지식은 발화의 이해와 생산 두 경우에 모두 시발을 위한 주요 원천으로 작용한다. '학습된' 지식은 단지 모니터에 의하여 사용될 경우만 가용하다(Hypothesis (3) 이하 참조).

2. 자연스런 순서 가설

자연스런 순서 가설은 학습자가 형태상의 문법적 자질을 습득하는 순서가 비교적 고정되어 있다는 점을 시사하는 SLA 연구 문헌들에서 나온다(제3장 참조). 가설은 문법적 구조들이 예측 가능한 순서로 '습득' 된다는 점을 인정한다. 그러므로 학습자가 자연스런 의사소통 과업에 임할 경우는 표준적 순서를 확실히 한다. 그러나 메타언어적 지식의 사용에 임하거나 허용할 경우는 순서가 달라진다.

3. 모니터 가설

모니터는 학습자가 자신의 언어수행을 편집하는데 사용되는 하나의 장치이다. 이것은 행동하고, '습득된' 지식으로부터 생성된 발화를 수정하는데 '학습된' 지식을 활용한다. 이것은 발화가 나오기 전이나 후에 발생할 수 있다(<도표 10.2> 참조). 어느 경우이든 이것의 사용은 선택적인 것이다. Krashen은 모니터링이 언어수행에 있어서 극히 제한된 기능을 갖는데, 심지어는 성인이 관련된 경우일지라도 매우 제한된 기능을 갖는다고 주장한다. 이것의 사용에는 다음과 같은 세 가지 조건이 필요하다고 그는 주장하고 있다: (1) 충분한 시간이 있어야 한다. (2) 초점은 의미가 아니라 형태에 맞추어져야 한다. (3) 사용자는 규칙을 알아야 한다(제9장 참조). Krashen은 편집이 '습득된' 능력 사용을 야기시킴을 인정하고 있다. 그는 이것을 '감' 으로 편집하는 것이라고 말한다. 그러나 L2언어수행의 이와 같은 현상은 발전되고 있지 않다. 예를 들면 <도표 10.2>는 '감' 에 의하여 편집이 이루어지는 방법을 보여주지 못한다.

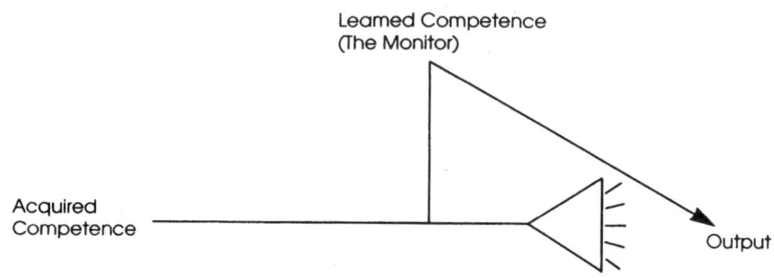

<도표 10.2> 성인 SL언어수행에 관한 모델
(출처: Krashen과 Terrell 1983)

4. 투입 가설

이것은 제6장에서 어느 정도는 이미 논의를 했다. 이것은 '습득'이 현재의 자신의 능력단계를 약간 넘어선(즉 i + 1 단계) 단계의 투입을 학습자가 이해한 결과로서 이루어짐을 말한다. 학습자에게 이해가 가는 투입은 자동적으로 올바른 단계에 있게 될 것이다.

5. 효과적 여과 가설

이 가설은 영향을 미치는 요인들이 어떻게 SLA에 관련이 있는지를 다루고 있으며, 문화동화 모델의 근거를 제공한다. Krashen은 Duley와 Burt(1977)가 제안한 바 있는 효과적 여과 개념을 구체화했다. 필터는 학습자가 접촉하는 투입의 량을 얼마로 할 것인가를, 그리고 얼마 만큼의 투입량이 흡수로 변환되는가를 통제해 준다. 힘을 결정하는 요인들이 학습자의 동기, 자신감, 또는 분노의 상태 등과 관련이 있기 때문에 '영향/효과'가 있다. 높은 동기와 자신감 그리고 낮은 수준의 분노를 가진 학습자들은 필터의 여과가 적고 따라서 많은 양의 투입을 받아 들이게 된다. 낮은 동기, 낮은 자신감, 높은 수준의 분노를 가진 학습자들은 필터에 의한 여과의 정도가 높고 따라서 투입의 양도 적고 그나마 이를 받아 들이는 정도도 매우 낮게 된다. 효과적 여과는 언어발달의 속도에는 영향을 미치지만 습득경로에는 영향을 미치지 않는다.

모니터 모델에서 고려되는 인과관계의 변수들

Krashen도 많은 요인들에 대하여 논의를 했는데, 각각의 요인들은 SLA 연구에 다음과 같이 연관성을 갖는 유관 요인으로 등장한다.

1. 적성

적성은 단지 '학습'과 관련이 있을 뿐이라고 Krashen은 주장한다. 즉 학습자의 적성은 모니터 작동을 위한 올바른 조건을 제공하는 문법유형의 시험에서 학습자가 얼마나 좋은 성적을 얻는가를 예측할 수 있다. 그런가 하면 태도는 '습득'과 관련이 있다(위에서 언급한 5번의 "효과적 여과가설"을 참조할 것).

2. L1의 역할

Krashen은 L1이 SLA에 간섭 또는 방해가 된다는 견해를 일축하고 있다. 그는 오히려 L1을 언어수행전략의 하나로 보고 있다. 학습자가 L2의 언어규칙을 갖추고 있지 못할 경우 L1으로 회귀한다는 것이다. 학습자는 L1을 이용하는 발화를 시작으로(습득된 L2 지식 대신에) 모니터란 수단을 이용하여 차츰 L2 어휘로 대체하는 작업을 하게 된다.

3. 패턴의 문제(제7장 '구구단 공식같은 스피치' 부분을 참조할 것)

Krashen은 구구단 공식같은 스피치(패턴과 일상적인 상투어로 구성된 것들)가 '습득'에 기여한다는 견해를 일축하고 있다. 그의 견해로는 구구단 공식같은 말들이 학습자가 '자신의 언어능력 이상으로 언어수행'을 할 수 있도록 도와주는 경우만 하나의 수행 역할을 한다는 것이다. 이런 구구단식 패턴들은 깨어질 수가 없고, 따라서 이들의 분리된 부분들은 학습자의 창조적 규칙체계에 통합되지 못한다. 오히려 '습득'이 상투어와 문장 패턴을 따라잡게 된다. 즉 공식속에 들어 있는 구조적 지식은 각각 분리되어 발달한다.

4. 개인차

Krashen은 '습득'이 자연스런 경로(상기 가설 2번)를 따른다고 주장한다. 그러므로 습득과정 자체에는 개인차가 없다. 그러나 이해 가능한 투입을 받아 들인 정도에 따라 습득 속도와 범위 그리고 효과적 여과의 위력 등등에는 차이와 변이가 있다. 그리고 학습자의 '학습된' 지식 의존도로 인하여 야기되는 언어수행면에서 차이가 날 수는 있다. Krashen은 모니터 사용자의 형태를(1) 과도한 사용자, (2) 과소 사용자, (3) 적정 사용자 등으로 구분하고 있다.

5. 나이

나이는 SLA에 다방면으로 영향을 미친다. 나이가 어린 학습자가 나이 많은 학습자 보다 더 많이 얻게 되는 그런 이해할 만한 투입의 양에 영향을 미친다. 또한 나이는 나이가 더 많은 학습자가 어린 학습자 보다 언어유형의 습득에 더 낫고 모니터링에 '학습'된 지식을 더 잘 사용한다는 식으로 '학습'에도 영향을 미친다. 결국 나이는 학습자의 정서적 상태에 영향을 준다. 즉 사춘기가 지나면 효과적 여과가 더 크게 작용하는 경향이 있다.

이에 대한 평가

아마도 SLA에서의 그 탁월함 때문에 모니터 모델은 그 만큼 많은 비판을 받아야 했는지도 모른다. 필자는 그 많은 비판중에서 세 가지만 선별하여 상세히 논의하고자 한다. 그 세가지란 '습득-학습'의 구분, 모니터링, 변이성 등이다. 네 번째 문제는 투입의 역할에 관한 것으로 Krashen이 개념화한 것인데 이는 여기서는 논의하지 않기로 한다.

'습득-학습'의 구분

'습득-학습'의 구분은 '신학적'이라고 불리어 왔는데 이는 특별한 목표

즉 말 그대로 성공적인 SLA는 '습득'의 결과라는 특별한 목표를 확인하기 위하여 형성된 것이었다(James 1980). McLaughlin(1978b)은 모니터 모델은 '습득-학습'의 구분이 눈으로 보고 점검할 수 없는 '무의식' 과정과 '의식' 과정이란 용어로 설명을 하고 있기 때문에 신뢰하기 어렵다고 주장한다. 그렇다면 첫 번째 비판은 방법론적인 비판이다. '습득-학습' 가설은 실험적 방법으로 검증이 곤란하므로 수용할 수가 없다.

'습득'과 '학습'이 완전히 별개로 분리되어 있다는 Krashen의 주장, 그리고 '습득'된 지식이 '학습'된 지식으로 변환될 수 없다는 Krashen의 주장은 그 이상의 반대논리에 봉착한다. Krashen은 이것을 제9장에서 좀 상세히 다룬 바 있는 비면전 입장(non-interface position)과 연관시킨다. McLaughlin(1978b), Rivers(1980), Sharwood-Smith(1981), Gregg(1984) 등은 '학습'된 지식이 연습과 훈련을 통하여 자동화될 때, 그것은 '습득'이 된다 즉 자발적이고 동시발생적인 대화에 사용가능한 것이 된다는 점을 근거로 이 이론에 도전하면서 비판하고 있다.

'습득-학습'의 구분이 타당하든 말든 상관없이 Krashen이 '습득'이나 '학습'에 상응하는 인지과정을 구체적으로 설명하지 못했다는 점을 들어서 비판받을 수 있다. Larsen-Freeman(1983b)이 관찰한 바와 같이 Krashen도 학습자가 투입을 가지고 무엇을 하는지에 대하여 아무런 설명을 하지 않는다. 만약 '습득-학습'의 구분이 어떤 힘을 가지고 있다면 각각의 지식의 타입에 해당하는 절차들이 서로 다른 점이 무엇인지 구체적으로 언급할 필요성이 있다. 그러나 Krashen은 이 작업을 하지 않는다. 그러므로 포괄성이 있음에도 불구하고 모니터 모델은 여전히 하나의 '블랙 박스' 이론인 것이다.

모니터링

Krashen의 모니터링에 관한 설명에는 몇 가지 난제들이 있다. 그중의 하나가 또 다시 방법론상의 문제인 것이다. 모니터링에 대한 유일한 증거는 명시적 규칙을 적용하려고 하는 언어 사용자 자신의 계산속에 놓여 있다 (예: Cohen과 Robbins 1976). 그러나 McLaughlin(1978b)과 Rivers(1980)는 자기 관찰로서 '규칙' 적용(모니터링으로서)과 '육감'(발화를 판단하거나 수정하는데 '습득'된 지식의 암시적 사용)을 구분한다는 것이 어려운 문제라고 지적하고 있다. '육감'에 의한 편집(또는 소문자 m으로 시작되는 monitoring의 의미)은 모니터링(대문자 M으로 시작하는 Monitoring)을 포함한다. 소문자 monitoring과 대문자 Monitoring 둘 다 Morrison과 Low(1983)은 '중요 능력'이라고 본 것과 같은 현상으로 보여질 수 있다. 이것은 우리가 창조해낸 것을 깨닫고, 그것을 우리가 통제할 수 있음을 심각하게 깨달을 수 있게 해 준다. 우리는 의식적인 규칙 없이도 그리고 초도 산출면에서도 어떻게 수정, 보완이 효과적으로 되는지를 명확하게 하지 않고서도 우리 발화의 형태에 주목할 수 있다. 이런 일은 우리가 글자라는 매개체에 순응하려고 할 때는 언제든지 글을 쓰려면 나타나는 것이고, 말을 할 때도 나타난다.

　　Morrison과 Low는 모니터링에 대한 수 없이 많은 비판을 제기하고 있다. 그들은 모니터링(Monitoring)은 발화의 반응을 설명하지 못한다고 한다(즉 Krashen에 의하여 설명된 바와 같이 그것은 단지 생산만 의미한다). 그들은 또한 모니터링(Monitoring)은 통사론에만 국한될 뿐이지, 사실상 학습자와 사용자들은 자신의 발음, 어휘, 그리고 그중 가장 중요한 것은 아마도 발화일텐데 이런 것들을 편집할 능력을 갖고 있다고 본다. Krashen은 모니터링(Monitoring)을 학습자와 대화자 둘 다를 포함하는 정교한 활동으로 생각지 않는다. 저자는 Krashen이 모니터링(Monitoring)과 '학습'을 용접시키려고 한다는 사실에 주목하고 있다. 여기서 전자 즉 모니터링(Monitoring)은 언어수행에 관한 것이고, 후자 즉 '학습'은 규칙 내면화에 관한 것이다. 위에서 언급한 바와 같이 '학습'이 어떻게 일어나는지에 대한 상세한 논의는 전혀 없다.

　　변이성

　　모니터 모델은 SLA의 '이중 능력' 이론인 것이다. 즉 이것은 다양한 언어수행을 반영하고 있는 학습자의 L2지식이 Krashen이 '습득'과 '학습'이라고 명명한 두 개의 분리된 능력이란 개념으로 가장 잘 특징지워진다고 보

고 있다. 이에 대한 대안적 입장은 하나의 변이적 능력모델(다음 장을 참고
바람)을 구축하는 것이며, 그 모델 속에서 학습자의 변이적 언어수행은 하
나의 스타일 연속선의 반영으로 보일 것이다. 모니터 모델이나 하나의 변
이능력 모델이나 어느 모델이 SLA의 알려진 사실에 가장 잘 맞는 것일까?

지금까지 나온 증거로 볼 때 학습자들은 외형상 전혀 다른 발화를 생산
한다고 볼 수 있다. 심지어는 학습자들이 의미에 초점을 맞추고 있는 것이
분명한 경우에도 마찬가지이다. 본 서의 제4장은 다음 예문에서 보는 바와
같이 교실 학습자 한 명이 불과 몇 초 이내에도 동일한 의사소통적 기능을
갖는 언어수행을 하고 있음을 Ellis(1984B)의 연구에서 인용한 바 있다:

NO look my card.

Don't look at my card.

(빙고게임중에 다른 학생에게 하는 한 학생의 말)

SLA연구문헌(예를 들면 Hatch 1978a에 있는 사례연구)에 일상적으로
나타나는 이와 같은 자료들은 Krashen이 '습득'된 지식은 동질적인 것이 아
니다 라는 점을 잘 보여주고 있다. 그러나 일단 동질성이나 '습득'된 지식
에 대한 주장이 잘못된 것으로 보이면, 이중능력설명을 유지하는 것은 별로
의미가 없게 된다. 의미와 형태에 초점을 맞춘 결과인 이런 류의 언어수행
은 동일한 의미를 실현시키기 위한 대안규칙을 포함하는 것이지만 변이적
능력이란 현상으로 가장 잘 다루어질 수 있다. 이는 원어민 화자의 능력과
동일한 방법으로 볼 수 있다.

요약하자면 모니터 모델은 종합성이 있음에도 불구하고 '습득-학습'의
구분, 모니터링의 작동, 언어학습자 언어 설명에 대한 타당성 등 등에 관해
서는 아직 이론적 타당성이 상당히 많은 문제점을 안고 있다고 볼 수 있다.
그리고 또한 투입가설은 습득이 의미의 쌍방 타협없이 일어날 수 없으며,
산출이 중요한 역할을 한다고 인정할 수 없다는 사실을 설명하지 못하고 있
다.

5. 변이능력 모델

변이능력이란 점에서 볼 때 학습자의 L2 지식을 다루는 사례는 이미 제4장에서 본 바와 같다. 여기서 필자는 Ellis(1984a)가 제안한 변이능력 모델을 간략하게 요약하고자 한다. 이것은 Tarone(1982; 1983), Widdowson(1979; 1984), Bialystok(1982) 등의 연구에서 발췌하거나 이들의 연구업적을 더욱 발전시킨 것이 된다.

이 모델은 두 가지 구분에서부터 출발한다. 즉 그 하나는 언어사용 과정에 관한 것이고, 또 하나는 언어생산에 관한 것이다. 이 이론은 또한 언어사용이란 구조틀내에서 SLA를 어떻게 설명할 것인가를 제안하고 있다. 바꾸어 말하면, 이 이론은 언어를 배우는 방법은 언어사용을 반영하는 것이라고 주장한다.

언어사용의 생산은 완전히 계획되지 않은 것으로부터 완벽하게 계획된 것에 이르기까지 담화타입의 연속선을 구성한다. 계획연속선과 무계획연속선은 제4장에서 이미 논한바 있다. 간단히 요약하면 무계획 담화는 사전 사고와 준비가 결여된 담화이다. 이것은 자연발생적 의사소통과 연관되어 있다. 즉 매일매일의 일상적인 담화나 작문시의 브레인 스토밍 등이 좋은 예가 된다. 계획적 담화는 외부로 표현하기 이전에 생각을 해낸 담화를 말한다. 이 경우는 의식적인 사고 및 내용과 표현을 산출해 낼 기회 등을 요한다. 여기엔 준비된 강의나 세심한 주의를 기울여 작성하는 글 쓰기 등이 있다.

언어사용의 절차와 과정은 언어적 지식(또는 규칙)과 언어적 지식을 사용할 수 있는 능력(절차)의 구분이라고 볼 수 있다. Widdowson(1984)은 규칙에 관한 지식을 능력으로, 담화를 구성하기 위하여 사용되는 규칙을 포함한 절차적 지식을 용량(capacity)으로 보고 있다. Widdowson은 협의의 언어능력은 적절한 사용 뿐만 아니라 정확한 사용까지도 포함하는 범위까지로 개념이 확대되어 왔다고 지적하고 있다(즉 의사소통능력). 그러나 그는 비록 이와 같은 넓은 의미에서의 언어 능력일지라도 '계속적인 수정, 발전을 위하여 천부적인 언어 소질을 탐색함으로써 의미를 창조하려는' 언어사용자의 능력을 설명하지는 못한다고 주장한다(Widdowson 1984). 이런 이유

로 인하여 그는 용량(capacity)이란 개념을 추가했다. 언어 사용자는 컨텍스
상의 잠재되어 있는 규칙의 의미를 깨달을 수 있는 절차를 보유하고 있다.
바꾸어 말하면 언어 사용자는 자기의 언어규칙에 관한 지식을 상황적, 언어
적 문맥 관계내에서 탐색하여 작동되도록 할 수 있다는 말이다. 그는 담화
속에서 발화를 창조하기 위하여 자신의 추상적인 문장 지식을 현실화시킨
다.

이는 생산 즉 각기 다른 타입의 담화는 다음 (1) 또는 (2) 혹은 (1), (2) 둘
다의 결과라고 본다:

1. 변이적 능력 즉 사용자는 이질적인 규칙체계를 보유하고 있다.
2. 담화상에서 지식의 현실화를 위한 다양한 절차 적용을 시도한다.

SLA의 변이능력 모델은 상기 (1)과 (2) 모두가 발생한다고 주장한다. 뿐
만 아니라 (1)과 (2)는 상호 유기적인 관련이 있다고도 주장한다.

학습자 규칙체계의 변이성은 자동적/비자동적인 것과 분석적/비분석적
인 것의 이중적 구분이란 Bialystok(1982)의 이론을 참고하여 기술하고 있다
(제9장 참조). 첫 번째 구분은 학습자가 L2지식에 접근하는 상대적 접근성
과 관련된다. 쉽게 그리고 빨리 회복될 수 있는 지식은 자동적이다. 회복/
복원되는데 시간과 노력이 필요한 지식은 비자동적이다. 두 번째 구분은
학습자가 '지식구조를 명백하게 할 수 있는 명제적, 지적 표지 및 이것과 지
식의 다른 측면들과의 관계 등에 관하여 학습자가 보유하고 있는 범위가 어
디까지이냐와 관련이 있다.

Bialystok은 비분석적 지식은 우리가 알고 있는 대부분의 사물에 대한 일
반적 형태인데, 이런 형태속에 우리의 지식이 구축되어 있다는 사실을 평소
에 우리가 깨닫지 못하고 있다고 지적한다. 자동적/비자동적 그리고 분석
적/비분석적 구분 등 이들 둘 모두가 이분법이라기 보다는 하나의 연속선이
라고 볼 수 있다. 자동적 지식과 분석적 지식은 숫자화 혹은 점수화가 가능
하다.

지식을 현실화 시키기 위한 절차는 Ellis(1984a)에 의한 일차적 절차와

이차적 절차 등 두 가지 절차가 있다. 이들 각각의 절차는 담화절차와 인지
절차에 관한 외적 표지와 내적 표지를 갖고 있다. 일차적 절차는 비계획적
담화에의 참여와 관련이 있다. 이들은 상대적으로 비계획적, 자동적인 지
식을 유도한다. 이차적 절차는 계획적 담화내에서 그 역할을 다하며, 연속
선상의 분석적 지식이 위치한 끝단으로 향한 지식을 유도한다. 일차적 절
차의 한 예는 의미적 간소화(semantic simplification)가 있다(즉 발화과정에
서 하나의 명제구성 요소의 일부를 생략하는 것). 담화와 인지절차를 의미
하는 것의 한 예로서 의미적 간소화는 다음과 같이 설명될 수 있다:

담화절차:
의사소통상 군더더기이거나 음성언어 이외의 수단(예: 손짓, 발짓 등
바디랭귀지)으로 감지될 수 있는 의미 요소를 생략함으로써 메시지의
의미구조를 간단하게 만든다.

인지절차:
(a) 메시지의 내면화된 개념적 구조를 구축한다.
(b) (a)의 구조를 대화자와 공유한 준거틀과 비교한다.
(c) 군더더기 부분과 어휘적으로 가용치 않은 부분을 삭제한다.

일차적, 이차적 절차들은 L2학습자들이 담화속에서 자기들의 언어적 지
식을 실현시키는 방법을 설명하고 있다. 이들은 각기 다른 타입의 지식과
각기 다른 절차 등 이들 두 가지가 모두 다른 담화타입의 구축속에 포함되
는 것으로 단정하는 것으로 언어학습자 언어의 변이성을 설명하고 있다.
이들은 또한 습득도 설명한다. 습득 방법을 설명하기 위해서는 규칙과 절
차를 논한 Widdowson의 주장으로 되돌아 갈 필요가 있다.

Widdowson은 절차를 통하여, 언어사용자가 자신에게 현존하는 언어지
식을 사용할 뿐만 아니라 적어도 잠정적으로는 새로운 언어규칙도 창조할
수 있다고 주장하고 있다. Widdowson(1979)은 이에 대하여 다음과 같이 말
하고 있다:

우리는 의미를 찾기 위하여 우리의 규칙에 관한 지식에 의존한다. 우리는 이전부터 존재해 왔던 우리 자신의 지식에 반하는 담화를 측정하지 않고, 우리가 담화를 창조하여 새로운 규칙을 기존의 지식범주로 끌어들이는 것이다. 이러한 의미에서 보면 모든 능력이란 것은 고정된 것이 아니고 잠정적이며 이동성을 갖는 것이다.

바꾸어 말하면 언어습득은 의미를 만들어 낼 수 있는 우리 능력(capacity)의 결과이다. 새로운 규칙들은 공통의 준거틀을 창조하기 위하여 존재하는 지식을 언어적 상황적 문맥과 연결시켜서 사용하려고 노력할 때 창조되는 것이다. 언어사용에 관한 이론은 언어습득이론의 모태이다.

Ellis(1984a)는 한 발자국 더 나아가서 학습자가 담화에 참여하려고 하는 절차는 그 자체가 발달적이기 때문에 SLA는 자체의 순서를 따르게 된다고 주장한다. 즉 SLA에서 이들의 우수성은 발달의 또 다른 단계와 일치한다.

그러므로 예를 들자면 초기의 SLA는 의미적 간소화의 무게있는 사용으로 특징지워진다. 왜냐하면 이것은 L2지식을 별로 요구하지 않는 하나의 절차이기 때문이다. 공통의 지식과 비언어적 의사소통 장치에의 의존도가 낮은 것 등 등의 후기 절차들은 하나의 명제와 또 다른 명제간의 관계를 명료하게 해주며, 각각의 명제와 그 상황적 문맥간의 관계도 명료하게 해주는데 이런 것들은 후기 SLA의 특징인 것이다. 그리고 처음 시발되는 지식은 이차적 절차를 경유하여 사용할 수 있게 되는 것인데 이는 사실상 일차적 절차란 수단으로 접근할 수 있으며 비계획적 담화뿐만 아니라 계획적 담화에도 사용된다.

요약하자면 변이능력 모델은 다음과 같은 제안을 하고 있다:

1. 규칙이 얼마나 자동적이며, 분석적이냐에 따라 변이적 중간어 규칙이 포함된 하나의 지식저장소가 있다.
2. 학습자는 일차적, 이차적 담화 및 인지절차 등으로 구성된 언어사용을 위한 능력 (capacity)을 보유하고 있다.
3. L2 언어수행은 비분석적 L2규칙을 채택한 일차적 절차가 비계획

적 담화에 활용되느냐 아니면 분석적 L2규칙을 채택한 이차적 절
차가 계획적 담화에 활용되느냐에 따라서 다양하 다.
4. 발달은 다음 중 어느 하나의 결과로 나타난다.
   (a) 여러 가지 타입의 담화(예: 새로운 규칙들은 절차적 지식의 적
      용으로부터 나온다)에 참가하여 새로운 L2규칙을 습득한다.
   (b) 처음부터 비자동적, 비분석적 형태로 혹은 분석적 형태로 존재
      하는 L2규칙의 활성화가 있고, 따라서 이들은 비계획적 담화에
      사용될 수 있다.

이와 같은 주장을 도식화하면 아래 〈도표 10.3〉과 같다.

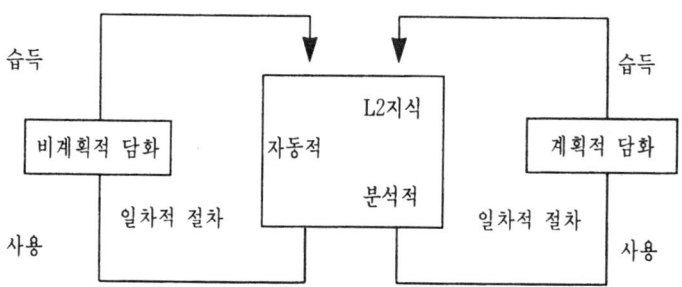

〈도표 10.3〉 SLA의 변이능력 모델

이에 대한 평가
   SLA의 변이능력 모델은 (1) 언어학습자 언어의 변이성, (2) SLA의 외적,
내적 절차 등을 규명하려고 했다. 이 이론은 언어사용에 관한 이론 및 SLA
이론 등이 동일한 구조틀내에서 조화를 이룬다. 우선 이런 관점에서 보면
이 이론은 두 가지 방향으로 발전될 필요가 있다. 첫째, 언어사용과 습득에
관한 일차적 절차와 이차적 절차에 대한 보다 상세한 분석을 제시할 필요가
있다. 둘째, 전체적인 구조틀내에서 투입의 역할이 조화를 이룰 필요가 있
다. 학습자들은 고립된 상태에서 담화를 구축하는 것이 아니기 때문에 투

입이 타협되는 방법이 고려되어야 할 것이다. SLA는 학습자와 대화 상대자 등 양자가 개입된 담화구축의 절차 속에서 발생하는 언어정보 교환의 결과인 것이다.

6. 보편가설

보편가설에 대한 요약은 제8장에서 볼 수 있기 때문에 여기서 다시 재론하지는 않겠다. 다만 몇 가지 중요한 언급만 추가하기로 한다.

이에 대한 평가

보편가설은 학습자의 모국어 및 목표어의 언어적 자질들이 언어발달 과정에 어떻게 영향을 미치는가에 대하여 한 가지 흥미로운 이론을 제시하고 있다. 이 이론은 보다 일반적인 인지적 용어보다는 오히려 독립적인 언어능력이란 개념으로 SLA를 규명하려고 했다. 이 경우의 한 가지 잇점은 Chomsky적 전통을 따르는 작금의 언어학 연구의 추세와 SLA연구의 방향을 일치시키고 있다는 점이다. 그런데 이 이론은 학습자 전략에 근거한 설명이란 수렁에 빠지는 일을 피해가기도 한다.

보편적 가설을 이용한 SLA이론의 가치는 다음과 같이 두 가지로 볼 수 있다. 즉 (1) 목표어 자체의 특성에 초점을 맞추고 있다는 점이다. 물론 이 경우 '주어진 언어에서 사용된 언어적 기재들이(devices) 언어적 절차를 결정하는 주요 변수가 된다'는 Wode(1980b)의 주장을 지지하고 이 이론과 Wode의 주장이 서로 힘이 되는 상승작용을 했다. (2) 이 이론은 SLA의 중요 요인으로서 전이에 대한 정교하고도 설득력있는 재검토를 요하게 되었다.

그런데 보편가설의 주요 문제점은 유표구조를 정의내리기가 어렵다는 점이다. 유표란 개념을 규명하기 위하여 그 동안 핵심문법대 주변문법, 복잡성과 명시성 등등 다양한 기준을 설정하여 적용해 보기도 했다. 더욱이 유표성을 순전히 언어적 구조로 볼 것이냐 또는 심리언어적 타당성으로 볼 것이냐가 분명하지 않다.

비록 언어적 유표성이 SLA에 주요 결정인자라고 할지라도(그리고 이것은 아직 입증된 바가 없고, 유표성 이론으로 설명된 많은 사실들이 투입의 다른 구조의 발생빈도와 같은 기타 다른 요인들로도 설명될 수 있을지도 모른다), 이것이 SLA 자체의 복잡성을 설명할 수 있을 것 같지는 않다. 뿐만 아니라 보편가설은 언어적 지식은 동질적이며, 따라서 변이성은 고려도 할 필요가 없다는 단정으로부터 출발하고 있는 것이다.

7. 신경기능 이론

위에서 소개한 이론들은 모두 SLA를 언어학적 용어나 심리언어학적 용어로 설명해 보려고 했는데 이번엔 신경기능론적 입장에서 SLA를 연구하는 좀 색다른 이론을 보기로 한다. Lamendella(1979)는 다음과 같이 신경기능적 접근방법의 범위를 설정하고 있다:

언어에 대한 신경기능적 접근방법은 언어발달과 언어사용에 대하여 신경언어학적 정보의 진행체계를 설명하려고 한다.

이 이론은 주로 Lamendella(1977; 1979), Selinker와 Lamendella(1978b) 등의 연구에서 비롯된다.

SLA에 대한 신경기능 이론적 입장의 기본 전제는 언어기능과 해부학간에 어떤 연관성이 있다는 것이다. 그러나 '뇌속에는 언어를 위한 단 한 개의 "블랙박스"가 존재하는 것이 아니다'라고 Hatch(1983a)가 언급한 바 있는데 이 점을 잘 인식해야 함이 중요하다. 현재로선 두뇌 속의 어느 부분이 언어기능을 담당하고 있는 것인지 정확하게 식별해 내기란 불가능하다. 그러므로 '어떤 여건하에서 뇌의 몇몇 부분이 다른 부분보다 비교적 더 많이 언어와 관련이 있다는 상대적 기여도'(Seliger 1982)라고 말하는 것이 더 나을 것이다. 성인의 두뇌는 특정 부위의 손상이 있는 경우(실어증), 그 부위의 기능이 완전히 손상되지 않고 다른 부위로 옮겨간다는 사실은 신생아의 두뇌와는 달리 그 유연성을 완전히 잃지 않고 있다.

SLA의 신경기능적 설명은 두뇌의 두 부분의 기여도를 고려해 왔다. 즉 (1) 우뇌와 (2) 좌뇌(특히 Wernick부위와 Broca부위라고 알려진 부분) 등이 있는데 좌뇌는 해부학상 언어의 이해와 생산에 밀접한 관계가 있는 것으로 알려지고 있다. 신경기능적 설명은 SLA의 (1) 연령적 차이, (2) 구구단식 스피치, (3) 화석화, (4) SLA학급에서의 문장 패턴 연습 등 구체적인 현상에 초점을 맞추고 있다. 신경적 매카니즘의 성숙과 SLA와의 관계는 이미 제5장에서 고찰한 바 있으므로 여기서 다시 재론하지는 않겠다. 그외의 다른 현안 문제라고 볼 수 있는 두뇌의 두 영역에 관하여 논의하고자 한다.

우뇌의 기능

우뇌의 기능은 좌뇌에서 나타나는 연속적인 혹은 분석적인 절차와 반대되는 것으로서 전체적인(holistic) 절차/과정과 관련이 있는 것이 일반적인 경우이다. 그러므로 놀랄것도 없이 우뇌는 구구단식 공식적인 스피치의 저장과 표출절차 등과 관련이 있다고 주장되어 왔다(예: Obler 1981; Krashen 1981a). 구구단식 스피치를 조정하는 기계적(routine) 절차와 패턴들은 전체적으로 분석되지 않고 있으며 바로 그와 같은 것은 우뇌의 '장(場, gestalt)' 인식에 속한다. L2절차에 포함된 우뇌의 기능은 SLA가 상당히 발달된 후기 보다도 초기단계(별로 유창성이 없는 단계)에서 그 증거가 더욱 명백하게 나타난다는 주장도 계속 제기되어 왔다. 이 가설은 SLA의 초기단계가 구구단식 스피치를 더욱 많이 사용하는 경향이 있기 때문에 우뇌와 구구단식 스피치를 연계시키는 경향이 있다. 그러나 가설을 재검토한 Genesee(1982)는 상호 상충되는 증거를 찾아내게 된다. 13개의 연구물들을 조사한 결과 그는 3개는 긍정적이었고, 6개는 좌뇌가 개입되어 있고, 4개는 가설단계에 반대되는 것이었음을 발견했다. Genesee는 단계가설이 별로 충분한 지지를 받을 수 없는 것이라고 결론을 내렸다. 그는 또한 우뇌가 관련되었다는 사실을 지지할 만한 상당히 큰 또 다른 가설을 얻었으니 이름하여 그것은 공식적인 언어습득보다 비공식적인 언어습득과 더 관련이 깊은 것이다. 이 가설도 우뇌와 구구단식 스피치를 연결시킬 수 있는 것인데 이런 경우는 자연스런 언어사용의 가능한 쎄팅에서 더욱 두두러진다. 그러므로 언어습득과 구구단식 스피치를 우뇌와 연계시킬 수 있는 상당한 증거가 있는 것 같다.

우뇌는 학급 SLA의 문장 패턴 연습에도 관련이 있는 것 같다. Seliger(1982)는 우뇌가 나중에 좌뇌기능에서 재검토할 수 있는 재처리를 위한 것으로 우뇌는 최초로 무대에 올리는 매카니즘으로 작동되는 것이라고 주장한다. 패턴연습과 최소 쌍(minimal pair) 연습은 성인 학습자의 경우 우뇌의 능력을 활용하기 때문에 Seliger가 말한 '원초적 가설'에 기여한다. 만약 좌뇌에 의한 이어지는 분석이 발생하지 않는다면 학습자는 자연발생적이고 창조적인 스피치의 구축을 형성한 언어형태를 활용할 수 없게 될 것이다. 이는 공식적인 언어훈련이 왜 즉각적인 자연언어 사용 촉진으로 나타나지 않는지 그 이유에 대하여 흥미있는 신경언어학적 설명을 제시하고 있다(제9장 참조).

좌뇌의 기능

좌뇌에 관해서는 구체적으로 언어기능이 어느 장소에 위치하고 있는지 우뇌의 경우보다는 그 명료성이 좀 떨어진다. 일반적으로 좌뇌는 통사적, 의미적 처리절차 및 말하기와 쓰기 등을 포함한 모니터 작동 등이 내포된 창조적 언어사용과 연관된다. 그러나 이들 각기 다른 기능들이 배치될 수 있는 범위는 어디까지인지 분명치 않다(이 문제에 관한 상세한 검토를 원하면 Hatch 1983a를 참고할 것). Walsh와 Diller(1981)는 기능의 넓은 유형을 (1) 저순위 기능과 (2) 고순위 기능 등 두 가지로 분류했다. Wernicke와 Broca의 영역과 연관된 전자는 모니터 작동과 함께 기본 문법적 처리절차를 내포하고 있다. 대뇌 피질의 또 다른 영역과 관련이 있는 후자는 의미적 처리절차와 음성언어의 인식을 포함한다. Walsh와 Diller는 저순위 처리절차는 조기 숙성의 한 기능이고, 고순위 처리절차는 나중에 발달하는 신경회로의 발달정도에 의존한다고 주장한다. 그러므로 어린 학습자들은 주로 저순위 처리절차에 의존하고, 나이가 많은 학습자들은 고순위 처리절차를 이용한다. 언어처리의 각기 다른 단계는(예: 발음대 통사) 신경 매카니즘도 동일한 것이 아닌 다른 것에 연결되어 있다는 주장이 있었다. 각각의 언어 현상이 화석화되는 시기가 각기 다르다는 사실은(예: 통사부문은 원어민과 다를 바가 없을 정도로 손색이 없지만 발음은 그렇지 못한 학습자가 상당히 많다) 바로 이런 현상이 있다는 한가지 증거가 된다. Seliger(1978)는 화석화가 동시에 일어나는 것이 아니고 각각의 언어현상마다 그 시기가 다르다는 가설을 지원하기 위하여 신경언어학적 증거에 입각한 매우 흥미있는 논리를 개발했다. 그러나 전체적으로 볼 때 아직도 언어기능이 뇌의 특정 부위에 있다는 주장은 신중히 다루어져야 할 문제이다.

이렇게 다양한 관찰들이 있다고해서 이들이 모두 SLA의 한 가지 이론이 되는 것은 아니다. 그러나 Lamendella는 SLA에 관한 신경기능 이론을 정형화하려고 노력했다. 그의 노력을 다음과 같이 소개한다.

Lamendella의 신경기능 이론

Lamendella는 언어습득을 (1) 일차언어습득, (2) 이차언어습득 등 두 가지로 구분했다. (1)은 2세부터 5세까지의 어린이가 한 개 이상의 언어를 습득할 때 나타나는 것이고, (2)는 다시 (a) FL학습(즉 L2에 관한 공식적인 학교 수업), (b) SL습득(즉 5세 이후에 L2의 자연스런 습득) 등으로 세분된다.

이들 (1), (2)형의 습득은 각기 다른 신경기능체계와 연결되어 있고, 각각의 습득유형은 기능면에서 하나의 위계구조를 형성한다. 각각의 체계는 정보 전달 및 처리과정이 서로 다르다. Lamendella는 특히 언어기능면에서 중요한 것으로 다음과 같이 두 가지 체계가 있음을 지적했다:

1. 의사소통적 위계구조: 이는 언어 및 기타 다른 유형의 개인간 의사소통을 담당한다.
2. 인지적 위계구조: 이는 언어 사용의 일부분인 다양한 인지적 정보처리 활동을 통제한다.

일차적 언어습득과 이차적 언어습득(즉 2b)은 의사소통적 위계구조에 의하여 표시가 되며, FL습득은(예: 2a) 인지적 위계구조에 의하여 표시된다.

문장유형연습(Pattern practice drills)은 인지적 위계구조를 내포하는 수가 많기 때문에, 이런 방식으로 배워진 것들은 의사소통적 위계구조에 나타나는 언어행위에는 유효하지 않다. 이에 대하여 Lamendella는 다음과 같이 말한다:

> ... 의사소통 위계구조의 집행적 기능은 인지위계구조에 의하여 지시를 받는 자동화된 일상적 하부구조를 불러낼 수 있는 능력(capacity)을 갖고 있는 것 같지가 않다(1979).

그러므로 이 이론은 언어습득의 종류에 따라 각기 다른 신경언어학적 베이스가 다르다고 가정하고 언어사용은 전형적으로 자연스런 SLA와 개인교수된 SLA에서 찾아냈다. 의사소통적 위계구조와 인지적 위계구조간의 구분은 모니터 모델에서 '습득'과 '학습'을 구분했던 심리언어학적 구분과 매우 유사한 것 같다.

각각의 신경기능체계는 고순위로부터 저순위에 이르기까지 여러 단계로 구성되어 있고, 각 단계는 신경조직의 해당 부위에 각자 연관되어 있다(Lamendella는 이 점에 관하여 구체적으로 언급하지 않고 있다). 각각의 단계는 상호 연결될(물리적으로) 수는 있지만, 분리(작용, 상태 등이)될 수도 있다. 예를 들자면 누군가가 한 말을 반복해서 따라하기 위하여 언어 이해나 공식화에 상응하는 다른 회로를 끌어 들이지 않고서도, Lamendella가 명명한 '복사 회로'를 사용하는 것이 가능하다(예: 타자수는 자기가 찍는 것의 내용에 대한 이해 없이도 글자를 찍을 수 있다). 뿐만 아니라 고급단계체계를 수단으로 습득된 L2형식들은 낮은 단계의 의사소통 위계구조에 자동적 준일상적(subroutine)인 일로 저장될 수 있다. 언어수행면에서 저순위 준일상적인 일들은 동일 위계구조상의 고급단계를 불러내지 않고도 접근될 수 있다.

Lamendella는 언어학습자가 직면한 과업을 다음과 같이 요약하고 있다:

> 새로운 정보구조를 습득할 필요성에 처음 접하게 되면... 학습자는 이

번 학습에 가장 잘 맞는 기능적 위계구조가 무엇인지 우선 식별해내
야 하고, 그 다음에는 학습절차를 시작하기에 적합한 단계를 설정하
고, 그 다음엔 위계구조내에서 설정된 단계를 담당할 하위체계를 구
축해야 한다(1979).

바꾸어 말하면 Lamendella는 SLA가 (1) 의사소통적으로 또는 인지적
으로 신경기능체계가 사용된다, (2) 선별된 신경기능체계내에는 어떤
단계가 있다 등등 이상 두 가지를 참고하여 신경기능적으로 설명될
수 있다고 주장한다.

이에 대한 평가

SLA에 대한 신경기능적 설명은 특수 언어기능의 신경언어학적 상관관
계를 추적할 수 있을 것이라는 전제에서 출발한다. 그러나 아직도 구체적
인 신경기능 및 이들의 신경언어학적 상관관계 등에는 상당한 불확실성이
존재한다. 의학적 연구 결과(Genesee 1982)는 좀 다르다. 그리고 왼쪽 귀와
오른쪽 귀에 각각 다른 언어적 자극을 주는 실험(즉 이분법적 청각 테스트),
실어증 연구 등에 근거한 언어처리절차의 연구범위가 아직 분명치 못하다.
이들 이분법적 청각 테스트와 실어증 연구가 신경기능에 대한 주요 정보원
으로 이용되며, 이들은 언어습득이 신경언어학적 기초를 갖고 있다는 매우
신뢰할 만한 성찰을 제공하고 있는 실정이다.

Lamendella의 신경기능이론은 SLA의 수 많은 현상들에 대한 흥미로운
설명을 제공한다(예: 자연발생적 의사소통에서 패턴 프랙티스를 통하여 배
워진 것의 쓸모없음/무용지물 현상). 그러나 아직도 이 이론으로 설명될 수
없는 부분들이 너무나 많다. 특히 언어발달의 자연스런 순서를 어떻게 설
명할 수 있는지가 이 이론으로는 분명치 않다. 또한 FL과 SL학습의 구분은
너무 간단하다. 제6장과 제9장에서 논의한 바와 같이 그것은 이들 쎄팅에
서 나타나는 상호작용의 유형과 같이 그렇게 중요한 쎄팅의 유형이 아니다.
그러므로 L2에서 자연스런 의사소통은 FL학급에서 가능한 것이다.

신경언어학적, 신경기능적 설명은 SLA를 총체적으로 설명할 수 있다기

보다는 SLA에 대한 추가적 이해에 적합한 이론이라고 보는 것이 좋을 것 같다. 그러나 장기적으로 볼 때 만약 SLA를 설명하는데 이용된 심리언어 학적 구조물들이 신경기능적 매카니즘과 잘 맞아떨어질 수만 있다면 이 이론이 매우 유익하게 될 것이다.

결론: 하나의 합성사진을 향하여

합성사진을 하나 만들기 위하여 SLA이론은 SLA의 어떤 현상들을 카바해야 하는가? 이 질문에 답하기 위하여 필자는 다시 제1장으로 되돌아 가려고 한다. 제1장에서 간략하게 SLA의 연구들을 분류하여 소개를 했고 본장의 앞 부분에서는 6가지의 이론들을 요약한 바 있다(6가지내에는 신경기능적 입장은 포함시키지 않았다. 이는 좀 다른 차원에서의 SLA에 관한 설명이기 때문이다). 저자는 이제 여러 가지 가설의 형태로 SLA의 주요 현안이라고 생각되는 것들을 소개하는데 제1장에 소개한 구조들들을 이용하려고 한다. 저자가 제시하는 현안에 대한 설명중 많은 부분들은 이미 소개한 6가지 이론들에서도 그 내용을 일부 볼 수 있는 것들이고, 때로는 소개한 이론들과 저자의 지론이 다를 수도 있다. 현안문제에 대한 언급이 SLA에 내포된 주요변수들을 요약하고자 하는 첫시도가 될 것이다.

SLA를 재고해 볼 수 있는 이론적 틀

제1장에서 수 많은 SLA 구성성분들이 거론되었다. 이들 구성성분들은 (1) 상황적 요인, (2) 언어적 투입, (3) 학습자 개인차, (4) 학습자 진행절차, (5) 언어적 산출 등이었다. 다음의 <도표 10.4>는 이들 구성 성분간의 상호 관계를 보여준다. 상황적 요인들은 투입에(예: 교실 쎄팅에서의 투입은 자연스런 쎄팅에서의 그것과 다를 수 있다) 영향을 미치고, 학습자 처리절차의 사용에도(예: 의사소통 전략) 영향을 준다. 동기와 개성과 같은 학습자 개인차는 투입의 양과 질을 결정하는데 도움이 되며, 학습자 전략 작동(예: 메타언어전략의 사용)에도 영향을 준다. 투입은 (1) 목표어 체계의 천부적

자질들, (2) 외국인과 교사의 말에서 발견되는 공식적이고도 상호작용적으로 잘 조정된 자질들 등 두 가지로 이루어져 있다. 투입은 학습자 전략이 작동되는데 따른 자료(data)로 구성되어 있지만 투입은 또한 그 자체가 부분적으로는 학습자가 사용한 의사소통전략에 의하여 결정된 것이다. 그러므로 투입과 학습자 처리절차간의 관계는 하나의 상호작용적인 관계이다. 학습자 전략은(학습, 생산, 의사소통전략 등으로 구성된) 다양한 L2산출을 낳게 된다. 이것은 다시 부분적으로 투입의 일부가 되는 것이다. 그러므로 구조의 틀은 순환적인 것이 된다.

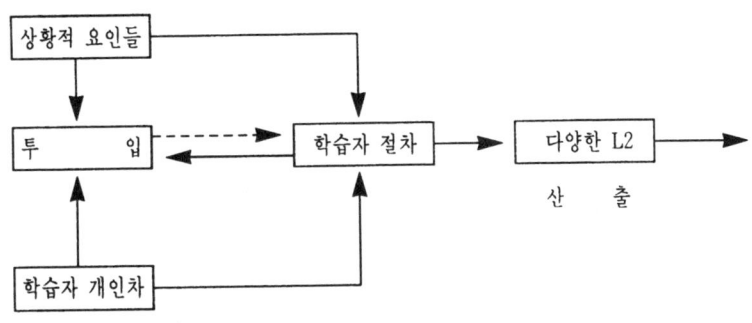

〈도표 10.4〉 SLA구성성분을 검토하기 위한 구조틀

<표 10.2>는 SLA의 6가지 이론의 주요 전제들을 요약하고 있다. 표에서는 이론들이 비록 함께 모아 놓고 보아도 구조틀의 모든 것을 다 카바할 수 있는 것은 없다는 사실을 보여준다.

물론 하나의 이론이 완벽하게 어떤 현상을 다 설명한다고 해서 성립되는 것은 아니다. 마찬가지로 이론이 갖고 있는 전제들이 타당하냐(즉 알려진 사실들과 일관성이 있는지 여부)와 내적 타당도(즉 모순이 발견되지 않는 것)가 있느냐 여부도 중요하다. 이상의 6가지 이론의 평가는 어떤 경우에는 전제 자체의 타당성에 논쟁이 있음을 시사한다.

저자는 이제 SLA이론이라면 반드시 고려해야 할 필요성이 있는 기본적인 현안 문제들을 고려해 보고자 한다. 이런 현안들은 일련의 가설로서 제시된다.

(*주: 이 자리에 <표 10.2>가 들어가야 할 자리이나 지면 배열상 다음 장으로 넘기기로 한다. 따라서 다음으로 이어지는 내용이 도표로 인하여 분리되는 불합리한 현상이 나타나게 됨을 양해해 주기 바란다).

SLA에 관한 가설 11가지

가설들은 <도표 10.4>에서 구분해낸 SLA 구성성분의 순서에 따라서 기술하겠다. 여기엔 일반적인 가설이 두 개 추가된다. 각각의 가설은 필요에 따라서 지금까지 논했던 이 책의 내용을 여기 저기서 인용하여 간단하게 제시하고자 한다.

일반적인 가설

가설 1: SLA는 발달의 자연스런 순서를 따르지만 발달순서에 다소 경미한 변이가 있고, 발달속도와 유창성 단계에는 주종을 이루는 변이들이 존재한다.

발달의 순차는 SLA를 특징짓는 발달의 일반적인 단계에 관한 것이고, 발달의 순서는 특정의 문법적 자질들의 발달에 관한 것이다. 이와 같은 구분은 제3장에서 논의한 바 있다. SLA의 속도와 성공여부는 제5장에서 논의했다.

가설 2: 발달단계상의 어느 단계에서 이든지 학습자의 중간어는 다양한 규칙체계를 갖는다.

가설(1)은 수직적 변이성과 관련이 있어서 이 가설은 수평적 변이도 있음을 암시한다.

이들 두 변이성은 상호 밀접한 관계가 있는데 수평적 변이성은 수직적 변이성의 거울이다. 이런 관계는 제4장에서 검토했다.

상황

가설 3: 상황적 요인들은 SLA의 속도 및 성취한 유창성 수준에 간접적인 결정인자이지만, 이들이 순차적 발달에 영향을 주지 못하고, 단지 발달순서에 미미한 정도의 영향만 줄 뿐이다.

학교 교실 SLA와 자연스런 SLA가 동일한 발달경로를 밟는다는 주장도 바로 이 가설로부터 나온 것이다(제9장 참조). 이것은 또한 구체적 쎄팅의 차이(예: 형식성의 수준 때문에)가 발달경로에 영향을 끼치지 못할 것이다. 이는 언어학습자 언어 속에서 상황적 요인에 의하여 나타나는 중요한 역할과 모순되는 것 처럼 보일 수도 있다. 그러나 SLA의 순차의 개념과 순서의 개념은 일차적인 것으로(제4장 참조) 취급해 온 학습자의 일상적인 스타일에 적용됨을 기억해 두어야 한다. 상황적 요인들은 일상적인 스타일의 발달경로에 영향을 미치지 않는다는 점이 분명하다.

가설 4: 상황적 요인들은 언어학습자 언어에서 변이성의 일차적 원인이다.

상황적 요인들(즉 누가 누구에게, 언제, 무엇에 대하여, 어디서 말을 하고 있는지)은 그들이 모국어의 원어민 화자로서 지배하는 것과 마찬가지로 중간어에 있어서 학습자의 변이적 사용을 지배한다. 이 가설은 제4장에서 논의했다.

SLA이론	상황적 요인들	투입		학습자 개인차	학습자 전략			변수
		(1) 목표어 자질들	(2) 조정된 투입자질		(1) 학습	(2) 생산	(3) 의사소통	L2 산출
문화변용 이론/생 득설이론	쎄팅의 구분 자연스런 SLA만 고려			사회적,심리적 간격에 영향을 주는 사회-심리 적 변수로 설명	처음엔 학습자 가 내부 규범에 동화되나 나중엔 외부규 범에 적 응한다			
적응이론	자연스런 SLA만 고려 쎄팅간의 차이구분	원어민 화자의 상향집 중 결과 목표의 이동		학습자가 자기 인종 내집단과 L2 외집단 인식에 영 향을 주는 사회- 심리적 변수로 설명				집중/분산 에 인종적 표지사용 에 의존하 는 L2의 변이적 사 용(학습자 가)
담화이론	자연스런 SLA만 고려 NS와 NNS간 대화에 초점	투입자질 의미타협 과정에서 공식적으 로,상호작 용적으로 조정된다		학습자들은 그들이 채택한 대화전략이 다르다. 주요인은 연령이다.				학습자는 (1)공식적 스피치 (2)수직 적 구조 (3)창조적 규칙 등을 사용한다
모니터 모델	학급과 자연 스런 SLA 둘 다 고려	이해할 수 있는 투입이 'i + 1' 으로 구 성		학습자가 (1)여과의 결정력이 있는 사회 -정서적 변수, (2) 모니터링 단계 등에 따라 다르다	'습득' 매카니 즘과 ' 학습'매 카니즘 등 두 쎄트	생산전략 으로서의 모니터 기능		변이성은 모니터 적용의 산 물
변이능력 모델		투입은 담화계 획단계	나는 학습자 선	계획적 담화나 비계획적 담화	계획담화/ 비계획적 담화 적용			변이는 일차,이차 또는 둘

때문에 호도에 따른 차	절차가 L2	다의 사용
달라진 이이다	지식의 내	결과이다
다	면화를 지	
	배한다	
유표이론 SLA를 획일적 목표어 자질을 '핵심'	학습자가 보다	
현상으로 봄 (무표), '부수적' (유표)	덜 복잡한 자료	
으로 봄	에 관심을 갖는	
	것으로 간주	

〈표 10.2〉 SLA의 6가지 이론의 범주 요약

투입

가설 5: 학습자와 다른 화자간에 쌍방적 담화의 의미적 타협의 결과로서 상호작용적으로(그러나 공식적일 필요는 없다) 잘 조정된 투입은 발달의 순차, 발달의 순서 및 속도의 결정인자로서 기능을 한다.

이 가설은 SLA의 조정된 투입을 위한 하나의 설정적 역할을 할당하는 담화이론에서 나온다. 그러나 조정된 투입은 그 자체만으로는 SLA를 설명할 수 없음을 인식해야 한다. 제6장은 투입의 역할에 관하여 논의했다.

학습자 개인차

가설 6: 학습자의 정의적인 차이(예: 동기와 개성과 관련있는 것들)는 SLA의 속도 및 성취해낸 유창성의 단계 등을 결정하지만, 발달의 순차나 순서는 아니다.

학습자 개인차에 관해서는 제5장에서 논의했다.

가설 7: 학습자의 L1은 발달순서에 영향을 미치지만, 발달순차에는 영향을 미치지 않는다.

행동주의의 L1의 역할에 관한 설명이 지속성이 없을 때, 전이의 인지적 설명은 L1이 여전히 SLA에 하나의 중요한 요인임을 보여준다(제2장 참조). 그러나 발달의 순차가 L1에 영향을 받는지 여부는 의심스럽다. 학습자간에 발달순서에서 구체적 문법적 자질은 학습자 자신의 L1에서 추적될 수 있고 아마도 L1에서 동일한 자질의 유표의 정도에 따른 결과일 가능성이 높다.

학습자 처리절차

가설 8: 중간어 발달은 담화를 구성하기 위한 학습자에 의한 절차적 지식의 사용의 산물로서 나타난다.

중간어 사용과 구축 과정에서 절차적 지식의 중앙 편중성은 본 장에서 이미 살펴본 바 있다(변이능력 모델의 설명을 참조할 것). 학습자의 절차적 지식의 특성은 제7장에 기술되어 있다. 여기엔 3종류의 학습자 전략을 제시했던 것으로 기억된다. 가설 9에 대한 다음의 3가지 추론은 다음과 같다:

추론1: 가설 검증, 가설 형성, 자동화 등의 절차는 학습자가 투입 정보를 작동시키는 방법을 설명하고 언어발달의 순차 및 순서를 결정하게 된다.

추론2: 수행 전략(의미적 간소화와 같은 것)은 상황이 달라진 경우에 사용에서 학습자의 중간어 체계의 다양한 사용을 설명한다.

추론3: 의사소통 전략은 학습자가 이해할 만한 투입 정보를 얻을 수 있고 또한 언어학습자 언어 수행변이성에 기여한다.

가설 9: 중간어 발달은 학습자의 보편문법의 생산으로 나타나는데, 이것은 배우기가 보다 쉬운 규칙을 만들게 된다.

이 가설은 가설 8의 한 대안이 될 수 있는데, 가설 8은 학습자의 '블랙박스' 현상을 독자적인 언어능력으로 설명할 수 있는 길을 모색하고 있다. 그러나 가설 8, 9는 상호 모순되지 않는다. SLA의 몇 가지 자질들은 언어적 절차의 결과이고, '습득'과 일반 인지적 요인의 결과의 반영이고, '발달'을 반영하고 있음을 감지할 수 있다. 보편문법의 증거는 제8장에서 다루었다.

언어적 산출

가설 10: 언어 학습자 언어는 (1) 구구단식 스피치, (2) 창조적으로 구축된 발화 등 두 가지로 구성된다.

이 가설은 언어적 산출면에서 기본적인 차이가 있음을 인정한다. 이에 대한 증거는 제7장에서 논의했다. 구구단식 스피치는 중간어 발달에 부분적으로 역할을 할 수 있다 - 그 가능성은 가설 9의 (추론1)에 설명되어 있는데, 그 과정의 가설검증 등은 투입 작동시와 동일한 방법으로 공식적으로 작동할 수 있다.

가설 11: 언어학습자 언어는 다양하고, 역동적이며 또한 체계적이기도 하다.

언어적 산출의 이와 같은 특징은 - 앞에서 언급한 가설을 위한 주요 증거를 구성하고 있음 - 제3장, 4장에서 검토된 바 있다.

모든 SLA연구자들은 이상 11개의 가설에 동의할 것 같지는 않고, 그들은 11개중 일부를 각자 나름대로 수정하거나 바꾸고 싶어 할 지도 모르고, 혹은 강조하는 비중이 저자와 다를 수 있다. 그러나 여기 소개한 11개의 가설은 SLA에 관한 기본 현안 문제를 반영하고 있는 것으로서 앞으로 SLA를 더욱 잘 설명할 수 있는 합성사진의 가능성을 얼마든지 고려해 볼 필요가 있을 것이다.

노트

1. Krashen의 모니터 모델과 Dulay와 Burt의 창조적 구축이론은 상호 간에 많은 전제를 공유 하며 밀접한 관련이 있다. 전자는 SLA연구 시에 상당히 고려해 볼만큼 관심이 고조되고 있음을 인정하여 본 장에서 논의하였다.

2. 많은 변수들이 3방향 대안(three-way alternatives)을 허용하는 것과 마찬가지로 한 가지 타입 이상의 '나쁜' 학습상황이 있을 수 있다. 예를 들면 목표어 집단이 자체를 주도적으로혹은 종속적으로 볼

때 나타나게 된다.

3. Schumann(1978a)의 알베르토 연구는 10개월간 계속되었다. 이것은 아마도 화석화가 발생 했다고 결론을 내리기엔 너무나 짧은 기간일 것이다. Ellis(1984a)는 이와 비슷환 기간 동안의 연구로 통사적 발달이 있다는 증거를 별로 찾아내지 못했고, 또 다시 12개월간 더 관찰   연구한 끝에 발달적 증거를 상당히 많이 찾아내고 있다.

4. 저자의 지식으로선 Schumann도 Andersen도 자기 이론을 교실 SLA에 적용시키는 문제를 논의한 바 없다. Schumann이 생각하고 있는 심리적 요인들은 Gardner와 Lambert(1972)가 동기와 태도에 관하여 보여주었던 것(제6장 참조)과 같이 교실/학급에 관한 것일 가능성이 높다.

5. Brown(1980a)은 실제로 사회적 간격을 측정할 수 있는 객관적인 수단이 없다는 근거로 Schumann의 이론을 비판했다. 그는 SLA에 영향을 미치는 목표어 지역사회 문화와 관련하여, 학습자가 자기 자신의 문화를 어떤 관점에서 보는가를 지적하고 있다.

6. Giles도 스피치 유표의 세 번째 타입 - 상향 집중성 - 을 규명하고 있는데, 이는 외집단 화자가 내집단 화자로부터 자신을 구분할 수 있는 스피치 유표를 강조할 때 나타나게 된다. 그렇게 함으로써 외집단 화자는 자신의 언어의 표준적 형태로부터 좀 색다른 편차를 보이게   된다. 그러므로 L2학습자는 '늘 움직이는 목표'(Giles와 Byrne 1982)로서 특권적 방언을 찾을 수 있게 된다.

7. '일차적 절차', '이차적 절차'란 용어는 비계획적 담화의 탁월성을 반영하기 위하여 선택된다. 여기엔 '일차적 절차'가 '이차적 절차'보다 더 중요하다는 주장을 할 의도는 없다, 다만 이들이 자연발생적인 1대1 의사소통과 연관된 스타일의 문제로 볼 뿐이다.

참고문헌들

K. Bailey, M. Long, S. Peck(Newbury House, 1983) 등이 편집한 Second Language Acquisition Studies란 제목의 책 속에 D. Larsen-Freeman이 기고한 'Second language acquisition: getting the whole picture'란 제목의 글이 있는데 이 글은 SLA에 관한 여러 이론을 한 눈에 볼 수 있으며, 또한 SLA연구시 이론 형성의 특성에 관하여 다소 흥미로운 코멘트를 볼 수 있다. J. Schumann(Newbury House, 1978)의 책 The Pidginization Hypothesis: A Model for Second Language Acquisition은 Schumann의 문화변용 모델에 관한 이론을 전반적으로 다루고 있다. R. Andersen(Newbury House, 1983)이 편집한 R. Andersen의 Introduction to Pidginization and Creolization as Language Acquisition은 피진어화/비피진어화와 SLA간의 유사성을 찾아 볼 수 있다.

SLA에 적용된 적응모델에 관한 완벽한 설명은 Journal of Multilingual and Multicultural Development 3/1에 기고한 H. Giles와 J. Byrne의 글 'An intergroup approach to second language acquisition'에서 찾을 수 있다.

E. Ochs와 B. Schieffelin(Academic Press, 1979)가 편집한 책 Developmental Pragmatics 속에 나오는 E. Hatch, S. Peck, J. Wagner-Gough의 글 'A look at process in child second language acquisition'은 담화이론의 주요 문제들을 다루고 있다.

모니터 모델에 관한 애용을 다루고 있는 자료들은 많이 있다. 이에 대한 상세한 사항을 알고자 하는 독자들에게는 S. Krashen(Pergamon, 1981)의 Second Language Acquisition and Second Language Learning을 권하고 싶다. 그리고 비평서도 많이 있는데, Applied Linguistics 5/2에 실린 K. Gregg의 글 'Krashen's Monitor Model and Occam's razor'가 가장 최근의 글중의 하나이다.

변이능력 모델에 관해서는 R. Ellis(Pergamon, 1984)의 Classroom Second

Language Development 제7장을 보기 바란다.

Interlanguage Studies Bulletin 3호에 나오는 L. Selinker와 J. Lamendella의 글 'Two perspectives on fossilization in interlanguage'는 Lamendella의 신경기능 이론을 가장 잘 설명하고 있는 것일 것이다.

결 론

　본 장의 목적은 한 발짝 물러서서 그 동안 SLA면에서 이룬 업적은 무엇이고 앞으로 계속 연구를 필요로 하는 것은 무엇인지 평가해 보기 위하여 설정한 장이다. 이렇게 하기 위하여 저자는 다른 어느 장 보다도 본 장을 더욱 저자 자신의 개인적인 관점에서 다소 주관이 개입된 공간으로 활용하고자 한다.

　SLA에 관한 연구의 역사는 이제 겨우 15년 정도밖에 되지 않았다. 1970년 이전엔 단지 몇 편의 실험연구가 존재했을 뿐이다. Corder가 'The significance of learner's error'란 제목으로 이 분야의 떡잎이 되는 논문을 발행했던 1967년 이전에는 SLA의 이론적 연구는 별로 존재하지 않았다. 제2장에서 논의한 바와 같이 SLA는 일반학습이론이 아닌 다른 이론으로 설명될 수 있는 속성을 가졌다는 가정이 있었다. 1970년대에는 주로 실험연구가 성행하고 있었다. 실험연구는 종적연구(예: 형태소 연구)와 횡적연구(예: Cazden et al. 1975) 등이었다. 동시에 실험연구에 의하여 자극 받거나, 실험연구를 자극하는 등 SLA에 관한 이론이 풍성하게 쏟아져 나왔다. 최근의 SLA에 관한 논문발표는 상당히 많아지면서 연구 학자들이 쏟아지는 논문을 쫓아가기가 힘들 정도가 되었으며 연구분야도 점차 세분되어 크리올 언어학, 투입/상호작용, 학습자 전략, 교실 SLA, 보편문법 등등으로 구체화되어 갔다.

　SLA연구의 이와 같이 눈부신 발전은 많은 의문점을 유발하기도 했다. 성장을 촉진시킨 자극제가 무엇인가? 실제로 SLA의 어느 만큼을 우리가 찾아내었나? 눈에 띄는 문제점은 무엇인가? 저자는 이런 문제들을 간략하게 고찰하고, 과거에 SLA연구를 촉진시키게 되었던 동기와 미래의 예견되는 방향 등을 결론으로 제시하고자 한다.

SLA연구를 촉진시키는 요인들

SLA에 갖는 커다란 관심을 이해하기 위해서는 관심을 갖는 동기가 무엇인가라는 문제와 무엇이 연구를 가능케 했는가라는 점을 구분하는 것이 매우 유익하다.

동기중 가장 주요한 동기는 의심할 여지도 없이 언어학에 몰아닦친 학문적 격변으로 Chomsky의 문법이론과 관련이 있다. L1학습을 설명하던 행동주의 이론이 신뢰도가 떨어지자(제3장 참조), 연구의 초점은 학습자-외적 요인으로부터 학습자-내적 요인으로 옮겨갔다. 어린이가 학습과정에 적극적인 공헌자로 보였던 것이다. 이와 같은 연구 파라다임의 이동은 그 동안 존재해 왔던 L2학습이론이 맞는 것인지(즉 대조분석 가설) 사방에서 확인해 보려고 도전을 하게 된다. 그 동안 만연된 이론이 환경적 요인을 강조할 때, SLA가 진행되는 동안 어떤 일이 일어났는지에 대한 실제적인 연구가 없었다는 점과 연구가 시작되기도 전에 천부적인 지적 요인들을 강조하는 이론만 택하게 되었다는 점 등은 참으로 수수께끼같은 하나의 아이로니가 아닌가 싶다.

물론 그 이유는 언어능력을 주장하는 경쟁적인 관계에 있는 이론을 실험으로 검증해 보려는 강한 욕구 때문이었다.

SLA연구는 L1습득연구의 이론과 방법론에 크게 의존했다. 형태소 연구방법론은 L1습득을 연구한 Brown(1973), de Villiers and de Villiers(1973) 등이 개발해 낸 분석적 방법을 직접 차용해 온 것이다. 사례연구도 L1연구자들이 사용한 방법을 그대로 수용한 것이다. SLA연구의 이론적 초점은 L1습득연구의 관심이 바뀜에 따라 자연스럽게 바뀌어 나갔다. 예를 들면 투입/상호작용에 대한 관심의 부활은 엄마 말(motherese) 연구에서 그 흔적을 직접 찾아볼 수 있다. 그러므로 SLA연구의 계속되는 현안중의 하나인 L2 = L1 가설이 계속되어 온 것도 놀라운 일도 아니다. SLA연구는 L1습득을 자유롭게 참고하고 있지만 이와 같은 관심에 늘 L1연구자들에 의하여 도움을 받게 되는 것은 아니라는 점에 주목해야 할 것이다. SLA는 L1연구로부터 나온 형태소와 이론들을 계속해서 다 소화시키고 있지만 그 반대는 그렇지 않다.

만약 L1습득연구가 SLA연구에 많은 도구를 제공했다면, 언어교육이란 전문직은 L1습득연구에 보답을 해야만 했다. 미국에서 보건교육복지부가 그 동안 많은 연구비를 지원했고 지금도 지원하고 있다. 캐나다의 경우는 SLA에 풍부한 정보를 제공한 이중언어연구가 공개적으로 상당한 액수의 연구기금을 조성해 왔다. 이들 미국과 캐나다 등 두 나라에서 소수민족의 교육에 대한 공공적 관심과 교육 프로그램의 계획과 보강에 있어서 언어학습이 매우 중요한 문제라는 인식 등등이 결국 연구 프로젝트를 수행할 수 있는 연구비를 조성하는데 큰 도움이 되었다. 그러므로 북미 대륙에서 수많은 연구가 진행된 것은 우연이 아니다. 유럽이 주도하는 주요 공공기금 - 성인 이주민들의 SL연구에 대한 유럽과학재단 연구 프로젝트 - 이 조성된 것은 최근의 일이다.

언어교육 전문직에서 SLA연구의 잠재적 중요성은 연구 자금이 있어야 할 뿐만 아니라 하나의 '응용' 과학으로서의 많은 연구가 추진되어야만 했다. 언어교사들은 SLA연구가 어떻게 되면 언어학습자들이 교실에서 배우는 언어(외국어인 경우 특히)에 도움을 줄 수 있는지 알고 싶어 한다. 이러한 목적을 위하여 교사가 무엇을 어떻게 가르쳐야 한다는 이론적 주장이나 제안이 수 없이 많이 나타났던 것이다. 그러나 상당히 많은 초기의 연구들은 비공식 학습이 어떻게 이루어지고 있는지 알아 볼 필요가 있다는 동기에서 자연스런 SLA를 조사연구했다. 최근에 와서는 교실 SLA에 직접적인 관심과 초점을 맞추게 되었다.

모든 SLA연구가 '응용'과학쪽을 지향하는 것은 아니다. 물론 '순수' 학문적 연구도 많이 있다. 이 분야의 지식이 성장함에 따라, 연구 의문점과 가설들이 생성되어 나왔고 이런 것들이 교실 SLA와 관련이 있는지 혹은 관련이 없는지 여부와 상관없이 조사연구가 진행되었다. 비록 교실이 SLA연구의 관심인 학자들도 여전히 많긴 하지만, 시간이 지남에 따라 '순수' SLA연구가 더욱 보편화되고 있다는 것이 저자의 생각이다. 물론 SLA연구가 인간에 관한 다른 분야 연구에 정보를 제공하고 도움이 되지 말라는 법은 없다. Lightbown(1984)은 언어학, 사회심리학, 사회언어학, 신경언어학, 심리학 등의 분야가 SLA연구에 기여했음을 보여주고 있다. 그 공헌과 기여도는 일방적인 것이 아니고 쌍방적인 것이다.

SLA의 이해

저자가 거론하고 싶은 두 번째 의문은 '우리가 SLA에 관해서 얼마나 알고 있나?' 라는 점이다. 이것은 이 책 전체를 통하여 흐르는 의문점이며 바로 앞 장은 이에 대한 답을 찾고자 했던 것이다. 저자는 이 문제에 대하여 새삼스럽게 여기서 다시 요약을 하려고 하지는 않겠다(이미 제10장에서 그런 작업은 된 것으로 본다). 오히려 저자는 SLA를 기술하고 서술할 수 있는 우리의 능력을 일반적인 관점에서 볼 때 우리가 SLA를 이해하고 있다고 보고 싶다.

우리는 SLA가 무엇으로 구성되어 있는지 이제 많이 알고 있다. 특정의 L2학습자가 매우 잘 정의된 발달의 순서를 따라가고 있으며, 습득된 구체적인 형태소의 순서들 마저도 학습자의 L1의 결과 또는 환경적 쎄팅으로서 미미한 수정 정도밖에 없다는 주장을 할 만한 상당한 증거가 있다. 부정문, 의문문과 같은 잠정적 구조의 연구도 하나의 분명한 발달경로가 있음을 보여준다. 학습자가 이런 구조들을 습득하여 구축한 중간규칙들도 습득유형을 따른다고 볼 수 있다(Wode 1984). 뿐만 아니라 우리는 L2학습자들이 교실 안과 밖에서 모두 받게 되는 투입의 특성에 대해서도 상당히 많이 알고 있다. 이와 같은 기술적 연구는 학습자들이 L2지식을 조립하여 모아들이는 방법에 대하여 하나의 그림을 그려 볼 수 있게 되었다. Lightbown(1984)은 다음과 같이 결론을 내렸다:

우리는 지금 분석을 위하여 선별한 학습자 언어를 연구한 것중 시시한 것에서부터 중요한 것에 이르기까지 SLA에 관한 기술적 연구를 상당히 많이 갖고 있다. 그 이유는 그런 연구들이 연구자의 눈에 띄었기 때문인데 이들은 뭔가 체계성을 갖고 있는 것 같거나 혹은 사람들이 SLA에 관하여 가지고 있는 육감과 맞아 떨어졌기 때문이었다. 사실 그와 같은 연구는 학습자의 발달해 가는 중간어 속에 어떤 규칙적인 패턴이 내재해 있음이 확인되었던 것이다.

바꾸어 말하자면 SLA의 기술적 연구는 이 분야에 상당히 많고, 주종을 이루고 있다는 말이 된다. 그러나 발달과정이 얼마나 보편성을 갖는냐하는 문제는 여전히 의견의 일치를 보지 못하고 있는 분야이다. Lightbown은 보편적 패턴의 존재를 나타내려고 하는 모든 기술적 연구는 자기 주장에 반대되는 견해도 있음을 명심하여 반대에 대항할 만한 증거를 찾아내어야 한다는 또 다른 문제가 있다는 점을 지적하고 있다.

L1의 영향은 투입에 변이성을 낳고, 목표어 지역사회로 들어 가는 학습자의 사회적 통합의 정도는 습득경로에 다소간의 영향을 미친다는 사실을 보여주었다. 이것은 기술적 연구를 어떻게 해석할 것이냐라는 매우 중요한 의문을 야기시킨다. 보편적 패턴의 주장에 대하여 어느 정도의 무게를 둘 것인가? 한편으로 보면 Krashen처럼 자연스런 순서를 이미 입증된 것으로 보는 사람들이 있는가 하면, 또 다른 한편으로 보면, Lightbown처럼 '규칙성'의 존재를 인식하면서도 보편성에 대하여 회의적인 자세를 취하는 이들도 있다. 제3장에서 저자는 발달의 일반적인 윤곽을 구체화시키는 순차적 자연성이 있지만, 구체적 자질발달의 순서가 다른 것들도 있을 것이라는 주장을 한 바 있다. 그것은 아마도 반대되는 증거가 있다는 점과 SLA 연구가 만나게 되는 수 많은 반대적 해석 등 두 가지 이유로 인하여 불가피한 실정이다. 그러나 이와 같은 일치되지 않는 분야에 대한 학자간 의견의 일치가 있기까지는 SLA에서 일고 있는 우리의 수 많은 지식에도 불구하고, 우리는 여전히 일반적이고도 신뢰도 높은 기술(description)을 창출할 수 없을 것이다.

SLA를 설명할 수 있게 되면, 학자들간의 이견은 더욱 커질 것이다. 예를 들어서 부정어가 발화 문장의 외부(앞)로 돌출하는 것을 설명할 수 있는 어떤 대안을 한 번 생각해 보자.

No speak Portuguese.
No finish book.

No like beer.

이상과 같은 규칙성에 학자들이 관심을 갖고 있다면 다음과 같이 이에 대한 해석/설명을 학자마다 달리 할 수 있을 것이다.

1. 전이전략

스페인어 및 포르투칼어 학습자들은 자신들의 L1에 부정어가 동사앞에 놓이는 부정문 형식을 갖고 있다(대명사 주어 생략도 허용한다). 그러므로 이들 학습자들이 부정어가 문장 앞으로 나가는 부정문 형식을 보일 때, 그들은 자신의 L1에 존재하는 부정문 패턴을 간단하게 이용하 게 될 것이다.

2. 생산전략

두 번째 가능성은 그와 같은 발화들은 모든 L2생산에 명백하게 나타나는 간소화의 일반적 절차의 산물일 것이다. 학습자가 영어에서 부정문이 다음 예문과 같이 부정어가 문장내부에 위치한다고 '알고' 있다면 부정어가 문장 외부로 나가는 부정문의 발생은 대명사 생략규칙이 적용 된 결과라고 설명될 수 있을 것이다.

I no speak Portuguese, etc.

여기서 대명사 생략규칙이란 스페인어, 포르투칼어 등은 주어로 쓰인 인칭대명사가 생략되는 사례를 언급한 것이다. 물론 이 생산전략은 긍정발화 및 부정발화에 모두 명백할 것이다.

3. 습득전략

'no X'발화가 두뇌의 자연스런 언어처리 매카니즘을 반영하고 있다고 볼 가능성도 있다. 이러한 관점에서 보면, 부정어가 외부로 돌출하는 부정문 형식이 구속력있는 간소화의 결과가 아니고 모든 언어에서 학습자가 부정어를 취급하는 방법을 지배하는 습득전략의 결과인 것이다. 예를 들면 Wode(1984)는 '부정어 + X' 구조는 자연언어에 유효한 구조적 선택으로서의 보편적 제한으로 볼 수 없다는 점을 지적하고 있다. 이와 같은 설명의 한 가지 가능한 확대 해석은 'no X'가 부정어 문장 내부형식과 비교할 때 하나의 '무표시' 구조로 볼 수 있다는 주장을 할 수 있을 것이다.

4. 상호작용적 전략

또 다른 가능성은 'no X'가 상호작용적 전략의 결과이다. 즉 학습자는 이전의 담화에서 상당부분을 차용하여 다음 예문과 같이 차용된 문장 앞에 부정어를 덧붙인다.

> A. Do you like beer?
> B. No like beer.

그리고 나면 학습자는 자기가 수직적 구조로 구축한 문장 패턴을 암기하고 나중에 그것을 자기의 부정문 발화시 자기 것으로 사용한다.

필자의 의도는 이 설명이 저 설명보다 더 낫다는 주장을 하려는 의도는 없고, 다만 '부정어 + X'를 SLA연구의 일반적인 현안의 한가지 예로 다루고 싶을 뿐이다. 동일한 현상이 반대논리를 정당화시키는데도 사용될 수 있다. 우리는 이와 같이 SLA에 관한 다양한 이론들이 우리 앞에 있으므로 우리가 SLA를 이해하는 정도와 수준이 높아지는 만큼 우리의 수준에 해당하는 적합한 이론을 선택할 수 있는 입장에 있는 것 같다. 예를 들면 이미 우리는 상기 (1)항을 거부할 만한 충분한 증거를 갖고 있다. 그러나 그렇다고 설명적 애매모호성을 완전히 없애는 최종단계에 도달할 수 있는지는 아직 분명치 않다. SLA를 설명하기 위해서는 투입 정보처리에 관한 내적 매카니즘을 탐지해 낼 필요가 있다. 이 점에 관한 가용한 자료 및 증거란 모두

간접적인 것들(즉 학습자의 산출이나 내성적 관찰로 이루어진 발화) 뿐이
다. 그러므로 이 분야에서는 늘 여러 가지의 이론적 설명이 대두하고 있는
것이라고 볼 수 있다.

　다시 한 번 우리가 SLA에 대하여 무엇을 이해하고 있는지 재검토하기
위해서 저자는 지금까지 매우 신중한 자세를 취해 왔다. 그 결과 기술적 증
거는 많이 있지만, 이런 증거들이 무엇을 시사하는 것인지 잘 모르겠다. 이
론의 설명중 적절치 못한 부분을 삭제하고 줄여 나가는데는 시간이 걸릴 것
이다. SLA의 한 가지 현상에 원인이 한 가지가 아니라 복수일 가능성도 있
다.

SLA연구의 문제점

　여기서는 (1) 형태통사론의 편중성, (2) 어형과 기능을 고려하는데 실패
한 이유, (3) 중간어 기술에 부분적 접근, (4) 방법론 등 4가지 문제를 다루어
보겠다. 각각의 현안들은 한 두 가지 문제점을 갖고 있다.

　제1장에서 분명히 한 바와 같이 L2학습자 언어의 연구는 학습자가 문법
적 지식을 발전시키는 방법에 대하여 거의 모든 것을 다 다루면서 연구를
해 왔다. 언어학에서 문법연구의 편중성은 SLA연구에서도 마찬가지 현상
으로 나타났다. 오랫 동안 믿어 왔던 사실은 L2의 습득이 곧 L2문법의 습득
을 의미하는 것이었다. 중간어 음운론에 대한 연구는 별로 없지만
(Dickerson 1975; Tarone 1978), 어휘에 관한 연구(Meara 1980 참조)와 화용적
발달에 관한 연구는 거의 전무한 실정이다(Wolfson과 Judd(1983)가 최근에
논문 모음집으로 펴낸 책을 보더라도). 그러므로 SLA에 관한 우리의 이해
가 학습자의 접근방법에 상응하지 않는 것 같다. 비공식적 학습자들이 문
법규칙 습득 보다도 의사소통에 더 관심이 있는 것이다. 이와 같은 목적을
위하여 이들은 어휘 원재료 및 실용적 기술 등의 발전에 초점을 맞추는 경
향이 있다. SLA연구는 이와 같은 언어의 또 다른 측면에 더욱 관심을 기울
여서 현재 연구의 불균형을 시정할 필요가 있다.

　SLA의 연구범위를 문법이란 범주를 넘어서서 확대해야 하는 또 다른

이유가 있다. 하나의 언어단계의 습득은 또 다른 단계의 완전한 독립성으로 진행되어 나아가지 않는 경향이 있다. Hatch(1983a)는 L2학습자의 동사 후치관계절의 선호는(즉 주절에서 주어 보다 목적어를 수식하는 경우) 담화단계에서 설명될 수 있다. 일반적으로 말해서 이야기(narrative)의 경우 그것은 이야기상에서 주연이 누구냐하는 바로 그 주연의 성격에 의하여 영향을 받는 실체와 사람인 것이다. 주인공은 맨 처음의 주어와 술어가 도치되어 보어를 결하는 문장 속에 나타나는 경향이 있다. Long과 Sato(1984)는 SLA의 언어적 수준의 상호의존성의 또 다른 예를 제공하고 있다. 예를 들면 월남 출신 학습자의 경우 영어의 과거시제 굴절어미를 습득하는데 시간이 많이 걸리는데 이는 L1으로부터 음절구조전이가 일어난 결과일 것이다. 그들은 다음과 같이 결론을 맺고 있다:

한 단계 이상의 분석을 포함한 중간어 분석의 범위를 확장시키는 것은 지금까지 단속적이고 명백히 관련이 없는 발달단계를 통합하는데 도움이 될 것이 분명하다. 더 나아가 분명히 다단계 분석은 단일 언어적 단계내에서 그리고 일반적인 중간어 발달을 위하여 현상에 대한 보다 큰 설명력을 갖게 될 것이다.

SLA연구가 그 동안 너무나 형태-통사론에 집착했을 뿐만 아니라 형식적 측면에 관련성이 매우 좁았던 것이다. 문법적 형태에 의한 기능들은 대체로 무시되어 왔다. 그러나 언어 기능을 참작하지 않고 특수한 형태의 습득에 관하여 이야기 하는 것은 의미가 없는 일이다. 학습자가 하나의 형태를 그 형태에 맞는 기능을 표현하기 위하여 사용할 수 - 그 기능은 목표어에서 행하는 그런 기능을 말함 - 있게 되기까지는 학습자가 그 형태를 습득했다고 말할 수가 없는 것이다. 필요로 하는 것은 형태 → 기능분석(즉 특정 형태에 의하여 실현되는 기능의 연구)과 기능 → 형태분석(즉 특정 형태가 다른 형태에 의하여 실현되는 방법에 관한 연구) 등의 순서를 따르고 있다. 이런 분석들은 형태-기능 관계가 시간이 감에 따라 끊임없이 변화하는 것인 것 처럼 학습자 변이를 고려해야만 할 것이다(제4장 참조).

협소한 형태소-통사론이 SLA 연구에 마치 끈끈하게 매달려 있는 것같
지만 여기엔 또 다른 문제점이 있다. 지금까지 전체로서의 문법체계에 보
다는 오히려 전체 문법체계에서 분리된 고립된 자질들의 기술에만 관심을
가져 왔던 것이 사실이다. 예를 들면 형태소연구는 문법적 자질의 이상한
현상만을 조사연구해 왔는데, 한편 종적연구는 대명사, 부정문, 의문문, 관
계절 등과 같은 특정 하부체계의 발달과정을 분리시켜서 연구하였다. 그러
나 학습자들은 이들 연구처럼 각 분야를 별개로 분리시켜서 발전시키는 것
이 아니고, 오히려 거의 모든 범위의 자질들을 동시에 작동시킨다. 이것이
어떤 특정 자질 습득이 서서히 이루어지는 한 가지 이유이다. 즉 학습자의
관심은 분산되어 있다는 것이다. 습득절차를 이해하기 위하여, 우리는 학
습자의 발전하는 문법에 대한 전체적인 그림을 확보하는 것이 중요하다.
예를 들면 부정문 발달이 어떤 방식으로 관계절 발달과 상관관계가 있는 것
인지 알 필요가 있다(Schumann 1980 참조). 이것이 SLA연구자들이 직면하
는 기술상의 짐이지만, 만약 우리가 중간어의 형태소-통사적 단계를 한발
앞서 나가면서 이해하려면 전반적인 그림을 들여다 볼 줄 알아야 한다.

끝으로 방법론상의 문제가 있다. 하나는 데이터 수집방법이고, 또 하나
는 SLA연구가 추종해야 되는 전체적인 방향의 문제이다.

SLA연구에서 마음속에 떠 오르는 현안은 데이터 타입이 다른 것을 채
택할 때 타당성의 문제가 있다(예를 들면 Naiman 1974, Adams 1978, Burt와
Dulay 1980, Wode et al. 1979 등이 있다). 요점은 임무가 달라지면 언어수행
의 종류도 달라진다는 말이다. 즉 문법성 판단 임무, 분리형 테스트, 통합형
테스트, 모방 임무, 그림보고 설명하기 임무, 자유스런 대화 등은 언어사용
의 다른 패턴을 나타내는 경향이 있다. 그러므로 그림을 이용하는 유도된
스피치를 사용하는 연구는 얻어진 핵심이 자연스런 스피치를 구성한다고
주장할 수가 없다. 뿐만 아니라 각기 다른 데이터 수집 방법은 피조사자인
학습자들의 개인적 특성에 따라 효과도 달라질 수 있다. 예를 들면 동일한
절차가 적용되어도 성인과 어린이에게 각기 다른 결과를 낳게 된다. 그러
므로 하나의 구체적인 데이터 타입에 근거를 두고 연구한 결과를 일반화시
키기에는 상당한 주의를 필요로 한다. SLA는 단선적인 과정이 아니기 때

문에 우리는 '자연스런' 습득에 관해서 말하기 보다는 언어 사용의 특정 타
입이란 상황하에서 언어발달의 하나의 규칙적인 패턴에 대해서 말할 것을
권하고 싶다. 한 가지 타입의 언어사용은 천부적으로 다른 타입보다 더 중
요하다는 말을 하려면 상당히 세심한 주의를 필요로 한다. 왜냐하면 한 학
습자에게 중요한 것이 반드시 다른 학습자에게도 그 만큼 중요한 것은 아니
다. 대부분의 학습자에게 일상적인 언어스타일이 일차적이지만, 의도적으
로 조심스런 스타일의 발전을 더 중요시하는 학습자들도 일부 있을 수 있
다. 데이터 수집에 관한 방법론적 문제점을 해결하기 위해서는 학습자 중
간어 체계의 변이성을 인정할 필요가 있다. 이렇게 해서 우리는 언어학습
과 언어사용에 관한 하나의 통합적 이론을 향한 작업이 가능할 수 있다.

　　SLA연구가 전반적으로 어떤 방향으로 가야할지에 관해서는 아직 의견
의 일치를 보지 못하고 있다. 한편 SLA를 자연과학과 똑같은 연구방법론
을 적용할 수 있는 것으로 보는 학자들도 있다. 또 다른 한편에서는 SLA를
과학이라기 보다는 문학에 더 근접한 고도로 복잡한 주제로 취급하는 학자
들도 있다. 전자는 '과학적' 접근법을 주장하는 경향이 있는데, 즉 그들은
구체적 가설을 정하고 하나의 체계적인 방법으로(대개는 계량적 절차로)
검증에 착수한다. 진보는 '입증'된 가설의 계속된 누적으로 본다. 후자는
'이론-그리고-이론'적 접근법에 더 기우는 경향이 있다. 이들은 현존하는
실험연구 또는 L2학습자 언어에서 일부 발췌한 것의 정성적 분석에 기초를
둔 상상력이 풍부한 사색적인 결론에 매달리고 있다. 이와 같이 상호 대립
되는 접근법은 건전하다고 볼 수 있다. 다만 발전에 합리적 방법으로서 유
일한 연구방법이 오직 '과학적 접근법'이라고 보고, 모든 연구는 이 방법만
을 준수해야 한다고 고집하는 성향은 위험천만이다. Lightbown(1984)이 주
장한 바와 같이, 가설검증적 연구 및 가설-생성적연구 둘 다를 위한 공간이
있고, 저자는 이에 추가하여 이들 두 가지를 다 시도하는 연구를 위한 공간
도 있다고 말하고 싶다.

몇 가지 주요 의문점

Hatch(1978b)는 SLA를 자기 나름대로 10개의 질문을 통하여 재검토하

기 시작했다. 저자는 다음과 같이 몇 개의 질문으로 이 책을 마감하려고 한
다. 이들 질문들은 전혀 새로운 것들이 아니다. 이 책의 주요 목적은 물어
볼 만한 질문들을 명확히 설명하고, 이들 질문에 대한 해답을 제시하는데
있다. SLA연구는 앞으로 이런 질문들에 대하여 계속적인 연구를 할 것으
로 전망된다.

1. 자발적인 대화에 참여할 필요가 있는 학습자가 문법지식을 습득하
는 방식에 규칙성이 있다고 볼 때 이 규칙성이란 것이 어떻게 하면 가
장 잘 기술될 수 있는가? 특히 어떻게 하면 형태-기능관계가 고려될
수 있으며, 어떻게 하면 '전체적인 그림'을 제공할 수 있는가?
2. 상기 (1)항과 관련된 규칙성이 자발적인 대화로 유도되지 않는 임무
를 수행하는데 요구되는 문법지식의 기타 다른 종류와 어떻게 연관되
는가?
3. 상기 (1)항과 관련된 규칙성에 어떤 구속력이 있는가? 어느 정도의
범위까지 그리고 어떤방식으로 학습자의 L1이 관찰된 규칙성의 패턴
에 영향을 미치는가?
4. 기타 다른 언어체계에서 규칙성은 얼마 만큼 관찰되는가? 어휘 및
화용적 지식에도 발달의 자연스런 절차가 있는가?
5. 상기 (1)항에서 관찰된 규칙성이 어느 정도로 기타 다른 학습자 언
어와 유사한가 아니면 다른가(예: L1습득과 피진어)?
6. 상기 (1)항과 관련된 규칙성은 어떻게 설명될 수 있는가? 경쟁적 설
명 사이에 원칙적 선별은 어떻게 해낼 수 있는가?
7. 일부 학습자들은 왜 다른 학습자들 보다 빨리 학습하며, 또한 오랫
동안 학습을 계속할 수 있는가? 환경적 요인 조작에 의하여 학습속도
에 영향을 주는 것이 가능한가?
8. 어떻게 하면 SLA연구의 한 스타일이 교육적 현안에 관한한 최대가
될 수 있도록 발전할 수 있는가? 그것은 얼마 만큼 '순수' SLA연구의
결과에 적용할 가능성이 있는가?

용어풀이

문화동화

문화동화는 새로운 문화를 수용해가는 과정이다. 여기엔 새로운 문화의 사고, 신념 및 정서뿐만 아니라 의사소통체계 등 등에 대한 이해발달이 포함된다. 문화동화는 가설로 존재해 왔기 때문에 SLA를 이해하는 매우 중요한 개념이며, 성공적인 언어학습은 학습자가 문화동화에 성공할 때 더욱 확률이 높은 경향이 있다.

정확도 순서

학습자는 발달단계마다 각기 다른 정확도를 보이면서 3인칭 단수어미 -s 또는 관사 a, the 등과 같은 L2형태소를 생산한다. 정확도 순서는 학습자의 정확도 단계에 따라 수 많은 형태소를 순위로 등급을 메겨 정리하여 얻을 수 있다. 일부 SLA연구자들은(예: Dulay와 Burt) 정확도 순서는 습득순서와 일치할 것이라고 가설 설정을 했다.

습득

습득은 L2로 의사소통할 때 사용되는 규칙과 공식의 내면화로 폭 넓게 정의할 수 있다. 이러한 의미에서 '습득'이란 용어는 '학습'과 동의어이다. 그러나 Krashen(1981)은 이들 두 용어를 달리 사용하고 있다. 즉 Krashen의 경우 '습득'은 자연스런 언어사용의 결과 언어규칙의 내면화의 자연발생적 과정으로 구성되어 있으며, '학습'은 공식적인 공부를 통한 의식적인 L2지식의 발달로 구성되어 있는 것으로 본다.

습득장처

언어습득에 관한 이성주의 이론은 환경적 요인을 무시하고 언어학습자의 천부적인 능력의 중요성을 강조한다. 학습자 개개인은 습득절차를 명령

/감독하는 '습득장치'를 갖고 있는 것으로 믿는다. 이 장치는 어떤 언어의 문법이라도 받아들일 가능성이 있는 정보를 보유하고 있다(보편문법을 참조할 것).

어림체계(approximative system)

이 용어는 학습자가 목표어를 사용하려고 할 때 채용하는 변이적 언어 체계를 의미하는 것으로 Nemser(1981)가 처음으로 사용했다. 학습자는 완벽한 목표어 유창성을 획득하는 과정에서 수 많은 '어림체계'를 경험하게 된다. 이 용어는 의미로 볼 때 '중간어'와 '잠정적 능력'과 거의 동일하다.

적성

적성이란 학습자가 SL을 배울 수 있는 특별한 능력을 의미한다. 적성은 '지능'이라고 부르는 학문적 능력/숙련도에 해당하는 일반적인 능력과 별도로 분리되어 있는 것이라고 가정하고 있다.

태도

학습자들은 목표어 문화, 학습자 자신의 문화, 그리고 교실 수업인 경우 그들에게 주어지는 학습 임무 및 교사 등과 같은 요인들에 대한 어떤 신념 체계를 갖고 있다. 이 신념체계를 '태도'라고 부른다. 태도는 여러 가지 방법으로 언어학습에 영향을 미친다(동기도 참고할 것).

회피

회피는 특정의 목표어 구조가 원어민 화자의 생산과 비교할 때 제대로 나타나지 않거나 약한 경우 나타나는 현상이라고 말들을 한다. 학습자는 어려움을 감지한 문장 구조를 피하려는 경향이 있다. 이와 같은 어려움의 한 가지 원인은 목표어 구조와 모국어 구조간에 상응관계 부족일 수 있다. 이러한 의미에서 '회피'는 언어전이의 반사/굴절이다.

퇴보/뒷걸음질

L2학습자들은 어떤 경우엔 정확한 목표어 형식을 나타내지만, 또 어떤 경우에는 상궤를 벗어난 매우 이상한 형식을 나타내기도 한다. 이런 현상이 나타날 경우를 '퇴보'라고 부른다. 퇴보는 발달단계상 현단계 보다 앞선 이전 단계에 속하는 규칙의 사용이 내포된다. 이런 현상은 학습자가 어떤 압력을 느낄 때, 예를 들면, 학습자가 매우 어려운 주관적인 일을 표현해야만 한다거나 불안감을 느낄 때 나타난다(Selinker 1972 참조).

행동주의 학습이론

행동주의 학습이론은 학습에 관한 일반 이론인 것이다(즉 이 이론은 모든 종류의 학습에 적용되는 것이지, 반드시 언어학습에만 적용되는 것은 아니다). 행동주의 이론은 학습을 습관형성으로 본다. 이것은 학습자가 특정 반응을 유발하는 특정 자극을 만나게 되고, 이것이 다시 보상으로 강화될 때 학습이 이루어진다. 행동주의 학습이론은 내적, 지적요인과 반대되는 환경적 요인을 강조한다.

조심스런 스타일

언어 사용자가 자신이 생산하는 언어형태를 면밀히 관심을 갖고 지켜볼 수 있을 때, 이것을 '조심스런 스타일'이라고 칭한다(Tarone 1983). 이 용어는 '일상적인 스타일'과 대조적인 개념이다. '조심스런 스타일'은 문법시험을 보거나 쌍으로 된 단어를 읽을 경우와 같이 공식적인 언어 임무에서 분명하게 나타난다.

채널 수용능력(channel capacity)

채널 수용능력이란 발화를 처리할 수 있는 언어 학습자의 능력을 의미한다. 언어를 이해하고 생산하는 언어처리 절차란 것은 단순히 언어규칙을 안다는 것과는 달리 그 이상의 의미를 갖는다. 기억으로부터 규칙을 찾아내고, 그 규칙을 쉽게 그리고 자연스럽게 이용할 수 있는 정도의 수준을 의미한다. 언어발달의 초기단계에서 학습자들은 채널 수용능력이 제한되어 있기 때문에 자신의 언어지식에 접근하여 그 지식을 활용하기가 매우 어려웠던 것을 경험하는 수가 많다.

인지 조직자

이 용어는 Dulay와 Burt(1977)에 의하여 처음 사용되었는데, 이 말은 투입 정보를 하나의 체계속에 체계화하고 조직화하는 학습자의 내적 처리체계의 일부분을 의미한다. 그러므로 내적 조직자는 학습자가 경험하고 통과해 나아가는 과정상에 있는 일시적/잠정적 단계에서 나타난다. 인지 조직자는 무의식적으로 작동된다.

의사소통 전략

이것은 L2지식을 사용하기 위한 전략이다. 전략은 학습자가 의사소통에 필수적인 언어지식을 결하고 있는데, 그럼에도 불구하고 의사소통을 하지 않으면 안될 상화에 처하게 되면 이 전략을 채택하게 된다(예: 몇 가지 대상/목적물에 관하여 말을 해야 할 판인데 이에 적합한 L2단어를 아직 학습하지 못했거나 모를 경우). 전형적인 의사소통 전략으로는 풀어서 다시 말하기(paraphrase), 무언극(mime) 등이 있다. 의사소통 전략은 '학습 전략', '생산전략' 등과 대조를 이룬다.

능력(competence)

학습자가 L2를 습득할 때, 학습자들은 하나의 체계속에 조직화된 규칙들을 내면화한다. 이것이 그들의 '능력'을 구성한다. 이 체계를 실제로 이용하여 발화를 생산하는 것은 '수행'이라고 한다. 능력이란 무엇인지에 관하여 학자들간에 의견의 일치가 있는 것은 아니다. 일부 학자들은(예: Chomsky) 능력을 전적으로 언어적인 능력으로만 보고 있고, 또 다른 학자들은(예: Hymes) 능력을 의사소통적인 것(즉 '의사소통 능력'이 언어적 지식과 의미를 전달하기 위하여 이들 규칙을 사용하는 방법 등 두 가지라고 본다)으로 보고 있다. 또 다른 견해는 능력을 동질적인 것(단 한 쎄트의 규칙들)으로 보느냐 또는 여러 가지 다양한 것(즉 상황에 따라 사용할 수 있는 여러 가지 복수로 구성된 쎄트의 규칙들로 볼 것이냐 여부)으로 보느냐에 따른 차이가 있다.

이해 가능한 투입

투입은 학습자가 현재 노출되고 있는 언어에 관한 것이다. 이 경우 학습자가 노출된 해당 언어를 '이해 가능한' 것(즉 학습자들이 이해할 수 있는 투입)이거나 '이해할 수 없는' 것(즉 학습자가 이해할 수 없는 투입)이거나 둘 중의 하나일 것이다. 원어민이 L2학습자에게 말을 할 때, 원어민들은 L2학습자가 이해하기 쉬운 단계로 자신들의 말의 수준을 조절하는 수가 많다. 이해할 수 있는 투입에의 접근은 학습자에게는 습득의 필수조건이 된다.

이해 가능한 산출/결과

'산출/결과'는 학습자가 생산한 언어이다. 학습자가 발한 언어는 이해 가능한 표현이거나 아니면 이해 불가능한 표현일 수 있다. 이해 가능한 표현을 만들려고 애쓰는 학습자의 노력은 학습자의 내면화된 규칙체계를 계속해서 수정, 보완하려고 노력할 때 습득의 일부분이 될 수 있다.

전후관계

발화의 전후관계는 다시 세분하여 - (1) 발화가 나타나는 상황을 의미할 수 있다. 이것을 '상황적 전후관계'라고 부른다. (2) 언어를 둘러 싸고 있는 언어적 환경을 의미하는 수도 있다. 이 경우는 '언어적 전후관계'라고 칭한다. - 이상과 같이 두 가지를 의미할 수 있다. 이들 두 타입의 전후관계는 언어형태의 선택에 영향을 주므로 결과적으로는 언어산출에 영향을 주게 된다.

대조분석 가설

대조분석 가설에 따르면 L2오류는 학습자의 모국어와 목표어간의 차이 때문에 나타난다는 것이다. 이 이론의 적극설은 이와 같은 차이가 발생 가능성이 있는 모든 오류를 다 예측할 수 있다고 주장하며, 소극설은 실제로 발생하는 오류 전체중 일부만 예측이 가능하다고 본다.

대조화용론
두 언어간 대조분석은 대개 두 언어의 문법체계를 놓고 대조해 보았다. 그러나 두 언어간의 사용법이 어떤 차이가 있는지를 비교해 볼 수 도 있다 (예: 두 언어가 '겸양/양보'와 같은 언어 기능을 어떻게 처리하고 있는지). 이와 같은 분석을 대조화용론이라 칭한다.

창조적 구축(creative construction)
Dulay et al.(1982)은 언어학습자가 자기들이 듣는 언어를 자기들이 이해하고 문장을 생성하려고 구축한 규칙에 따라서 서서히 조직화하는 무의식적 과정이라고 정의한다.

결정적 시기 가설
이 가설은 언어습득엔 힘들이지 않고 자연스럽게 언어를 습득할 수 있는 시기가 있다는 것인데, 일정한 연령적 시기가 지나면 투입이 있어도 두뇌에서 결정적 시기에 작동한 것과 같은 방식으로 언어처리를 할 수 없다는 것이다. 언어습득에 결정적 시기가 언제 종료되느냐에 대해서는 학자마다 견해가 다르다.

발달
'발달'이란 용어는 '습득' 또는 '학습'과 동의어로 쓰인다. 그러나 Chomsky는 '발달'과 '습득'을 구분했다. 그에 의하면 전자는 언어처리능력에 영향을 받는 실제적인 언어학습이고, 후자는 전적으로 학습자의 '습득장치'에 의존하는 '순수'학습을 의미한다. 그러므로 '발달'은 일반 인지능력과 습득장치 둘 다를 반영한 것이다.

확산모델
확산모델은 학습자가 자신의 내적 규칙을 발전시켜서 해당 언어형식을 정확히 사용할 수 잇는 방법을 찾아내는 법을 설명하려고 Gatbonton(1979)이 설계한 것이었다.

오류분석

오류분석은 연구자들과 교사들이 사용한 하나의 절차이다. 여기엔 학습자 언어의 표본을 추하는 표본 수집이 포함된다. 작업과정은 표본에서 오류를 식별해 내고, 식별된 오류를 정확히 기술하고, 가설에 설정된 요인에 따라 분류하고, 그 중요성을 평가하는 일 등이 있다.

환류(feedback)

이것은 의사소통을 하기 위한 학습자의 노력에 대한 반응이다. 환류는 정정, 고백, 명료화 요청, '으흠'과 같은 반응단서 등등의 기능들이 포함되어 있다. 이는 학습자가 목표어의 규칙체계에 대하여 형성한 가설을 검증하는데 주요 역할을 한다는 주장이 계속되어 왔다.

장 종속/독립

언어 학습자들은 그들이 정보를 감지하고, 개념화하고, 조직하고, 회상하는 태도나 방법이 각기 다르다. '장 종속성'은 전체적으로 작동(즉 이들은 장을 전체로 본다)하지만, '장 독립성'은 분석적으로(즉 이들은 장을 하나의 구성소 또는 부분으로 인식한다) 본다. 이와 같은 구분은 학습자가 SL을 습득하는 방법을 이해하는데 매우 중요하다.

여과(filter)

학습자는 자신들이 노출되고 있는 모든 투입에 관심을 가질 필요는 없다. 오히려 그들은 몇 가지 자질들에만 관심을 갖고 나머지 것들은 '여과' 시켜 버린다. Dulay et al.(1982)은 여과의 사용은 학습자의 동기, 태도, 정서 등과 같은 정의적 요인에 달려 있다고 주장했다.

외국인을 위한 말(foreigner talk)

원어민 화자가 학습자에게 말을 할 때, 그들은 이해를 촉진시킬 목적으로 자신들의 정상적인 스피치를 학습자에 맞게 조정한다. 언어형태와 기능을 포함하는 이와 같은 조정은 '외국인을 위한 말'로 구성된다. 외국인을 위한 말은 학습자가 이해할 만한 투입을 확실하게 보장하여 언어습득을 도와주게 된다.

공식적인 교육(formal instruction)

공식적인 교육은 학습을 도와주기 위하여 목표어의 규칙의 특성에 대하여 학습자의 의식이 고양될 때 학급에서 실시되게 된다. 공식 교육은 연역적으로(예: 학습자에게 언어규칙을 듣도록 기회를 주는 것) 혹은 귀납적으로(즉 학습자들은 특정 규칙에 대한 지식을 발전시킬 목적으로 설계된 언어 임무를 수행한다) 실시된다.

구구단식 스피치

구구단식 스피치는 '비분석적 전체로서 배워지는 표현으로 구성되고, 특별한 경우에 채택되는 것'으로 구성되어 있다.' Lyons 1968) (루틴과 패턴들을 참고할 것).

화석화

Selinker(1972)는 대부분의 L2학습자들이 목표어 언어능력 수준에 도달하지 못한다고 지적했다. 즉 내면화된 규칙체계(모국어의)가 목표어의 그것과 다른 규칙을 갖고 있을 때 학습자들은 학습이 정지되어 버린다는 말이다. 이와 같은 현상을 '화석화'라고 부른다.

빈도수

학습자가 노출되는 언어는 빈도수가 다양한 여러 가지의 언어적 형태를 포함하고 있다. 마찬가지로 학습자의 산출도 빈도수가 제각각인 언어 형태의 범주를 내포하게 된다. 빈도수의 개념은 투입 빈도가 산출 빈도와 일치한다는 점을 보여줄 수 있는 증거가 있기 때문에 매우 중요하다.

가설 형성

SLA기간 동안 학습자는 목표어 규칙의 특성에 대한 가설을 형성하여, 이들 규칙을 검증해 나간다고 주장되어 왔다. 이런 의미에서 하나의 가설은 L2의사소통에 사용되는 하나의 내면화된 규칙이다.

가설검증

일단 학습자가 목표어 규칙에 대한 하나의 가설을 형성하고 나면, 학습자는 그것을 확인하거나 거부하기 위하여 다양한 방법으로 검증할 수 있다. 거부는 새로운 가설이 낡은 가설을 대체하기 위하여 새로 형성됨으로써 규칙체계의 수정을 낳게 한다.

암시적 분석/측정

암시적 측정은 SLA연구자들이(예: Dittmar 1980) L2수행의 변이성을 나타내기 위하여 사용했던 방식이다. 이것은 언어학습자 언어에 하나의 언어학적 형태의 존재가 한 개 또는 그 이상의 형태가 존재할 경우에만 나타난다는 개념에 따른 것이다. 그러므로 한 개의 형태는 다른 형태를 '암시한다'.

암시적 보편성

언어적 보편성은 이 세상의 언어중 여러 개 또는 모든 언어에 나타나는 자질이다(유형적 보편성을 참조할 것). 암시적 보편성은 하나의 언어적 자질의 존재가 또 다른 언어적 자질들의 존재와 관련된다. 그러므로 만약 주어진 언어에 자질 x가 있다면, 이 언어에는 자질 y, z,...n도 존재할 수 있다고 추정해 볼 수 있다.

유추

유추는 학습자가 투입에 관심을 기울여서 가설을 형성하는 수단이다.

이것은 투입에 있는 구체적 자질들을 살피거나 투입을 번역하기 위한 상황의 전후문맥을 사용하여, 목표어에 대한 가설형성을 포함한다.

투입

투입은 학습자가 노출되어 있는 언어를 구성한다. 투입의 형태는 말로 될 수도 있고 글로 될 수도 있다. 투입은 학습자가 목표어의 규칙을 결정하기 위하여 사용하는 데이터로 작용한다.

상호작용 분석

상호작용 분석은 학급 의사소통을 연구하기 위하여 사용한 연구 절차이다. 여기엔 범주의 한 체계의 사용을 내포하는데 이는 교사와 학생들이 언어를 사용하는 각기 다른 방식을 기록하고 분석하기 위한 목적이 있다.

상호작용주의 학습이론

이 이론은 언어적 환경과 언어발달상의 학습자 내면의 매카니즘 등 두 가지의 공동 기여를 강조한다. 학습은 학습자의 정신적 능력과 언어적 투입간의 상호작용으로부터 나온 결과이다.

접촉영역 입장

'습득'된 지식과 '학습'된 지식의 구분을 강조하는 SLA이론들은 이들 둘을 완전히 분리된 별개로 보는 입장이거나 아니면 각각의 지식 타입이 '새어나오는 것'으로 보아야 이론의 유지가 가능하므로 습득된 지식은 학습된 지식으로 변화할 수 있고 또한 그 반대도 가능한 것이다. 후자를 우리는 접촉영역적 입장이라고 부른다.

중간어

중간어는 Selinker(1972)가 학습자의 모국어와 목표어 둘 다로부터 자유로운 독자적인 SL의 체계적 지식을 언급할 목적으로 만들어 낸 용어이다. 이 용어는 다르지만 다음과 같은 관련된 의미로 사용되기 시작했다: 즉 (1)

습득을 특성화시키는 일련의 연동체계에 관한 것, (2) 발달의 어느 한 단계에서 관찰된 체계에 관한 것, (3) 특정 모국어/목표어 조합(예: 모국어 불어/목표어 영어대 모국어 독어/목표어 영어)에 관한 것 등이 있다.

잠재적 언어구조

이 용어는 언어를 배울 수 있는 어린이의 천부적 능력(capacity)을 설명하려고 Lenneberg(1967)가 사용한 용어이다. 이것은 습득장치와 매우 유사한 개념이다.

학습

학습은 L2로 의사소통하기 위하여 사용되는 규칙과 공식의 내면화라고 폭넓게 정의될 수 있다. 이러한 의미에서 보면 이는 '습득'과 동의어이다. 그러나 Krashen(1981)은 이 용어를 발전하는 의식과정 혹은 공식적인 공부를 통하여 얻어지는 메타 언어적 지식을 지칭하는 것으로 사용한다.

학습전략

학습전략은 학습자들이 어떻게 새로운 L2규칙을 축적하는가, 기존의 L2지식을 어떻게 자동화하는가 등을 설명한다. 여기엔 가설 형성 및 검증의 일반적인 절차를 내포하는 전략이 포함된다. 이것은 의식적일 수도 있고 무의식적일 수도 있다. 학습 전략은 의사소통전략 및 생산 전략 등과 대조를 이루는데, 이들 두 전략은 학습자들이 이런 규칙체계를 습득하는 방법보다는 오히려 어떻게 이용하는가를 설명하고 있다.

유표성

촘스키 학파의 언어학자들은 언어규칙은 핵심문법의 한 부분(즉 보편규칙들)이거나 주변규칙의 한 부분(즉 특정 언어에만 나타나는 특수한 현상)일 것이다. 핵심규칙은 무표라고 보게 되는데, 무표이기 때문에 습득도 그만큼 용이하다. 주변규칙은 유표성일 갖기 때문에 배우기가 그만큼 어렵다고 본다.

이성주의

언어학습에 관한 이성주의 이론은 언어습득을 위한 학습자 내면의 정신 능력을 강조하고, 환경적 요인을 최소화한다(습득장치 참조).

모니터링

언어학습자와 원어민 화자 둘 다 자신들의 말에 오류가 있으면 뭐든지 교정하려고 하는 것이 전형적인 태도이다. 이것을 '모니터링'이라고 한다. 학습자는 어휘, 문법, 음운, 담화 등을 모니터 할 수 있다. Krashen(1981)은 학습자가 '습득된 지식'을 수단으로 생성한 발화를 개선하기 위하여 '학습된 지식'을 사용하는 방법을 'Monitoring(대문자 'M'으로 표기)'이란 용어로 명명했다.

엄마 말(motherese)

엄마가 아기에게 말을 할 때, 엄마들은 말을 간소화하는 것이 전형적인 태도이며, 이렇게 간소화하는 이유는 아기와 의사소통을 계속 유지하려는 목적이 있기 때문이다. 이와 같은 스피치의 공식적이고 상호작용적 특성을 '엄마 말'이라고 한다. 이와 같은 엄마 말은 아기가 언어를 배우는데 도움이 될 수 있다.

동기

언어학습에서 동기는 학습자의 전반적인 목표 또는 지향성이란 용어로 정의될 수 있다. Gardner와 lambert(1982)는 학습자의 목표가 기능적일 경우(예: 직장을 얻기 위해서 또는 시험에 붙기 위해서)에 나타나는 '도구적 동기'와 학습자가 L2집단의 문화와 동일시하고자 할 때 나타나는 '통합적 동기'를 구별하고 있다. 또 다른 종류의 동기는 학습자가 또 다른 학습임무를 수행하려는 필요성을 느낄 때 나타나는 '임무 동기'란 것이 있다.

의미의 타협

학습자들이 원어민 화자나 다른 학습자와 상호 접촉을 할 때, 그들은 종종 의사소통에 어려움을 경험한다. 이것이 원인이 되어 대화자들은 상호 의사소통을 확실하게 보장하려고 상호작용적인 노력을 기울이게 만든다. 이 일을 종종 '의미의 타협'이라고 부른다. 이것은 여러 가지 방법으로 SLA에 기여한다.

비대면적 입장

'습득된 지식'과 '학습된 지식'의 구분을 강조하는 SLA이론들은 양자를 완전히 구분된 것으로 보는 입장과 양자간에 상호 왕래되는 것으로 보는 입장 등 두 가지 입장이 있다. 여기서 전자를 '비대면적 입장'이라고 칭한다.

의무적 유인

언어적 전후상황이 특정의 형태소의 사용을 필요로 할 경우, 이 경우를 '의무적 유인'이라고 부른다. 예를 들면 'There are two _____ playing in the garden'이란 말로 야기된 전후상황은 복수 형태소를 요하게 된다. 즉 밑줄 그은 부분에 오는 명사는 반듯이 복수이어야만 한다. 개별적인 형태소의 정확도를 유지하는 첫 단계는 데이터 상에 나타난 형태소의 모든 '의무적 유인'의 경우의 수를 식별해 내는 일이다.

작동원리

Slobin(1973)은 어린이가 모국어를 습득할 때 사용하는 다양한 전략을 기술하기 위하여 '작동원리'란 용어를 만들어 냈다. 예를 들면 '문장/단어의 끝에 관심을 기울여라', '예외를 피하라' 등등이 있다. 유사한 전략들이 SLA에서 사용되고 있다.

발달순서

이 책에서는 일관성 있게 '순서'와 '연쇄'를 구분해 왔다. '발달순서'

란 용어는 SLA에서 구체적 문법 자질들이 이용되는 순서를 의미한다. 이것은 학습자의 L1배경과 학습상황과 같은 요인에 따라 다양하다.

과잉-일반화

L1, L2습득에서 언어학습자는 'comed'에서 보는 바와 같이 목표어에는 적용되지 않는 문법원칙을 과도하게 일반화하여 나타나는 것을 볼 수 있다. 이 과정을 '과잉-일반화'라고 한다.

패턴

패턴은 구구단식 스피치의 한 형태이다. 패턴은 하나 이상의 개방된 슬롯(자판기 동전 넣는 구멍과 같은 것, 가늘고 긴 구멍/홈)을 가진 분석되지 않은 단위이다. 예를 들면 'Can I have a _____ ?'에서 처럼 밑줄 그은 부분이 하나의 슬롯으로서 어떤 명사든지 이곳에 올 수 있는 개방형이란 의미이다.

언어의 기본단계

Neufeld(1978)는 언어의 '기본단계'와 '이차단계'를 구분했다. 기본단계는 상당히 큰 기능적 어휘와 기본적인 발음 및 문법 통제력 등이 내포된다. Neufeld는 모든 학습자들이 이 기본적인 단계를 습득할 천부적 능력을 갖고 있다고 주장한다.

적극적 억제(proactive inhibition)

적극적 억제는 이전의 학습이 새로운 습관의 학습을 막거나 억제하는 방법이다. L2학습자들은 L1언어유형과 다른 목표어 유형 습득에 어려움을 경험하게 될 것이라고 가정해 볼 수 있다(간섭현상 참조).

생산전략

생산전략은 의사소통에 언어적 지식의 활용을 뜻한다. 이들은 어떤 의사소통 문제 및 무의식적인 사용 등등의 면에서 '의사소통전략'과 다르다.

유창성

유창성은 목표어에 대한 학습자의 지식으로 구성된다. 이것은 '능력 (competence)'이란 말과 동의어이다. '유창성'은 언어능력 혹은 의사소통 능력이라고 볼 수 있다. L2유창성은 원어민 화자 유창성과 관련시켜서 측정된다.

투사장치(projection device)

Zobl(1984)은 '습득장치'의 한 구성요소가 바로 '투사장치'라고 주장했다. 이것은 학습자가 이전에 습득한 언어 규칙으로부터 암암리에 나오는 하나 또는 그 이상의 규칙들을 습득할 수 있게 해주는 하나의 기폭제 역할을 한다(암시적 보편성 참조).

심리적 간격

'심리적 간격'이란 목표어와 목표어 지역사회에 관련된 학습자의 전반적인 심리적 모양새(set)를 다루기 위하여 Schumann(1978a)이 사용한 용어이다. 이것은 언어 충격과 동기와 같은 한 다발의 요인들에 의하여 결정된다.

습득속도

이것은 학습자가 L2유창성을 발전시키는 속도를 의미한다. 이것은 '습득경로'와 대조되는 개념이다.

재창조 연속선

중간어는 하나의 연속선으로 본다(즉 연속적인 단계들). 이 연속선의 한 가지 가능성이 잇는 출발점은 '몇 가지 기본적인 간단한 문법'이다. 즉 L1습득의 초기 단계로부터 회상되어 나올 수 있는 것(Corder, 1981)을 말한다. '재창조 연속선'은 이들 간단한 문법의 완만한 복잡화로 구성되어 있다.

재구성 연속선

중간어는 하나의 연속선으로 본다(즉 다단계로 구성된). 한 가지 가능성이 있는 출발점은 바로 학습자의 L1이다. '재구성 연속선'은 L1에 기초를 둔 규칙들을 L2에 기초를 둔 규칙으로 서서히 교체해 가는 것으로 구성되어 있다.

발달경로

L2학습자들은 목표어 규칙 습득에 이르기까지 수많은 잠정적 단계를 거쳐간다. 이것을 '발달경로'라고 부른다. 이 책에서 '경로'란 용어는 변이에 보편적이거나 지배를 받거나 상관없이 중립적인 입장으로 보려고 애를 썼다.

routines

루틴은 구구단식 스피치의 한 형태이다. 이들은 완전히 분석되지 않은 단위이며, 전체로서 배워지는 단위이다. 하나의 일상적인 루틴은 'I don't know'가 있다(구구단식 스피치와 문장 패턴 참조).

각본(script)

각본도 구구단식 스피치의 한 유형으로 간주할 수 있다. 이들 각본은 어느 정도 고정되고 예측할 수 있는 발화 연쇄가 기억된다. 예를 들면 인사말 같은 발화연쇄가 이에 속한다.

언어의 이차적 단계

Neufeld(1978)는 언어를 '일차적 단계', '이차적 단계' 등 두 단계로 구분했다. 이차적 단계는 복잡한 문법적 구조 및 각양각색의 언어 스타일을 처리할 수 있는 능력을 포함한다. 모든 L2학습자들이 다 언어의 이차적 단계를 섭렵하는데 성공하는 것은 아니다.

의미적 간소화

의미적 간소화는 원어민 화자의 스피치에 나타나는 명제적 요소를 삭제
함으로써 학습자들이 발하고자 하는 발화를 간소화시킬 때 나타나게 된다.
예를 들면 학습자는 'He is hitting me'라고 할 말을 간단히 'Hitting'이라고 말
할 수도 있다.

발달 연쇄

이 책에서 저자는 발달의 '순서'와 '연쇄'를 구분했다. '발달연쇄'란
용어는 보편적이고, 따라서 L1배경이나 기타 다른 요소로 인하여 변이에 영
향을 받지 않는 전반적인 SLA발달의 측면을 말할 때 사용된다.

간소화

간소화란 학습자가 학습의 짐을 덜어 보려고 할 때 혹은 그들이 발달의
어느 단계를 형성하려는 많은 가설을 통제하거나 생산에서 문법적 요소와
명제적 요소를 생략한 상태로 SL을 사용하려는 방식을 의미한다.

사회적 간격

'사회적 간격'이란 Schumann(1978a)이 목표어 지역사회에 직면한 학습
자의 입장을 설명하는 용어로 사용했다. 이것은 학습자의 사회집단과 목표
어의 지역사회간의 관계와 연계된 일련의 요인들에 의하여 결정된다.

성공적인 습득

이것은 학습자가 마지막으로 성취해 내는 언어 유창성의 수준과 관련이
있다(화석화 참조).

목표어

목표어란 학습자가 배우고자 하는 언어를 말한다. 이것은 원어민 화자
의 문법도 포함한다.

교사의 말

교사들은 언어학습 교실에서 사용하는 말이 다른 과목 교육에서와는 다른 말을 사용한다. 교사들은 의사소통을 촉진시키기 위하여 언어형태와 언어기능 등을 조정한다. 이들 조정을 '교사의 말'이라고 한다(외국인 상대 원어민 말도 참고할 것).

전이

전이란 L2를 배우는데 L1지식을 사용하는 과정을 말한다. 전이는 L1의 패턴이 목표어 패턴과 동일할 때 긍정적으로 나타나고, 다를 때 부정적으로 나타난다. 후자의 경우 L1에서 유도된 오류가 발생한다.

잠정적 능력(transitional competence)

이것은 학습자가 SLA과정에서 발전시키는 중간규칙체계를 설명하려고 Corder(1976)가 사용한 용어이다.

잠정적 구축(transitional constructions)

Dulay et al.(1982)은 '잠정적 구축'을 '학습자가 한 언어의 문법을 배우고 있는 동안 그들이 사용하는' 중간언어형태라고 정의를 내렸다. 예를 들면 학습자가 영어 부정문에 관한 규칙을 마스터하기 전에 그들은 중간규칙 (예: 'no' + 동사)을 작동시킨다.

유형적 보편성

유형적 보편성이란 모든 언어 혹은 대부분의 언어에 나타나는 자질들을 식별해 내기 위하여 자연 언어들의 대표적인 표본을 조사 연구하는 것이라고 볼 수 있다. 유형적 보편성은 절대적 보편성(모든 언어에 다 나타나는 현상) 또는 경향적 보편성(많은 언어에 나타나는 현상) 등으로 구성될 수 있다.

보편문법

촘스키적 견해를 가장 잘 요약한 Cook(1985)는 '보편문법'을 '인간의 마음속에 천부적으로 갖고 태어난 속성/특성'이라고 정의했다. 보편문법은 특정의 규칙이라기 보다는 모든 언어에 적용되는 일반적인 원리들로 구성되어 있다.

보편 가설

'보편가설'이란 언어습득은 자연 언어가 조직되어 있는 방식에 의하여 지배되는 것을 말한다. 즉 어떤 보편적인 언어 자질들은 구체적인 언어 규칙이 습득되는 순서에 영향을 준다. 보편가설에 따르면 습득을 결정하는 것은 일반인지적 요인이라기 보다는 언어적 요인이라고 볼수 있다.

변이성

언어 사용자들은 그들이 언어지식을 사용하는 방식이 매우 다양하다. 이 변이성은 비체계적(즉 우연성)이거나 체계적일(전후문맥에 따라 사용을 예측할 수 있는 변이로서 두 개 이상의 언어적 형태) 수 있다.

변이규칙

변이성이 체계적일 때, 전후문맥이 달라지면 대안형태를 의미하는 변이규칙에 의하여 이런 경우는 설명이 가능해진다.

일상적인 스타일

언어 사용자가 자연스럽게 어떻게, 언제라는 문제보다도 무엇을 의사소통에 필요로 하는가라는 점에 관심을 기울이고 있을 때, 그들은 자신의 '일상적인 스타일'에 의존하게 된다. 일상적인 스타일은 매일 매일의 대화에 분명히 나타난다.

수직적 구조

수직적 구조는 이미 빌한 이전의 발화로부터 일부분을 차용하여, 학습자 자신이 갖고 있는 원재료를 추가하여 만들어 내는 발화를 말한다. 예를 들면 'No come here'를 보면 이미 앞선 발화에서 'Come here'가 나왔을 때 여기다 단순히 'no'만 추가하는 학습자 발화 같은 것이 된다.

참고문헌

Adams, M. 1978. 'Methodology for examining second language acquisition' in Hatch (ed.) 1978a.

Adjemian, C. 1976. 'On the nature of interlanguage systems.' Language Learning 26: 297-320.

Allright, R. 1975. 'Problems in the study of the language teacher's treatment of learner error' in M. Burt and H. Dulay (eds.). On TESOL 1975. Washington D.C.: TESOL.

Allwright, R. 1980. 'Turns, topics and tasks: patterns of participation in language learning and teaching' in Larsen-Freeman(ed.) 1980.

Allwright, R. 1983. 'Classroom-centered research on language teaching and learning: a brief historical overview.' TESOL Quarterly 17: 191-204

Andersen, R. 1980. 'The role of creolization in Schumann's Pidginization Hypothesis for second language acquisition' in Scarcella and Krashen (eds.) 1980.

Andersen, R. (ed.). 1981. New Dimensions in Second Language Acquisition Research. Rowley, Mass.: Newbury House.

Andersen, R. (ed.). 1983a. Pidginization and Creolization as Language Acquisition. Rowley, Mass.: Newbury House.

Andersen, R. 1983b. 'Introduction: A language acquisition interpretation of pidginization and creolization' in Andersen (ed.) 1983a.

d'Anglejan, A. 1978. 'Language learning in and out of classrooms' in Richards (ed.) 1978.

d'Anglejan, A. and G. Tucker. 1975. 'The acquisition of complex English structures by adult learners.' Language Learning 25/2.

Arthur, B., R. Weiner, M. Culver, J. L. Young, and D. Thomas. 1980. 'The register of impersonal discourse to foreigners: verbal adjustments to foreign accent' in Larsen-Freeman (ed.) 1980.

Asher, J. 1977. Learning Another Language Through Actions: The Complete Teacher's Guidebook. Los Gatos, CA: Sky Oak Productions.

Bailey, K. 1980. 'An introspective analysis of an individual's language learning experience' in Scarcella and Krashen (eds.) 1980.

Bailey, K. 1983. 'Competitiveness and anxiety in adult second language learning: looking at and through the diary studies' in Seliger and Long (eds.) 1983.

Bailey, K., M. Long, and S. Peck (eds.). 1983. Second Language Acquisition Research. Rowley, Mass.: Newbury House.

Bailey, N., C. Madden, and S. Krashen. 1974. 'Is there a "natural sequence" in adult second language learning?' Language Learning 24: 235-44.

Barnes, D. 1976. From Communication to Curriculum. Harmondsworth: Penguin.

Barnes, S., M. Gutfreund, S. Satterly, and G. Wells. 1983. 'Characteristics of adult speech which predict children's language development.' Journal of Child Language 10/1: 65-84.

Beebe, L. 1980. 'Sociolinguistic variation and style shifting in second language acquisition.' Language Learning 30/1: 433-47.

Bertkau, J. 1974. 'Comprehension and production of relative clauses in adult second language and child first language acquisition.' Language Learning 24: 279-86.

Bialystok, E. 1979. 'An analytical view of second language competence: a model and some evidence.' The Modern Language Journal

LXIII: 257-62.

Bialystok, E. 1981. 'Some evidence for the integrity and interaction of two knowledge sources' in Andersen (ed.) 1981.

Bialystok, E. 1982. 'On the relationship between knowing and using forms.' Applied Linguistics III: 181-206.

Bialystok, E. 1983a. 'Inferencing: testing the "hypothesis-testing" hypothesis' in Seliger and Long(eds.) 1983.

Bialystok, E. 1983b. 'Some factors in the selection and implementation of communication strategies' in Faerch and Kasper (eds.) 1983a.

Bialystok, E. 1984. 'Strategies in interlanguage learning and performance' in Davies and Criper(eds.) 1984.

Bialystok, E. and M. Fröhlich. 1977. 'Aspects of second language learning in classroom setting.' Working Papers on Bilingualism 13: 2-26.

Bickerton, D. 1975. Dynamics of a Creole System. Cambridge: Cambridge University Press.

Blank, M., S. Rose and L. Berlin. 1978. The Language of Learning: The Preschool Years. New York: Grune and Stratton.

Bloomfield, L. 1933. Language. New York: Holt.

Blum-Kulka, S. and E. Levenston. 1978. 'Universals of lexical simplification.' Language Learning.' Learning 28: 399-415. Also in Faerch and Kasper (eds.) 1983a.

Brière, E. 1978. 'Variables affecting native Mexican children's learning Spanish as a second language.' Language Learning 28: 159-74.

Bright, J. and G. McGregor. 1970. Teaching English as a Second Language: Theory and Techniques for the Secondary Stage. London: Longman.

Brooks, N. 1960. Language and Language Learning. New York: Harcourt Brace and World.

Brown, H. 1980a. Principles of Language Learning and Teaching. Englewood Cliffs, N.J.: Prentice-Hall.

Brown, H. 1980b. 'The optional distance model of second language acquisition.' TESOL Quarterly 14: 157-64.

Brown, H. 1981. 'Affective factors in second language learning' in J. Alatis, H. Altman, and P. Alatis (eds.), The Second Language Classroom: Directions for the 1980s. New York: Oxford University   Press.

Brown, R. 1973. A First Language: The Early Stage. Cambridge, Mass.: Harvard University Press.

Brown, R. 1977. 'Introduction' in Snow and Ferguson (eds.) 1977.

Brumfit, C. J. 1979. 'Accuracy and fluency as polarities in foreign language teaching materials and   methodology.' Bulletin CILA 29: 89-99.

Brumfit, C. J. 1984. 'Theoretical implications of interlanguage studies for language teaching' in Davies and Criper (eds.) 1984.

van Buren, P. 1974. 'Contrastive analysis' in J. Allen and S. Corder (eds.). The Edinburgh Course in Applied Linguistics Vol.3: Techniques in Applied Linguistics. London: Oxford University Press.

Burmeister, H. and D. Ufert. 1980. 'Strategy switching' in Felix (ed.) 1980a.

Burstall, C. 1975. 'Factors affecting foreign-language learning: a consideration of some relevant research findings.' Language Teaching and Linguistics Abstracts 8: 5-125.

Burt, M. and H. Dulay, 1980. 'On acquisition orders' in Felix (ed.) 1980a.

Burt M., H. Dulay, and E. Hernandez, 1973. Bilingual Syntax Measure. New York: Harcourt Brace Jovanovich.

Burton, D. 1981. 'Analysing spoken discourse' in Coulthard and

Montgomery (eds.) 1981.

Butterworth, B. 1980. 'Introduction: A brief review of methods of studying language production' in B. Butterworth (ed.). Language Production, Vol.1. New York: Academic Press.

Butterworth, G, and E. Hatch. 1978. 'A Spanish-speaking adolescent's acquisition of English syntax' in Hatch (ed.) 1978a.

Canale, M. and M. Swain. 1980. 'Theoretical bases of communicative approaches to second language teaching and testing.' Applied Linguistics I: 1-47.

Carroll, J. 1967. 'Foreign language proficiency levels attained by language majors near graduation from college.' Foreign Language Annals 1: 131-51.

Carroll, J. and S. Sapon. 1959. Modern Language Aptitude Test (MLAT). New York: Psychological Corporation.

Carton, A. 1971. 'Inferencing: a process in using and learning language' in Pimsleur and Quinn (eds.) 1971.

Cattell, R. 1970. Handbook for the 16 Personality Factor Questionnaire. Champaign, Ill.: Institute for Personality and Ability Testing.

Cazden, C. 1972. Child Language and Education. New York, Holt Rinehart & Winston.

Cazden, C. H. Cancino, E. Rosansky, and J. Schumann. 1975. Second Language Acquisition Sequences in Children, Adolescents and Adults. Final Report, US Department of Health, Education, and Welfare.

Chastain, K. 1969. 'The audiolingual habit theory versus cognitive code-learning theory: some theoretical considerations.' International Review of Applied Linguistics VII: 97-106.

Chastain, K. 1975. 'Affective and ability factors in second language acquisition.' Language Learning 25:153-61.

Chaudron, C. 1983a. 'Foreigner-talk in the classroom-an aid to learning?' in Seliger and Long (eds.) 1983.

Chaudron, C. 1983b. 'Research on metalinguistic judgements: a review of theory, methods and results.' Language Learning 33:343-78.

Cherry, L. 1979. 'A sociolinguistic approach to language development and its implications for education' in O. Garnica and M. King (eds.). Language, Children, and Society. Oxford: Pergamon.

Chihara, T. and J. Oller. 1978. 'Attitudes and attained proficiency in EFL: a sociolinguistic study of adult Japanese speakers.' Language Learning 28: 55-68.

Chomsky, C. 1969. The Acquisition of Syntax in Children from Five to Ten. Cambridge, Mass.: MIT Press.

Chomsky, N. 1957. Syntactic Structures. The Hague: Mouton.

Chomsky, N. 1959. Review of Verbal Behaviour by D. F. Skinner. Language 35:26-58.

Chomsky, N. 1965. Aspect of the Theory of Syntax. Cambridge. Mass.: MIT Press.

Chomsky, N. 1966. Topics in the Theory of Generative Grammar. The Hague: Mouton.

Chomsky, N. 1980. 'On cognitive structures and their development: a reply to Piaget' in M. Piatelli-Palmarini (ed.). Language and Learning. London: Routledge and Kegan Paul.

Chomsky, N. 1981. 'Principles and parameters in syntactic theory' in Hornstein and Lightfoot (eds.) 1981.

Cicourel, A. K. Jennings, S. Jennings, K. Leiter, R. Mackay, H. Mehan, and D. Roth. 1974. Language Use and School Performance. New York: Academic Press.

Clark, R. 1974. 'Performing without competence.' Journal of Child Language 1: 1-10.

Clark, H. and E. Clark. 1977. Psychology and Language: An Introduction to Psycholinguistic. New York: Harcourt Brace Jovanovich.

Cohen, A. and M. Robbins. 1976. 'Toward assessing interlanguage performance: the relationship between selected errors, learners' characteristics and learners' explanations. Language Learning 26:45-66.

Comrie, B. 1981. Language Universals and Linguistic Typology. Oxford: Basil Blackwell.

Comrie, B. and E. Keenan. 1978. 'Noun phrase accessibility revisited.' Language 55: 649-64.

Cook, V. 1971. 'The analogy between first and second language learning.' in R. Lugton (ed.). Toward a Cognitive Approach to Second Language Acquisition. Philadelphia, Penn.: Center for Curriculum Development.

Cook, V. 1973. 'The comparison of language development in native children and foreign adults.' International Review of Applied Linguistics XI: 13-28.

Cook, V. 1975. 'Strategies in the comprehension of relative clauses.' Language and Speech 18: 204-12.

Cook, V. 1977. 'Cognitive processes in second language learning.' International Review of Applied Linguistics XV: 1-20.

Cook, V. 1978. 'Second-language learning: a psycholinguistic perspective.' Language Teaching and Linguistics: Abstracts 2: 73-89.

Cook, V. 1985. 'Universal Grammar and second language learning.' Applied Linguistics 6/1: 2-18.

Corder, S. 1967. 'The significance of learners.' International Review of Applied Linguistics V: 16-9.

Corder, S. 1971. 'Idiosyncratic dialects and error analysis.' International

Review of Applied Linguistics IX: 149-59.

Corder, S. 1974. 'Error analysis' in J. Allen and S. Corder (eds.). The Edinburgh Course in Applied Linguistics, Vol.3. Oxford: Oxford University Press.

Corder, S. 1976. 'The study of interlanguage' in Proceedings of the Fourth International Congress in Applied Linguistics. Munich: Hochschulverlag. Also in Corder 1981.

Coulthard, M. and M. Montgomery. 1981. Studies in Discourse Analysis. London: Routledge and Kegan Paul.

Crystal, D. 1976. Child Language Learning and Linguistics: An Overview for the Teaching and Therapeutic Professions. London: Edward Arnold.

Cummins, J. 1979. 'Cognitive/academic language proficiency, linguistic interdependence, the optimal age question and some other matters.' Working Papers on Bilingualism 19: 197-205.

Dickerson, L. 1975. 'Interlanguage as a system of variable rules.' TESOL Quarterly 9: 401-7.

Dittmar, N. 1976. Sociolinguistics. London: Edward Arnold.

Dittmar, N. 1980. 'Ordering adult learners according to language abilities' in Felix (ed.) 1980a.

Dulay, H. and M. Burt. 1973. 'Should we teach children syntax?' Language Learning 23: 245-58.

Dulay, H. and M. Burt. 1974a. 'You can't learn without goofing' in Richards (ed.) 1974.

Dulay, H. and S. Krashen. 1982. Language Two. New York: Oxford University Press.

Eckman, F. 1977. 'Markedness and the Contrastive Analysis Hypothesis.' Language Learning 27:   315-30.

Eisenstein, M., N. Bailey, and C. Madden. 1982. 'It takes two: contrasting tasks and contrasting structures.' TESOL Quarterly 16/3.

Ekstrand, L. 1975. 'Age and length of residence as variables related to the adjustment of migrant children with special reference to second language learning.' Paper presented at AILA, Stuttgart. Also in Krashen, Scarcella, and Long (eds.) 1982.

Ekstrand, L. 1977. 'Social and individual frame factors in second language learning: comparative aspects' in T. Skutnabb-Kangas (ed.). Papers from the First Nordic Conference on Bilingualism. Helsdingsfors Universitat.

Ellis, R. 1980. 'Classroom interaction and its relation to second language learning.' RELC Journal 11/2: 29-48.

Ellis, R. 1982a. 'The origins of interlanguage.' Applied Linguistics III: 207-23.

Ellis, R. 1982b. 'Discourse Processes on Classroom Second Language Development.' PhD. thesis, University of London.

Ellis, R. 1983. 'Teacher-pupil interaction in second language development.' Paper presented at the Tenth University of Michigan Conference on Applied Linguistics, Ann Arbor.

Ellis, R. 1984a. Classroom Second Language Development. Oxford: Pergamon.

Ellis, R. 1984b. 'Sources of Variability in Interlanguage.' Paper presented at the Interlanguage Seminar in Honour of Pit Corder, Edinburgh.

Ervin, S. 1964. 'Imitation and structural change in children's language' in E. Lenneberg (ed.). New Directions in the Study of Language. Cambridge, Mass.: MIT Press.

Ervin-Tripp, S. 1974. 'Is second language learning like the first?' TESOL Quarterly 8: 111-27.

Eysenck, H. 1964. Manual for the Eysenck Personality Elementary. London: London University Press.

Faerch, C. 1984. 'Strategies of production and reception' in Davis and Criper (eds.) 1984.

Faerch, C. and Kasper. 1980. 'Processes in foreign language learning and communication.' Interlanguage Studies Bulletin 5: 47-118. Also in Faerch and Kasper (eds.) 1983a.

Faerch, C. and Kasper, G. (eds.). 1983a. Strategies in Interlanguage Communication. London: Longman.

Faerch, C. and G. Kasper. 1984. 'Two ways of defining communication strategies.' Language Learning 34/1.

Fanselow, J. 1977. 'Beyond Rashoman-conceptualising and describing the teaching act.' TESOL Quarterly 11: 17-39.

Fathman, A. 1975. 'The relationship between age and second language productive ability.' Language Learning 25: 245-53. Also in Krashen, Scarcella, and Long (eds.) 1982.

Felix, S. 1978. 'Some differences between first and second language acquisition' in Waterson and Snow (eds.) 1978.

Felix, S. (ed.) 1980a. Second Language Development. Tübingen: Gunther Narr.

Felix, S. 1980b. 'Interference, interlanguage and related issues' in Felix (ed.) 1980a.

Felix, S. 1981. 'The effect of formal instruction on second language acquisition.' Language Learning 31:87-112.

Felix, S. 1984. 'Two problems of language acquisition: the relevance of grammatical studies in the theory of interlanguage' in Davis and Criper (eds.) 1984.

Ferguson, C. 1977. 'Baby talk as a simplified register' in Snow and Ferguson (eds.) 1977.

Ferguson, C. and C. Debose. 1977. 'Simplified registers, broken language and pidginization' in A. Valdman (ed.). Pidgin and Creole.

Indiana University Press.

Ferrier, L. 1978. 'Some observations of error in context' in Waterson and Snow (eds.) 1978.

Fillmore, C. 1968. 'The case for case' in E. Bach and R. Harms (eds.). Universals of Linguistic Theory. New York: Holt Rinehart and Winston.

Fillmore, W. 1976. 'The Second Time Around: Cognitive and Social Strategies in Second Language Acquisition.' PhD thesis, Stanford University.

Fillmore, W. 1982. 'Instructional language as linguistic input: second language learning in classrooms' in L. Wilkinson (ed.). Communicating in the Classroom. New York: Academic Press.

Fisiak,J. (ed.). 1981. Contrastive Linguistics and the Language Teacher. Oxford: Pergamon.

Fitzgerald, M. 1978. 'Factors influencing ELT policies in England with particular reference to children from Pakistan, India and Bangladesh.' ELT Journal 33/1: 13-21.

Flanders, N. 1970. Analyzing Teacher Behavior. Reading, Mass.: Addison-Wesley.

Flick, W. 1980. 'Error types in adult English as a second language' in B. Ketterman, and R. St. Clair (eds.). New Approaches to Language Acquisition. Heidelberg: Julius Groos.

Freed, B. 1980. 'Talking to foreigners versus talking to children: similarities and differences' in Scarcella and Krashen (eds.) 1980.

French, F. 1949. Common Errors in English. London: Oxford University Press.

Fries, C. 1952. The Structure of English: An Introduction to the Construction of English Sentences. New York: Harcourt Brace.

Furrow, D., K. Nelson, and H. Benedict. 1979. 'Mothers' speech to children and syntactic relationships.' Journal of Child Language 6: 423-42.

Gaies, S. 1977. 'The nature of linguistic input in formal second language learning: linguistic and communicative strategies' in H. Brown, C. Yorio and R. Crymes (eds.). On TESOL '77. Washington D.C.: TESOL.

Gaies, S. 1983. 'The investigation of language classroom processes.' TESOL Quarterly 17: 205-18.

Gardner, R. 1979. 'Social psychological aspects of second language acquisition' in H. Giles and R. St. Clair (eds.). Language and Social Psychology. Oxford: Basil Blackwell.

Gardner, R., P. Smythe, and R. Clement. 1979. 'Intensive second language study in a bicultural milieu: an investigation of attitudes, motivation and language proficiency.' Language Learning 29/2.

Gass, S. 1979. 'Language transfer and universal grammatical relations.' Language Learning 27: 327-44.

Gass, S. and L. Selinker (eds.). 1983. Language Transfer in Language Learning. Rowley, Mass.: Newbury House.

Gatbonton, E. 1978. 'Patterned phonetic variability in second language speech: a gradual diffusion model.' Canadian Modern Language Review 34: 335-47.

Genesee, F. 1976. 'The role of intelligence in second language learning.' Language Learning 26: 267-80.

Genesee, F. 1982. 'Experimental neuropsychological research on second language processing.' TESOL Quarterly 16: 315-24.

George, H. 1972. Common Errors in Language Learning: Insights from English. Rowley, Mass.: Newbury House.

Giles, H. 1979. 'Ethnicity markers in speech' in K. Scherer and H. Giles (eds.). Social Markers in Speech, H., R. Bourhis, and D. Taylor. 1979. 'Toward a theory of language in ethnic group relations.' in H. Giles (ed.). Language Ethnicity and Intergroup Relations. New York: Academic Press.

Giles, H. and J. Byrne. 1982. 'An intergroup approach to second language acquisition.' Journal of Multilingual and Multicultural Development 3: 17-40.

Gillis, M. and R. Weber. 1976. 'The emergence of sentence modalities in the English of Japaneses-speaking children.' Language Learning 26: 77-94.

Gleason, J. and S. Weintraub. 1978. 'Input language and the acquisition of communicative compentence' in K. Newport and H. Gleitman. 1984. 'The current status of the motherese hypothesis.' Journal of Child Language 11: 43-79.

Grauberg, W. 1971. 'An error analysis in the German of first-year university students' in Perren and Trim (eds.) 1971.

Greenberg, J. 1968. Universals of Language (2nd edition). Cambridge, Mass.: MIT Press.

Gregg, K. 1984. 'Krashen's Monitor and Occam's razor.' Applied Linguistics 5: 79-100.

Gremmo, M., H. Holec, and P. Riley. 1978. 'Taking the initiative: some pedagogical applications of discourse analysis. 'Mélanges Pedagogiques, University of Nancy: CRAPEL.

Guiora, A., R. Brannon, and C. Dull. 1972b. 'Empathy and second language learning.' Language Learning 22: 111-30.

Haastrup, K. and R. Phillipson. 1983. 'Achievement strategies in learner/native speaker interaction' in Faerch and Kasper (eds.) 1983a.

Hakuta, K. 1974. 'A preliminary report of the development of grammatical morphemes in a Japanese girl learning English as a second language.' Working Papers on Bilingualism 3: 18-43.

Hakuta, K. 1981. 'Some common goals for second and first language acquisition research' in Andersen (ed.) 1983a.

Hale, T. and E. Budar. 1970. 'Are TESOL classes the only answer?' Modern Language Journal 54: 487-92.

Halliday, M. 1973. Explorations in the Functions of Language. London: Edward Arnold.

Halliday, M. 1975. Learning How to Mean. London: Edward Arnold.

Halliday, M. 1978. Language as a Social Semiotic. London: Edward Arnold.

Hamayan, E. and G. Tucker. 1980. 'Language input in the bilingual classroom and its relationship to second language achievement.' TESOL Quarterly 14: 453-68.

Hammarberg, B. 1979. 'On Interlingual and Developmental Solutions in Interlanguage.' Paper presented at the Fifth Scandinavian Conference of Linguistics, Frostvallen.

Hansen, J. and C. Stansfield. 1981. 'The relationship of field dependent-independent cognitive styles to foerign language achievement.' Language Learning 31: 349-67.

Harder, P. 1980. 'Discourse as self-expression-on the reduced personality of the second language learner.' Applied Linguistics 1/3: 262-70.

Hatch, E. 1974. 'Second language learning-universals.' Working Papers on Bilingualism 3: 1-18.

Hatch, E. (ed.). 1978a. Second Language Acquisition. Rowley, Mass.: Newbury House.

Hatch, E. 1978b. 'Acquisition of syntax in a second language' in Richards (ed.) 1978.

Hatch, E. 1978c. 'Discourse analysis and second language acquisition' in

Hatch (ed.) 1978a.

Hatch, E. 1978d. 'Discourse analysis, speech acts and second language acquisition' in Ritchie (ed.) 1978.

Hatch, E. and J. Wagner-Gough. 1978. 'Explaining sequence and variation in second language acquisition' in H. Brown (ed.) Papers in Second Language Acquisition. Ann Arbor, Michigan: Language Learning.

Hawkey, R. 1982. 'An Investigation of Inter-Relationships Between Cognitive/Affective and Social Factors and Language Learning.' PhD thesis, University of London.

Hellwig, L. 1983. 'A Prefabricated Pattern as a Communication Strategy.' Paper given at BAAL Annual Conference, Leicester.

Henzl, V. 1979. 'Foreigner talk in the classroom.' International Review of Applied Linguistics XVII: 159-65.

Hornstein, N. and D. Lightfoot (eds.). 1981. Explanation in Linguistics: The Logical Problem of Language Acquisition. London: Longman.

Hosenfeld, C. 1976. 'Learning about language: discovering our students' strategies.' Foreign Language Annuals 9: 117-29.

Huang, J. and F. Hatch. 1978. 'A Chinese child's acquisition of English' in Hatch 1978a.

Huebner, T. 1979. 'Order-of-acquisition vs. dynamic paradigm: a comparison of method in interlanguage research.' TESOL Quarterly 13: 21-8.

Huebner, T. 1981. 'Creative construction and the case of the misguided pattern' in J. Fisher, M. Clarke, and J. Schachter (eds.). On TESOL '80: Building Bridges. Washington D.C.: TESOL.

Hughes, A. 1983. 'Second language learning and Communicative language teaching' in K. Johnson and D. Porter (eds.).

Perspectives in Communicative Teaching. New York: Academic Press.

Hyams, N. 1983. 'The pro-drop parameter in child grammars' in D. Flickinger (ed.). Proceedings of WCCFL II. Stanford Linguistics Association.

Hyltenstam, K. 1982. 'Language, Typology, Language Universals, Markedness and Second Language Acquisition.' Paper presented at the Second European-North American Workshop of Second Language Acquisition Research, Göhrde, Germany.

Hymes, D. 1971. On Communicative Competence, Philadelphia, PA.: University of Pennsylvania Press.

Ioup, G. 1983. 'Acquiring complex sentences in SL' in Bailey et al. 1983.

Itoh, H. and E. Hatch. 1978. 'Second language acquisition: a case study' in Hatch (ed.) 1978a.

Jackson, H. 1981. 'Contrastive analysis as a predictor of errors, with reference to Punjabi learners of English' in Fisiak(ed.) 1981.

Jackson, K. and R. Whitnam. 1971. Evaluation of the Predictive Power of Contrastive Analyses of Japanese and English. Final Report; Contract No. CEC-0-70-5046 (-823), US Office of Health, Education and Welfare.

Jakobovits, L. 1970. Foreign Language Learning: a Psycholinguistic Analysis of the Issue. Rowley, Mass.: Newbury House.

James, C. 1980. Contrastive Analysis. London: Longman.

James, C. 1981. 'The transfer of communicative competence' in Fisiak(ed.) 1981.

James, J. 1980. 'Learner variation: the monitor model and language learning.' Interlanguage Studies Bulletin 2: 99-111.

Johnson, K. 1982. Communicative Syllabus Design. Oxford: Pergamon.

Kasper, G. 1979. 'Communication strategies: modality reduction.'

Interlanguage Studies Bulletin 4: 266-81.

Keenan, E. 1974. 'Conversational competence in children.' Journal of Child Language 1: 163-83

Kellerman, E. 1979. 'Transfer and non-transfer: where are we now?' Studies in Second Language Acquisition 2: 37-57.

Kellerman, E. 1984. 'The empirical evidence for the influence of the L1 in interlanguage' in Davis and Criper (eds.) 1984.

Kleinmann, H. 1978. 'The strategy of avoidance in adult second language acquisition' in Ritchie (ed.) 1978.

Klima, E., and V. Bellugi. 1966. 'Syntactic regularities in the speech of children' in J. Lyons and R. Wales (eds.). Psycholinguistic Papers. Edinburgh: edinburgh University Press.

Krashen, S. 1976. 'Formal and informal linguistic environments in language acquisition and language learning.' TESOL Quarterly 10: 157-68.

Krashen, S. 1977. 'Some issues relating to the monitor model' in H. Brown, C. Yorio, and R. Crymes (eds.). On TESOL '77. Washington D.C.:TESOL.

Kreshen, S. 1981a. Second Language Acquisition and Second Language Learning. Oxford: Pergamon.

Krashen, S. 1981b. 'Effective second language acquisition: insights from research' in J. Alatis, H. Altman and P. Alatis (eds.). The Second Language Classroom: Directions for the 1980: New York: Oxford University Press.

Krashen, S., R. Scarcella, and M. Long (eds.). 1982. Child-Adult Differences in Second Language Acquisition. Rowley, Mass.: Newbury House.

Krashen, S. and H. Seliger. 1975. 'The essential characteristics of formal instruction.' TESOL Quarterly 9: 173-83.

Krashen, S. and H. Seliger, 1976. 'The role of formal and informal linguistic environments in adult second language learning' International Journal of Psycholinguistics 3: 15-21.

Krashen, S., H. Seliger, and D. Hartnett. 1974. 'Two studies in adult second language learning.' Kritikon Litterarum 3: 220-8.

Krashen, S. and T. Terrell. 1983. The Natural Approach: Language Acquisition in the Classroom. Oxford: Pergamon.

Labov, W. 1970. 'The study of language in its social context.' Studium Generale 23: 30-87.

Labov, W. 1972. Sociolinguistic Patterns. Oxford: Basil Blackwell.

Lado, R. 1957. Linguistics Across Cultures: Applied Linguistics for Language Teachers. Ann Arbor, Michigan: University of Michigan.

Lado, R. 1964. Language Teaching: A Scientific Approach. New York: McHraw Hill.

Lamendella, J. 1977. 'General principles of neurofunctional organization and their manifestation in primary and non-primary acquisition.' Language Learning 27: 155-96.

Lamendella, J. 1979. 'The neurofunctional basis of pattern practice.' TESOL Quarterly 13: 5-19.

Larsen-Freeman, D. 1978. 'Evidence of the need for a second language acquisition index of development' in Ritchie (ed.) 1978.

Larsen-Freeman, D. (ed.). 1980. Discourse Analysis in Second Language Research. Rowley, Mass.: Newbury House.

Larsen-Freeman, D. 1983a. 'The importance of input in second language acquisition' in Andersen (ed.) 1983a.

Larsen-Freeman, D. 1983b. 'Second language acquisition: getting the whole picture' in Bailey et al. (eds.) 1983.

Lee, W. 1968. 'Thoughts on contrastive linguistics in the context of language teaching' in J. Alatis (ed.) Contrastive Linguistics and its Pedagogical Implications. Washington, D.C.: Georgetown University.

Lenneberg, E. 1967. Biological Foundations of Language. New York: Wiley and Sons.

Liceras, J. 1983. 'The Roles of Intake in the Determination of Learners' Competence.' Paper presented at the Tenth University of Michigan Conference on Applied Linguistics.

Lightbown, P. 1983. 'Exploring relationships between developmental and instructional sequences in L2 acquisition' in Seliger and Long (eds.) 1983.

Lightbown, P. 1984. 'The relationship between theory and method in second language acquisition research' in Davies and Criper (eds.) 1984.

Lightbown, P., N. Spada, and R. Wallace. 1980. 'Some effects of instruction on child and adolescent ESL learners' in Scarcella and Krashen (eds.) 1980.

Littlewood, W. 1979. 'Communicative performance in language developmental contexts.' International Review of Applied Linguistics XVII: 123-38.

Littlewood, W. 1981. 'Language variation and second language acquisition.' Applied Linguistics 11/1: 150-8.

Lococo, V. 1976. 'A comparison of three methods for the collection of L2 data: free composition, translation and picture description.' Working Papers on Bilingualism 8: 59-86.

Long, M. 1977. 'Teacher feedback on learner error: mapping cognitions' in H. Brown, C. Yorio, and R. Crymes (eds.). On TESOL '77. Washington D.C.: TESOL.

Long, M. 1980. 'Inside the "black box" methodological issues in classroom research on language learning.' Language Learning 30: 1-42. Also in Seliger and Long (eds.) 1983

Long, M. 1981a. 'Input, Interaction and Second Language Acquisition.' Paper presented at the New York Academy of Sciences Conference on Native and Foreign Language Acquisition.

Long, M. 1981b. 'Questions in foreigner talk discourse.' Language Learning 31:135-57.

Long, M. 1983a. 'Native speaker/non-native speaker conversation and the negotiation of comprehensible input.' Applied Linguistics 4/2: 126-41.

Long, M. 1983b. 'Native speaker/non-native speaker conversation in the second language classroom' in M. Clarke and J. Handscombe (eds.). On TESOL '82: Pacific Perspectives on Language Learning and Teaching. Washington D.C.: TESOL.

Long, M. 1983c. 'Input and Second Language Acquisition Theory.' Paper presented at the Tenth University of Michigan Conference on Applied Linguistics.

Long, M. and C. Sato. 1984. 'Methodological issues in interlanguage studies: an interactionist perspective' in Davies and Criper (eds.) 1984.

Lott, D. 1983. 'Analysing and counteracting interference errors.' ELT Journal 37/3: 256-61.

Lukmani, Y. 1972. 'Motivation to learn and language proficiency.' Language Learning 22: 261-73.

Lyons, J. 1968. Introduction to Theoretical Linguistics. Cambridge University Press.

McDonough, S. 1978. 'The foreign language learning process: introspection and generalisation' in Pickett 1978.

McDonough, S. 1981. Psychology in Foreign Language Teaching.

London: Allen and Unwin.

McLaughlin, B. 1978a. Second Language Acquisition in Childhood. New York: Lawrence Erlbaum.

McLaughlin, B. 1978b. 'The Monitor Model: some methodological considerations.' Language Learning 28: 309-32.

MacNamara, J. 1972. 'The cognitive basis of language learning in infants.' Psychological Review 19: 1-13.

MacNamara, J. 1973. 'Nurseries, streets and classrooms: some comparisons and deductions.' Modern Language Journal 57: 250-4.

McNeill, D. 1966. 'Developmental psycholinguistics' in F. Smith and G. Miller (eds.). The Genesis of Language: a Psycholinguistic Approach. Cambridge, Mass.: MIT Press.

McNeil, D. 1970. The Acquisition of Language. New York: Harper Row.

McTear, M. 1975. 'Structure and categories of foreign language teaching sequences' in R. Allwright (ed.). Working Papers: Language Teaching Classroom Research. University of Essex, Department of Language and Linguistics.

Mason, C. 1971. 'The relevance of intensive training in English as a foreign language for university students.' Language Learning 21: 197-204.

Meisel, J. 1980. 'Linguistic simplification' in Felix (ed.) 1980a.

Meisel, J. 1983. 'Strategies of second language acquisition: more than one kind of simplification' in Andersen (ed.) 1983a.

Morrison, D. and G. Low. 1983. 'Monitoring and the second language learner' in J. Richards and R. Schumidt (eds.). Language and Communication. London: Longman.

Moskowitz, G. 1971. 'Interaction analysis-a new modern language for supervisors.' Foreign Language Annals 5: 211-21.

Mukattash, L. 1977. 'Problematic areas in English syntax for Jordanian students.' University of Amman, Jordan.

Naiman, N. 1974. 'The use of elicited imitation in second language acquisition research.' Working Papers on Bilingualism 2: 137.

Naiman, N., M. Frohlich, H. Stern, and A. Todesco. 1978. The Good Language Learner. Research in Education No. 7. Toronto: Ontario Institute for Studies in Education.

Nemser, W. 1971. 'Approximative systems of foreign language learners.' International Review of Applied Linguistics IX: 115-23.

Neufeld, G. 1978. 'A theoretical perspective on the nature of linguistic aptitude.' International Review of Applied Linguistics XVI: 15-26.

Newport, E., H. Gleitman, and L. Gleitman. 1977. '"Mother, I'd rather do it myself": some effects and non-effects of maternal speech styles' in Snow and Ferguson (eds.) 1977.

Ochs, E. 1979. 'Planned and unplanned discourse' in T. Givòn (ed.). Syntax and Semantics Vol. 12: Discourse and Semantics. New York: Academic Press.

Oller, J. 1980. 'Communicative competence: can it be tested? in Scarcella and Krashen (eds.) 1980.

Oyama, S. 1976. 'A sensitive period in the acquisition of a non-native phonological system.' Journal of Psycholinguistic Research 5: 261-85. Also in Krashen, Scarcella, and Long (eds.)1982.

Palmer, A. 1978. 'Measures of Achievement, Communication, Incorporation and Integration for Two Classes of Formal ESL Learners.' Paper presented at Fifth International Conference of Applied Linguistics, Montreal, Canada.

Porter, R. 1977. 'A cross-sectional study of morpheme acquisition in first language learners.' Language Learning 27: 47-62.

Ravem, R. 1968. 'Language acquisition in a second language environment.' International Review of Applied Linguistics VI: 175-85.

Riley, P. 1977. 'Discourse networks in classroom interaction: some problems in communicative language teaching.' Mé langes Pedagogiques. University of Nancy: CRAPEL.

Riley, P. 1981. 'Towards a contrastive pragmalinguistics' in Fisiak (ed.) 1981.

Rivers, W. 1980. 'Foreign Language Acquisition: where the real problems lie.' Applied Linguistics   1/1:48-59.

Rutherford, W. 1982. 'markedness in second language acquisition.' Language Learning 32: 85-107.

Sajavaara, K. 1981a. 'The Nature of First Language Transfer: English as L2 in a Foreign Language Setting.' Paper presented at the first European-North American Workshop in Second Language Acquisition Research, Lake Arrowhead, California.

Savignon, S. 1976. 'On the other side of the desk: a look at teacher attitudes and motivation in second language learning.' Canadian Modern Language Review 76, 32.

Scarcella, R. and C. Higa. 1981. 'Input, negotiation and age differences in second language acquisition.' Language Learning 31: 409-37.

Schachter, J. and W. Rutherford, 1979. 'Discourse function and language transfer.' Working Papers on Bilingualism 19: 3-12.

Scherer, A. and M. Wertheimer. 1964. A Psycholinguistic Experiment in Foreign Language Teaching. New York: McGraw Hill.

Schmidt, M. 1980. 'Coordinate structures and language universals in interlanguage.' Language Learning 26: 67-76.

Schumann, J. 1980. 'The negotiation for meaning: repair in conversations between second language learners of English' in Larsen-Freeman (ed.) 1980.

Seliger, H. 1982. 'On the possible role of the right hemisphere in second language acquisition.' TESOL Quarterly 16: 307-14.

Seliger, H. and M. Long (eds.). 1983. Classroom Oriented Research in Second Language Acquisition. Rowley, Mass.: Newbury House.

Selinker, L. and J. Lamendella. 1978b. 'Two perspectives on fossilization in interlanguage learning.' Interlanguage Studies Bulletin 3: 143-91.

Shapira, R. 1978. 'The non-learning of English: case study of an adult' in hatch (ed.) 1978a.

Sharwood-Smith, M. 1981. 'Consciousness-raising and the second language learner.' Applied Linguistics II: 159-69.

Skinner, B. 1957. Verbal Behavior. New York: Appleton Century Crofts.

Snow, C. and M. Hoefnagel-Höhle. 1978. 'School-age second language learners' access to simplified linguistic input.' Language Learning 32: 411-30.

Sridhar, S. 1981. 'Contrastive analysis, error analysis and interlanguage' in Fisiak (ed.) 1981.

Tarone, E. 1983. 'On the variability of interlanguage systems.' Applied Linguistics 4/2: 143-63.

Terrell, T., E. Gomez, and J. Mariscal. 1980. 'Can acquisition take place in the language classroom?' in Scarcella and Krashen (eds.) 1980.

Turner, D. 1978. 'The Effect of Instruction on Second Language Learning and Second Language Acquisition.' Paper presented at the Twelfth Annual TESOL Convention, Mexico City.

de Villiers, J. and P. de Villiers. 1973. 'A cross-sectional study of the acquisition of grammatical morphemes in child speech.' Journal of Psycholinguistic Research 2: 267-78.

Vygotsky, L. 1962. Thought and Language. Cambridge, Mass.: MIT

Press.

Wagner-Gough, J. 1975. 'Comparative Studies in Second Language Learning.' MA thesis, UCLA, California. Also in Hatch (ed.) 1981.

Widdowson, H. 1984. Learning Purpose and Language Use. Oxford: Oxford University Press.

Wode, H. 1980a. Learning a Second Language 1: An Integrated View of Language Acquisition. Tübinggen: Gunter Narr.

Wode, H. 1980b. 'Operating principles and "universals" in L1, L2 and FLT' in D. Nehle (ed.). Studies in Language Acquisition. heidelberg: Julius Groos.

Wode, H. 1984. 'Some theoretical implications of L2 acquisition research and the grammar of interlanguages' in Davies and Criper (eds.) 1984.

Wolfson, N. and E. Judd. 1983. Sociolinguistics and Second Language Acquisition. Rowley, Mass.: Newbury House.

Zobl, H. 1983a. 'Contact-induced language change, learner language and the potentials of a modified contrastive analysis' in Bailey, Long, and Peck (eds.) 1983.

Zobl, H. 1983b. 'Grammars in Search of Input and Intake.' Paper presented at the Tenth University of Michigan Conference on Applied Linguistics.

Zobl, H. 1983c. 'Markedness and the projection problem.' Language Learning 33: 293-313.

Zobl, H. 1984. 'Cross-language generalisations and the contrastive dimension of the interlanguage hypothesis' in Davies and Criper (eds.) 1984.

▶김 윤 경
중앙대학교 영문학과(學士)
미국 University of Oklahoma(碩士)
국민대학교 영문학과(文學博士)
<응용언어학과 통계학>, <한국 영어교육의 史的硏究> 등의 著書와
<딕슨 영문법>, <영어교육사> 등의 譯書가 여러 권 있다.

외국어습득론

역자 김윤경
저자 R. Ellis

1998년 3월 20일 인쇄
1998년 3월 30일 발행

──────────────

펴낸곳 : 한국문화사
펴낸이 : 김진수
편집 : 고 웅
출판등록번호 제2-1276호

──────────────

(133-112) 서울시 성동구 성수1가 2동 13-156
대표전화 464-7708
팩시밀리 499-0846

ISBN 89-7735-480-3
정가 15,000원